Washington County Maryland

Cemetery Records

Volume 2

Dale W. Morrow

HERITAGE BOOKS
2007

HERITAGE BOOKS
AN IMPRINT OF HERITAGE BOOKS, INC.

Books, CDs, and more—Worldwide

For our listing of thousands of titles see our website
at
www.HeritageBooks.com

Published 2007 by
HERITAGE BOOKS, INC.
Publishing Division
65 East Main Street
Westminster, Maryland 21157-5026

Copyright © 1993 Dale W. Morrow

Other books by Dale W. Morrow:
Washington County Maryland Cemetery Records
Volumes 1-7

Other books by Dale W. Morrow and Deborah J. Morrow:
Distribution of Estate Accounts, Washington County, Maryland, 1778-1835
Marriages of Washington County, Maryland, An Index: 1799-1860
Wills of Jefferson County, West Virginia, 1801-1899
Wills of Washington County, 1776-1890

All rights reserved. No part of this book may be reproduced or transmitted in any form or by any means, electronic or mechanical, including photocopying, recording or by any information storage and retrieval system without written permission from the author, except for the inclusion of brief quotations in a review.

International Standard Book Number: 978-1-58549-253-1

Table of Contents

Cemetery *Page*

Clearspring District 4

Clearspring Mennonite Church Graveyard 1

Methodist Episcopal Church Graveyard 3

St. Michael's Catholic Church Graveyard 4

St. Peter's Evangelical Lutheran Church Graveyard 4

Rose Hill Cemetery 16

Union Bethel Church of God in Blair's Valley 16

Union Bethel Church Graveyard in Blair's Valley, PA near MD State Line 21

Graveyard on Frank Bragonier Farm in Blair's Valley 22

Graveyard on the Allen B. Seibert Farm known as Montpelier on the Broadfording
Road, 2 miles n. of Clearspring 22

Graveyard on David F. Robinson Farm near Dry Run 22

Graveyard on the James Faith Farm near Dry Run 22

Graveyard on the Oliver Ditto Farm near Dry Run 23

Graveyard on Thomas Johnson Farm south of Clearspring 23

Graveyard on the Daniel Boyd Farm w. of Clearspring, the Bragonier Graveyard,
many are African-American 23

Graveyard on the farm of Wilbur Wiles, near Dam No. 5 23

Graveyard on the farm of Lydia V. McCallister and Lucy F. Shank, near Charles Mill
and Big Spring R.R. Station 24

Graveyard on Frank Showalter Farm west of Clearspring 24

Graveyard on the Harry Bane Farm near Aston Station and W.M. Railroad 24

Little Metropolitan A.M.E. Church, Clearspring, African-American 25

Hancock District 5

Hancock Public Cemetery on High St., West Section 25

St. Thomas Episcopal Church Graveyard, High Street 29

Presbyterian Church Graveyard, High Street 34

Presbyterian Church Graveyard, Main Street 38

St. Peter's Catholic Church Graveyard, High Street 39

Mt. Olivet Cemetery, west of Hancock on Rt. 40 44

Riverview Cemetery, east end of Hancock along Rt. 40 45

Orchard Ridge Methodist Church Graveyard near Millstone 46

Catawba Church Graveyard, along the Potomac River, at Tonoloway.. 46

Graveyard on Marshall Norris Farm, in PA, adjoining the MD Line, next to Ritz Farm, N.W. of Hancock.......................... 46

Graveyard on the Ritz Farm, N. of Route 40, and at State Line, N.W. of Hancock... 46

Graveyard on the Edward Shives Farm, n. of Route 40, east of Tonoloway Creek... 46

Graveyard on the Frank Burnett Farm, n. of Hancock, next to the Henry Dorier Farm.. 47

Graveyard on the Henry Dorier Farm, n. of Hancock.. 47

Graveyard on Henry Souders Farm, n.w. of Hancock... 47

Roger Heights Church Graveyard along MD State Line, near Ritz Farm w. of Hancock... 47

Graveyard on the Edward Munson Farm, near Hancock and State Line... 48

Graveyard on Sylvester Summers Farm, now owned by Pittsburg Sand Co., s. of R.S. Dillon Packing House and of Hancock.. 48

Graveyard on Charles Locher Farm, along Canal, w. of Hancock... 48

Graveyard on Elsie and Daisy Munson Farm, at Pine Flat, n. of Mt. Olivet Cemetery, on Route 40................................. 48

Graveyard on the R.S. Dillon Farm, w. of Hancock, s. of Packing House on Oliver Farm... 48

Graveyard on Bill McDonnell Farm, in Allegheny Co., near the C.& O. Canal, and Pearre Station.................................. 49

Mason Orchard, Bowles Farm, n.e. of Tonoloway Creek, near Hancock, MD... 49

Tonoloway Baptist Church Graveyard, north of Hancock in PA, near MD State Line.. 49

Boonsboro Cemetery.. 56
    Mausoleum.. 83

Methodist Churchyard, Boonsboro, MD, where I.O.R.M. Hall is now located.. 84

Reformed Church Graveyard, Boonsboro, MD.. 84

Zittlestown Church, east of Boonsboro, MD.. 88

Graveyard at United Brethern Church, Boonsboro, MD... 88

Benevola U.B. Church Graveyard, Benevola... 89

Catholic Church of Dahlgren, Route 40: In the vaults in the basement of the Church on South Mountain......................... 91

Shang Graveyard near Boonsboro, MD. First Church located here. Called Adam or George Kealhofer Farm................... 91

Graveyard on George Thomas Farm near Boonsboro, on Monroe Road going to Antietam Creek................................. 92

Graveyard on Elmer Thomas Farm near Antietam Creek, Iron Bridge, near Monroe... 92

Graveyard on Edward Hutzel Farm near Keedysville. This was plowed over in 1890 by Adam Hutzel............................ 92

Graveyard rear of Bast & Co., Undertakers, Boonsboro, MD.. 92

Shiffler Place, on Dog St., near Keedysville, MD, now owned by Elmer Rohrer (p.p. Elva Shank 1971)............................ 93

Benevola Farm of D.W. Foltz, several were moved in 1926.. 93

On William Kretzer, or Marble Quarry Farm, east of Benevola, on Route 40... 93

African American Graveyard on Lawrence Henneberger Farm, Short Hill, Boonsboro.. 93

INTRODUCTION

The cemeteries of Washington County, Maryland were recorded by Mr. Samuel Webster Piper, a native of the county who was interested in the history of the county, as well as his own family history, of which he had a long ancestry. He was the owner of a large library on Washington County history, at his home, the Piper Farm, which was a part of the bloody Antietam Battlefield. His ancestry included some of the prominent families of the county; Piper (Pifer, Pfeiffer), Flick, Keedy (Gutting), Forrie (Furry), Tobey, Snavely (Snively), Black (Swartz), Schnebele (Schnebly), Baker, Petrey (Petre), Bell, Lyon (Lien, Line), Foltz, Zimmerman, Grove, Stockslager, Tracey, Toms, Shoemaker, Beachley, Fleet, Cooper, Johnson, Kindle (Kendall) and Cost.

It is not known when Mr. Piper began recording the cemetery records, but he had completed most of them by 1935, with a few 1936 dates entered. By the time he had completed this task, he had 54 notebooks of 80 pages each, with 14 recordings on each page - a monumental task to say the least. You can understand the amount of work involved if you have embarked on such a project. It is an arduous task. These notebooks were turned over to the Louise L. Miller, Historian and Chairman of Genealogical Research of the Conococheague Chapter, N.S.D.A.A., who typed and indexed the material. They completed the first three volumes by April, 1942, and over the next five years, completed the seven volume project.

The map locations of the cemeteries are not reproduced in the present revision. The county has changed so much in 50 years, that the 1942 maps are not a reliable source for location of the graveyards. It is felt by the editor, that if you are in the county, you can check the original books, located in WASHINGTON COUNTY FREE LIBRARY. The maps will give you the general location. Second, it might be wise if you are into locating gravestones, to invest in the National Geological Survey Maps, a good source for graveyard locations. Third, there is an ongoing program in the state of Maryland to locate all graveyards across the state. Hopefully, some publication will be available in the near future.

As to locating gravestones, it appears, from the several graveyards checked by the editor, that Mr. Piper chose a starting point near the entrance, recorded down a row, up a row, down the next, etc., until the recording was complete. Locating the starting point, it should not be too difficult to locate many of the stones. In both the original and the revision copies, the gravestones are in the same order that Mr. Piper recorded them. However, you must take into account that some stones do not now exist. Over a 50 year span, some of the stones have deteriorated or vanished, the only record being these volumes or cemetery association records.

The only changes from the original are some abbreviations. The abbreviations and notes appear below.

Dale Morrow, Editor, 1992

List of Abbreviations and Other Pertinent Notes

(?)	Editor's question mark; text could not be read in original	n.d.	no date or dates in the original
?	Question mark was in the original	n.o.i.	no other information in the text
*	Civil War Veteran	p.n.	penned notes added to the original text that appear to be corrections or additions added by the typist
**	World War Veteran (I)		
b.	born	p.p.	penned notes added by zealous researcher. The authenticity of these notes can not be verified
br/o	brother of		
c/o	child of		
ch/o	children of	s/o	son of
d	days as in 4d	si/o	sister of
d/o	daughter of	w/o	wife of
d.	died	wk	weeks as in 2wk
e.n.	editor's note: where it seemed necessary to clarify an entry	y	years as in 16y
f/o	father of		
f.	from		

All other abbreviations are those of the original text.

Dates: all were changed to the form day/month/year as in "10 Jul 1841"

gnd/o	granddaughter of
gns/o	grandson of
hrs	hours
h/o	husband of
m.	married
m	months as in 8m
min	minutes
m/o	mother of

Names or Initials: There are many initials or names appearing with the words "one grave, no stone." It is not definite, but they are probably from mortuary markers, foot stones, or cemetery association records.

Clearspring Mennonite Church Graveyard

CLAGETT, Samuel b. 1831 d. 1902
CLAGETT, Elizabeth w/o Samuel b. 1831
CLAGETT, Henry C. b. 1856 d. 1901
BAIR, Ralph E. b. 25 Sep 1924 d. 25 Aug 1934 s/o
    Theodore & Leona BAIR
One grave, no stone, infant
Two graves, no stones
SHUPP, Bessie L. w/o Ernest D. ROWE age 29y 4m 23d,
    d. (n.d.)
ROWE, Ernest D. b. (n.d.) d. 28 Jan 1921
SUMMER, Mary E. w/o Joseph SHUPP b. 15 Sep 1851
    d. (n.d.)SHUPP, Joseph b. (n.d.) d. 22 Mar 1920
SHUPP, Annie M. d/o Joseph & Mary E. SHUPP
    b. 18 Dec 1889 d. 24 Dec 1911
SHUPP, David S. s/o Joseph & Mary E. SHUPP age
    17y 8m 21d, d. 5 Mar 1901
ROTH, Rev. Daniel age 81y 15d, d. 20 May 1890
ROTH, Maria w/o Daniel ROTH age 85y 7m 13d,
    d 21 Jul 1903
One grave, no stone
CHARLTON, Milford B. b. 28 Apr 1892 d. 27 May 1930
WITMER, John b. 19 Sep 1843 d. 11 Nov 1908
WITMER, Mary J. w/o John b. 17 Sep 1846 d. 1 Mar 1935
WITMER, Abraham S. b. 1 Mar 1877 d. 26 Feb 1899
WITMER, Susanna C. b. 17 Jul 1870 d. 7 Aug 1870
Children of John & Mary WITMER (assumed Abraham-
    Susanna)
SWEITZER, John J. b. 3 Apr 1844 d. 3 Jul 1910
Four graves, no stones
One grave, no stone, infant
GRUBER, William E. s/o Samuel & Catherine GRUBER
    age 22y 11m 9d, d. 23 Nov 1883
GRUBER, Samuel age 56y 8m 18d, d. 1 Jun 1895
GRUBER, Catharine w/o Samuel GRUBER b. 4 Nov 1844
    d. 1 Mar 1933
GRUBER, Jacob age 88y 5m 20d, d. 18 Jul 1892
GRUBER, Dortha w/o Jacob GRUBER age 83y 8m 15d,
    d. 29 Jun 1892
GRUBER, Elizabeth age 61y 10m 5d, d. 10 Apr 1897
GRUBER, Catharine age 51y 19d, d. 6 Oct 1897
Three graves, no stones
BREWER, Peter S. b. 25 Feb 1814 d. 22 Jul 1887
BREWER, Anna w/o Peter S. b. 18 Jul 1815 d. 8 Sep 1866
SHANK, Barbara b. 27 Apr 1790 d. 17 Jul 1883
GSELL, Anna B. age 5m 17d, d/o Andrew & M. A. GSELL
    d. 20 Jul 1882
One grave, no stone, infant
Two graves, no stones
BREWER, Pre. Josiah b. 21 Jul 1840 d. 29 Apr 1890
BREWER, Nancy w/o Josiah B. 10 Mar 1838
    d. 28 Jan 1918
HORST, Abram s/o Henry & Grace HORST
    b. 23 Dec 1918 d. 23 Mar 1919
One grave, no stone, infant
GROVE, Henry age 65y 8m 21d, d. 31 Oct 1871

GROVE, Matilda w/o Samuel Miller age 66y 3m 25d,
    d. 12 Mar 1889
GROVE, Daniel D. b. 26 Apr 1814 d. 3 Jun 1871
MCMULLEN, Ida Jane twin d/o S. & Mary MCMULLEN
    age 2y 6m 7d, d. 12 Aug 1863
MILLER, John J. age 51y 5m 9d, d. 27 Apr 1833
MILLS, H. Albert b. 12 Apr 1882 d. 4 Mar 1937
MILLS, Lizzie w/o of H. Albert MILLS b. 18 Jun 1881
    d. (n.d.)
EBERSOLE, John S. s/o Henry & Mary A. EBERSOLE
    age 6m 14d, d. 6 Apr 1882
EBERSOLE, Abraham S. s/o Henry & Mary A.
    EBERSOLE age 2y 2m 28d, d. 10 Jan 1883
EBERSOLE, Daniel S. s/o Henry & Mary A. EBERSOLE
    b. 1 Nov 1887 d. 19 Nov 1887
EBERSOLE, Annie May d/o Henry & Mary A. EBERSOLE
    b. 12 Feb 1890 d. 23 Jun 1890
PRATHER, Joseph Samuel age 8 wks, d. 12 Mar 1865
PRATHER, Lydia B. w/o William PRATHER age 25y,
    d. 3 Mar 1869
Two graves, no stones
GRUBER, Charles E. b. 6 Nov 1904 d. 27 Feb 1929
GRUBER, Loyd D., infant, b. (n.d.) d. 7 Apr 1925
GRUBER, Clyde A. s/o Samuel & Annie L. GRUBER,
    age 1y, d. 12 Mar 1901
One grave, no stone
CHARLTON, Nancy Frances d/o C. S. & Annie
    CHARLTON age 10m 15d, d. 1 May 1897
EBY, Fannie Ada d/o Isaac W. & Mary H. EBY
    age 15y 10m 28d, d. 28 Jul 1885
MARTIN, John B. b. 18 Sep 1843 d. 16 Dec 1928
MARTIN, Mary B. w/o John B. b. 18 Sep 1842
    d. 29 May 1906
RHODES, Elmer s/o J. I. & Fannie K. b. (n.d.)
    d. 15 May 1903
MARTIN, Infant s/o Jacob W. & Nannie V. MARTIN
    b. 4 Sep 1890 d. 4 Sep 1890
EBERSOLE, William Albert s/o David & Alice EBERSOLE
    age 7m 4d, d. 11 Mar 1897
EBERSOLE, Andrew L. s/o David & Alice, age 5m 26d,
    d. 22 Dec 1900
EBERSOLE, Mary Alice d/o David & Mary Alice, infant,
    b. (n.d.) d. 5 Aug 1908
HORST, Abram E. b. 23 Oct 1859 d. 20 Mar 1921
HORST, Fannie Catharine w/o Abram age 41y 4m 14d,
    d. 1 Feb 1901
HORST, Emma S. d/o Abram & Fannie HORST, age 19d,
    d. 19 Nov 1899
HORST, Samuel S. age 11y 10m 15d, d. 20 Oct 1910
HORST, Ephraim S. b. 20 Oct 1896 d. 9 Jun 1928
EBY, John M. s/o T. R. & E. H. EBY age 21d,
    d. 7 Jul 1916
HEGE, John G. b. 26 Nov 1840 d. 29 Jul 1921
HEGE, Elizabeth C. w/o John G. b. 16 Jun 1846
    d. 3 Nov 1915
HEGE, Sarah Frances d/o John G. & E. C.
    b. 31 Dec 1867 d. 17 Aug 1891

MARTIN, Ethel d/o John C. & Etta b. 25 Nov 1904
    d. 7 Jun 1922
EBERSOLE, Abraham age 69y 10m 7d, d. 7 Feb 1901
EBERSOLE, Fannie b. 1828 d. 1914
EBERSOLE, Martha Alice w/o Samuel EBERSOLE age
    26y 4m 20d, d. 28 Jan 1890
GSELL, David S. age 28y 1m 24d, d. 31 Jul 1894
RALING, Anna d/o John & Barbara RALING
    b. 31 Oct 1859 d. 8 Nov 1871
GSELL, Andrew H. s/o David H. & Mary E. age 2y 9m 8d,
    d. 23 Jul 1874
GSELL, Joseph s/o David H. & Mary E. age 15y 9m 18d,
    d. 24 Nov 1883
GSELL, David H. age 63y 20d, d. 20 Dec 1900
GSELL, Mary E. w/o David H. age 75y 11d,
    d. 20 Dec 1916
GSELL, Mary S. d/o David H. & Mary E. age 55y 10m,
    d. 8 Jan 1926
GSELL, Ruth d/o Almeda GSELL, age 11m 2d,
    d. 18 Apr 1904
GSELL, F. Almeda d/o David H. & Mary E.
    age 55y 11m 20d, d. 20 Sep 1934
KENDALL, Robert S. s/o H. E. & R. A. KENDALL
    b. 10 Nov 1921 d. 10 Nov 1921
SMITH, Joseph T. b. 20 Jan 1839 d. 24 Sep 1869
SHANK, Martha R. w/o W. F. SHANK age 58y 8m 18d,
    d. 30 Nov 1898
SMITH, Joseph b. 30 Jan 1800 d. 24 Sep 1869
SMITH, Elizabeth w/o Joseph b. 23 Nov 1811
    d. 14 May 1892
SMITH, David age 33y 6m 14d, d. 14 Apr 1871
SMITH, Ann E., Mother, b. 26 Jul 1828 d. 9 Jan 1914
SMITH, William P. age 20y 4m 22d, d. 31 Oct 1889
SMITH, Susan d/o Joseph & Elizabeth SMITH
    b. 5 Jan 1852 d. 15 Sep 1861
SMITH, Infant s/o D. & A. SMITH b. (n.d.) d. 1 Jul 1861
SMITH, Infant s/o D. & A. SMITH b. (n.d.) d. 28 Feb 1865
SMITH, Infant d/o J. & Ann SMITH b. (n.d.) d. 1 Nov 1858
SMITH, Infant s/o John & Ann SMITH, age 8d,
    d. 10 Mar 1862
SMITH, Christiana E. d/o John & Anna SMITH
    age 4m 14d, d. 29 Nov 1856
SMITH, Infant s/o John R. & Ann SMITH age 5d,
    d. 14 Jan 1869
SMITH, Infant d/o John R. & Ann SMITH age 2d,
    d. 28 Dec 1871
SMITH, John R. age 76y 1m 25d, d. 15 Feb 1906
SMITH, Anna Bair w/o John R. age 76y 6m 3d,
    d. 1 Nov 1904
SHUPP, Lucinda d/o A. & A. SHUPP age 3y 3m,
    d. 29 Jul 1873
SHUPP, Abraham b. 15 Jan 1828 d. 6 Mar 1892
SHUPP, Anna w/o Abraham age 67y 8d, d. 2 Dec 1898
One grave, no stone
SHUPP, Infant s/o Chas. A. & Louisa I. SHUPP
    b. 18 Mar 1891 d. 20 Mar 1891
DRAPER, James T. s/o J. T. & Maria R. DRAPER
    b. 17 Nov 1888 d. 3 Dec 1888
SHUPP, Infant s/o Chas. A. & Louisa I. SHUPP
    b. 10 Sep 1889 d. 17 Sep 1889
DRAPER, Mary C. d/o J. T. & Maria R. b 11 Feb 1893
    d. 20 Mar 1893
DRAPER, J. b. (n.d.) d. 1890
DRAPER, J. Thomas b. 17 Apr 1858 d. 1 Dec 1893
DRAPER, Maria R. b. 7 Dec 1861 d. (n.d.)
DRAPER, A. B. b. 17 Nov 1886 d. (n.d.)
DRAPER, E. D. b. 17 Dec 1889 d. (n.d.)
RETHER, R. H. b. 7 Apr 1914 d. (n.d.)
SHANK, John B. age 64y 11m 5d, d. 5 Jan 1914
SHANK, Rebecca J. w/o John B. SHANK, age 54y 5m 8d,
    d. 18 Jul 1908
SHANK, Infant s/o J. B. & R. SHANK b. 16 Jan 1897
    d. 16 Jan 1897
SHANK, Henry S. b. 7 Sep 1820 d. 26 Aug 1869
SHANK, Lydia w/o Henry S. age 57y 1m 2d,
    d. 2 Oct 1881
SHUPP, Henry age 73y 7m 7d, d. 16 Mar 1897
SHUPP, Abraham b. 20 Mar 1791 d. 17 Feb 1873
SHUPP, Nancy w/o Abraham SHUPP b. 8 Mar 1799
    d. 8 Jan 1866
SHUPP, John age 38y 8m 14d, d. 23 Oct 1864
BRUBAKER, Daniel s/o Jacob & Lydia BRUBAKER
    age 1y 1m 4d, d. 19 Jul 1858
BRUBAKER, Samuel H. s/o Jacob & Lydia BRUBAKER,
    age 10y 3m 9d, d. 15 Apr 1877
SHUPP, Tereatha M. d/o Henry & Catharine age 8m 8d,
    d. 3 Sep 1854
SHUPP, Emma K. d/o Henry & Catharine age 3m 26d,
    d. 7 Oct 1858
SHUPP, William H. s/o Henry & Catharine age 3m 26d,
    d. 14 Sep 1861
CLAGETT, Samuel H. s/o Samuel & Elizabeth CLAGETT,
    age 1y 5m 6d, d. 11 Aug 1868
KREPS, John s/o John & Frances KREPS age 23y 1d,
    d. 1 Jan 1848
KREPS, John b. 21 Oct 1791 d. 31 Oct 1879
KREPS, Fanny w/o John KREPS age 64y 2m 5d,
    d. 25 Mar 1860
GRUBER, Elizabeth w/o Samuel GRUBER,
    b. 15 Dec 1779 d. 15 Jul 1868
WELLER, John L. w/o Jonathan & Mary A. WELLER
    age 20y 10m 6d, d. 7 Feb 1896
WELLER, Mary A. w/o Jonathan age 49y 1m 8d,
    d. 17 Nov 1898
GOETZ, Raymond b. 6 Dec 1875 d. (n.d.)
GOETZ, Anna F. b. 28 Oct 1880 d. 29 Jul 1924
GOETZ, Edward L. b. 18 Jul 1899 d. Aug 1900
GOETZ, Edna G. b. 14 May 1903 d. 1 may 1907
GOETZ, Robert R. b. 8 Dec 1916 d. 8 Dec 1916
Two Graves, plain stones
EDWARDS, J. D., Co. M. 47th. U.S. V. I., d. (n.o.i.)*
EDWARDS, one grave, plain stone d. (n.o.i.)
HUGHES, Rose Ann b. 27 Jan 1851 d. 30 Jan 1873

One grave, plain stone
Infants, three graves, plain stones
MILLS, John H. age 83y 5m 9d, d. 28 Jan 1936
MILLS, Rebecca P. w/o John H. b. 1861 d. 1896
Three graves, no stones

Methodist Episcopal Church Graveyard at Clearspring

AKERS, Joseph Benson s/o Rev. J. & Henrietta AKERS, infant b. (n.d.) d. 1864
MATHEWS, Emely V. d/o John E. & Ann M. MATHEWS age 10y 8m 17d, d. 28 Sep 1856
MCCLANNAHAN, Samuel age 33y 4m 19d, d. 17 Mar 1865
MCCLANNAHAN, Eliza, mother, b. 8 Aug 1798 d. 15 Jul 1869
SPANGLER, John F. age 38y 11m 2d, d. 8 Feb 1861
MCCLANNAHAN, Mathew age 54y 11m 27d, d. 12 Jun 1850
MCCLANNAHAN, K. C. age 22y 6m 6d, d. 9 Sep 1856
Four graves, plain stones
MYERS, Samuel Douny b. 11 May 1833 d. 8 Apr 1835
GREER, John Wesley age 1y 1m 22d, d. 2 Oct 1835
GREER, James D. Beatty b. 7 Feb 1836 d. 24 Oct 1837
GREER, Jonathan Clary b. 3 Aug 1837 d. 28 Jul 1838
RIDENOUR, Anne Maria Dorothy d/o John D. & Sarah RIDENOUR age 17m 1d, d. 5 May 1832
LOWE, Mary w/o Overton G. LOWE b. 11 Oct 1808 d. 29 Oct 1837
One grave, no stone
MYERS, David b. 8 Oct 1838 d. 18 Oct 1838
MYERS, Jonathan b. 8 Oct 1838 d. 18 Oct 1838
CARBAUGH, Mary M. w/o John W. CARBAUGH b. 23 Jan 1843 d. 4 Oct 1890
GREER, Jacob age 46y 11m 15d, d. 28 Apr 1854
GREER, Sarah Ellen M. C. age 17y 2m, d. 3 Jun 1850
GREER, Mary age 75y 6m 18d, d. 28 Oct 1854
GREER, Susannah R. age 24y 3m 24d, d. 30 Jan 1856
RENNER, Mary w/o David G. RENNER age 27y 7m 5d, d. 9 Oct 1864
PENERY, Robert age 73y 6m 12d, d. 13 Aug 1884
PENERY, Mary Ann, Mother, b. 19 Dec 1810 d. 14 Jan 189(2?)
MACHAELT, Ann F. d/o Samuel & Nancy MACHAELT, age 4y 8m 11d, d. 19 Oct 1857
CHAPMAN, John T. age 59y 5m, d. 3 Jul 1910
One grave, no stone
FOUTZ, Marion age 76y 3m 15d, d. 13 Dec 1900
MCLANANAN, Clymene b. 7 Mar 1803 d. 27 Sep 1866
MOORE, John age 87y 6m 13d, d. 11 Jun 1899
MOORE, Catherine w/o John MOORE age 54y, d. 23 Jul 1872
MOORE, William W. s/o John & Catherine MOORE age 24y 1m 13d, d. 13 Nov 1862*
NEWKIRK, Isaac age 75y 2m 26d, d. 31 Aug 1870
NEWKIRK, Ellen w/o Isaac NEWKIRK age 53y 6m 7d, d. 5 Apr 1861
Three graves, no stones
SPECK, William S. s/o David & Rebecca SPECK age 3y 1m 14d, d. 7 Jan 1861
LEATHERWOOD, Miss Prissilla age 65y, (d. ?) 25 Mar 1877
SWEITZER, John A. age 77y 10m 11d, d. 13 Jan 1877
SWEITZER, Priscilla w/o John A. SWEITZER age 73y 6m 5d, d. 20 Jan 1892
SWEITZER, Vernon C. age 24y 11m 24d, d. 14 Feb 1881
SWEITZER, Charles A. s/o J. A. & P. SWEITZER age 32y 5m 29d, d. 18 Nov 1873
SWEITZER, Margaret J. w/o Charles A. SWETIZER age 27y 8m 12d, d. 4 Jun 1867
PITTINGER, Abraham age 67y 8m 20d, d. 8 Nov 1863
MCEWEN, Jane w/o Abraham PITTINGER age 68y 6m 2d, d. 14 Mar 1861
GROSH, George W. age 56y 12d, d. 22 Mar 1862
GROSH, Catherine w/o George W. GROSH age 52y, d. 19 Apr 1861
GROSH, Otes S. s/o George W. & Catherine E. GROSH age 22y 9d, d. 24 May 1864
SNYDER, Mary Otis d/o William B. & Lizzie GROSH age 15m 2d, d. 11 Oct 1866
PERRELL, William age 62y 1m 17d, d. 28 Jul 1878
PERRELL, Almeda b. 11 Dec 1826 d. 29 Jun 1882
BLAIR, Hugh B. age 63y 11m 12d, d. 30 Sep 1890
BLAIR, Annie age 70y 11m 22d, d. 31 Jan 1911
BLAIR, John Calvin, son, b. 25 Apr 1883 d. 27 Jan 1900
BLAIR, Mary Ann b. 1 Jun 1814 d. 10 Nov 1895
GORE, John Marshall s/o J. & M. D. L. GORE, b. Winchester, VA 23 Oct 1835 d. 20 Dec 1836
MANN, Sarah w/o Jospeh MANN b. 6 Mar 1801 d. 1 Mar 1860
SHEETS, John d. (n.o.i.)
SHEETS, Emily d. (n.o.i.)
STONE, John G. age 15y 20d, d. 3 Feb 1854
STONE, Mary C. age 1y 5m 5d, d. 28 Jan 1850
BARGER, Obediah age 69y 28d d. 3 Dec 1881
BARGER, Rachel w/o Obediah BARGER age 68y 9m 13d, d. 23 Dec 1878
HAMMOND, William Edward s/o O. J. & E. HAMMOND age 1y 1m 16d, d. 17 Jul 1876
HAMMOND, Grace Amelia d/o O. J. & E. HAMMOND age 3y 3m 15d, d. 18 Apr 1877
HAMMOND, James C. s/o Otho J. & Emity HAMMOND age 1y 3m 19d, d. 18 Jul 1873
SNYDER, Rachel A. d/o Andrew & Sarah E. SNYDER age 2y 8m 15d, d. 10 Jun 1869
SNYDER, Emma J. d/o Andrew & Sarah E. SNYDER age 3y 2m 27d, d. 23 Dec 1865
BARGER, Mary Jane d/o Obediah & Rachel A. BARGER age 18y 6m 23d, d. 25 Jul 1854
BARGER, Vioal d/o Nelson & Harriet A. BARGER age 1y 1m 24d, d. 8 Aug 1873

SNYDER, Andrew N. s/o Andrew & Sarah E. age 1y 23d, d. 19 May 1876
SNYDER, Samuel Burnside age 14y 9m 2d, d. 6 Jan 1879
Lot of other graves, no stones

St. Michael's Catholic Church Graveyard at Clearspring

BOSWELL, Frederick Charles b. 1830 d. 1906
BOSWELL, Annie Maria w/o Frederick Chas. BOSWELL b. 1829 d. 1917
BOSWELL, Benedict James s/o Fred. C. & Annie M. BOSWELL b. 1868 d. 1933
MCKENNA, Catherine A. b. 18 Aug 1839 d. 21 Feb 1918
HASTINGS, Martha Jane, mother, b. 1848 d. 1929
HASTINGS, one grave, no stone
WHITE, Michael J. b. 25 Jan 1826 d. 10 Oct 1893
WHITE, Catherine A. w/o Michael J. WHITE b. 30 May 1840 d. 4 Oct 1892
FELLINGER, Frederick b. 4 Feb 1808 d. 12 Oct 1890
FELLINGER, Rosalia w/o Frederick FELLINGER b. 30 Nov 1809 d. 26 Mar 1891
FELLINGER, J. d. (n.o.i.)
FELLINGER, J. P. d. (n.o.i.)
FELLINGER, L. d. (n.o.i.)
One grave, no stone
FAITH, Mary J. w/o Adam FAITH age 63y 10m 11d, d. 5 Jun 1895
BARNES, Catherine V. A. age 36y 23d, d. 10 Aug 1890
ANDERSON, John age 35y 11m 16d, d. 6 Nov 1883
ANDERSON, Sallie w/o John ANDERSON d. (n.o.i.)
DRINNEN, Catherine age 70y, b. Coldut Co. of Tipperary, Ireland, d. 23 Oct 1879
One grave, plain stone
BUTLER, Annie d/o John & Mary Butler age 12y 6m 24d, d. 6 Oct 1873
One grave, plain stone, infant
YEAKLE, David s/o John E. & Regan YEAKLE age 6d, d. 2 Feb 1898
YEAKLE, Isabel Regean w/o John E. YEAKLE age 47y 2m 25d, d. 16 Aug 1905
CHAMBERS, John, Father, age 50y d. 31 Oct 1871
CHAMBERS, Anastasia, d/o John & Anastasia CHAMBERS age about 13y, d. 8 Jun 1867
One grave, plain stone
MOUSE, Philip I. s/o T. & M. MOUSE age 9y 9m 12d, d. 2 Sep 1880
MOUSE, Charles T. s/o Thomas & Mary MOUSE age 11y 4m 28d, d. 9 Nov 1879
One grave, plain stone
MOUSE, David T. s/o Thomas & Mary MOUSE age 1y 9m 18d, d. 17 Sep 1875
One grave, plain stone
One grave, plain stone
BYAN, Elizabeth w/o William Byan age 73y, d. 5 Jun 1903
Two graves, plain stones
MAZZETTE, Italia Luigi d. (p.p. (bldg. W.M.R.R. abt 1890))
ORSANIO, Italia Orazio d. (p.p. (bldg. W.M.R.R. abt 1890)) (e.n. W.M.R.R. may refer to Western Maryland Railroad building)
One grave, no stone
Three graves, plain boards
One grave, plain stone
WARNER, Frederick G. b. 28 Apr 1840 d. 19 Apr 1891
WARNER, Rosa E. w/o Frederick G. WARNER b. 30 Oct 1844 d. 17 Jul 1922
FLYNN, James A. b. 1831 d. 1895
FLYNN, Mary E. b. 1840 d. 1915
FLYNN, Aloysius M. b. 1862 d. 1910
FLYNN, James E. b. 1880 d. 1913
HOUCK, David L. b. 21 Mar 1838 d. 30 Jan 1917
HOUCK, Elizabeth b. 18 Apr 1850 d. 2 Jun 1929
SWOPE, Dora w/o Casper SWOPE age 97y 4m 4d, d. 21 Aug 1908
SWOPE, Joseph s/o Casper & Dora SWOPE age 68y, d. 1 May 1908
SWOPE, Casper age 78y 8m 18d, d. 12 Nov 1887

St. Peter's Evangelical Lutheran Church at Clearspring

BOVEY, Otho Keller b. 25 Dec 1827 d. 3 Mar 1912
BOVEY, Mary Jane w/o Otho Keller BOVEY b. 19 Jul 1833 d. 3 Jan 1912
FASNACHT, Barbara w/o Abraham FASNACHT b. 27 Sep 1802 d. 16 Feb 1881
LOWE, John E. age 36y 11m 12d, d. 30 Aug 1884
LOWE, John M. s/o J. E. & Minnie E. LOWE age 11m 8d, d. 20 Jan 1884
LOWE, David E. s/o J. E. & M. E. LOWE age 1m 27d, d. 14 Apr 1885
LOWE, Charles W. s/o W. H. & Elizabeth LOWE d. (n.o.i.)
DOWNEY, Anna Maria d/o Samuel J. & Anna M. C. DOWNEY b. 30 Nov 1842 d. 31 Aug 1846
DOWNEY, Samuel J. b. 9 Jan 1794 d. 3 Sep 1846
STARTZMAN, Elias D. s/o E. & S. STARTZMAN b. 3 Nov 1842 d. 3 Oct 1844
LOWE, Joseph Power s/o Wm. H. & Elizabeth LOWE age 5y 11d, d. 21 Mar 1862
RINEHART, Lewis A. s/o John & Mary A. RINEHART age 3y 10d, d. 11 Jun 1855
POWER, Mary M. w/o William POWER age 73y 3m 5d, d. 1 Jul 1877
POWER, Joseph Clay s/o William & Mary POWER age 7y 7m 9d, d. 26 Oct 1862
RINEHART, Emma K. d/o John & Mary RINEHART age 16y 2m 2d, d. 11 Oct 1855
HOWER, Jonathan b. 18 Nov 1794 d. 23 Apr 1865
HOWER, Lydia w/o Jonathan HOWER b. 2 Mar 1800 d. 4 Nov 1840
HOWER, Louisa Amelia d/o Jonathan & Lydia HOWER age 37y 1m 12d, d. 23 May 18(??)
HOWER, J. A. C., M.D., Master Mason b. 1827 d. 1910
PIKE, Frances Hower age 25y 8m 8d, d. 25 Jun 1866

PIKE, Eliza Clara d/o Francis & Mary E. L. PIKE,
    age 11m 25d, d. 27 Aug 1855
RHODES, Jacob H. age 1m 13d, d. 14 Nov 1871
PIKE, Jonathan s/o Francis & Mary E. L. PIKE
    age 6m 20d, d. 8 Apr 1843
RHODES, Tommy Doyl age 4m 5d, d. 18 Oct 1873
    c/o D. T. & M. E. RHODES
RHODES, Anna L. d/o D. T. & M. E. RHODES
    age 2m 15d, d. 13 Oct 1880
BARKMAN, Jacob b. 21 May 1767 d. 18 Jan 1812
BARKMAN, Catherine age 77y 4m 15d, d. 9 Nov 1855
One grave, no stone
POWERS, William H. s/o William & Mary POWERS
    b. 22 Mar 1839 d. 15 Oct 1843
Two graves, no stones
COSLEY, Ann Eliza d/o Thomas & Rosana COSLEY
    age 10m 22d, d. 6 Oct 1840
Two graves, no stones
FEIDT, Mary Magdalen w/o John FEIDT age 78y 7m 29d,
    d. 13 Feb 1848
One grave, no stone
MOORE, James Draper s/o Joseph S. & Mary A. Moore
    age 10m 20d, d. 28 Jan 1848
FEIDT, Eliza Virdinia d/o George & Sophia FEIDT
    age 4y 1m 26d, d. 12 Apr 18(6?)5
FEIDT, Two infants sons of George & Sophia FEIDT
    age 11d, d. 3 Mar 1843
FEIDT, John Sr. b. 7 Sep 1767 d. 7 Feb 1840
FEIDT, Samuel H. s/o John & Catherine FEIDT
    age 5m 4d, d. 23 Apr 1842
BEATTY, Ann Maria d/o J. J. & S. A. BEATTY
    b. 11 Jan 1836 d. 7 Oct 1837
BEATTY, Augustus Jewell s/o J. J. & S. A. BEATTY
    age 1y 4m 16d, d. 20 Feb 1835
BEAN, Catherine E. b. 16 Nov 1836 d. 17 Jun 1838
DELLINGER, Jacob Henry d/o Henry W. & Mary M.
    DELLINGER b. 18 Jun 1835 d. 3 Jul 1838
MYERS, James M. b. 24 Dec 1836 d. 6 Aug 1838
MOORE, Infant s/o Jos. S. & M. A. MOORE age 10m 18d,
    d. 3 Aug 1851
BEECHER, Mary Elizabeth d/o Wm. W. & Maria
    BEECHER b. 23 Apr 1833 d. 25 Aug 1834
One grave, no stone, infant
BEECHER, Samuel Guthrie d/o Wm. W. & Maria Beecher
    age 5y 27d, d. 4 Oct 1835
Two graves, no stones, infants
MOORE, James D. Esq. age 67y, d. 16 Jan 1840
GRIMES, Elizabeth Ann d/o W. H. & Susan GRIMES
    age 2y 7m, d. 26 Feb 1835
LAYMAN, Jonas J. E. s/o Daniel & Susannah LAYMAN,
    infant, b. (n.d.) d. 30 Nov 1836
SELBY, Emilie Augusta age 2y 7m 19d, d. 7 Aug 1836
SELBY, A. J., infant, d. (n.o.i.)
Two graves, no stones
BAKER, John age 1y 10m, d. 25 Jan 1840
LESHER, Samuel s/o Augustus L. & Catherine LESHER
    age 8m 7d, d. 30 Jan 1841

Two graves, no stones, infants
One grave, no stone
DAVIS, Catherine Ann b. 9 Aug 1838 d. 9 Aug 1839
HIGGANS, Ann Louisa b. 11 Jan 1838 d. 21 Dec 1838
Three graves, no stones, infants
TABLER, Sarah Jane d/o James D. & Catherine TABLER
    b. 22 Apr 1836 d. 6 Jul 1835
E. A. S., infant, d. (n.o.i.)
KNEPPER, Emily Rebecca d/o Wm. & Henrietta R.
    KNEPPER b. 31 Jan 1834 d. 27 Feb 1835
WALLDOR, Frances J. d/o James & Frances WALLDOR
    age 5y 8m 14d, d. 22 Mar 1838
KONKADE, Robert J. s/o Alexander & Frances
    KONKADE age 2y 6m 5d, d. 11 Apr 1838
MOORE, James W. Jr. age 5m, d. 18 Oct 1831
Two graves, no stones
TABLER, James Martin s/o Jas. D. & Catherine TABLER
    b. 12 Nov 1831 d. 14 Mar 1835
One grave, no stone, infant
TABLER, Mary Catherine d/o Jas. D. & Catherine
    TABLER b. 24 Jul 1833 d. 30 Mar 1834
Seven graves, no stones
TICE, John Andrew s/o Samuel & Margaret Ann Tice
    b. 26 Feb 1836 d. 28 May 1837
Two graves, no stones
MASTERS, Bosten age 76y, d. 26 Jan 1840
One grave, no stone
HAWK, Mrs. Elizabeth w/o Jacob HAWK b. 11 Oct 1814
    d. 15 Apr 1839
One grave, no stone
KERSHNER, George, father, b. 3 Sep 1781 d. 3 May 1838
BARR, Jacob b. 18 Feb 1803 d. 25 Feb 1840
One grave, no stone
MCKEE, Virginia Melissa d/o Dr. Jas. B. & A. M. C.
    MCKEE b. 9 Oct 1833 d. 15 Aug 1834
BOYD, Mary Louisa d/o Samuel & Margaret BOYD,
    b. 12 Apr 1832 d. 29 Jan 1834
One grave, no stone
NEWCOMER, Sarah Ann d/o J. & S. NEWCOMER
    b. 10 Jun 1831 d. 31 Jul 1833
MILLER, Ann Elizabeth d/o J. U. & R. MILLER
    age 3y 29d, d. 7 May 1833
POWERS, William Henry only s/o William & Mary
    POWERS age 1y 7m 20d, d. 17 Jun 1830
Three graves, no stones
Two graves, no stones
One grave, plain stone
ISTGESTOR, Meri Hucel b. (n.d.) d. 10 Nov 1830
MILLER, James D. age 34y 16d, d. 12 Feb 1836
Four graves, no stones
NESBITT, Jonathan Sr. b. 5 Mar 1770 d. 3 May 1856
NESBITT, Mary w/o Jonathan age 69y 14d,
    d. 27 May 1837
NESBITT, Frances Mary d/o Jonathan & Ann R. NESBITT
    b. 3 Dec 1834 d. 28 Jul 1839
NESBITT, Ellen Catherine d/o Jonathan & Ann R.
    NESBITT b. 9 Jun 1836 d. 29 Jul 1839

NESBITT, Ellen Catherine d/o Jonathan & Ann R.
   b. 20 Aug 1841 d. 13 Sep 1843
One grave, no stone
SILVERS, Ann w/o Samuel SILVERS age 36y 2m 15d,
   d. 5 Feb 1838
Six graves, no stones
STONE, Charles Henry age 6m, d. 3 Sep 1837
One grave, plain stone
Three graves, no stones, infants
One grave, no stone
SNIDER, Leonard b. 1 Jan 1795 d. 30 Sep 1832
One grave, no stone
SWORD, John b. 30 May 1779 d. 16 Dec 1835
Six graves, no stones
Two graves, no stones, infants
KREPS, Margaret b. 8 Feb 1834 d. 20 Oct 1837
Five graves, no stones
DRUM, Jacob age 10y 11m, d. Sep 1839
One grave, no stone
LANTZ, Ann E. C. d/o Christian & Susan LANTZ
   age 2y 8m 10d, d. 16 Jan 1837
HUNT, Susannah w/o John HUNT age 79y 7m 17d,
   d. 26 Jul 1851
HUNT, John age 77y 16d, d. 11 Apr 1833
Two graves, no stones
SOWERS, Elizabeth b. 17 Apr 1794 d. 23 Sep 1832
FRANTZ, Catherine b. 25 Sep 1795 d. 25 Jan 1879
Eighteen graves, no stones
TICE, David age 60y, d. 6 Feb 1847
Two graves, plain stones
Eleven graves, no stones
ERNST, John J. age 13y 10d, d. 9 Jun 1849
DAVIS, James age 38y, d. 29 Jan 1850
MYERS, Samuel age 43y 3m 23d, d. 16 Jun 1850
Eight graves, no stones
RHODES, Jacob L. s/o J. D. & S. RHODES
   age 1m 14d, d. 6 Apr 1877
SHAFFER, Solomon b. 25 Nov 1836 drowned in
   Dam #5 on the Potomac River, 10 Aug 1856
One grave, no stone
Five graves, no stones
BARE, Isaac age 54y 3m 25d, d. 25 Mar 1854
One grave, no stone
MILLS, Sarah Ann w/o Robert S. MILLS age 21y 3d,
   d. 3 Jul 1853
Sixteen graves, no stones
HOUCK, Samuel age 75y 10m 23d, d. 25 Feb 1856
HOUCK, Jane w/o Samuel HOUCK age 65y 11m 4d,
   d. 24 Dec 1849
HOUCK, Mary age 47y 6m 7d, d. 27 Apr 1855
Two graves, no stones
ROACH, Mary E. d/o Robert S. & Kate F. ROACH
   age 3m 8d, d. 15 Feb 1862
ROWLAND, Anna Martha d/o Henry & Elizabeth
   ROWLAND age 8m, d. 30 Apr 1854
CONNER, John D. s/o Daniel H. & Susan CONNER
   age 1y 2m 4d, d. 1 Jun 1856

Eleven graves, no stones
SMITH, Peter age 79y 5m 6d, d. 17 Oct 1855
Three graves, no stones
FORD, William age 64y 5m 7d, d. 22 Mar 1854
MILLER, Frederick W. age 52y 7m 5d, d. 10 May 1850
GROSH, Joseph age 34y 7m 22d, d. 29 Mar 1850
Three graves, no stones
One grave, plain stone
Six graves, no stones
FORD, William age about 86y, d. 29 Mar 1841
One grave, no stone
BYERS, John b. 21 Aug 1781 d. 9 Dec 1839
One grave, no stone
BOHRER, Eve C. age 75y 6m d. 9 Nov 1840
TICE, Catherine age 78y 5m 10d, d. 29 Oct 1841
SOWERS, Frederick b. 18 Apr 1799 d. 12 Apr 1840
Six graves, no stones
SOCEY, John age 76y 25d, d. 14 Feb 1879
SOCEY, Catherine w/o John SOCEY age 40y,
   d. 14 Mar 1847
SILVER, Samuel b. 5 May 1797 d. 27 Nov 1847
One grave, no stone
A. P., on stone d. (n.o.i.)
Two graves, no stones, infants
LOWE, Mary C. d/o William H. & Elizabeth LOWE
   age 8m 28d, d. 25 Sep 1851
MYERS, Clara d/o Martin & Sarah A MYERS
   age 5y 11m 25d, d. 2 Jun 1852
MILLS, Nancy Ann d/o Robert S. & Sarah Ann Mills
   age 3m 5d, d. 6 Aug 1853
MILLER, Zearo Ann d/o Samuel & Catherine MILLER
   age 8m, d. 22 Sep 1853
Three graves, no stones
PFOCH, John Peter s/o George & Elizabeth PFOCH
   age 7d, d. 3 Feb 1875
PFOCH, Mary E. d/o George & Elizabeth PFOCH
   age 1y 1m 20d, d. 15 Jul 1871
PFOCH, John Gotleib s/o George & Elizabeth PFOCH
   age 4m 15d, d. 5 Apr 1865
PFOCH, George L. s/o George & Elizabeth PFOCH
   age 4m 28d, d. 16 Aug 1857
PFOCH, Charles s/o George & Elizabeth PFOCH
   age 1y 3m 26d, d. 20 Aug 1863
Four graves, no stones
MOORE, Mary Saunders d/o J. S. & M. A. MOORE
   age 2y 3m 4d, d. 23 Oct 1854
MYERS, Mannell A. d/o Martin & Sarah MYERS
   age 4y 6m 12d, d. 24 Apr 1854
HALBACH, Elizabeth A. d/o Thomas & Susan HALBACH
   age 6m 26d, d. 11 Mar 1854
HALBACH, Daniel C. s/o Thomas & Susan HALBACH
   age 9m 22d, d. 6 Sep 1848
SNYDER, Peter age 68y 2m 5d, d. 6 Nov 1859
SNYDER, Susan D. age 76y 5m d. 13 Apr 1877
TICE, Otho H. s/o Samuel & Ann E. TICE b. 29 Apr 1852
   d. 8 Sep 1867
TICE, Samuel age 58y 6m 4d, d. 4 Nov 1861

TICE, Emanuel b. 16 Aug 1800 d. 3 Jul 1866
TICE, Susan w/o Emanuel TICE b. 11 Apr 1817
    d. 22 Jul 1908
TICE, Milton H. b. 31 Jul 1850 d. 9 Feb 1912
TICE, David L. b. 1 May 1848 d. 20 Jun 1914
BREISCH, Frederica d/o John & Catherine BREISCH
    age 15y 11m 11d, d. 3 Feb 1857
DICKERHOOF, Savilla d/o George & Mary Ann
    DICKERHOOF age 8y 7m 21d, d. 5 Oct 1854
MASTERS, Mary Martha T. d/o John & Emily MASTERS
    age 1y 4m 3d, d. 27 Sep 1853
Seven graves, no stones
AIRES, Catharine w/o George AIRES age 28y 8d (n.o.i.)
OTTO, George A. b. 3 Aug 1846 d. 1 Oct 1848
HELLER, Mary C. d/o David & Mary HELLER
    age 7y 10m 25d, d. 9 Jan 1848
HELLER, Mary Ann age 26y 10m 13d, d. 6 Apr 1847
Two graves, no stones
MEYLEY, Abraham b. 29 Sep 1793, Lancaster Co., PA
    lived in Washington Co., MD 20y,
    d. 31 May 18(??)
Three graves, no stones
SNIDER, Ann Margaret w/o Jacob SNIDER age 61y 1m,
    d. 28 May 1843
ZACHARIAS, George age 74y 4m 20d, d. 20 Sep 1845
ZACHARIAS, Catharine 2nd. w/o George ZACHARIAS
    age 58y 3m 28d, d. 5 Dec 1839
One grave, no stone
FAULKWELL, Henry Clay s/o William & Margaret
    FAULKWELL age 24d, d. 31 Jul 1844
TICE, Mary age 66y 9m d. 21 Mar 1841
OTTENBERGER, Lydia w/o Philip OTTENBERGER
    age 55y, d. 12 Aug 1844
Three graves, no stones
MCCLANE, Eli Leonidas s/o John & Mary MCCLANE
    age 16y 4m 21d, d. 24 Mar 1845
ANDREWS, Nicholas age 71y 11m 24d, d. 29 Jan 1848
One grave, no stone
TICE, Margaret A. w/o Samuel TICE b. 23 Sep 1818
    d. 17 Oct 1848
MICHAEL, John G. age 26y 5m 21d, d. 1 Mar 1854
MICHAEL, Anna M. w/o John G. MICHAEL
    age 47y 3m 11d, d. 15 Nov 1832
COOK, Mary A. d/o Feorge(?) & Christiann E. COOK
    age 3y 11m 28d, d. 28 Oct 1856
DAVIS, Eve w/o Zachariah DAVIS age 48y 6m 7d,
    d. 30 Mar 1857
BOYD, William age 68y 11m 8d, d. 22 Apr 1857
One grave, no stone
GROSH, Andrews age 80y 8m 18d, d. 3 Nov 1853
GROSH, Ann Maria w/o Andrew GROSH age 72y,
    d. 16 Mar 1856
FOUTZ, Henry age 48y 7m 19d, d. 1 Apr 1853
FOUTZ, Sarah w/o Henry FOUTZ age 58y,
    d. 10 Sep 1860
FOUTZ, Ann Maria age 22y 4m 18d, d. 30 Nov 1854

BREWER, Margaret w/o John BREWER age 26y 10m 9d,
    d. 29 Dec 1851
One grave, no stone
GROVE, Hannah d/o Daniel J. & C. GROVE age 5y 8d,
    d. 5 May 1849
Four graves, no stones
SMITH, Naoma w/o Peter SMITH age 30y 11m 8d,
    d. 10 Feb 1845
KOCH, Barbara w/o Peter KOCH age 50y 17d,
    d. 5 Jan 1844
KOCH, Peter b. 2 Mar 1788 d. 6 Jan 1841
SNIDER, Maria L. d/o Jacob C. & Harriet SNIDER
    b. 18 Nov 1821 d. 3 Oct 1841
SNIDER, Jacob b. 19 Jun 1787 d. 4 Jan 1840
SMITH, Elizabeth w/o Peter SMITH age 51y 9m 9d,
    d. 12 Oct 1839
One grave, no stone
GODWIN, Samuel Hackett s/o William & Mary GODWIN
    age 1y 11m 9d, d. 8 Sep 1840
One grave, no stone, infant
KEEFER, James E. age 2m 28d, d. 3 May 1841
Two graves, no stones, infants
FLORY, D. W. s/o D. & C. A. FLORY age 7m 20d,
    d. 10 Feb 1843
Eight graves, no stones, infants
KERSHNER, James J. age 11m 9d, d. 26 Jul 1847
Two graves, no stones
MCATEE, Cora d/o Thomas & Mary R. MCATEE
    age 8m 17d, d. 17 May 1849
Two graves, no stones
GEHR, Infant, d/o William & Sophia GEHR age 7d,
    d. 11 Sep 1856
KERSHNER, Ida Phoebe d/o George & Isabella
    KERSHNER age 14m 10d, d. 12 Sep 1857
SMITH, William R. age 50y 8m 7d, d. 2 Jun 1852
Three graves, no stones
KERSHNER, Harrison s/o Jonathan & Catharine
    KERSHNER b. 6 Oct 1840 d. 10 Dec 1841
One grave, no stone, infant
NEWCOMER, Sarah Jane d/o J. & S. NEWCOMER
    b. 26 Feb 1840 d. 11 May 1842
One grave, no stone, infant
MCKEE, Sarah Bell d/o William & Rebecca MCKEE
    b. 22 Nov 1843 d. 16 Jun 1844
One grave, no stone, infant
HUNT, Susan d/o David & Amanda HUNT age 3y 9d,
    d. 27 Jan 1845
Two graves, no stones, infants
HALLEY, Laura Kershner d/o Taatus N. & Mary HALLEY
    age 2y 6m 12d, d. 9 Jun 1847
Three graves, no stones
HOLMES, Elizabeth d/o John & Elizabeth HOLMES
    age 25y 8m, d. 17 May 1847
HOLMES, John age 76y 8m 19d, d. 3 May 1862
HOLMES, Elizabeth w/o John HOLMES age 73y 2m 6d,
    d. 30 Mar 1851

FRANTZ, Anna w/o Henry FRANTZ age 67y 10m 1d, d. 29 Apr 1876
MCKEE, James E. s/o William & Rebecca MCKEE age 1y 7m 7d, d. 14 Feb 1847
SPITZNAUGHLE, Rosann w/o Jacob SPITZNAUGHLE age 30y, d. 20 Feb 1847
BOTTROFF, Mary w/o Andrew BOTTROFF age 71y, d. 6 Jan 1848
Two graves, no stones
MYLEY, Martin age 25y 10m 27d, d. 22 Apr 1850
HUGHES, Susan w/o John HUGHES age about 80y, d. 18 Jan 1890
Two graves, no stones
OTTO, Joseph I. M. s/o Henry & Ann E. OTTO age 8y 11m 22d, d. 17 Aug 1851
BREWER, Elizabeth w/o George I. BREWER age 76y 7m 13d, d. 31 Mar 1885
BENDER, Rebecca age 55y 7m 6d, d. 12 May 1878
BOYD, Dixen Roman age 8y 2m 28d, d. 15 Feb 1850
BOYD, Samuel Kenyon age 2y 8m 22d, d. 19 Mar 1850
Ch/o Samuel & Margaret BOYD (e.n. assumed Dixen-Samuel)
BOYD, Samuel b. 17 Apr 1804 d. 7 Mar 1882
BOYD, Margaret w/o Samuel BOYD age 43y 1m 20d, d. 26 Mar 1850
Two graves, no stones
MASTERS, Susan w/o John MASTERS age 39y 8m 1d, d. 28 Aug 1849
EDELEN, Charles C. b. 27 Jul 1837 d. 23 Feb 1849
One grave, no stone
KIDWELL, Hezekiah age 69y 15d, d. 2 Sep 1846
KIDWELL, Jemima age 64y 2m 2d, d. 8 Apr 1848
KIDWELL, Harriet age 66y 10m 23d, d. 12 Aug 1871
FAULKWELL, Mrs. Catharine age 78y, d. 19 Jan 1849
WILEY, Mary A. age 27y 2m 24d, d. 15 Apr 1856
FAULKWELL, Mary E. d/o Wesley & Margaret FAULKWELL age 2y 4m 16d, d. (n.d.)
HARBINE, Daniel b. 12 Feb 1780 d. 21 May 1842
HARBINE, Elizabeth b. 25 Jun 1783 d. 29 Apr 1857
RIDENOUR, David age 45y 10m 16d, d. 15 Dec 1849
BOYD, Catharine w/o Samuel BOYD b. 29 Jul 1809 d. 7 Apr 1866
HOWER, Elizabeth M. b. 1821 d. 1902
MOORE, Mary H., our Sister, b. 15 Oct 1827 d. 10 Aug 1893
MOORE, Joseph S., Father, b. 13 Apr 1822 d. 13 Sep 1860
MOORE, Emily A. age 31y 10m 8d, d. 8 Aug 1855
MOORE, Mary F. w/o James D. MOORE age 58y 11m 4d, d. 12 May 1854
HAMMETT, Wilfred b. 20 Sep 1799 d. 15 Jan 1834
HAMMETT, Mary b. 25 May 1808 d. 29 Oct 1855
HAMMETT, Mary Jane age 23y d. 5 Dec 1854
MAYHUGH, Susan b. 1829 d. 1911
WINTER, Rev. John age 55y d. 26 Mar 1854
WINTER, Sarah E. w/o Rev. John WINTER age 49y d. (n.d.)

MOORE, Ida Lee d/o C. S. & Kate A. MOORE age 1y 4m 9d, d. 16 Jul 1870
MOORE, James H. s/o Cyrus S. & Catharine A. MOORE age 1y 3m 28d, d. 9 Dec 1858
MOORE, Robert B. s/o Cyrus S. & Catharine A. MOORE age 1y 3m 29d, d. 10 Dec 1858
EIKELBARNER, Mary Ann w/o John L. EIKELBARNER age 26y 2m 16d, d. 4 Aug 1853
KREPS, Jacob age 53y 11m 19d, d. 25 Feb 1857
KREPS, Sarah w/o Jacob KREPS b. 10 Jun 1809 d. 6 Aug 1899
KREPS, Ann Lydia d/o Jacob & Sarah KREPS age 6y 8m 15d, d. 16 Oct 1855
SPONSELLER, Catharine d/o Frederick & Catharine SPONSELLER age 5m 14d, d. 5 Aug 1855
SPONSELLER, Catharine w/o Frederick SPONSELLER Jr. age 22y 10m 18d, d. 21 Feb 1855
DRAPER, Ann B. b. 12 Aug 1808 d. 26 Sep 1894
DRAPER, Elizabeth 39y 10m 15d, d. 11 Spe 1863
DRAPER, Henrietta b. 20 Mar 1813 d. 6 Feb 1892
DRAPER, Thomas age 67y 1m 20d, d. 20 Dec 1851
DRAPER, Mary w/o Thomas DRAPER age 73y 4m 10d, d. 8 Dec 1858
COSLEY, Charles E. s/o Thomas J. & Rose Ann COSLEY age 7y 10m 28d, d. 21 Sep 1857
COSLEY, William H. s/o Thomas J. & Rose Ann COSLEY age 18y 7m 17d, d. 30 Mar 1854
COSLEY, Thomas J. age 74y 4m 12d, d. Nov 1881
COSLEY, Rose Ann w/o Thomas J. COSLEY age 69y 8m 29d, d. 18 Jun 1882
HOLMES, Jacob, father, age 71y 6m 15d, d. 3 Oct 1854
One grave, no stone
DODD, Samuel age 61y 5m 26d, d. 2 Feb 1855
DODD, Catharine w/o Samuel DODD b. 29 Jul 1792 d. 18 Dec 1873
MILLER, Catharine w/o Samuel MILLER age 29y 3m, d. 4 Oct 1856
One grave, no stone
FORSYTH, Henry b. 18 Apr 1832 d. 24 Jun 1908
FORSYTH, Mary A. w/o Henry FORSYTH b. 25 Jan 1830 d. 7 Dec 1899
FORSYTH, Daniel A. s/o Henry & Mary A. FORSYTH b. 18 Dec 1870 d. 4 Feb 1899
FORSYTH, Mary S. d/o Henry & Mary A. FORSYTH b. 16 Jul 1873 d. 17 Feb 1901
KINSELL, Sarah A. w/o Joseph KINSELL age 80y 24d, d. 29 Jul 1899
MYERS, John W. age 60y 11m 7d, d. 14 Jul 1900
MYERS, Ellenore b. 24 Dec 1840 d. 31 Jul 1921
One grave, no stone
One grave, no stone, infant
FORSYTH, Henry S. s/o Henry & Mary A. age 42y 7m, d. 23 Jun 1903
YEAKLE, George, Father, age 77y, d. 6 May 1901
Four graves, no stones

BARTLE, Alexander s/o William & Ellie BARTLE
    age 8m 19d, d. 29 Dec 1891
BARTLE, Harry R. s/o Wm. & Elenora BARTLE
    b. 10 Apr 1888 d. 4 Jul 1906
BARTLES, Luther C. h/o Emma K. BARTLES
    b. 16 Jun 1885 d. 30 Dec 1909
BARTLES, William b. 14 Mar 1847 d. (n.d.)
BARTLES, Susan E. w/o William BARTLES
    b. 19 Sep 1856 d. 3 Jun 1923
DEEDS, John H. age 83y 8m 15d, d. 9 Nov 1906
Two graves, no stones
CRILLY, Elizabeth, Mother, b. 12 Jul 1849 d. 8 Aug 1912
DAVIS, James C. b. 11 Aug 1914 d. 16 Apr 1921
MECHAKOS, Mary E. b. 29 Sep 1899 d. 5 Jul 1920
LEIGH (n.o.i.)
One grave, no stone, infant
KAUFFMAN, Rebecca w/o Wm. H. KAUFFMAN
    b. 16 Dec 1871 d. 13 Feb 1932
MCCAFFERY, S. Milton age 31y 10m 17d, d. 8 Jun 1908
HART, Willamina V. age 63y, d. 20 Sep 1911
One grave, no stone
SPIELMAN, John D. b. 1874 d. 1930
MYERS, John age 74y 3m 22d, d. 27 Jul 1902
MYERS, Sarah E. age 47y, d. 21 Aug 1903
SPIELMAN, Mary E. w/o D. J. SPIELMAN b. 9 Sep 1864
    d. 1 Feb 1900
SPIELMAN, Amos s/o Mary E. SPIELMAN b. 1890
    d. 1906
FARROW, Lusetta E. w/o Nathan M. Farrow
    age 50y 6m 29d, d. 13 Nov 1899
One grave, no stone
Four graves, no stones
One grave, no stone, infant
MULLIN, Alton M. b. (n.d.) d. 27 May 1924
Two graves, no stones
MYERS on three stones, three graves
MCCOY, Mary w/o John MCCOY age 50y 6m 14d,
    d. 19 Feb 1862
Thirteen graves, no stones
MCCARTHY, John age 84y 1m 16d, d. 16 Apr 1890
Six graves, no stones
COIL, James age 49y 3m 20d, d. 17 Aug 1880
One grave, no stone
STALEY, Barbara Ann w/o Abraham STALEY age 59y,
    d. 10 May 1876
One grave, no stone
HARTMAN, David b. 26 Oct 1804 d. 28 Oct 1870
HOLBERT, James, Wagoner 1 MD P.H.B. Cav.
    d. (n.o.i.)*
Two graves, no stones
One grave, plain stone
One grave, no stone
HALL, James W. s/o David & Elenora HALL
    age 16y 5m 6d, Camp G. 3rd. MD Reg.,
    d. 6 Aug 1863*
WARNER, Cutlip age 66y 11m 27d, d. 28 Apr 1862
One grave, no stone
One grave, plain stone
One grave, no stone
RISER, Elexzene d/o Wm. & Elizabeth RISER
    age 3y 2m 11d, d. 17 Oct 1857
Two graves, no stones
PENNER, Daniel s/o Wm. & Margaret PENNER
    age 1y 14d, d. 12 Feb 1857
Three graves, no stones
SHANK, John L. s/o John D. & Mary C. SHANK
    age 2y 4m 24d, d. 3 Aug 1861
SHANK, Mary E. d/o John D. & Mary C. SHANK
    age 5y 5m 5d, d. 16 Mar 1862
REPP, Martha J. d/o David & Ann Rebecca REPP
    age 2y 3m 10d, d. 8 May 1862
REPP, Harriet I. d/o David & Ann Rebecca REPP
    age 4y 3m 11d, d. 13 May 1862
Three graves, no stones
Two graves, plain stones
Nine graves, no stnes
MCCARTHY, Elizabeth C. d/o John & E. MCCARTHY
    age 25y 7m, d. 9 Dec 1885
K. B., on stone, d. (n.o.i.)
Three graves, no stones
RAY, James b. 9 Jun 1811 d. 12 Oct 1891
RAY, Nancy Snider w/o James Ray b. 22 Aug 1809
    d. 14 Sep 1895
One grave, plain stone
VANCE, Adam age 68y 1d, d. 7 Mar 1887
Three graves, no stones
WEAVER, Mary A. w/o Upton C. WEAVER
    age 35y 29d, d. 6 Feb 1882
Four graves, no stones
OTTO, Henry age 66y 9m 6d, d. 8 May 1871
OTTO, Elizabeth w/o Henry OTTO age 37y 4m 19d,
    d. 7 Feb 1857
TRUMPOWER, George b. 2 Sep 1837 d. 5 Jun 1868
HASTINGS, Margaret b. 10 Jul 1840 d. 12 Jun 1918
One grave, no stone
SHANK, Sarah A. d/o John D. & Ann SHANK
    age 1y 11m 22d, d. 4 Sep 1866
Two graves, no stones, infants
GROSH, Raleigh s/o John G. & Mary GROSH age 1y,
    d. 7 Oct 1865
Two graves, no stones
HASSETT, Carrie V. d/o T. & E. HASSETT age 9m 11d,
    d. 11 Jan 1864
SHANK, Mary C. w/o John D. SHANK age 25y 8m 29d,
    d. 25 Nov 1862
One grave, no stone
CLOPPER, Jacob b. 14 Dec 1805 d. 14 Jan 1890
One grave, plain stone
CLOPPER, Catharine w/o Jacob CLOPPER
    age 54y 1m 20d, d. 19 Jan 1860
BOWMAN, Lucy w/o Jacob BOWMAN age 60y,
    d. 17 Sep 1858
RICKERT, Martin age about 106y 11m, d. 23 Nov 1857
One grave, no stone

MYERS, George L. s/o Eli & Nancy Ann MYERS
    age 19y 7m 25d, d. 19 Jan 1861
Four graves, no stones
BREISH, John b. 12 Jul 1800 d. 8 Dec 1862
SOCEY, Abraham L. killed by Mosby Guerrillers, Bugler
    Co. B., Cole Battalion, b. 31 May 1833
    d. 10 Jan 1864
SOCEY, Abraham R., father, age 60y, d. 20 Jun 1864
HASSETT, Thomas age 52y, d. 27 Aug 1866
HASSETT, Eleanor w/o Thomas HASSETT age 56y 11m,
    d. 16 Feb 18(?)5
HASSETT, Lida Bell age 6y, d. 15 Aug 1866
Two graves, no stones
DOYLE, Mary C. d/o Thomas & Martha DOYLE
    age 7m 24d, d. 25 May 1876
MCCLAIN, Mary A. w/o John D. McCLAIN
    age 36y 11m 11d, d. 27 Jan 1875
STEELE, John R. b. 23 Nov 1783 d. 17 Aug 1870
MOSER, Charles s/o John & Catharine MOSER age 23y,
    d. 28 Dec 1875
TRUMPOWER, Solomon age 34y 10m 28d,
    d. 26 Mar 1879
TRUMPOWER, Teny May d/o Solomon & Martha
    TRUMPOWER age 9y, d. 1 Nov 1883
TRUMPOWER, Leonard age 71y 6m 20d, d. 24 Aug 1879
TRUMPOWER, Dorothy w/o Leonard TRUMPOWER
    b. 12 Apr 1813 d. 18 Dec 1888
MOSER, Susan d/o John & Catharine MOSER age 32y,
    d. 24 Oct 1879
MYERS, Andrew J. s/o John W. & Ellen MYERS
    b. 8 Apr 1882 d. 18 Nov 1885
RISER, William age 75y 3m 4d, d. 26 May 1901
RISER, Elizabeth w/o William RISER age 66y,
    d. 4 Aug 1885
PENNER, Barbara J. w/o Levi PENNER b. 4 Apr 1856
    d. 20 Jul 1886
FORSYTHE, Lincoln age 27y 9m 4d, d. 5 Dec 1893
FORSYTHE, Augustus F. b. 24 Jan 1871 d. 20 Oct 1895
One grave, no stone
Three graves, no stones
WHETSTONE, Jacob age 86y 11m 10d, d. 17 Sep 1897
WHETSTONE, Catharine w/o Jacob WHETSTONE
    age 66y 22d, d. 29 May 1885
WHETSTONE, Louisa Ida d/o J. & C. WHETSTONE
    age 6y 10m 4d, d. 22 Oct 1864
Three graves, no stones
SHAW, Calvin R. s/o J. & M. SHAW age 5y 5m 18d,
    d. 24 Sep 1874
SHAW, Minnie Lee d/o J. & M. SHAW age 1y 5m,
    d. 14 Aug 1872
Three graves, no stones
KINSELL, Joseph age 56y 6m 16d, d. 28 Aug 1868
FORD, Mary E. age 74y 4m 17d, d. 12 Sep 1866
BREISCH, John s/o John & Catharine BREISCH
    b. 23 Dec 1838 d. 24 Nov 1866
BREISCH, Catharine w/o John BREISCH b. 3 May 1803
    d. 19 Jan 1878

FORSYTHE, Infant s/o J. & S. FORSYTHE Jr. b. (n.d.)
    d. 22 Apr 1881
FORSYTHE, Susanna w/o John FORSYTHE Jr.
    age 44y 9m 7d, d. 23 Apr 1881
HALL, John age 64y 5m 13d, d. 3 Jan 1863
HALL, Nancy w/o John HALL age 72y 5m 18d,
    d. 4 Mar 1884
BOYD, Margaret w/o William BOYD age 66y 3m 24d,
    d. 3 Feb 1862
Two graves, no stones
COX, Rachel w/o Levi COX b. 30 Jul 1811 d. 21 Jan 1863
Two graves, no stones
SHANK, Infant d/o Washington & Martha R. SHANK
    b. (n.d.) d. 13 Feb 1882
SHANK, David L. s/o A. M. & M. A. SHANK
    age 19y 11m 11d, d. 20 Jul 1865
One grave, no stone
TICE, Sarah C. d/o S. & M. N. TICE age 23y 1m 21d,
    d. 26 Mar 1868
One grave, no stone
SILVER, Thomas J. B. b. 5 Mar 1800 d. 22 Jul 1873
SILVER, Elizabeth Ann w/o Thomas J. B. SILVER
    b. 8 Sep 1815 d. 5 Jan 1871
One grave, no stone
Two graves, plain stones
FRUSH, Mary Ann w/o John D. FRUSH b. 7 Oct 1850
    d. 20 May 1874
KERR, Jennie d/o James H. & Mary A. KERR d. (n.o.i.)
KERR, James H. b. 1818 d. 1905
KERR, Mary A. w/o James H. KERR b. 1822 d. 1905
SHANK, Henry age 69y 1m 2d, d. 22 Nov 1899
SHANK, Catharine H. w/o Henry SHANK b. 1833
    d. 19(06?)
SHANK, Emily M. d/o Henry & Catharine SHANK
    age 19y 2m 23d, d. 12 Sep 1876
GEHR, Daniel Vinton s/o Daniel & Ella GEHR
    b. 30 Nov 1884 d. 29 Jan 1885
GEHR, Olive M. b. 15 Feb 1887 d. 12 Aug 1892
GEHR, Daniel b. 26 Nov 1846 d. 23 Nov 1924
GEHR, Ella Steele w/o Daniel GEHR b. 2 Feb 1853
    d. (n.d.)
STEELE, Mary w/o John R. STEELE b. 8 Jan 1821
    d. 6 Jun 1898
FORSYTHE, Amanda E. d/o John & Susanna FORSYTHE
    age 28y 11m 9d, d. 28 Jul 1897
FORSYTHE, Augustus Boose Snyder s/o Amanda E.
    FORSYTHE age 5m 26d, d. 11 Jul 1897
MULLIN, Alexander S. b. 22 Feb 1826 d. 17 Mar 1895
MULLIN, Mary V. w/o Alexander S. MULLIN
    b. 26 Mar 1835 d. 29 Aug 1902
MULLIN, Alexander F. b. 10 Jan 1862 d. 10 Jul 1916
O'CONNER, Cora E. b. 29 Feb 1880 d. 15 Jun 1908
Two graves, no stones
SHOOK, Frederick D. s/o Andrew & Margaret SHOOK
    age 2y 11m, d. 24 Aug 1876
KINSELL, Freddie Lee age 1y 9m 24d, d. 7 Aug 1876

ERNST, Anna Catharine d/o John & Adeline ERNST
age 10y 9m 25d, d. 18 Jun 1873
SHANK, Andrew M. age 67y 25d, d. 28 Sep 1871
One grave, no stone
REID, Annie V. Small b. 1 Dec 1834 d. 1 Dec 1905
SMALL, Harvey, father, age 46y 3m 2d, d. 22 Sep 1877
SMALL, Charlotte age 65y, d. 17 Jul 1865
One grave, no stone
ERNST, John b. 19 Mar 1819 d. 17 Aug 1864
REED, Adaline w/o John REED age 58y 8m 27d,
d. 18 Oct 1881
SNYDER, Rebecca C. w/o Leonard SNYDER 1st. b. 1797
d. 1858
SNYDER, Mary V. D. d/o John T. & Susan SNYDER
b. 1861 d. 1863
SNYDER, William B. s/o Leonard 1st. & R. C. SNYDER
b. 1827 d. 1888
SNYDER, Ann Elizabeth w/o William B. SNYDER b. 1833
d. 1907
SNYDER, Ella D. d/o Wm. B. & Ann E. SNYDER b. 1868
d. 1936
SMITH, Hiram A. b. 6 Jan 1830 d. 11 Jul 1870
SMITH, Anna S. w/o Hiram A. SMITH age 31y 8m 5d,
d. 21 Jan 1866
SMITH, Louisa J. age 3y, d. (n.d.)
SMITH, Cyrus G. age 4y d. (n.d.)
SMITH, James L. age 9m d. (n.d.)
SMITH, Infant age 1m, d. (n.d.) ch/o Hiram A. & Anna
SMITH (e.n. assumed Louisa J.-Infant)
SMITH, Eliza w/o William B. SMITH age 76y 3m 8d,
d. 21 Mar 1905
HART, Mary, Mother, b. 8 Aug 1830 d. 2 May 1905
DAVIS, Zachariah b. 19 Mar 1807 d. 3 Aug 1873
GEYER, Henry b. 1 May 1802 d. 22 Nov 1865
GEYER, Rebecca w/o Henry GEYER age 69y 8m 5d,
d. 14 Jan 1872
GEYER, George Oliver age 19y 7m 28d,
d. 7 Nov 1861
(e.n. GYER inserted under GEYER for Rebecca & George
Oliver)
FAULKWELL, Margaret M. w/o Wesley W. FAULKWELL
age 44y 2m 2d, d. 14 Nov 1866
Two graves, no stones
BREWER, Luther b. 23 Feb 1834 d. 30 Jun 1869
BREWER, Andrew K. S. s/o Joseph G. & H. A. BREWER
age 1y 8m 14d, d. 23 Jul 1870
BREWER, Frederick D. s/o Joseph G. & H. A. BREWER
age 3y 10m 29d, d. 6 Nov 1875
BREWER, Joseph G. age 62y 2m 23d, d. 4 Aug 1881
POWERS, John L. b. 1838 d. 1909
COOK, Elizabeth w/o John L. POWERS b. 1840 d. 1923
POWERS, Robert b. 1882 d. 1882
SPONSELLER, J. Fred b. 1866 d. 1914
SPONSELLER, Hugh S. b. 1864 d. 1908
SPONSELLER, Jacob N. b. 16 Sep 1831 d. 8 Jun 1926
COOK, Margaret w/o Jacob SPONSELLER
b. 28 Nov 1836 d. 23 Feb 1901

COOK, John P. s/o J. & Maria COOK age 44y 3m 19d,
d. 27 Aug 1889
COOK, John age 80y 27d, d. 10 Jan 1892
COOK, Maria w/o John COOK age 78y 8m 16d,
d. 19 Feb 1892
LESH, Olive M. w/o Robinson S. LESH age 31y 4m 15d,
d. 7 Sep 1899
MYLE, R. C. b. 1846 d. 1917
JOSLYN, Barbara Cook, mother, b. 1843 d. 1923
JOSLYN, W. H. b. 1870 d. 1933
Two graves, no stones
BREISCH, Jacob F. s/o John & Catharine BREISCH
age 62y 5m 17d, d. 10 Jan 1897
MILLER, Jane w/o Jacob F. MILLER age 39y 10m 9d,
d. 10 Jan 1885
BREWER, Daniel M. L. b. 12 Nov 1842 d. (n.d.)
BREWER, Ann A. w/o Daniel M. L. BREWER
b. 29 Dec 1842 d. 29 Jul 1907
MOORE, Isora w/o John H. MOORE age 25y 1m 3d,
d. 3 Oct 1884
One grave, no stone
MOORE, Thomas T. b. 12 Oct 1879 d. 1 Feb 1891
COST, Charles b. 1871 d. 1927
COOK, Nora D. d/o W. S. & M. A. COOK age 25y,
d. 20 Sep 1892
COOK, William S. age 65y 1d, d. 18 Jul 1883
COOK, Mary S. w/o William S. COOK age 63y,
d. 16 Nov 1891
FLEMING, John age 56y 4m 5d, d. 30 Oct 1880
FLEMING, Emily b. 14 May 1820 d. 22 Feb 1883
KNODE, L. Augustus b. 10 Oct 1814 d. 23 Jul 1883
KNODE, Catharine I. w/o L. Augustus KNODE
b. 18 Sep 1824 d. 4 May 1909
SANTMAN, Mary Knode b. 8 Aug 1855 d. 20 Apr 1935
PRATHER, Jonathan D. b. 15 Aug 1830 d. 19 Jun 1879
PRATHER, A. Catharine w/o Jonathan D. PRATHER
b. 27 Sep 1834 d. 26 Feb 1905
BOYD, M. Maggie d/o G. Joseph & Hester J. BOYD
b. 23 Oct 1863 d. 20 Jul 1885
KNEPPER, Lewis F. age 58y 3m 14d, d. 31 Oct 1893
KNEPPER, Emily Louisa w/o Lewis F. KNEPPER
age 39y 5m 27d, d. 6 Sep 1870
KNEPPER, George s/o Lewis F. & Emily KNEPPER
age 1y 1m 5d, d. 24 Jan 1862
ANDERSON, Sarah age 71y 8m 10d, d. 12 Sep 1891
TICE, John D. b. 23 Apr 1840 d. 6 Jan 1917
SOWERS, Mary E. d/o Peter & Mary J. SOWERS
age 1m 13d, d. 27 Sep 1860
SOWERS, Infant s/o Peter J. & Mary J. SOWERS
age 28d, d. 20 Aug 1871
MCLAIN, Mary age 62y 3m 28d, d. (n.d.)
Two graves, no stones
HELLER, George age 67y 5d, d. 10 Oct 1859
HELLER, Sarah age 73y 8m 26d, d. 28 Aug 1875
DRAPER, John age 67y 8m 12d, d. 21 May 1883
DRAPER, Eliza w/o John DRAPER age 33y,
d. 16 Feb 1860

DRAPER, Lucy Gray d/o John & Eliza DRAPER
age 16y 11m 23d, d. 16 Nov 1868
KREPS, Henry b. 22 Sep 1830 d. 18 Dec 1865
KREPS, Martha M. b. 27 Oct 1830 d. 14 Apr 1900
MUMMART, William G. age 58y 8m 10d, d. 20 May 1871
One grave, no stone
ADAMS, Dr. Amos age 61y, d. 2 Mar 1872
MUMMART, Martin L. s/o William A. & Lovine MUMMART
age 1y 24d, d. 2 Oct 1877
MUMMART, Catharine L. d/o Wm. A. & Lovine
MUMMART age 7y 6m 23d, d. 25 Jul 1877
MUMMART, Samuel b. 1839 d. 1885
MUMMART, Annie E. w/o Samuel MUMMART b. 1843
d. 1916
MUMMART, Annie M. b. 1866 d. 1877
MUMMART, Mary E. b. 1875 d. 1889
CALLAHAN, John P. s/o Wm. & H. M. CALLAHAN
age 10m 11d, d. 13 Aug 1879
GROSH, Mable H. d/o T. W. & Mary R. GROSH
age 7m, d. 29 Oct 1919
GROSH, Infant d/o Charles C. & Alice M. GROSH
d. (n.d.)
GROSH, Charles C. b. 1853 d. 1928
GROSH, Alice M. w/o Charles C. GROSH b. 1858 d. 1936
GROSH, John age 62y 1m 14d, d. 19 Sep 1880
GROSH, Mary Ann w/o John GROSH age 77y 2m 25d,
d. 13 Jul 1893
GROSH, Mariah age 69y 2m 17d, d. 5 Mar 1881
GROSH, William age 77y 5m 20d, d. 2 Aug 1883
GROSH, Sarah w/o William GROSH age 83y 9m 11d,
d. 2 Jun 1896
One grave, no stone
PENNER, Levi age 57y 10m 27d, d. 14 Jan 1910
PENNER, Harriett Henrietta b. 1863 d. 1903
PAGE, William N. b. 28 Feb 1803 d. 16 Nov 1883
SOWERS, Peter J. b. 1834 d. 1920
SOWERS, Mary J. w/o Peter J. SOWERS
age 50y 4m 21d, d. 17 Apr 1882
SOWERS, Joseph G. age 27y d. 13 Oct 1896
NEWKIRK, Ann Elizabeth w/o Tunis E. NEWKIRK
age 25y 5m 22d, d. 29 Jan 1880
One grave, no stone
RHODES, Jacob Dallas b. 1844 d. 1918
RHODES, Sophia F. w/o Jacob Dallas RHODES b. 1850
d. 1925
RHODES, Armond b. 1879 d. 1901
RHODES, Clinton M. b. 1871 d. 1907
MYERS, Eli d. (n.d.)
MYERS, John d. (n.d.)
MYERS, Nancy d. (n.d.)
MYERS, George d. (n.d.)
MYERS, Infant d. (n.d.)
ZIMMERMAN, Franklin A. age 2m 20d, d. 16 Jan 1879
HOLLAND, John W. age 58y 9m 27d, d. 27 Oct 1872
SNOOK, Flora age 16y d. Sep 1867
SNOOK, Joshua age 52y, d. 1866
SNOOK, Elizabeth b. 11 Nov 1818 d. 6 Feb 1891

MYERS, Lewis age 80y 9m 2d, d. 31 Oct 1870
MYERS, Susanna w/o Lewis MYERS age 69y 9m 10d,
d. 8 Mar 1861
CLEM, Henry age 1y 8m 6d, d. 13 Aug 1869
BARKMAN, Eve age 81y 10m 18d, d. 4 Aug 1861
HYSINGER, Christian b. 27 May 1789 d. 16 Jun 1860
CONRAD, Samuel age 32y 3m 18d, d. 29 May 1864
CONRAD, Manerva Ann w/o Samuel CONRAD
age 23y 1m, d. 24 Feb 1858
KREPS, Susan F. d/o John M. & Susan KREPS
age 9m 14d, d. 12 Jul 1872
BREWER, Capt. Daniel age 64y 4m 1d, d. 15 Sep 1855
HELLER, Mary w/o Capt. Dan. BREWER
age 49y 10m 21d, d. 3 Apr 1862
One grave, no stone
BREWER, Lewis Miller age 27y 9m 28d, d. 31 Aug 1861
SOWERS, Mary w/o Frederick SOWERS
age 77y 10m 16d, d. 6 Jan 1872
SCHRAMEYER, Samuel H. s/o Henry & Susanna
SCHRAMEYER b. 10 Feb 1848 d. 3 Sep 1855
SCHRAMEYER, Ann d/o Henry & Susanna
SCHRAMEYER b. 9 Nov 1851 d. 11 May 1853
SCHRAMEYER, Henry b. in Western Cappela, Germany
20 Jun 1812, naturalized 3 Dec 1838,
d. 24 Mar 1889
SCHRAMEYER, Susan w/o pf Henry SCHRAMEYER
b. 25 Dec 1822 d. 20 Jun 1888
SOWERS, Eli T. b. 6 Sep 1825 d. 6 Oct 1857
SOWERS, Nancy w/o Eli T. SOWERS b. 12 Aug 1820
d. 10 Jun 1894
RHODES, Jacob age 73y 9m d. 26 Sep 1875
RHODES, Catharine w/o Jacob RHODES
age 58y 8m 28d, d. 29 Oct 1859
BROWN, Robert Bruce s/o S. & K. BROWN age 11m 15d,
d. 19 Sep 1872
KUHN, Mary A. d/o John & Mahala KUHN
age 7y 3m 18d, d. 7 May 1876
KUHN, Anna Amelia d/o John & Mahala KUHN
age 1y 2m 4d, d. 4 Sep 1868
KUHN, Jacob H., father, b. 25 Jun 1825 d. 7 May 1861
MILES, Mary L. w/o James W. MILES age 63y 17d,
d. 23 Dec 1895
YETTER, Hannah, mother, age 54y 8m, d. (n.d.)
MILLER, Sarah Ann b. 29 May 1842 d. 28 Apr 1922
PITTINGER, Jacob D. age 42y 20d, d. 19 Apr 1876
PITTINGER, Mary M. w/o Jacob D. PITTINGER
age 54y 11m 24d, d. 18 Dec 1887
PITTINGER, Harry W. D. age 18y 4m 20d, d. 12 Sep 1876
PITTINGER, Mary M. age 6y 2m 20d, d. 12 May 1871
RICKERT, John b. 20 Sep 1797 d. 12 Jul 1874
RICKERT, Mary b. 14 Apr 1811 d. 20 Jan 1888
SWORD, Catharine w/o John SWORD b. 18 May 1799
d. 23 Jul 1884
SWORD, Mary d/o John & Catherine SWORD
age 61y 4m 11d, d. 20 Dec 1893
SWORD, Samuel b. 29 Jun 1825 d. 2 Apr 1904
SWORD, Jacob b. 3 May 1823 d. 24 Mar 1908

SWORD, Margaret C. w/o Jacob SWORD age 89y,
   d. 12 Sep 1920
SILVER, Isabelle b. 1826 d. 1882
SILVER, Anna b. 1851 d. 1928
SNYDER, Sibyl Lucile d/o L. P. & E. K. SNYDER
   b. 17 Apr 1905 d. 27 Sep 1905
SNYDER, Luther P. s/o L. P. & E. K. SNYDER b. 1915
   d. 1917
SNYDER, Ralph L. s/o L. P. & E. K. SNYDER b. 1907
   d. 1918
One grave, no stone
GARVER, Harvey E. s/o J. M. & M. A. GARVER
   age 1y 7m 16d, d. 19 Mar 1883
GARVER, Joseph M. b. 14 May 1848 d. 13 Aug 1914
GARVER, M. A. w/o Joseph M. GARVER d. (n.d.)
EDELEN, Charles age 91y 5m 2d, d. 7 Mar 1889
EDELEN, Eliza w/o Charles EDELEN age 79y 7m 8d,
   d. 7 Apr 1886
EDELEN, Denton J. Co. A. 11 Reg. MD Vol.
   b. 28 Dec 1845 d. 2 May 1915*
SWORD, David b. 7 Mar 1829 d. 8 Jun 1915
BOHRER, Christine w/o David SWORD b. 2 Feb 1840
   d. 21 May 1927
MILLER, Almedia, sister, b. 19 Jan 1860 d. 30 Jun 1922
LOHR, James age 76y 2m 7d, d. 5 Oct 1914
LOHR, Mary w/o James LOHR age 47y 7m 19d,
   d. 28 Apr 1886
LOHR, Freddier M. s/o James & Mary LOHR
   age 4y 6m 19d, d. 14 Jan 1880
LOHR, Annie d/o James & Mary LOHR age 1y 6m 3d,
   d. 30 Jul 1874
FLORY, Rose Leon s/o D. H. & H. M. FLORY
   b. 10 Jun 1878 d. 30 Jun 1878
FLORY, Grant d/o D. H. & H. M. FLORY age 10m,
   d. 18 Oct 1875
FLORY, Alexander M. s/o D. H. & Mercer FLORY
   age 6y 27d, d. 7 Feb 1871
FLORY, Mercer w/o David H. FLORY age 26y 11m 17d,
   d. 20 Oct 1870
NEWKIRK, Maggie age 32y 9d, d. 14 Nov 1878
JACQUES, Denton b. 4 May 1814 d. 16 Apr 1877
JACQUES, Sarah A. w/o Denton JACQUES
   age 80y 3m 10d, d. 10 Jun 1889
FLORY, Mary E. w/o Major A. M. FLORY b. 24 Feb 1837
   d. 2 Sep 1870
FLORY, Murphy E. s/o Major A. M. & Mary E. FLORY,
   Corp. Co. B. 1 MD Inf. Spanish Amer. War
   b. 27 Nov 1869 d. 25 Jun 1901
FLORY, Daniel age 67y 11m 10d, d. 24 Mar 1876
FLORY, Catharine A. w/o Daniel FLORY age 55y 6m,
   d. 14 Sep 1867, Mother of Alexander M. FLORY,
   Daniel FLORY, Amanda FLORY, Amelia FLORY
FEIDT, John b. 23 Feb 1805 d. 14 Nov 1872
FEIDT, Catharine w/o John FEIDT b. 22 Mar 1813
   d. 4 Nov 1900
FEIDT, William H. b. 2 Jun 1853 d. 7 Jan 1893
FEIDT, Alburtus J. b. 7 Feb 1844 d. 22 May 1918

FEIDT, John D. b. 14 May 1837 d. 22 Nov 1914
FEIDT, George L. b. 14 Jan 1840 d. 18 Mar 1860
YOUNG, John D. b. 1825 d. 1897
YOUNG, Anna M. w/o John D. YOUNG b. 1827 d. 1900
YOUNG, Della b. 1860 d. 1937
YOUNG, George F. s/o Geo. B. & A. E. YOUNG, infant
   b. (n.d.) d. (n.d.)
PETERMAN, Samuel G. s/o W. T. & Ann C. PETERMAN
   age 1y 1m 27d, d. 2 Aug 1858
PETERMAN, William M. s/o W. T. & Ann C. PETERMAN
   age 3m 1d, d. 29 Apr 1859
SPONSELLER, Solomon S. s/o J. L. & C. A.
   SPONSELLER age 5m 7d, d. 28 Jul 1870
SPONSELLER, Frederick Sr. age 60hr(yr?) 10m 4d,
   d. 1 Dec 1855
SPONSELLER, Harriet Ann w/o Fredrick SPONSELLER
   Sr. age 86y 4m 3d, d. 13 Dec 1886
SPONSELLER, Frederick Jr. b. 20 Aug 1827
   d. 29 Jul 1900
SPONSELLER, Edward C. b. 26 Mar 1837 d. 23 May 1923
MOORE, Mary A., mother, b. 9 Jan 1826 d. 17 Sep 1894
FEIDT, George age 79y 11m 4d, d. 28 Jan 1880
FEIDT, Sophia w/o George FEIDT age 55y 6m 14d,
   d. 2 Mar 1864
One grave, no stone
HUGHES, T. Sargent b. 10 Mar 1842 d. 23 Mar 1926
HUGHES, Mary A. w/o T. Sargent HUGHES
   b. 7 Sep 1850 d. 4 Sep 1932
BIESTLINE, Annie Virginia d/o Michael & Martha J.
   age 1y 6m 1d, d. 18 Aug 1871
MCATEE, Mary Loute d/o Thomas W. & Mary B.
   MCATEE age 4y 4m 20d, d. 11 Apr 1862
ERNST, John G. b. 5 Feb 1808 d. 21 Apr 1869
ERNST, Julian w/o John G. ERNST age 62y 9m 7d,
   d. 20 Aug 1870
ERNST, George W. s/o J. G. & Julian ERNST
   age 19y 7m 9d, d. 17 Jan 1862
Two graves, no stones
MOUDY, Eli age 61y 6m 9d, d. 27 Aug 1879
MOUDY, ___ w/o Eli MOUDY d. (n.d.)
LUTZ, Benjamin b. 20 Jan 1814 d. 20 Jan 1901
LUTZ, Annie w/o Benjamin LUTZ age 52y, d. 28 Dec 1868
MEYLEY, John, husband, b. 5 May 1837 d. 16 Oct 1882
MEYLEY, Elizabeth w/o Abraham MEYLEY
   b. 24 Aug 1800 d. 1 Jul 1869
MEYLEY, Daniel b. 9 Jun 1833 d. 4 Jun 1869
ROWLAND, Henry b. 20 May 1822 d. 24 Sep 1897
ROWLAND, Elizabeth b. 3 Jan 1822 d. 18 Feb 1890
ROWLAND, Abraham b. 11 Sep 1782 d. 29 Dec 1870
KREPS, Mary Pansy b. 27 Dec 1896 d. 28 Jun 1897
BEYARD, Myrtie E. d/o S. M. & M. E. BEYARD
   age 6m 2d, d. 4 Jul 1871
BEYARD, Infant d/o Samuel M. & M. E. BEYARD (n.o.i.)
BEYARD, Samuel b. 1845 d. 1892
BEYARD, Mary E. w/o Samuel M. Beyard b. 1848 d. 1915
BEYARD, Samuel M. Jr. b. 1891 d. 1892
BOHRER, Jacob b. 6 May 1809 d. 3 Oct 1889

BOHRER, Jane w/o Jacob BOHRER b. 15 Mar 1821
    d. 21 Dec 1876
HOCH, Lydia b. 19 Feb 1800 d. 17 Oct 1882
ERNST, Joseph b. 26 Apr 18(?)5 d. 24 Jan 1933
ERNST, Mary C. w/o Joseph ERNST b. 4 Jun 1845
    d. 16 Jun 1916
ERNST, Myrtle May b. 30 Mar 1880 d. 26 Jun 1880
EDELEN, John S. b. 1840 d. 1882
EDELEN, R. age 1y 9m 11d, d. (n.d.)
ANDERSON, Joseph age 56y 4m 28d, d. 22 Jul 1883
ANDERSON, Ann P. w/o Joseph ANDERSON
    b. 10 Feb 1830 d. 20 Sep 1906
ANDERSON, John W. s/o Joseph & Ann P. ANDERSON
    age 3y 2m 25d, d. 15 Oct 1861
ANDERSON, Joseph H. b. 6 Nov 1862 d. 16 Feb 1901
ANDERSON, Harry W. age 20y 4d, d. 17 Dec 1885
BROWN, Frances Fay d/o C. & Myrtle BROWN age 16d,
    d. 19 Aug 1903
CHARLES, Samuel E. s/o Milton & Amanda CHARLES
    b. 1881 d. 1904
CHARLES, Bertha J. d/o Milton & Amanda CHARLES
    b. 1886 d. 1905
BOYD, Charles D., infant, b. (n.d.) d. 29 Feb 1912
CHARLES, Benjamin F. b. 18 Aug 1850 d. 6 Dec 1924
CHARLES, Mary E. w/o Benjamin F. CHARLES
    b. 4 Nov 1853 d. 1937
CHARLES, Roger D. b. 7 Apr 1883 d. 7 May 1913
CHARLES, Thomas P. b. 10 May 1879 d. 20 Jul 1880
CHARLES, Mary F. b. 28 Jan 1892 d. 5 Feb 1893
JOHNSON, Charles b. 1844 d. 1933
JOHNSON, Millie w/o Charles JOHNSON
    age 30y 11m 17d, d. 6 Aug 1874
JOHNSON, Infant d. (n.o.i.)
SOWERS, Jackie s/o Samuel W. & Sarah A. SOWERS
    age 2y 9m 6d, d. 20 Aug 1873
CHARLES, Joel age 64y 26d, d. 25 Feb 1882
SPONSELLER, Christiana w/o Joel CHARLES
    b. 21 Dec 1827 d. 10 Jan 1887
CHARLES, Samuel s/o Joel & C. E. CHARLES
    age 21y 7m 6d, d. 6 Sep 1869
HOUCK, John D. s/o Jacob & Maria HOUCK age 42y 7m,
    d. 14 Feb 1871
HOUCK, Jacob b. 1 Jan 1801 d. 24 Dec 1885
HOUCK, Maria w/o Jacob HOUCK b. 27 May 1806
    d. 4 Sep 1892
SCHLEIGH, Boyd b. 1862 d. 1904
SCHLEIGH d. (n.o.i.)
SCHLEIGH, Fannie B. b. 14 Mar 1871 d. 2 Feb 1877
SCHLEIGH, Charles A. b. 20 Jul 1836 d. 8 Jan 1923
SCHLEIGH, Augusta T. w/o Charles A. SCHLEIGH
    b. 17 Jul 1839 d. 17 Apr 1884
MCCOY, David b. 8 Jun 1844 d. 20 Jul 1927
MCCOY, Daniel b. 1 Oct 1838 d. 8 Jul 1923
SPIELMAN, Amos b. 22 Oct 1839 d. 15 Oct 1900
SPIELMAN, Kate w/o Amos SPIELMAN age 36y 9m 28d,
    d. 30 Dec 1876
SPIELMAN, Georgie age 2y 10m 4d, d. 11 May 1879

SPIELMAN, Mary d/o Amos & Kate SPIELMAN
    age 5m 4d, d. 20 Sep 1863
MCCOY, Mary Lizzie d/o Denton & Susan MCCOY
    age 16y 4m 9d, d. 22 Nov 1862
MCCOY, John b. 1849 d. 1879
BREWER, Elizabeth age 76y 5m 21d, d. 20 Feb 1906
MCCOY, Susan age 74y 1m 15d, d. 9 Feb 1893
MCCOY, Sarah b. 1842 d. 1922
(e.n. the word 'sisters' inserted between Susan & Sarah
    MCCOY)
SPRECHER, Prof. Isaac b. 19 Jul 1825 d. 12 Jun 1907
SPRECHER, Catharine b. 29 Jan 1827 d. 31 Dec 1878
    w/o Prof. Isaac SPRECHER
SPRECHER, Mary C., Sister, b. 6 Jun 1854
    d. 26 Feb 1895
SPRECHER, J. Anna, Sister, b. 21 Sep 1856
    d. 3 Mar 1918
FLORY, Alexander M., Major 1st. Potomac Home
    Brigade, MD Cav. b. 7 May 1831 d. 2 May 1913*
HASSETT, Mary A. w/o Alexander M. FLORY
    b. 5 Jan 1842 d. 31 Mar 1925
FLORY, Denton J. b. 8 Jan 1866 d. 9 Mar 1924
DELLINGER, Henry Williams age 71y 3m 21d,
    d. 1 Nov 1884
DELLINGER, Mary M. age 83y d. (n.d.)
DELLINGER, Henrietta M. b. 16 Feb 1839 d. 8 Aug 1909
DELLINGER, Henry W. b. (n.d.) d. 22 Jul 1875
DELLINGER, Mary W. b. (n.d.) d. 2 Fb(?) 1885
GARDNER, Nettie Estelle b. 1858 d. 1934
GARDNER, William C. b. 15 Feb 1852 d. 26 Mar 1908
GARDNER, William b. 10 Jan 1812 d. 28 Nov 1888
GARDNER, Elizabeth w/o William GARDNER
    b. 6 Jul 1821 d. 17 Jul 1905
TOSTON, John b. (n.d.) d. 1937
TOSTON, Susan E. w/o John TOSTON b. 1841 d. 1930
PETERMAN, William T. age 58y 2m 9d, d. 6 Oct 1875
PETERMAN, Ann C. b. 8 Jan 1818 d. 20 Apr 1886
KRATZ, Anna E. b. 1850 d. 1922
NESBITT, Jonathan b. 14 Feb 1805 d. 28 Aug 1877
NESBITT, Ann R. w/o Jonathan NESBITT b. 7 Jul 1809
    d. 18 Feb 1885
NESBITT, Fannie A. d/o Jonathan & Ann NESBITT
    b. 20 Oct 1846 d. 2 Apr 1931
NESBITT, Francis s/o Jonathan NESBITT b. 7 Jul 1809
    d. 18 Feb 1885
KNEPPER, William, father, age 69y 22d, d. (n.d.)
KNEPPER, S. Alice age 27y 3m 3d, d. 17 Oct 1876
KNEPPER, ____, mother, b. 1808 d. 1888
KNEPPER, Katharine E. b. 1827 d. 1891
KNEPPER, Margaret A. b. 1838 d. 1904
FEIDT, Lancelot Jacques b. 22 Dec 1833 d. 23 Aug 1921
KREPS, Mary E. w/o Lancelot Jacques FEIDT
    b. 24 Jan 1840 d. 27 Sep 1912
FEIDT, ____, sister, d. (n.o.i.)
FEIDT, on one grave stone
One grave, no stone, infant
FERNSNER, Lewis b. 15 Mar 1828 d. 31 Jul 1905

FERNSNER, Martha Susan w/o Lewis FERNSNER
 b. 26 Aug 1834 d. 11 Jan 1896
FERNSNER, Fannie A. d/o Lewis & Martha S. FERNSNER
 b. 8 Sep 1857 d. 12 Apr 1886
CONNER, Susan w/o Daniel CONNER age 59y 11m 20d,
 d. 25 Apr 1875
HAWBAKER, Annia M. w/o Daniel N. HAWBAKER
 age 21y 9m 19d, d. 22 Mar 1871
Two graves, no stones
WARNER, George Andrew b. 11 Jun 1829 d. 24 Feb 1896
WARNER, Susan K. w/o George Andrew WARNER
 b. 7 Nov 1834 d. 14 Aug 1873
WARNER, John age 73y 1m, d. 23 May 1872
WARNER, Christiana E. b. 20 Jul 1798 d. 2 Jan 1883
WARNER, John H. s/o J. & C. WARNER age 27y 11m 9d,
 d. 19 Dec 1868
EIKELBERNER, John b. 7 Aug 1791 d. 1 May 1866
One grave, plain stone
SHANK, William s/o Jonathan & Jane SHANK
 age 32y 10m 5d, d. 4 Dec 1884
SHANK, Jane w/o Jonathan SHANK age 67y 10m 4d,
 d. 25 Jun 1886
MASON, John C. b. 25 Jan 1863 d. 5 May 1934
MASON, Rachel w/o John C. MASON b. 17 Sep 1878
 d. (n.d.)
One grave, no stone, corner G. (?)
One grave, no stone, infant, corner G. (?)
GRAYBILL, Rev. J. M. b. 12 Jul 1828 d. 13 Aug 1912
PRATHER, Anna b. 10 Feb 1832 d. 27 May 1912
GRAYBILL, Flora Virginia d/o J. M. & Annie GRAYBILL
 age 1y 8m, d. 2 Feb 1863
GRAYBILL, Mary A. age 24y, d. 14 Dec 1889
GRAYBILL, Samuel J. age 29y, d. 25 Apr 1896
JOHNSON, Mary Katharine b. 5 Nov 1899 d. 16 Nov 1901
JOHNSON, Leven West b. 1863 d. 1902
JOHNSON, Tobias Belt b. 1832 d. 1917
JOHNSON, Ellen Mary b. 1830 d. 1906
MASON, Daniel Jr. s/o Daniel & Ellen V. MASON
 b. 9 Feb 1867 d. 25 Jun 1892
MASON, Daniel b. 11 Jul 1840 d. 14 Nov 1902
MASON, Ellen V. w/o Daniel MASON b. (n.d.) d. (n.d.)
DOWLER, Phebe Robinson w/o James C. DOWLER
 age 62y 10d, d. 1 Jun 1862
STONE, Mary J. w/o H. F. STONE age 61y 3m 15d,
 d. 3 Jun 1905
GEHR, Joseph M. age 64y, d. 9 Dec 1905
GEHR, Annie w/o Joseph M. GEHR age 38y 3m 24d,
 d. 6 Apr 1885
GEHR, Leland A. s/o Alonzo & Urilla F. GEHR
 age 3m 22d, d. 1 Aug 1895
One grave, plain stone
STARLIPER, Clara L. d/o Henry & Mary STARLIPER
 b. 24 Jan 1881 d. 11 Nov 1906
STARLIPER, Henry age 64y 4d, d. 7 Jul 1891
MASON, Mary E. w/o Henry STARLIPER b. 1 Oct 1844
 d. 31 Jan 1902
STARLIPER, Katie b. 3 Sep 1866 d. 1 Apr 1921

One grave, plain stone
MASON, Samuel b. 12 Feb 1855 d. 23 Feb 1929
KNODLE, Susan w/o Rev. H. KNODLE b. 19 Sep 1842
 d. 25 Sep 1868
MASON, Ruth d/o Samuel & Elizabeth MASON
 age 16y 10m 28d, d. 19 Dec 1865
MASON, Christiana d/o Samuel & Elizabeth MASON
 age 4y 1m 13d, d. 17 Jun 1864
MASON, Samuel age 63y 8m 16d, d. 6 Oct 1882
MASON, Elizabeth w/o Samuel MASON age 60y 2m,
 d. 6 Jun 1881
MASON, Rev. Jeremiah age 64y 22m d. 28 Sep 1849
MASON, Sarah w/o Rev. Jeremiah MASON age 74y,
 d. 10 Jul 1867
MASON, Thomas Byron b. 20 Aug 1856 d. 29 Oct 1925
MASON, Jeremiah Jr. age 33y 8m 24d, d. 11 Dec 1849
MASON, John T. age 49y 10m 3d, d. 31 Jan 1863
MASON, Willard F. age 23y 6m 15d, d. 28 Feb 1875
MASON, Laura E. d/o J. T. & C. MASON age 19y 2m 26d,
 d. 11 Oct 1880
DAKE, Catharine w/o Frederick DAKE age 61y 22d,
 d. 3 Nov 1896
DELLINGER, John F. age 67y, d. 21 May 1899
DELLINGER, Annie E. w/o John F. DELLINGER
 age 72y 11m 7d, d. 21 Aug 1906
DELLINGER, America J. age 28y, d. 28 Nov 1891
DELLINGER, T. Johnson s/o J. F. & A. E. b. (n.d.)
 d. 26 Mar 1869
DELLINGER, Ellie Johnson d/o J. F. & A. E. DELLINGER
 age 1y 7m 17d, d. 16 Aug 1863
JOHNSON, Joseph P. s/o T. & R. JOHNSON age 19d
 d. 25 Jan 1848
JOHNSON, Thomas s/o Tobias & Ruth JOHNSON
 age 1y 1m 14d, d. 17 Jan 1843
JOHNSON, Benjamin s/o Tobias & Ruth JOHNSON
 age 1y 1m 18d, d. 3 Feb 1839
BELT, Mary Skinner w/o Robert JOHNSON
 age 96y 4m 25d, d. 26 Sep 1871
JOHNSON, Tobias b. 25 Dec 1802 d. 26 Sep 1885
JOHNSON, Ruth w/o Tobias JOHNSON
 age 50y 11m 15d, d. 10 Nov 1859
GARDNER, Dr. Scott H. age 38y 11m 5d, d. 27 Mar 1889
GARDNER, Mary C. b. 2 Jun 1847 d. 11 May 1907
SMALL, Infant d/o R. M. & F. V. SMALL b. (n.d.) d. (n.d.)
Two graves, no stones
HELLER, Mary Eva d/o R. S. & Nettie HELLER
 age 6m 25d, d. 13 Oct 1887
REPP, John b. 8 Feb 1845 d. 1 May 1932
REPP, Jane R. w/o John REPP b. 11 Jan 1856
 d. 3 Aug 1934
THOMPSON, Elizabeth, Mother, b. 8 Nov 1818
 d. 10 Feb 1889
PIKE, Francis b. 1817 d. 1891
PIKE, Mary E. w/o Francis PIKE b. 1820 d. 1893
PIKE, Lydia A. b. 1844 d. 1920
RHODES, D. T. b. 13 Jan 1836 d. 14 Aug 1900

RHODES, Mary E. w/o D. T. RHODES b. 27 Oct 1845
    d. 7 Apr 1914
HURD, Little M. J. s/o G. W. & A. E. S. HURD
    b. 31 Oct 1800 d. 12 Aug 1891
HURD, George W. b. 1854 d. 1922
Two graves, no stones
CORBETT, Thomas b. 23 Nov 1830 d. 29 Jan 1894
CORBETT, Louisiana w/o Thomas CORBETT
    b. 28 Jun 1836 d. 7 Jun 1894
MOORE, Chester Lee s/o Joseph S. & Katie S. MOORE
    age 9y 3m 23d, d. 16 May 1904
MOORE, Libbie May d/o Jos. S. & Katie S. MOORE
    age 1y 6m 5d, d. 14 Jan 1888
Two graves, no stones
STALEY, John W. b. 1831 d. 1919
STALEY, John W. Jr. b. 1890 d. 1909
STALEY, Marry E. b. 1892 d. 1892
(e.n. spelled Marry in original)
STALEY, David L. b. 1900 d. 1900
HIGGINS, Martin L. b. 17 Feb 1846 d. 13 Feb 1922
HIGGINS, Mary Jane w/o Martin L. b. 1 Oct 1844
    d. 22 Jan 1927
HIGGENS, Emma C. d/o Martin L. & Mary J. HIGGENS
    age 20y 7m 11d, d. 3 Sep 1889
CLOPPER, Mary E. w/o Joseph F. CLOPPER
    age 23y 7m 16d, d. 23 Sep 1894
FUNKHOUSER, W. E. b. 11 May 1877 d. 15 May 1913
FUNKHOUSER, Lucy E. w/o W. S. FUNKHOUSER
    b. 7 Feb 1879 d. 25 Jul 1902
WARD, William, husband, age 68y 10m 25d,
    d. 30 Nov 189(?)
Three graves, no stones
TEDRICK, Henrietta w/o Henry TEDRICK age 45y 6m,
    d. 8 Feb 1890
STERLING, Harry J. s/o George M. & Annie R. STERLING
    age 22y 8d, d. 13 Dec 1890
FORD, John W. age 76y, d. 25 Dec 1896
FORD, Catherine A. w/o John W. FORD age 78y,
    d. 15 Jan 1899
One grave, no stone
MYERS, William age 75y 7m, d. 11 Mar 1887
MYERS, Rachael age 80y, d. 5 Apr 1895
MYERS, Elizabeth age 66y, d. 8 Apr 1902
Two graves, no stones
GEHR, William M. age 75y 6m 10d, d. 9 Jul 1889
GEHR, Sophia w/o William M. GEHR b. 22 Jun 1814
    d. 21 Jul 1893
GEHR, Louisa d/o Wm. & Sophia GEHR b. 2 Feb 1851
    d. 16 Feb 1899
HULL, Henry b. 11 Oct 1842 d. 9 Mar 1916
HULL, Anna Maria w/o Henry HULL b. 10 Mar 1847
    d. 1 Mar 1926
HULL, James H. s/o Jas. & Jennie HULL b. 7 Mar 1889
    d. 3 Jan 1893
HULL, Susan D. w/o Charles HULL age 26y 4m 20d,
    d. 25 Aug 1894
POWERS, Harvey C. b. 25 Nov 1863 d. 23 Jun 1914

POWERS, Annie M. w/o Harvey C. POWERS
    b. 20 Nov 1865 d. 2 Nov 1929
MOORE, Hamilton A. b. 26 Apr 1812 d. 4 Oct 1891
MOORE, Christiana w/o Hamilton MOORE
    age 71y 11m 28d, d. 15 Mar 1888
REPP, Samuel b. 5 Jul 1816 d. 3 Jul 1894
REPP, Mary Jane w/o Samuel REPP age 70y,
    d. 28 Jun 1901
Two graves, no stones
HERTMAN, Margaret w/o David HERTMAN
    age 89y 2m 10d, d. 8 Jun 1897
HERTMAN, Jacob s/o David & Margaret HERTMAN
    age 47y 1m 1d, d. 23 Jan 1892
HERTMAN, John d. (n.o.i.)
HERTMAN, Margaret w/o John HERTMAN
    age 79y 10m 5d, d. 10 Sep 1923
TRUMPOWER, Nancy A. d/o Simon & Rhuanna
    TRUMPOWER b. 18 Apr 1893 d. 2 Jul 1898
TRUMPOWER, Simon F. b. 30 Jun 1852 d. 28 May 1933
TRUMPOWER, Rhuanna w/o Simon TRUMPOWER
    b. 23 Dec 1852 d. 2 Sep 1931
YETTER, Christian b. 17 Dec 1825 d. 26 Mar 1897
One grave, no stone
FUNKHOUSER, Godfrey age 51y, d. 6 Jan 1890
FUNKHOUSER, Mary Jane w/o Godfrey FUNKHOUSER
    b. 1849 d. 1893
FUNKHOUSER, Mary C. b. 1873 d. 1893
FARROW, Samuel H. Jr b. 2 Nov 1885 d. 5 Aug 1891
FARROW, Samuel H. b. 2 Jul 1848 d. (n.d.)
FARROW, Lydia I. w/o Samuel H. FARROW
    b. 12 Feb 1856 d. 29 Jan 1935
FARROW, John W. b. 16 Jun 1881 d. 27 Jan 1923
FARROW, Helen Annabelle b. 30 Oct 1901 d. 30 Oct 1918
FARROW, John R. age 87y 8m 18d, d. 3 Dec 1892
WHITE, Charles W., Co. A. Louden Co. VA, Vol Rangers
    Ind. U.S. Cav. b. 18 Dec 1843 d. 6 Jun 1920*
WHITE, Jane E. w/o Chas. W. WHITE b. 22 May 1842
    d. 19 Feb 1896
WHITE, John S. s/o Chas. & Jane E. WHITE
    b. 21 Nov 1873 d. 9 Feb 1896
Two graves, no stones

Rose Hill Cemetery,
East end of Clearspring on Route #40

SILVER, John E. b. 17 Dec 1844 d. 7 Oct 1909
SILVER, Mattie J. w/o John E. b. 19 Oct 1849
    d. 8 May 1921
SILVER, Samuel L. b. 14 Oct 1882 d. 5 Aapr 1925
SILVER, William E. b. 1879 d. 1913
WINDLE, Margaret b. 15 Sep 1848 d. 24 Jul 1909
WINDLE, Elizabeth b. 27 Aug 1845 d. (n.d.)
MILLER, David Spickler b. 13 Apr 1866 d. 5 Aug 1915
LEWIS, Myrtle Miller w/o David S. MILLER b. 7 Mar 1871
    d. 4 Sep 1929
REEDER, Henry W. b. Oct 1817 d. Jan 1899

HERSHEY, Margaret A. w/o Henry W. REEDER
b. Oct 1816 d. Dec 1893
REEDER, Theodore N. b. 29 Mar 1852 d. 24 Nov 1919
REEDER, Coouese(?) L. b. 23 Jun 1850 d. 3 Dec 1935
COLE, John A. b. 14 Jan 1868 d. 28 Nov 1909
GRUBER, Gertruce Cole w/o John A. COLE
b. 20 Aug 1874 d. (n.d.)
HART, John H. b. 21 Dec 1850 d. 22 Jan 1932
HART, Mary E. w/o John H. b. 21 Jul 1852 d. 30 Apr 1891
KUHN, John H. (n.o.i.)
KUHN, Susan C. w/o John H. b. 25 Dec 1854
d. 8 Oct 1920
KUHN, Willie s/o John H. & Susan C. b. 10 Jan 1880
d. 30 Sep 1882
KUHN, Clarence E. b. 21 Oct 1888 d. 24 Feb 1936
HARVEY, Daniel b. 1858 d. 1934
HARVEY, Mary b. 1858 d. 1930
HARVEY, Henry b. 1852 d. 1909
HERR, Rudolph b. 3 Oct 1812 d. 16 Apr 1900
HERR, Elizabeth w/o Rudolph age 74y 3m 17d,
d. 5 Feb 1891
HERR, Lewis E. b. 27 Sep 1886 d. 14 Feb 1905
HERR, Rudolph R. s/o Rudolph & Elizabeth
age 37y 5m 23d, d. 28 Feb 1888
KREPS, Rudolph b. 9 Nov 1833 d. 22 Sep 1920
KREPS, Elizabeth w/o Rudolph b. 28 May 1835
d. 17 Jul 1915
KREPS, Dr. John J. s/o Rudolph & Elizabeth
b. 12 Jun 1861 d. 23 Nov 1893
KUHN, Frank, Brother, b. 28 Dec 1879 d. 22 Jul 1930
KUHN, John Joseph s/o John & Mahala KUHN
age 20y 1m 3d, d. 25 Mar 1893
KUHN, John b. 23 Nov 1841 d. 16 Aug 1910
KUHN, Mahala w/o John b. 19 Nov 1844
d. 20 Mar 1920
KUHN, Jacob age 81y 4m 13d, d. 8 Sep 1881
KUHN, Nancy w/o Jacob b. 6 Feb 1804 d. 5 Mar 1884
kUHN, Abraham b. 8 Jan 1831 d. 14 Feb 1904
KUHN, Joel b. 27 Mar 1832 d. 18 Mar 1912
BREWER, Antoinette b. 14 Oct 1846 d. 30 Dec 1921
LOOSE, Jonathan age 72y 19d, d. 5 Nov 1884
LOOSE, Maria w/o Jonathan age 65y 7m 15d,
d. 11 Dec 1891
LOOSE, C. Edward age 3y 6m 10d, d. 10 May 1851
LOOSE, Annie V. b. 1849 d. 1921
LOOSE, William E. b. 1851 d. 1912
LOOSE, Masie w/o William E. age 47y 10m 22d,
d. 10 May 1901
LOOSE, Bertha S. d/o Wm. E. & M. G. age 4y 7m 1d,
d. 24 Aug 1884
LOOSE, Meta G. d/o Wm. E. & M. G. age 2y 7m 18d,
d. 26 Sep 1878
LOOSE, Richard d. (n.o.i.)
LOOSE, Louise d. (n.o.i.)
REITZELL, Samuel Middlekauff b. 2 Jan 1836
d. 20 May 1912
REITZELL, Anna b. 11 Jun 1845 d. 3 Oct 1880

LUTHER, Ida, infant, d. (n.o.i.)
LUTHER, Frederick H. b. 1844 d. 1881*
LUTHER, Naomi D. w/o Frederick b. 1850 d. (n.d.)
SHUPP, William H. b. 11 Mar 1845 d. 13 Nov 1845
TICE, Freddie s/o Silas & Sallie A. age 4m 20d,
d. 12 Nov 1881
TICE, Sallie Amelia w/o Silas O. b. 22 Apr 1858
d. 24 Oct 1881
SHUPP, Samuel R. age 68y d. 2 Oct 1932
SHUPP, Christian age 85y 9m 16d, d. 25 Jan 1906
SHUPP, Elizabeth w/o Christian age 61y 7m 29d,
d. 10 Jan 1884
SHUPP, Margaret S. age 81y 6m 26d, d. 16 Mar 1924
GROSH, D. Luther s/o J. K. & M. V. age 5m 17d,
d. 21 Jul 1892
GROSH, W. Freeland s/o J. K. & M. V. age 5m
d. 24 Jul 1892
GROSH, Infant d/o J. K. & M. V. d. (n.o.i.)
GROSH, S. Rolla s/o J. K. & M. V. age 4y 1m 2d,
d. 12 Sep 1886
GROSH, John K. age 49y 7m 16d, d. 3 Jan 1905
GROSH, Mollie V. s/o John K. age 38y 4m 18d,
d. 2 Sep 1892
Four graves, plain boards, T on cornerstone
LYTER, Peter W. b. 20 Oct 1851 d. 14 Sep 1908
LYTER, Ann C. w/o Peter W. b. 1 Nov 1849 d. 8 May 1926
LYTER, Carrie A. b. 1 May 1885 d. 21 May 1901
LYTER, Allen C. b. 19 Aug 1880 d. 2 Feb 1883
LYTER, Charles W. b. 20 May 1889 d. 16 Jun 1889
KRINER, Welty s/o Adam & Malinda M. age 10m 10d,
d. 15 Aug 1900
One grave, plain board
SEFTON, Martin s/o Martin F. & Natalie age 28y,
d. 29 Jan 1897
NESBITT, Otho age 89y 9m 24d, d. 23 Jan 1893
NESBITT, Hannah T. w/o Otho age 67y 1m 21d,
d. 12 Apr 1909
NESBITT, Jefferson E. age 61y 9m 9d, d. 1 Dec 1926
HARR, David b. 4 Jul 1844 d. 26 Sep 1913
HARR, Lucy Anna w/o David b. 2 Mar 1846
d. 14 Apr 1908
HARR, Florence Amelia b. 23 Jul 1870 d. 6 Sep 1870
HARR, Frederick Emerson b. 12 Aug 1872
d. 17 Nov 1872
HARR, Earnest Claton b. 13 May 1887 d. 15 Apr 1888
HARR, D. Herman b. 14 Dec 1899 d. 14 Dec 1932
GOODRICH, Charles b. 24 Jun 1882 d. 9 Sep 1915
GOODRICH, Clarence S. age 71y d. 22 Nov 1925
GOODRICH, Mary w/o Clarence S. age 26y,
d. 16 Mar 1883
PERRY, Dr. Jonathan Prather b. 1863 d. 15 Mar 1938
PERRY, S. Virginia w/o Dr. Jonathan b. 15 May 1864
d. 21 Jun 1909
NEWKIRK, Preston Virginia b. 12 Dec 1857
d. 20 Feb 1901
NEWKIRK, one grave, no stone, d. (n.o.i.)
BAIN, Francis M. b. 16 Jun 1840 d. 1 Jan 1900

BAIN, Louisa M. w/o Francis M. b. 3 Mar 1844
    d. 30 Apr 1916
BOWARD, Infant s/o M. E. & Ida J., b. (n.d.) d. May 1900
BOWARD, Martin E. b. 1869 d. 1929
BOWARD, Ida J. w/o Martin E. b. 29 Jan 1869
    d. 27 Mar 1919
KREPS, John M. b. 27 Jan 1842 d. 10 Nov 1920
KREPS, Susan w/o John M. b. 22 Mar 1838
    d. 7 Nov 1912
STALEY, Isaac age 69y 1m 11d, b. 1845 d. 19 Apr 1914
STALEY, Lavina w/o Isaac b. 1834 d. 1904
GROVE, Ira R. b. 23 Mar 1904 d. 27 Apr 1905
WEBB, Mary F. b. 27 May 1831 d. 5 May 1906
GROVE, Samuel R. b. 15 Nov 1867 d. 4 May 1933
GROVE, Georgianna b. 11 Sep 1868 d. (n.d.)
MARTIN, Daniel L. age 71y 4m 26d, d. 28 Nov 1903
MARTIN, Elizabeth w/o Daniel L. b. 1834 d. 1912
MARTIN, John D. b. 1866 d. 1869
MARTIN, Charles A. b. 1856 d. 1877
MARTIN, Elizabeth b. 1872 d. 1872
MARTIN, one grave, plain stone
HAINES, Merritt S. b. 23 Nov 1832 d. 27 May 1902
HAINES, Leila A. w/o Merritt S. b. 19 Jan 1850
    d. 2 Mar 1927
SPONSELLER, John L. b. 19 Jan 1834 d. 2 Feb 1906
SPONSELLER, Charlotte A. w/o John L. b. 15 Jul 1833
    d. 24 Oct 1920
SPONSELLER, Samuel E. b. 1866 d. 1927
HERR, Samuel s/o Lewis & Susan HERR age 34y 17d,
    d. 5 Mar 1902
One grave, plain stone
HULL, J. Marshall b. 20 May 1897 d. 17 Mar 1917
HULL, Francis P. b. 20 Jan 1867 d. 20 Jan 1904
HULL, Elizabeth b. 16 Mar 1870 d. 4 Dec 1933
GROSH, Andrew b. 16 Jan 1840 d. 2 Jul 1926
GROSH, Elizabeth b. 16 May 1854 d. 30 Jun 1929
MCALLISTER, Corine d/o J. W. & Georgianna b. 1903
    d. 1904
MCALLISTER, Marlin G. b. 11 Aug 1926 d. 22 Sep 1926
BUHARP, George E. age 27y 29d, d. 23 Sep 1907
One grave, no stone
SHAW, Charles E. b. 14 Jun 1864 d. (n.d.)
SHAW, Martha H. w/o Charles E. b. 6 Mar 1859
    d. 3 Nov 1923
SHAW, one grave, no stone, d. (n.o.i.)
One grave, plain board
TROUP, Joseph w/o Joseph & Sally C. b. 5 Apr 1842
    d. 16 Dec 1872
TROUP, Joseph s/o Adam age 28y, d. 10 Jan 1842
    at Keywood
TROUP, one grave, no stone
HULL, William B. b. 28 Feb 1861 d. 21 Mar 1918
HULL, Grace Mertle w/o William B. b. 21 Oct 1876
    d. 19 May 1912
HULL, David b. 23 Apr 1836 d. 5 Mar 1894
HULL, Catharine w/o David b. 14 Jan 1837 d. 1 Mar 1907
DRAPER, James T. b. 1852 d. 1909
SPRECHER, John L., father, b. 21 Oct 1872
    d. 29 Nov 1915
FRENCH, Elmer A. b. 20 May 1894 d. 20 Dec 1927
FRENCH, Mary C. w/o Elmer A. b. 18 Sep 1896
FRENCH, Infant, no stone d. (n.o.i.)
HARR, Effie May w/o J. L. HARR b. 17 Feb 1881
    d. 11 Dec 1914
BLAIR, Clarence E. s/o L. H. & O. V. b. 11 Apr 1909
    d. 17 Jul 1909
MARTIN, Edna E. adopted d/o L. H. & O. V. BLAIR
    b. 7 Dec 1911 d. 13 Nov 1912
GREER, Mary B. only d/o B. W. & L. C. GREER
    age 1y 1m 27d, d. 2 Oct 1881
GREER, Robert Ward b. 12 May 1839 d. 15 Aug 1904
STINEMETZ, Lyle C. w/o Robert W. GREER b. 1844
    d. 1894
GREER, Solomon McKee b. 1874 d. 1929
PRATHER, Margaret Stinemetz b. 1841 d. 1929
STINEMETZ, Solomon age 88y 2d, d. 24 Feb 1883
STINEMETZ, Maria w/o Solomon age 73y d. 13 Mar 1878
STINEMETZ, John, Brother, Lieut. Co. H. 13th MD Vol.
    b. 1835 d. 1921*
STINEMETZ, Sarah, Sister, b. 1830 d. 1908
MCKEE, Charles H. s/o William & Rebecca
    age 4y 5m 11d, d. 23 Feb 1865
MCKEE, Samuel Gehr s/o William & Rebecca ge 2y 19d,
    d. 19 Feb 1865
WEAVER, Rose b. 1886 d. 1909
WEAVER, Ella b. 1860 d. 1912
WEAVER, one grave, no stone
REPP, Cecil H. b. 12 Oct 1924 d. 4 Oct 1928
One grave, no stone, infant
RONEY, John H. b. 11 Mar 1866 d. (n.d.)
RONEY, Florence C. w/o John H. b. 21 Aug 1871
    d. 14 Jan 1927
RONEY, Walter H. s/o John H. & F. C. b. 20 Nov 1891
    d. 7 Mar 1909
One grave, no stone
HENRY, Nannie B., Mother, b. 14 Dec 1859
    d. 15 Aug 1912
ROACH, Robert, Father, age 65y 11m 1d, d. 2 Apr 1858
ROACH, Robert S. b. 1831 d. 1912
ROACH, Catharine w/o Robert S. b. 1829 d. 1910
ROACH, Robert K. b. 1869 d. 1934
ROACH, Daisy L. w/o Robert K. b. 1873 d. 1935
DAVIS, Chalmers N. b. 17 Dec 1889 d. 28 Nov 1922
DAVIS, Jeremiah b. 6 Feb 1861 d. (n.d.)
WIDMYER, Wilson b. 20 Jan 1854 d. 6 Oct 1921
WIDMYER, Annie R. w/o Wilson b. 5 May 1850
    d. 1 Feb 1924
HART, Fred D. b. 1879 d. 1932
HART, Anna M. w/o Fred D. b. 1878 d. (n.d.)
POWERS, J. William b. 31 Oct 1860 d. (n.d.)
POWERS, Mollie S. w/o J. Wm. b. 26 Mar 1859
    d. 9 Nov 1933
One grave, plain stone

FAITH, Alma May d/o Earl & Mable FAITH age 6m,
    d. 28 Oct 1927
MUNSON, Hayes Earl b. 21 Nov 1901 d. 7 Dec 1928
Two graves, no stones
One grave, no stone
ASH, Jacob b. 1 Aug 1846 d. 20 Jan 1925
ASH, Mary E. w/o Jacob b. 5 Jan 1855 d. (n.d.)
SHUPP, J. Frederick Jr. b. 12 Feb 1867 d. 30 Oct 1929
SHUPP, John H. b. 15 Jan 1844 d. 16 Nov 1919
SHUPP, Lucinda Ellen w/o John H. b. 24 Feb 1846
    d. 7 Oct 1929
SHUPP, Calvin R. b. 1874 d. (n.d.)
SHUPP, Rilla M. w/o Calvin R. b. 1871 d. 1929
SNYDER, Abraham K. b. 14 Jul 1851 d. 1 Jan 1922
SNYDER, Catharine E. w/o Abraham K. b. 20 Nov 1847
    d. 13 Mar 1918
One grave, plain board b. (n.d.) d. 1938
LESHER, Isaac age 62y 3m 27d, d. 18 Jun 1858
LESHER, Nancy w/o Isaac age 68y 6m 22d,
    d. 20 Jun 1874
SOWERS, Martin L. b. 12 Jan 1866 d. 21 Dec 1927
SOWERS, Mary C. w/o Martin L. b. 12 Nov 1866
    d. 11 Sep 1936
FAITH, John F. b. 4 Nov 1851 d. 9 Dec 1927
FAITH, Cornelia w/o John F. b. 11 Aug 1854
    d. 29 Jul 1932
One grave, no stone
FURRY, John b. 16 Jan 1848 d. 9 Sep 1916
SHANK, Maggie M. b. 26 Sep 1876 d. 19 Jul 1877
SHANK, Andrew J. b. 20 Oct 1833 d. 28 Oct 1893
SHANK, Rosa A. w/o Andrew J. b. 10 May 1834
    d. 10 Feb 1913
SHANK, Ida M. b. 19 Mar 1861 d. 11 May 1878
HELLER, Mary S. d/o P. N. & Iva age 1y 8m,
    d. 27 Oct 1886
HELLER, Philip N. age 36y 3m 19d, d. 5 Jun 1888
CRILLY, Ann d/o John & Margaret age 30y, d. 13 Jul 1882
One grave, no stone
CRILLY, John age 74y 6m, d. 3 Feb 1879
HOUCK, Martha J. b. 26 Nov 1854 d. 11 Mar 1932
One grave, no stone
One grave, plain stone, infant
LESHER, David b. 26 Aug 1842 d. 17 Aug 1927
LESHER, Emma C. w/o David b. 25 Dec 1847
    d. 31 May 1917
LESHER, Infant d/o David & Emma C. age 3m, d. (n.d.)
WILEY, Elizabeth, Mother, b. 1841 d. 1914
GROSH, Mary D. d/o C. & L. W. age 4y 7m,
    d. 15 Apr 1896
GROSH, John b. 1838 d. 1889
GROSH, Mary w/o John b. 1819 d. 1909
IRWIN, Andrew d/o John N. & Mary A. age 5y 10m 16d,
    d. 19 Jun 1856
IRWIN, Infant s/o John N. & Mary A. age 2m 2d,
    d. 21 Jun 1856
IRWIN, John N. b. 7 Nov 1818 d. 12 Dec 1882

IRWIN, Mary A. w/o John N. age 39y 4m 25d,
    d. 9 Jan 1866
WHETSTONE, Daniel M. age 87y 2m 4d, d. 19 Feb 1938
WHETSTONE, Lucy V. w/o Daniel M. age 81y 8m 9d,
    d. 24 May 1935
WHETSTONE, Irwin d/o D. M. & L. V. b 4 Jan 1880
    d. 15 Feb 1882
FRANTZ, Anna Virginia d/o E. H. & M. A. age 16y 2m 6d,
    d. at New Lisbon, OH 9 Oct 1874
FRANTZ, Mary A. P. w/o E. H. age 43y 9m 16d,
    d. 15 Oct 1876
HERBERT: Billy (HERBERT p.n.) d. (n.o.i.)
HERBERT: Mother (Mary C. HERBERT p.n.) d. (n.o.i.)
SOWERS, J. Fred b. 18 May 1853 d. 28 Aug 1917
SOWERS, Carrie E. w/o J. Fred b. 4 Sep 1870
    d. 4 Feb 1933
CUSHWA, George Courtney s/o J. R. & Sarah J. Kroh
    CUSHWA b. 1854 d. 1874
CONRAD, Christian age 76y 11m 2d, d. 15 Oct 1876
CONRAD, Eveline w/o Christian age 75y 23d,
    d. 2 Nov 1874
CONRAD, Susie E. d/o John & Caroline age 16y 8m 12d,
    d. 30 Oct 1882
One grave, no stone
CONRAD, Laura S. d/o John & Caroline age 13y 10m 6d,
    d. 13 Nov 1882
CONRAD, Maggie E. d/o John & Caroline age 31y 8d,
    d. 25 May 1895
CONRAD, John age 72y 9m 20d, d. 20 Jun 1900
CONRAD, Caroline w/o John age 64y 8d, d. 22 Jul 1891
WHETSTONE, Willie E. s/o J. & B. WHETSTONE
    age 3m 2d, d. 6 Aug 1875
WHETSTONE, John b. 27 Jan 1841 d. 3 May 1914
WHETSTONE, Barbara w/o John b. 17 Sep 1853
    d. 8 Mar 1913
LESHER, Isaac b. 12 Nov 1847 d. 11 Mar 1932
LESHER, Katherine A. w/o Isaac b. 11 Aug 1853
    d. 11 Apr 1931
LESHER, Clifford B. s/o I. & C. A. age 3y 5m 25d,
    d. 23 May 1882
MUMMERT, Daniel A. b. 28 Feb 1853 d. 17 Dec 1912
MUMMERT, Hettie A. b. 8 Apr 1844 d. (n.d.)
MUMMERT, Flora M. b. 18 Jun 1874 d. 17 Dec 1924
Two graves, no stones
LITTON, Upton Laurence b. (n.d.) d. 1863
STARLIPER, Mary A. w/o Upton L. LITTON b. 5 Jun 1838
    d. 11 Apr 1920
LITTON, John Williard, son, b. 14 Mar 1860
    d. 11 Feb 1899
MARTIN, Vernon s/o John F. & Clara B. age 1y 7m 6d,
    d. 7 Apr 1887
MARTIN, Clara B. w/o John F. b. 8 Nov 1862
    d. 10 Jul 1915
GEHR, William b. 24 Jan 1840 d. 20 May 1897
One grave, no stone
YOUNG, George B. b. 1869 d. 1935
YOUNG, Amelia E. w/o George B. b. 1882 d. (n.d.)

COWTON, William F. b. 1871 d. 1933
COWTON, William D. b. 1841 d. 1925
COWTON, Margaret A. w/o William D. b. 1843 d. 1921
COWTON, John b. 1868 d. 1893
COWTON, John T. age 76y 4m 13d, d. 29 Jan 1904
COWTON, Nancy age 90y 11m 29d, d. 22 Nov 1914
COWTON, John age 77y 2m 23d, d. 2 Aug 1876
COWTON, Sarah w/o John COWTON b. 24 Jul 1801
    d. 11 Mar 1880
HARMISON, Ruth w/o William HARMISON age 84y,
    d. 5 Feb 1855
PERRY, H. F. b. 20 Oct 1823 d. 21 Mar 1878
PERRY, Louisa M. w/o H. F. PERRY b. 21 Sep 1861
    d. 5 Nov 1891
PERRY, W. H. H. b. 2 Mar 1858 d. 21 Nov 1891
PERRY, Louisa M. b. 21 Sep 1861 d. 5 Nov 1899
PRATHER, Ruth S. b. 31 Dec 1814 d. 20 Oct 1892
PERRY, Ruth E. b. 23 Aug 1867 d. 2 Feb 1921
CHARLES, Lewis b. 6 Dec 1826 d. 4 Mar 1895
CHARLES, Susan w/o Lewis CHARLES b. 8 Sep 1831
    d. 14 Jul 1885
CHARLES, Infant s/o John & Susan CHARLES b 1898
    d. 1898
CHARLES, Infant d/o Lewis & Frederica CHARLES
    d. (n.o.i.)
CONRAD, Joseph b. 1835 d. 1907
CONRAD, Harriet w/o Joseph CONRAD b. 1836 d. 1917
REITZELL, Jacob b. 22 Dec 1802 d. 25 Feb 1873
REITZELL, Elizabeth w/o Jacob REITZELL b. 27 Sep 1806
    d. 14 Aug 1872
MIDDLEKAUFF, Susan b. 1 May 1809 d. 9 Nov 1872
REITZELL, Sudie A. b. 1847 d. 1903
REITZELL, Elizabeth b. 1844 d. 1912
PRATHER, Capt. Samuel G. age 29y, d. 15 Oct 1861. He
    raised and commanded the 2nd. Co. of the
    Potomac Home Brigade Maryland (Vols.) in
    Great Rebellion of 1861 against the only Free
    Government on the earth and died at his post of
    duty.
PRATHER, A. Louisa w/o Capt. Samuel G. PRATHER
    b. (n.d.) d. 23 Sep 1905
GOODRICH, Rev. William b. 1826 d. 1899
STRAUB, Caroline w/o Rev. Wm. GOODRICH b. 1830
    d. 1901
GOODRICH, Abigail P. b. 1801 d. 1887
GOODRICH, William b. 1862 d. 1888
GOODRICH, Sallie b. 1860 d. 1912
GOODRICH, Carrie (n.o.i.)
CUNNINGHAM, William F. b. 13 Nov 1847 d. 9 Sep 1909
CUNNINGHAM, B. Sim w/o Wm. F. CUNNINGHAM
    b. 12 Feb 1851 d. 21 Jun 1893
CUNNINGHAM, Daisy d/o W. F. & B. S. b. 2 Jan 1869
    d. 10 Jun 1898
CUNNINGHAM, Estella Gulick b. 17 Oct 1879
    d. 29 Nov 1918
SNYDER, John T. b. 1830 d. 1895
SNYDER, Susan M. b. 1833 d. 1907

SNYDER, Charles L. b. 1859 d. 1927
PITTINGER, Rev. William S. b. 29 Oct 1820
    d. 11 Feb 1879
SNYDER Eva, w/o P. W. HUFF b. 1867 d. 1895
BOWMAN, Mary Catharine w/o Rev. Wm. S. PITTINGER
    b. 8 May 1831 d. 15 Oct 1905
DITTO, Infant s/o W. S. & M. G. DITTO d. (n.o.i.)
ANDERSON, Mary Ellen b. 7 Apr 1845 d. 26 Jun 1926
One grave, no stone
ANDERSON, John Henry b. 1848 d. 1916
ANDERSON, Clarence Breathed, infant, d. (n.o.i.)
ANDERSON, Raymond Henry b. 1877 d. 1880
ANDERSON, Mary, infant, d. (n.o.i.)
ANDERSON, Wade Hampton b. 1884 d. 1904
ANDERSON, Ella Barton b. 1881 d. 1888
HAINES, Joseph Roman age 42y 11m 22d,
    d. 11 Oct 1890
HAINES, Libbie M. b. 11 Jun 1852 d. 28 Nov 1932
HAINES, Malcolm Paige b. 16 Nov 1880 d. 8 Sep 1907
HAINES, Herman Jacques s/o Jospeh R. & Mary E.
    HAINES b. 10 Aug 1874 d. 20 Jan 1903
HAINES, Joseph Roman s/o J. R. & M. E. age 11m 9d,
    d. 17 Aug 1873
KREPS, J. Daniel b. 1844 d. 1911
KREPS, Lydia E. w/o J. Daniel KREPS b. 1861
    d. (p.n. 1946)
GROSH, Thomas b. 24 Jan 1844 d. 22 Dec 1927
GROSH, Catharine S. w/o Thomas GROSH
    b. 18 Feb 1844 d. 11 Feb 1896
GROSH, Mary M. w/o Thomas GROSH b. 31 Mar 1861
    d. 12 Feb 1925
HASSETT, John C. b. 29 Jan 1844 d. 18 Apr 1917
HASSETT, Sallie J. w/o John C. HASSETT
    b. 15 Aug 1852 d. 27 Dec 1935
HASSETT, John Cowton b. 24 Jan 1878 d. 29 Jan 1920
HASSETT, S. Amelia d/o T. & Eleanor HASSETT
    b. 18 Jan 1852 d. 29 Nov 1899
HASSETT, William T. b. 5 Nov 1839 d. 14 May 1908
EDELEN, Sarah w/o William T. HASSETT b. 7 Mar 1836
    d. 2 Jul 1902
HASSETT, Libbie J. b. 1872 d. 1936
HASSETT, Charles E. b. 27 Oct 1865 d. 15 Apr 1931

Union Bethel Church of God in Blair's Valley

SNYDER, Archibald (n.o.i.)
SNYDER, Dora W. w/o Archibald SNYDER b. 24 Apr 1888
    d. 27 Oct 1927
Two graves, no stones, infants
One grave, no stone, mother
LEASURE, Harry T. b. 29 Aug 1923 d. 2 Sep 1926
Three graves, no stones, infants
HULL, William T. b. 1880 d. 1933
HULL, Sallie M. w/o William T. HULL b. 1885 d. 1918
HULL, Julia b. 1915 d. 1916
HULL, Ernest E. b. 1907 d. 1928
Three graves, plain boards

TIMMONS, Lloyd S. age 24y 3m 21d, d. 16 Dec 1931
TIMMONS, Daniel S. b. 24 Feb 1855 d. 4 Feb 1925
TIMMONS, Barbara E. b. 1 Feb 1869 d. 7 Feb 1837 w/o
  Daniel S. TIMMONS
Four graves, no stones
One grave, plain stone
KEYSER, Thomas age 75y 12d, d. 28 Dec 1934
Two graves, no stones, infants
WILES, Charles E. s/o Lewis P. & Pauline WILES
  b. 19 Dec 1930 d. 1 Mar 1932
Four graves, no stones
Three graves, no stones, infants
Two graves, no stones
One grave, no stone
Two graves, no stones, infants
CARBAUGH, R. Mason b. 4 Feb 1928 d. 11 Dec 1932
COSGROVE, Jesse D. age 76y 4m 27d, d. 7 Nov 1906
COSGROVE, Julia A. w/o Jesse D. COSGROVE (n.o.i.)
GUESSFORD, Catharine, Mother, b. 11 Jun 1868
  d. 25 Apr 1927
Four graves, no stones, infants
Two graves, no stones
MCKEE, Joseph b. 5 Nov 1867 d. 6 Dec 1910
BELL, Anna w/o Joseph MCKEE b. 15 Aug 1865
  d. 31 Dec 1927
HULL, Mary Ann w/o George HULL age 72y,
  d. 27 Mar 1914
MCKEE, Russell J. b. 11 Jun 1892 d. 31 Jan 1926
One grave, no stone
One grave, no stone, infant
REPP, Samuel J. b. 10 Oct 1868 d. 8(?) Feb 1905
REPP, Mary A. w/o Samuel J. REPP b. 18 Aug 1872
One grave, no stone
Two graves, no stones, infants
CLOPPER, Julia M. w/o George D. CLOPPER
  b. 4 Mar 1889 d. 3 Jul 1910
Two graves, no stones, infants
CLOPPER, John H. b. 7 Oct 1863 d. (n.d.)
CLOPPER, Martha E. w/o John H. CLOPPER
  b. 11 Jun 1860 d. 12 Feb 1924
Three graves, no stones
WILEY, Susan E., mother, b. 9 Sep 1863 d. 15 May 1913
BRIDENDOLPH, James F. s/o P. H. & Anna
  BRIDENDOLPH b. 26 Feb 1912 d. 6 Sep 1912
One grave, no stone, infant
ROWLAND, Sarline, infant, d. (n.o.i.)
One grave, no stone, infant
Four graves, no stones
Three graves, no stones, infants
Three graves, no stones
Two graves, no stones, infants
BLAIR, Mammie G. b. 21 Feb 1874 d. 14 Jul 1901
KEEFER, Bessie M. b. 4 May 1905 d. 22 Feb 1923
MCKEE, Noble L. b. 25 Apr 1894 d. 21 Jan 1903
One grave, no stone, infant
Three graves, no stones

SWORD, Walter Samuel s/o John C. & Bessie T.
  SWORD, age 4y 11 9d, d. 31 Oct 1901
SWORD, one grave, no stone, infant
Three graves, no stones, infants
KING, Samuel b. 11 Jun 1860 d. (n.d.)
KING, Susanna w/o Samuel KING b. 2 Sep 1860
  d. 3 Mar 1908
Four graves, no stones infants
Four graves, no stones
EICHELBERGER, Cook Albert, World War Co. F. 11th Inf.
  age 27y 6m d. in action in France 19 Jun 1918
EICHELBERGER, John D. age 70y 4m 15d,
  d. 4 Feb 1916
EICHELBERGER, Harriett A. w/o John D.
  EICHELBERGER age 59y 12d, d. 27 Aug 1906
Three graves, no stones
CLOPPER, David b. 7 Mar 1841 d. 20 Oct 1912
CLOPPER, Sarah A. w/o David CLOPPER b. 28 Dec 1835
  d. 4 Jan 1919
RUBECK, David C. s/o Newton & Mary RUBECK
  b. 27 May 1912 d. 25 Oct 1919
One grave, no stone
Two graves, no stones, infants
One grave, no stone
CLOPPER, William C. b. 25 Jun 1901 d. 21 Feb 1902
CLOPPER, J. Frederick b. 29 Mar 1909 d. 10 Nov 1916
CLOPPER, Bessie Louise b. 31 Mar 1911 d. 25 Nov 1916
CLOPPER, J. Franklin b. 3 Sep 1865 d. 3 May 1916
CLOPPER, Mary M. w/o J. Franklin CLOPPER
  b. 13 Mar 1875 d. (n.d.)
HASTINGS, Thomas b. 8 Jan 1855 d. (n.d.)
HASTINGS, Lucinda w/o Thomas HASTINGS b. Oct 1859
  d. 11 Mar 1914
One grave, no stone

Union Bethel Church Graveyard in
Blair's Valley, PA, near MD State Line

HORNBAKER, John Henry b. 25 Jul 1925 d. 28 Jul 1925
  s/o Nora HORNBAKER
SPIDEL, John age 26y 9m 13d, d. 11 Jul 1887
  at Montpelier
PERROTT, Alexander age 79y 5m 5d, d. 17 Mar 1877
PERROTT, Margaret b. 5 Apr 1816 d. 24 Oct 1891
BLAIR, James b. 25 Mar 1821 d. 26 Dec 1889
BLAIR, Mary w/o James BLAIR age 59y 5m 1d,
  d. 4 Jan 1885
BLAIR, Ellen d/o James & Mary BLAIR age 13y 26d,
  d. 1 Jun 1875
BLAIR, Silas H. s/o D. C. & M. A. BLAIR age 5m 27d,
  d. 6 Nov 1862
BLAIR, L. d. (n.o.i.)
BLAIR, Mary A. w/o Philip D. BLAIR b. 13 Feb 1823
  d. 16 Oct 1862
BLAIR, Catharine w/o Andrew BLAIR age 65y,
  d. 30 Jun 1855
HAWBAKER, Christian Sr. b. 17 Jun 1803 d. 31 Dec 1872

HAWBAKER, Mary Ann b. 7 Jun 1813 d. 13 Mar 1874
RICHARD, John age 19y 5m 18d, d. 24 Nov 1861
BARTLE, Samuel C. b. 22 Jul 1833 d. 23 Jan 1867
DREWRY, William d. (n.o.i.)
DREWRY, Mary M. b. 10 Sep 1829 d. 10 Nov 1852
DREWRY, William b. 10 May 1828 d. 10 Nov 1900
DREWRY, Anna age 34y 7m 2d, d. 31 Mar 1874
SHERLEY, C. S., Co. G. 1st. MD P.H.B. Cav. d. (n.o.i.)*
PAULSGROVE, John (n.o.i.)
SHERLEY, Samuel C. (n.o.i.)
BARTLE, John age 65y 7m 17d, d. 21 Dec 1876
CLOPPER, Charles s/o J. H. & M. E. CLOPPER age 9m, d. (n.d.)
HAWBAKER, Christian Jr. age 65y 6m 16d, d. 28 Jul 1913
HAWBAKER, Ellen A. w/o Christian HAWBAKER Jr. age 61y 10m 28d, d. 28 Jan 1913
HAWBAKER, Annie C. d/o C. & E. A. HAWBAKER age 24y 10m 21d, d. 4 Jun 1899
HAWBAKER, Infant s/o C. & E. A. HAWBAKER b. (n.d.) d. Jan 1892
PECK, Anna May b. (n.d.) d. 11 Feb 1932
ROBISON, Harry W. World War, Medical Corps b. 1902 d. 1922
SWORD, William Franklin s/o E. L. & L. E. SWORD age 7y, d. 14 Dec 1901
SWORD, Wm. Lee s/o Wm. E. & Minnie S. SWORD age 6y 10m 11d, d. 12 Mar 1901
LEEVY, Daniel Co. D. 2nd. PA Art. age 83y 5m 2d, d. 27 Jan 1915*
LEEVY, Margaret b. 31 May 1834 d. 26 Apr 1893
GORDON, Chalde C. age 1y 20d, d. 24 Nov 1880
DREWRY, Matilda w/o James F. DREWRY age 41y 6m 4d, d. 19 Oct 1892
DREWRY, Florenca F. age 35y 11m 25d, d. 11 Feb 1905 (p.n. see DRURY)
HAWBAKER, Susan B. w/o David HAWBAKER age 41y 6m 10d, d. 10 Sep 1885
CARBAUGH, Jeremiah b. 25 Feb 1857 d. 17 Aug 1883
Lot of graves, no stones
CARBAUGH, John C. b. 1 Jan 1880 d. 6 Mar 1880
CRISWELL, Margaret age 66(?)y 11m 5d, d. 19 May 1875
SHANK, William S. age 57y 1m 3d, d. 23 Nov 1870
SHANK, Elizabeth A. w/o William S. SHANK age 57y 2m 4d, d. 14 Aug 1876
(p.n. see DRURY; with a bracket around the next four entries)
DREWRY, Ellen w/o William DREWRY Sr. age 77y 8m 23d, d. 16 Sep 1878
DREWRY, Joseph C. age 19y 23d, d. 21 Aug 1878
DREWRY, Ignatius b. 17 Jul 1825 d. 16 Dec 1903
DREWRY, Elnor Prudence w/o Ignatius DREWRY b. 23 Oct 1831 d. 23 Mar 1895
BAKER, Emauel Co. G. 1st. MD Cav. P.H.B. age 69y 8m 6d, d. 24 Nov 1901*
One grave, plain stone
BARTLES, Henry H. b. 1831 d. 1907
HARNISH, Sarah J. w/o Henry H. BARTLES b. 1836 d. 1913
BARTLES, Henry Elwood w/o Henry H. & Sarah J. H. BARTLES b. 1881 d. 1888
BARTLES, Henry age 81y 11m 5d, d. 30 Nov 1888

Graveyard on Frank BRAGONIER Farm in Blair's Valley

SWORD, John Sr. b. 2 Sep 1835 d. 5 Jan 1918
SWORD, Catharine M. w/o John SWORD b. 20 Nov 1843 d. 14 Apr 1923
SWORD, Netty G. age 7y 2m d. 19 Sep 1893
SWORD, Alson Herbert b. 13 Apr 1908 d. 4 Jul 1908
SWORD, Frederic D. age 31y 3m 11d, d. 15 Jul 1908 s/o John Sr. & Catharine M. SWORD

Graveyard on the Allen B. SEIBERT Farm known as Montpelier on the Broadfording Road, 2 miles n. of Clearspring

Three graves, no stones
MASON, John Thomson b. Stafford Co., VA 15 Mar 1765, d. 10 Dec 1824
MASON, Elizabeth w/o John Thomson MASON b. in Hagerstown, MD 23 Feb 1781 (BARNES) d. 30 Jun 1836 (e.n. assume BARNES her maiden name)
WINTER, Mary Barnes w/o Rev. John WINTER & d/o J. T. & Elizabeth MASON age 44y 4m, d. 11 May 1844
DUTTON, John D. a native of Scotland d. 6 Jul 1843 at an advanced age, in family nearly 30y
POTTER, Cornelia d/o Nathaniel & Henrietta POTTER of Baltimore age 1y 4d, d. Jul 1813

Graveyard on David F. ROBINSON Farm near Dry Run

EYERLY, Mary Ann w/o Samuel EYERLY b. 20 Jul 1809 d. 2 Dec 1830, of Franklin Co., PA, was m. 6m 7d. She was the 2nd. d/o Jacob SLIDER, of Cumberland Co., PA
K., L. B., b. 26 Apr 1820 d. Mar 1822
Lot of other graves, plain stones

Graveyard on the James FAITH Farm near Dry Run

CUSHWA, John b. Burks Co., PA 1731 d. (p.n. 1805)
CUSHWA, Elizabeth b. Burks Co. PA 1733 d. (n.d.)
CUSHWA'S establishment, removed to and patented this homestead, 1756, a Rev. Patriot, assisted in forming Wash. Co. 1776
CUSHWA, Benjamin, youngest son b. 1785 d. 27 Mar 1848
CUSHWA, Harvey, great grandson and son of Isaac & Ann CUSHWA b. 1 Apr 1842 d. 12 Mar 1851
Several graves, plain stones

Graveyard on the Oliver DITTO Farm near Dry Run

MOYER, J. age 75y 9m 23d, d. Mar 1851
KLINE, Andrew d. (n.o.i.)
Lot of graves, plain stones

**Graveyard on Thomas JOHNSON Farm
south of Clearspring**

SHANK, Mary Leah d/o J. G. & B. E. SHANK
    b. 9 Oct 1877 d. 18 Aug 1879
TABLER, Susana d/o James D. & Catharine TABLER
    b. 6 Jan 1828 d. 6 Jan 1829
MYERS, David age 24y 5m 28d, d. 9 May 1833
GROVE, George s/o John & Barbara GROVE
    age 21y 28d, d. 2 Sep 1838
GROVE, John age 57y 8m 9d, d. 19 Dec 1842
GROVE, Barbara w/o John GROVE b. 25 Jul 1784
    d. 9 Nov 1857
GROVE, Catharine E. d/o John & Barbara GROVE
    b. 18 Jan 18(?)4 d. 21 Dec 1845
GROVE, Daniel age 73y 11m 13d, d. 27 Sep 1857
GROVE, Anna b. 20 Sep 1831 d. 20 Oct 1906
GROVE, Fanney age 70y 4m 1d, d. 2 Oct 1859
GROVE, David age 52y 2m, d. 8 Jun 1867
SHANK, Fannie L. age 2m 14d, d. 2 Jan 1879
SHANK, Jacob H. age 2m 17d, d. 5 Jan 1879 twins of A.
    & S. SHANK (e.n. assume this means Fannie L.
    & Jacob H.)
SHANK, Charlie A. s/o Abraham & Sallie Shank
    age 1y 7m 21d, d. 7 Jul 1882
SHANK, Jacob age 68y 4m 1d, d. 14 Nov 1861
One grave, plain stone
SHANK, Johnnie s/o Joseph & Ellen SHANK age 2d,
    d. 28 Jan 1881
SHANK, Denton s/o Joseph & Ellen SHANK age 23d,
    d. 21 Apr 1882
SHANK, B., b. (n.d.) d. 27 Dec 1836 (p.n. 1836
    changed to 1833)
GROVE, Adam s/o D. & E. GROVE b. 7 Nov 1835
    d. 20 Dec 1835
GROVE, John C. s/o D. & E. GROVE b. 20 Sep 1839
    d. 19 Aug 1841
GROVE, Barbara Ann d/o D. & E. GROVE b. 21 Apr 1837
    d. 3 Sep 1841
OVER, Catharine w/o Jacob OVER b. 19 Nov 1780
    d. 21 Feb 1857
Sixty-eight graves, plain stones
GROVE, Susan d. (n.o.i.)

**Graveyard on the Daniel BOYD Farm
w. of Clearspring, the BRAGONIER Graveyard,
many are African-American**

CHASE, Cloey age ca. 80y, d. 29 Nov 1893
WILLIAMS, Elsie Virginia d/o c. A. & B. A. WILLIAMS
    b. 17 Sep 1913 d. 2 Jan 1914

WILLIAMS, Nathan age 68y 3m 16d, d. 2 Aug 1884
WILLIAMS, Annie E. w/o Nathan WILLIAMS
    b. 30 Jan 1829 d. 20 Jul 1914
WILLIAMS, Samuel E. b. 28 Jul 1850 d. 5 Feb 1914
WILLIAMS, Nannie E. w/o Samuel E. WILLIAMS
    b. 17 May 1862 d. 19 Nov 1917
WILLIAMS, John D. w/o Samuel E. & N. E. WILLIAMS
    b. 15 Jul 1897 d. 15 Jan 1899
WILLIAMS, Annie Virginia d/o Nathan and Ann E.
    WILLIAMS age 19y 8m 28d, d. 6 May 1886
WILLIAMS, Ruth Eleanora d/o Nathan & Ann E.
    WILLIAMS age 27y 11m 21d, d. 6 Mar 1886
WILLIAMS, Freddie s/o Ruth Eleanora WILLIAMS
    age 5y 10m 25d, d. 7 Mar 1889
MAYLE, Katie M. b. 24 May 1883 d. 13 Aug 1914
HAMMOND, Malinda w/o Robert HAMMOND
    age ca. 90y, d. 6 Jan 1891
PYE, John B. s/o Samuel & Maria PYE age 28y 6m 20d,
    d. 3 Mar 1887
PYE, Anna C. d/o Samuel & Maria PYE age 22y 4m 8d,
    d. 22 Aug 1882
PYE, Samuel P. age 57y 3m 21d, d. 7 Dec 1877
PYE, Maria w/o Samuel P. PYE b. 12 Nov 1822
    d. 18 Jan 1907
HARIS, Samuel C. s/o J. H. & P. E. HARIS, infant, b.
    (n.d.) d. 4 Dec 1885
WILLIAMS, Samuel age 88y 5d, d. 30 Nov 1871
WILLIAMS, Priscilla w/o Samuel WILLIAMS
    age 83y 5m 20d, d. 30 Jan 1869
ANDERSON, Catharine V. d/o Moses & Priscille
    ANDERSON age 3y 6m 2d, d. 10 Feb 1872
TRUEMAN, George s/o Matthew & Elizabeth TRUEMAN
    b. 25 Aug 1813 d. 12 Apr 1835
NED, Uncle, an honest servant b. (n.d.) d. age 67y
    (single name)
TRUEMAN, Jane b. 18 Sep 1899 d. 8 Sep 1831
GOEINS, D., d. (n.o.i.)
DUNKINS, Mahala w/o John (H. p.n.) GOEINS age 28y,
    d. 1 Jul 1860
WASHINGTON, William H. s/o Margaret WASHINGTON
    age 24y, d. 8 Apr 1867
FAULKWELL, George b. 25 Dec 1796 d. 2 Mar 1838
FAULKWELL, Samuel R. Prather s/o George & Rebecca
    FAULKWELL b. 31 May 1833 d. 19 Sep 1837
FAULKWELL, Elenora Preston d/o George & Rebecca
    FAULKWELL b. 20 Sep 1825 d. 1 Sep 1833
FAULKWELL, Henry W. s/o George & Rebecca
    FAULKWELL b. 8 Oct 1827 d. 29 Mar 1828
One-hundred and nineteen graves, plain stones

**Graveyard on the farm of Wilbur WILES,
near Dam No. 5**

MIDDLEKAUFF, Samuel b. 11 Mar 1799 d. 18 Jul 1860
MIDDLEKAUFF, Peter b. 27 Feb 1772 d. 11 Apr 1827
MIDDLEKAUFF, Hannah w/o Peter MIDDLEKAUFF
    b. 3 Jul 1775 d. 24 Feb 1842

MIDDLEKAUFF, Mary Ann d/o Peter & Hannah
    MIDDLEKAUFF b. 15 May 1818 d. 5 Aug 1839

Graveyard on the farm of
Lydia V. MCCALLISTER and Lucy F. SHANK,
near Charles Mill and Big Spring R.R. Station

CHARLES, John Joseph, father, age 44y 1m 15d,
    d. in Williamsport, 22 Feb 1860
CHARLES, Joseph Jr. age 65y 4m 23d, d. 1 Sep 1854
CHARLES, Anna age 64y 3m 17d, d. 27 Mar 1857
BOWLES, Mary Ann w/o John S. BOWLES age 33y 4m,
    d. 1(2?) Feb 1857
MIDDLEKAUFF, Elizabeth w/o Samuel MIDDLEKAUFF
    b. 23 Jun 1798 d. 3 Aug 1873
DIFENBAUGH, Barbara w/o John DIFENBAUGH
    age 63y 7m 29d, d. 11 Oct 1854
CHARLES, Joseph Sr. age 75y 11m 4d, d. 12 Mar 1840
CHARLES, Frances w/o Joseph CHARLES Sr.
    age 54y 4m 4d, d. 27 Jan 1822
One grave, plain stone
BOWLES, William August s/o J. S. & Mary Ann BOWLES
    age 3m 3d, d. 22 Feb 1857
CHARLES, Benjamin s/o J. J. & Martha R. CHARLES
    age 7m 28d, d. 5 Aug 1858
CHARLES, Lewis H. s/o Lewis & Susan CHARLES
    age 6y 7m 22d, d. 27 May 1863
One grave, plain stone
HERR, John I. H. s/o B. F. & E. M. HERR age 1y 1m 13d,
    d. 21 Dec 1872
HERR, Charles D. s/o R. & Elizabeth HERR
    age 5y 5m 7d, d. 30 Nov 1862
HERR, Joseph s/o R. & Elizabeth HERR age 3m 7d,
    d. 20 Aug 1856
HERR, Jacob age 18d, d. 10 Nov 1842
HERR, Emma age 1m 9d, d. 1 Nov 1847
HERR, Samuel age 2m, d. 2 Oct 1849
HERR, Susan age 2m 7d, d. 12 Jan 1854
Ch/o R. & Elizabeth HERR (e.n. assumed Joseph-
    Susan)
SNYDER, Joseph Charles s/o Henry & Frances SNYDER
    age 1y 2m 16d, d. 24 Jul 1854
One grave, plain stone
Several graves, no stones

Graveyard on Frank SHOWALTER Farm
west of Clearspring

PRATHER, Sarah A. w/o Richard PRATHER b. 5 Jun 1807
    d. 22 Jul 1889
PRATHER, Isreal T. age 7m 6d, d. 23 Nov 1836
PRATHER, John T. age 4y 5m 15d, d. 23 Jan 1838
PRATHER, Jemima age 6m 29d, d. 8 Apr 1842
PRATHER, Elizabeth T. age 3m 29d, d. 7 Feb 1838
PRATHER, Ulysses Ward age 10m 5d, d. 23 Jun 1845
    ch/o S. S. & J. PRATHER (e.n. assumed
    Isreal-Ulysses)
Three graves, plain stones
PRATHER, Sneethan age 35y 6m 16d, d. 27 Jun 1879
PRATHER, John B. b. 6 Jun 1841 d. 26 Sep 1908
PRATHER, John age 5m 1d, b. (n.d.) d. 8 Aug 1829 s/o
    S. S. & J. PRATHER
One grave, plain stone
PRATHER, Edwin P. age 7m 8d, d. 28 Jul 1871
PRATHER, Mason, infant, b. (n.d.) d. 11 Apr 1865
Ch/o P. T. & Anna E. PRATHER (e.n. assumed Edwin-
    Mason)
PRATHER, Perry T. b. 1836 d. 1905
PRATHER, Annie E. w/o Perry T. PRATHER
    age 28y 1m 13d, d. 25 Mar 1871
PRATHER, Basil age 75y 6m 7d, d. 21 Dec 1869
PRATHER, Temperance w/o Basil PRATHER
    age 76y 28d, d. 22 Jan 1887
PRATHER, Tobias J. b. 1 Jun 1846 d. 19 Oct 1862
PRATHER, Peter L. b. 28 Mar 1839 d. 18 Oct 1862
PRATHER, Jeremiah Mason b. 7 Jun 1839 d. 18 Jun 1848
Ch/o B. & T. PRATHER (e.n. assumed Tobias-
    Jeremiah)
PRATHER, Harry h/o Louise BELL b. 23 Dec 1770
    d. 5 Apr 1829
PRATHER, Charlotte J. w/o P. PRATHER b. 17 Dec 1806
    d. 14 Oct 1829
PRATHER, Mary d/o S. S. & J. PRATHER age 6d,
    d. 15 Sep 1835
PRATHER, Samuel b. 25 Oct 1763 d. 22 Dec 1817
FRIEND, Gettie w/o Samuel PRATHER b. 10 Nov 1765
    d. 4 Dec 1830
(p.n. at bottom of page 76; B. K., Katie d. 1808, Lizzie d.
    1841, Willie d. 1824, Cassie) (e.n. entries under
    Gettie PRATHER)
PRATHER, Isaac T. age 25y 8m 28d, d. 28 Aug 1863
PRATHER, Samuel S. age 45y 6m 3d, d. 19 Jan 1849
PRATHER, Jemima w/o Samuel S. PRATHER
    age 55y 2m 24d, d. 1 Jan 1862
PRATHER, Daniel M. s/o Samuel S. & Jemima PRATHER
    age 5y 10m, d. 24 Jul 1853
PRATHER, Isaac T. age 28 y 6m 13d, d. 16 Feb 1865
    (p.p. PRATHER crossed out, the words 'Frank
    K???l' written in)
MOYLE, Rebecca age 52y, d. 9 Apr 1853
PRATHER, Samuel b. 17 Dec 1784 d. 29 Jun 1846
PRATHER, Elizabeth w/o Samuel PRATHER
    b. 2 Jun 1788 d. 25 Dec 1847
PRATHER, Richard age 69y 24d, d. 9 Nov 1865

Graveyard on the Harry BANE Farm
near Aston Station and W. M. Railroad

HARR, Rudolph Sr. b. 1751 (p.p. d. 6 Mar 1823)
HARR, Nancy w/o Rudolph HARR d. (n.o.i.)
HARR, Magdalene w/o Rudolph HARR Jr. b. 10 Dec 1785
    d. 6 Oct 1836
BECKLEY, Elizabeth age 31y, d. 3 May 1831
LETZ, Mary age 3y 7m 25d, d. Oct 1834
Several graves, plain stones

Little Metropolitan A. M. E. Church, Clearspring, African American

JAMIESON, Anna M. b. 1846 d. 1920
CAUTION, Samuel L. b. 4 Jan 1840 d. 11 Nov 1884
CAUTION, Julia E. A. w/o Samuel L. CAUTION
    age 36y 5m 6d, d. 22 Jul 1880
TRUMAN, Peter b. 4 Jul 1813 d. 21 Mar 1897
TRUMAN, Susan A. w/o Peter TRUMAN b. 8 Aug 1828
    d. 19 Jun 1898
WILLIAMS, Amanda J. w/o Louis WILLIAMS
    age 22y 4m 8d, d. 21 Jan 1882
TRUMAN, Charles B. T. s/o P. & S. TRUMAN
    age 5y 1m 17d, d. 28 Jun 1868
TRUMAN, Samuel L. age 12y 4m 22d, d. 8 Sep 1867
TRUMAN, David L. age 3m, d. 31 Aug 1867
TRUMAN, Isabella age 17y 5m 1d, d. 1(?) Jun 1867
TRUMAN, Mary E. 13y 11m 14d, d. 30 May 1867
Ch/o P. & S. TRUMAN (e.n. assumed Charles-Mary)
TRUMAN, Julian b. (n.d.) d. 26 Jun 1866
TRUMAN, Garrett w/o Julian TRUMAN age 70y,
    d. 28 Dec 1876
CAUTION, Elisha, father, age 63y 2m 13d, d. 5 Apr 1882
HATTON, Catharine J. d/o David & Mary E. HATTON
    b. 5 Jul 1867 d. 26 Feb 1868
CAUTION, Charity E. d/o Elisha & Charity E. CAUTION
    age 3y 10m 14d, d. 5 Feb 1867
CAUTION, Charity E. w/o Elisha A. CAUTION
    age 61y 2m 15d, d. 1 Sep 1879
DUNN, Louisa d/o Jane Dunn age 14y 1m 15d,
    d. 29 Mar 1867
DUNN, Jane w/o Richard DUNN age 84y 11m,
    d. 23 Jan 1898
PORTER, William b. 15 Jun 1824 d. 7 May 1896
PORTER, George Ann w/o William PORTER
    age 70y 1m 9d, d. 13 Sep 1908
PORTER, Joseph Marion b. 26 Apr 1866 d. 10 Mar 1873
PORTER, Infant b. (n.d.) d. 7 Nov 1878
TYLER, William H. b. 21 May 1858 d. 10 Sep 1880
TYLER, Sarah F. D. b. 17 Feb 1877 d. 17 Jan 1878
TYLER, Mary G. A. b. 21 Aug 1858 d. 14 Dec 1876
TYLER, Cornelia age 1y 7m 23d, d. 5 Aug 1873
TYLER, Daniel age 15d, d. 12 Nov 1871
Ch/o D. & L. TYLER (e.n. assumed William-Daniel)
WILLIAMS, Lewis b. 8 Oct 1851 d. 16 Apr 1918
WILLIAMS, Mariah age 78y 27d, d. 14 Apr 1891
Lot of other graves, no stones

Hancock Public Cemetery on High St., West Section

SWAIN, Nathaniel age 74y, d. 1 Oct 1895
SWAIN, Elmira age 74y, d. 9 Aug 1887
One grave, plain stone
BOWLES, Catharine b. 22 Sep 1822 d. 5 Apr 1824
JOHNSON, John Esq., b. in Annapolis, MD 12 Sep 1770,
    Chancellor of MD, d. 30 Jul 1824
One grave, plain stone
KREPS, Elizabeth d/o Michael T. & Ann KREPS
    b. 11 Oct 1825 d. 10 Oct 1826
PROTZMAN, John b. Germany 26 Feb 1749 d. 4 Jul 1804
One grave, plain stone
HOWARD, Elizabeth b. 4 May 1800 d. 25 Apr 1825
GREGORY, Polly s/o E. N. GREGORY age 29y,
    d. 9 Aug 1823
SMART, David age 26y, d. 14 Aug 1822
One grave, plain stone
GREGORY, Samuel J. M.D., b. 18 Mar 1793
    d. 20 Oct 1835
SHAFER, Virginia A. d/o J. & M. E. SHAFER
    age 13m, (n.o.i.)
SHAFER, John age 34y, d. 16 Oct 1845
One grave, no stone
WILSON, Sarah w/o E. N. Wilson age 42y, d. 29 Jan 1852
One grave, no stone
One grave, no stone
One grave, plain stone
One grave, no stone
MYERS, Alexander s/o Zabid & Dealia MYERS
    age 5y 2m 17d, d. 15 Sep 1857
One grave, plain stone
BROSIUS, Evaline d/o Henry & Ann BROSIUS
    age 2y 2m 15d, d. 19 Jul 1841
BROSIUS, Evaline d/o Jacob BROSIUS b. 25 Oct 1822
    d. 5 Jun 1838
Three graves, plain stones
MCKINLEY, Nelson b. 5 Jan 1819 d. 16 Aug 1854
MCKINLEY, Mollie d. (n.o.i.)
MCKINLEY, Henry, f/o Mollie MCKINLEY b. 29 May 1744
    d. 23 Mar 1847
MCKINLEY, Harrie, s/o Nelson & Mollie MCKINLEY
    b. 29 Apr 1852 d. 19 Nov 1853
BROSIUS, Hewett, infant, d. (n.o.i.)
BROSIUS, Harry, infant, d. (n.o.i.)
BROSIUS, Willie, infant, d. (n.d.), triplets of Silas & Sue
    W. BROSIUS
BROSIUS, Mary V. age 2y 1m d. 5 Nov 1852 d/o John J.
    & Mary J. BROSIUS
BROSIUS, Eve w/o Jacob BROSIUS age 61y 9m 5d,
    d. 24 Nov 1846
BROSIUS, Samuel Sr. age 61y 7m 18d, d. 4 Apr 1849
BROSIUS, Mary w/o Samuel BROSIUS age 62y 3m 5d,
    d. 5 May 1854
SMITH, Wilson B. s/o Rev. J. W. & Susan SMITH
    age 3y 4d, d. 22 Jan 1864
SMITH, Myra J. d/o Rev. J. & Susan SMITH age 2m 23d,
    d. 19 Jul 1865
Three graves, no stones
SNIDER, Catharine w/o H. SNIDER b. 27 Feb 1795
    d. 12 Mar 1853
One grave, no stone
Four graves, no stones
One grave, plain stone

HEDDING, Myrtie d/o J. S. & R. A. HEDDING
age 11m 11d, d. 23 Jul 1870
HEDDING, Twin s/o J. S. & R. A. HEDDING b. 9 Aug 1863
d. (n.d.)
HEDDING, Rachael V. d/o J. S. & R. A. HEDDING
age 6m 25d, d. 23 Apr 1866
TERRIS, Albert J. s/o Samuel & Lydia TERRIS
age 2y 7m 29d, d. 30 Apr 1839
One grave, plain stone
Two graves, plain stones
BROOKE, Thomas age 39y 4m 15d, d. 17 Aug 1836
BROOKE, Phebe w/o Thomas BROOKE, age 63y 2m,
d. 26 Oct 1858
One grave, no stone
CATLETT, Joseph age 19y 28d, d. 24 Mar 1850
One grave, plain stone
STEELE, Mary Ann age 2y 2m 1d, d. 30 Oct 1835
One grave, no stone
BROSIUS, Samuel age 45y 4m 15d, d. 15 May 1856
BROSIUS, Jacob s/o John & Magdelena BROSIUS
age 30y 11m 10d, d. 30 Sep 1840
Sixteen grave, no stones
Five graves, no stones
HART, Elizabeth w/o Capt. John D. HART age 62y 4m 9d,
d. 27 Jan 1851
SWOPE, Catharine w/o Peter SWOPE b. 1 Oct 1757
d. 28 Sep 1832
One grave, no stone
BOWLES, James H. age 68y 10m 7d, d. 5 Nov 1849
BOWLES, Martha w/o James H. BOWLES age 62y,
d. 1 Feb 1861
CLARK, John age 60y, d. 22 Apr 1838
CLARK, Eleanor w/o John CLARK age 67y, d. 8 Apr 1844
Five graves, no stones
BARTON, Benjamin B. age 33y 2m 5d, d. 5 Sep 1856
BARTON, Lloyd H. age 75y 7m 5d, d. 30 Mar 1862
BARTON, Francis w/o Lloyd BARTON age 68y,
d. 8 Jun 1863
Two graves, no stones
SNOW, Silas age 26y 9m 8d, d. 14 Sep 1845
SNOW, Susan age 52y, d. 13 Jan 1850
One grave, no stone
Two graves, plain stones
Fourteen graves, no stones
One grave, plain stone
GARRAGHTY, James age 54y 23d, d. 15 Aug 1854
GARRAGHTY, Catharine w/o James GARRAGHTY,
age 40y 5m 15d, d. 15 Dec 1856
One grave, no stone
BRADY, William age 59y 8m, d. 12 Jul 1866
SMITH, Samuel J. s/o Isaiah J. & Rose A. SMITH
age 21d, d. 3 Oct 1856
SMITH, Rose A. w/o Isaiah J. SMITH age 23y 4m 8d,
d. 29 Sep 1856
BRADY, Catharine w/o William BRADY age 44y 6m 8d,
d. 19 Jul 1854
BRADY, Mary E. age 18y 2m 3d, d. 4 Jul 1858

Three graves, no stones
BARNETT, George W. (Uncle) b. (n.d.) d. 26 Jan 1893
BARNETT, David age 49y, d. 6 Aug 1842
BARNETT, Ann w/o David BARNETT age 57y 7m 26d,
d. 16 Sep 1864
BOWERS, Sue, Our Sister, age 31y, d. 23 Mar 1870
BOWERS, William P. s/o William & Louisiana BOWERS
age 4y 1m 7d, d. 11 Mar 1853
BOWERS, William age 44y 2m 13d, d. 3 Sep 1848
BOWERS, Louisana w/o William BOWERS age 53y,
d. 9 Apr 1869
BOWERS, Ann Elizabeth b. (n.d.) d. 24 Apr 1889
BOWERS, Mary V. b. (n.d.) d. 1919
HIGGINS, M. P. age 57y 23d, d. 29 May 1874
HIGGINS, S. J. w/o M. P. HIGGINS b. 7 Oct 1829
d. 25 Oct 1898
HIGGINS, John Smallwood age 3y 6m 6d, d. 9 Mar 1852
HIGGINS, James Leopard b. 29 Dec 1851 d. 29 Dec 1851
HIGGINS, Cora Lee age 11y 6m 11d, d. 25 Sep 1865
HIGGINS, Sallie Bettie age 8y 9m 19d, d. 25 Oct 1865 All
Ch/o M. P. & S. J. HIGGINS (e.n. assumed John-Sallie)
Two graves, no stones
BEAN, Hopewell age 75y, d. 26 Jun 1863
BEAN, Mrs. Sophia age 50y, d. 4 Aug 1850
Four graves, no stones
MILLER, John S. age 52y, d. 5 Sep 1847
O'CONNER, Hugh age 67y, d. 20 Jan 1846
BENNETT, Mrs. Agnes w/o Robert BENNETT
age 32y 10m 2d, d. 4 Jan 1848
Four graves, no stones
COLBERT, Eli age 23y, d. 18 Oct 1838
COLBERT, Mary Jane b. 26 May 1868 d. 24 Oct 1868
GANO, John age 46y, d. 26 May 1847
GANO, Nancy age 59y, d. 6 Jan 1854
GANO, Ruth age 92y, d. 27 Dec 1844
WHITE, Nathaniel age 21y, d. 16 Jan 1838
Three graves, no stones
MURRAY, Mary E. d/o Joseph & Susan MURRAY
age 2y 26d, d. 17 Sep 1838
Thirteen graves, no stone
S. J. G. marked on stone, one grave d. (n.o.i.)
Three graves, plain stones
MCKINLEY, Elizabeth E. age 18y, d. 20 Jun 1850
Two graves, no stones
HERGESHEIMER, Sallie L. d/o David J. & Frances A.
HERGESHEIMER age 1y 5m 16d,
d. 26 Aug 1862
ORRICK, Edward age 26y, 11 Jun 1847
ORRICK, Henry C. age 19y, d. 20 Jan 1847
SWANN, Charles A. s/o C. A. & L. J. SWANN
age 1y 11m, d. 27 Jul 1846
ORRICK, Cromwell, father, age 62y 6m, d. 27 Feb 1856
ORRICK, Mrs. Mary b. 2 Jan 1801 d. 25 Nov 1842
TIDBALL, Mrs. Rosanna b. 12 Nov 1817 d. 6 Sep 1841
One grave, no stone
SCOTT, Elizabeth b. 23 Oct 1791 d. 19 Aug 1842
SCOTT, Mary b. 5 Feb 1772, d. 15 Oct 1845

One grave, no stone
GIBBS, John Harpin age 20y 9m 10d, d. 14 Sep 1846
GIBBS, Edward Allen age 62y 11d, d. 21 Jan 1847
GIBBS, Mrs. Elizabeth age 51y 2m 25d, d. 15 Jan 1847
GIBBS, Mrs. Elizabeth age 30(y?) 8m, d. 7 Nov 1850
SMALLWOOD, son age 3y 6m, d. 17 Mar 1852
LEOPARD, Jacob age 80y, d. 13 Mar 1853
LEOPARD, Delilah S. w/o Jacob Leopard age 70y 4m,
    d. 16 Jan 1866
One grave, no stone
EXLINE, Solomon age 86y 9m 10d, d. 2 Nov 1884
One grave, no stone
CONRAD, Michael age 4y 8m 15d, d. 17 Jun 1845
TROXELL, David age 40y, d. 9 Feb 1848
Two graves, no stones
Three graves, plain stones
STEVENSON, Sarah F. d/o Rev. G. & L. G. STEVENSON
    age 4y 18d, d. 13 Jun 1854
Eight graves, no stones
Four graves, no stones
MORAN, Susanna d. 1 Aug 1792 d. 31 Aug 1857
Four graves, no stones
LAMBERT, Annie J. d/o Daniel & Catharine LAMBERT
    b. 15 Feb 1853 d. 4 Nov 1862
DITTO, Oliver age 21y 3m 3d, d. 23 Dec 1853
JOHNSON, Elizabeth w/o Joshua F. JOHNSON
    age 53y 10m 7d, d. 6 Oct 1845
BARNETT, Mrs. Mary E. w/o David BARNETT
    age 27y 11m 22d, d. 3 Oct 1859
JOHNSON, Irwin G. s/o Joshua & Elizabeth JOHNSON
    age 49y 2m 25d, d. 14 Sep 1854
Three graves, no stones
M. E. E. marked on one grave stone
BRADY, Edward O., father, age 58y 25d, d. 24 Jan 1869
BRADY, Mary J. F. d/o Edward & Ellen BRADY
    b. 4 Apr 1852 d. 30 Jan 1856
ROWLAND, Catharine w/o John ROWLAND age 18y,
    d. 22 Mar 1848
Two graves, no stones
DICK, Susan b. 16 Sep 1808 d. 17 Apr 1890 w/o
    John DICK
One grave, plain stone
DICK, Jeremiah age 11y 7m 25d, d. 16 Sep 1877
DICK, John b. 15 Mar 1802 d. 24 Aug 1881
TROUT, Jacob H. s/o J. H. & A. E. TROUT age 6d,
    d. 16 Oct 1830
TROUT, Benjamin T. s/o J. H. & A. E. TROUT
    age 2y 9m 8d, d. 3 Feb 1852
One grave, no stone
BEARD, John H. s/o Louis & Jane BEARD age 1y 2m 6d,
    d. 26 Aug 1851
BEARD, Anne E. d/o Louis & Jane E. BEARD age 8m 4d,
    d. 30 Nov 1855
BEARD, Mattie C. d/o Louis & Jane E. BEARD age 7d,
    d. 27 Dec 1850
WILEY, Albert d. (n.o.i.)
BEARD, Louis b. 6 Sep 1820(?) d. 4 Jan 1893
BEARD, Jane E. w/o Louis BEARD b. 5 Apr 1818
    d. 4 Dec 1890
KIDWELL, Sallie b. 1815 d. 1896
COUDY, Kate, adopted d/o J. & Mahalah COUDY
    b. (n.d.) d. 4 Sep 1856
COUDY, Mahalah w/o James COUDY b. 21 Sep 1807
    d. 7 May 1863
SHARPLES, Ida V. d/o John & Antoinette SHARPLES
    age 24d, d. 21 Sep 1857
ZIMMERMAN, Amanda Ellen b. 8 Nov 1852
    d. 22 Apr 1858
WOLVERTON, Polly w/o John Irven WOLVERTON
    age 56y 5m 29d, d. 21 Oct 1862
Two graves, no stones
Eleven graves, no stones
BRADY, Ann w/o John H. BRADY age 37y 6m,
    d. 3 Mar 1857
Two graves, no stones
BRADY, Mary J. w/o John H. BRADY age 48y 2m 29d,
    d. 3 Oct 1851
JONES, Henry, Native of Wales, age 65y, d. 31 May 1851
HIGGINS, H. (n.o.i.)
HIGGINS, E. (n.o.i.)
One grave, no stone
CROCKETT, Helen I. d/o J. W. & M. E. CROCKETT
    age 2y 11m 3d, d. 7 Apr 1880
CROCKETT, Willie s/o J. W. & M. E. CROCKETT
    age 6m 12d, d. 8 Mar 1874
One grave, no stone, infant
MOFFETT, John age 76y 5m 25d, d. 8 Oct 1867
FORTNEY, Willie w/o Samuel & Susan FORTNEY
    age 2y 10m 6d, d. 18 Dec 1864
FORTNEY, Samuel Jr. b. 20 Aug 1813 d. 30 Apr 1888
FORTNEY, Susan w/o Samuel FORTNEY Jr.
    b. 24 Feb 1818 d. 18 Mar 1884
HURST, Eliza w/o Joseph HURST age 43y 7m 19d,
    d. 1 Nov 1858
HELGOTH, James s/o George & Elizabeth HELGOTH
    age 3m 18d, d. 23 Jun 1855
Three graves, no stones
STEM, J. Snively s/o J. W. & Laura V. STEM
    age 3y 2m 19d, d. 19 Aug 1862
STEM, Herndon s/o J. W. & Laura STEM, infant, d. (n.o.i.)
Two graves, no stones
EDMISTON, William Thomas age 19y 11m 22d,
    d. 8 May 1855
NEWCOMER, Jacob N. b. 24 Jan 1847 d. 13 Oct 1852
Four graves, no stones
TRUXEL, Mary b. 25 Oct 1815 d. 30 Jan 1872
TRUXEL, John age 62y, d. 1 Apr 1848
TRUXEL, Elizabeth, Mother, age 66y, d. 9 Nov 1862
TRUXEL, Mary E. age 1(?)3 d, d. 31 Jul 1858
TRUXEL, Johnson age 4y 1m 21d, d. 13 Dec 1862
TRUXEL, Susan age 3y 14d, d. 13 Jan 1864
Three graves, no stones
BRYAN, Richard, infant, d. (n.o.i.)
BRYAN, Susan, infant, d. (n.o.i.)

DENEEN, Matilda w/o Jacob DENEEN age 45y 2m 27d,
    d. 21 Aug 1856
Five graves, no stones
BRADY, Minnie O. d/o David A. & Rebecca J. BRADY
    age 2m 18d, d. 28 Jul 1866
One grave, no stone, infant
LOWMAN, Daniel age 39y, d. 5 Mar 1852
Five graves, no stones
One grave, plain stone
CLAGETT, Henry b. 21 Apr 1814 d. 13 Mar 1866
CLAGETT, Mary A. w/o Henry CLAGETT b. (n.d.)
    d. 9 Oct 1880
Three graves, plain stones
Two graves, no stones
HAWKINS, Henrietta age 50y, d. 2 Sep 1853
Two graves, plain stones
One grave, no stones
MYERS, Catharine A. d/o Zederick & Mealia MYERS
    age 1y 6m 7d, d. 10 Mar 1857
Nine graves, no stones
JOBES, Jane C. d/o Richard & Sophia JOBES
    age 4y 3m 2d, d. 10 May 1851
One grave, no stone
PROCTOR, Eddie s/o Edward & Sarah PROCTOR
    age 1y 10m 18d, d. 26 Aug 1873
PROCTOR, Edward, Father of Eddie PROCTOR age 48y,
    d. 17 Nov 1882
PROCTOR, Charles s/o Edward & Sarah PROCTOR
    age 30y, d. 29 May 1888
PROCTOR, Bennie H. s/o Edward & Sarah PROCTOR
    age 14y, d. 24 Aug 1888
One grave, plain stone
Two graves, plain stone
Four graves, no stones
One grave, plain stone
One grave, no stone
MUNDY, William s/o Peter & Hester MUNDY age 3m 2d,
    d. 5 Mar 1854
MUNDY, Robert W. s/o Peter & Hester MUNDY
    age 1m 27d, d. 3 Jul 1856
Six graves, no stones
THOMAS, Ellen L. w/o George W. THOMAS
    age 23y 3m 10d, d. 17 May 1879
WHEELER, John W. s/o Annie B. WHEELER age 3m,
    d. 1 Jun 1879
One grave, no stone, infant
One grave, no stone
GRAVES, Rebecca, mother, b. (n.d.) d. 1 Sep 1896
One grave, plain stone
One grave, plain stone
MARKS, James E. age 20y, d. 13 Dec 1875
The next six names were not accompanied by a sur
    name; following the entries are the words 'ch/o
    James & Annie.' The editor assumes that the
    placement of the names, following James E.
    MARKS, indicates these are MARKS children.
MARKS, Sally E. age 3m 15d, d. 10 Aug 1873

MARKS, Samuel R. age 1y 7m 11d, d. 8 Jan 1882
MARKS, Robert A. age 9y 1m 19d, d. 27 Jan 1883
MARKS, Catherine A. age 1m, d. 22 Apr 1885
MARKS, John W. age 5m, d. 12 Apr 1861
MARKS, George W. age 4d, d. 12 Nov 1873
ROBISON, William J. s/o John & Ann ROBISON
    age 2y 2m, d. 11 Jan 1871
Four graves, no stones
WILLIAMS, Lloyd b. 25 Jan 1815 d. 24 Aug 1870
One grave, no stone
BAKER, Josie N. d/o J. W. & N. BAKER age 15y 27d,
    d. 2 May 1882
BAKER, Charity A. d/o J. W. & N. BAKER
    age 30y 2m 25d, d. 4 Jul 1881
SMITH, Infant d/o Thomas & Clariss SMITH age 10d,
    d. 3 Jun 1894
Four graves, no stones
CLUGSTON, Thomas J. age 52y 5m 5d, d. 4 Mar 1880
One grave, no stone
Four graves, no stones
SEAVOLT, Jacob age 84y, d. 6 Nov 1876
SEAVOLT, Samuel C. b. 3 Mar 1838 d. 23 Mar 1871
SEAVOLT, John L. s/o Samuel C. & S. J. SEAVOLT
    b. (n.d.) d. 3 Aug 1870
SUTTON, Mabel Lee d/o C. W. & M. A. SUTTON
    age 7m 12d, d. 20 Apr 1870
SUTTON, Edwin W. s/o C. W. & M. A. SUTTON age 10d,
    d. 24 Jul 1873
OGDEN, Eliza Jane b. 31 Aug 1858 d. 31 Dec 1865
TURNER, Mary d/o Jacob & Delilah Leopard
    b. 2 Apr 1832 d. 22 Dec 1870
DAWSON, Emma J. w/o Peter E. DAWSON
    b. 11 Apr 1854 d. 4 Feb 1883
DAWSON, Emma H. d/o P. E. & E. J. DAWSON
    b. 12 Jan 1883 d. 25 Jan 1883
KINSEL, Louis J. age 28y 3m 27d, d. 28 May 1891
COFFMAN, Ida A. d/o W. J. & M. COFFMAN age 6m 12d,
    d. 9 Aug 1876
COFFMAN, John W. s/o W. J. & M. COFFMAN
    age 4y 1m 7d, d. 8 Jul 1881
COFFMAN, Rosie P. d/o John & Fannie COFFMAN
    age 2y 1m 22d, d. 10 Sep 1889
Eleven graves, no stones
WILKINSON, Roy McClellan s/o R. M. & S. E. age 10m,
    d. 27 Jul 1886
WOLFEL, Joseph W. s/o Joseph & Venia WOLFEL
    age 1y 4m 3d, d. 13 Jul 1893
MCMULLEN, George T. b. 25 Mar 1838 d. 27 Aug 1893
Two graves, no stones
WAGNER, Raymond s/o G. W. & R. B. WAGNER
    age 10y 10m 2d, d. 25 Jul 1893
SMITH, Wesley age 63y 7m 22d, d. 5 Aug 1916
Eight graves, no stones
One grave, plain stone, infant
Two graves, plain stones

BECHTOL, William E. s/o Lew & Rachael BECHTOL age 8y 11m 14d, d. 14 Jul 1866
MCKALVEY, William age 51y, d. 20 Jan 1875
MCKALVEY, John b. 1864 d. 1887
MCKALVEY, Margaret Noble b. 1832 d. 1908
EASTBURN, Edwin S. b. 1817 d. 1879
EASTBURN, Mary Jane b. 1819 d. 1889
EASTBURN, Mary Ellen b. 1853 d. 1864
HEDDING, Pleasant A. d/o John M. & Elizabeth HEDDING, age 2y 3m 28d, d. 15 Aug 1868
HEDDING, Hannah d/o John M. & Elizabeth HEDDING age 2y 27d, d. (n.d.)
DYER, Charles s/o B. L & Elizabeth DYER age 2m 24d, d. 28 Jul 1865
DYER, Elizabeth w/o B. L. DYER age 42y 6m 4d, d. 19 Aug 1870
One grave, no stone
BRIGGS, John H. b. 30 Aug 1870 d. 6 Oct 1870
BRIGGS, James E. b. 30 Aug 1870 d. 29 Sep 1870
BRIGGS, Delbert E. b. 24 Dec 1864 d. 23 Aug 1879
BRIGGS, Robert E. b. 9 Jan 1871 d. 26 Sep 1873
BRIGGS, Joseph b. 8 Aug 1873 d. 11 Sep 1873All Ch/o John C. & S. E. BRIGGS (e.n. assumed John-Joseph)
BRIGGS, Sarah E. w/o John C. BRIGGS b. 25 Aug 1838 d. 31 Aug 1873
MOXLEY, Reason b. 1807 d. 1882
One grave, no stone
Two graves, no stones, corner stone marked G
CRAIG, Amanda b. 11 Jan 1831 d. 13 Mar 1910
CRAIG, John M. b. 23 Mar 1866 d. 18 Sep 1891
Seven graves, no stones

St. Thomas Episcopal Church Graveyard, High Street

DELAPLANE, Rev. John, Rector of St. Marks Parish, Frederick County, b. (n.d.) d. 11 Oct 1841
BUCK, Mrs. Jane B. w/o Rev. John DELAPLANE age 30y, d. 24 Aug 1847
BREATHED, Isaac age 77y 5m 25d, d. 12 Jan 1858
BREATHED, James b. 15 Dec 1838 d. 14 Feb 1870, Major in Stuarts Horse Artillery
BREATHED, Kitty age 70y, d. 18 Mar 1863
DELAPLANE, James B., M.D., b. 13 Aug 1836 d. 11 Feb 1878
BEALL, Annette Josephine w/o James B. DELAPLANE b. 22 Aug 1845 d. 14 Nov 1921
DELAPLANE, James B., Eldest s/o Dr. James B. & Lavenia R. (BEALL) DELAPLANE b. (n.d.) d. 7 Nov 1894
BEALL, Lavenia R. w/o Dr. James B. DELAPLANE b. 10 Nov 1840 d. 26 Sep 1867
DELAPLANE, Jane B. d/o Dr. James B. & Labenia R. DELAPLANE age 1y, d. 11 Feb 1862
DELAPLANE, Infant d/o Dr. James B. & Lavenia R. DELAPLANE, b. (n.d.) d. 13 Dec 1859
DELAPLANE, Albert Buck s/o Dr. James B. & Annette J. DELAPLANE age 1m 22d, d. 1 Jul 1870
JENKINS, Asa, age 38y, Master Mason, d. (n.o.i.)
One grave, no stone
PENDLETON, Benjamin age 72y, d. 14 Mar 1853
PENDLETON, Harriett, Mother, b. 24 Dec 1788 d. 23 Apr 1850
LIGHT, Joseph d. (n.o.i.)LIGHT, Ann Jane w/o Joseph LIGHT age 69y, d. 28 Mar 1886
LIGHT, Mary Jane d/o Joseph & Ann J. LIGHT b. 2 May 1886 d. 6 Apr 1865
MURRY, James P. b. 5 Sep 1844 d. 5 Dec 1898
MILES, Margaret Murray b. 1844 d. 1932
Four graves, no stones
THOMAS, George age 58y 8m 1d, d. 16 Mar 1855
JOHNSTON, Henry d/o Christopher JOHNSTON b. (n.d.) Bristol, England d. age 74y (n.d.)
BARISTER, A. b. Hinton Biebett Episcopalian Rectory of the Church of England (n.o.i.)
THOMAS, John Johnson b. 10 Apr 1831 d. 23 Sep 1895
THOMAS, Mary Elizabeth w/o John T. Thomas b. 16 May 1834 d. 4 Dec 1905
THOMAS, Kelly age 55y, d. 22 Mar 1848
THOMAS, Jane w/o Kelly THOMAS age 60y, d. 30 Nov 1851
THOMAS, Eleanor G. b. 13 Nov 1831, d. 27 Apr 1903
PENDLETON, Rachael, Aunt, age 70y, d. 14 Jun 1866
REYNOLDS, Kitty age 64y 6m 19d, d. 14 Sep 1852
BROCIUS, Daniel age 53y 4m 17d, d. 23 Oct 1859
BROCIUS, Elenor w/o Daniel BROCIUS age 57y 9m 12d, d. 20 Feb 1865
THOMAS, _____? d. (n.o.i)
THOMAS, Eliza E. b. 1839 d. 1915
ROWLAND, Jospeh b. 1810 d. 1875
ROWLAND, Rebecca R. b. 1820 d. 1871
RESLEY, Catherine b. 1824 d. 1875
RESLEY, John b. 1790 d. 1852
RESLEY, Mary w/o John RESLEY b. 1790 d. 1861
RESLEY, Ellen d/o John & Mary RESLEY age 23y 3m, d. 14 Dec 1845
ROWLAND, Edward b. 1843 d. 1894
ROWLAND, Gerturde b. 1855 d. 1938
ROWLAND, C. Virginia b. 1849 d. 1926
RESLEY, James M. d/o James & Ellen RESLEY age 12y 9m 8d, d. 7 Mar 1863
RESLEY, Arthur s/o James & Ellen RESLEY age 9y 3d, d. 19 Mar 1863
RESLEY, Mary E. d/o James & Ellen RESLEY age 4y 3m 22d, d. 16 Feb 1863
RESLEY, George G. s/o James & Ellen RESLEY age 2y 8m 22d, d. 21 Feb 1863
RESLEY, James Co. B. 4th. Reg. P.H.B., b. 26 Aug 1818 d. 7 Dec 1896
RESLEY, Ellen w/o James RESLEY d. (n.o.i.)
RESLEY, two graves, no stones
DAVIS, John, father, age 67y, d. 23 Nov 1866
DAVIS, Anna w/o John DAVIS d. (n.o.i.)

DAVIS, Thomas E. s/o John & Anna DAVIS
    age 10y 5m 20d, d. 9 Mar 1865
One grave, no stone
W., Two graves, no stones, corner marked W
DECK, Edward B. s/o James C. & Mary C. DECK
    age 1y 2m 24d, d. 4 Dec 1866
MUNDAY, Martha E. w/o Partick MUNDAY
    age 32y 1m 10d, d. 11 Feb 1884
MUNDAY, Raymond R. s/o Patrick & M. E. MUNDAY
    age 11y 1m 4d, d. 11 May 1888
MUNDAY, Infant d/o Patrick & M. E. MUNDAY d. (n.o.i.)
MUNDAY, Emma J. d/o Patrick & M. E. MUNDAY
    age 1m 15d, d. 6 Jun 1869
One grave, no stone
One grave, wood marker
MITCHELL, Benjamin Sr. b. 1819 d. 1904
MITCHELL, Sarah Eleanor w/o Benjamin MITCHELL
    b 1826 d. 1880
MITCHELL, Charles Edward s/o B. & E. MITCHELL
    age 2y 2m, b. 1851 d. 28 Aug 1853
MITCHELL, Johnson s/o B. & E. MITCHELL
    age 6y 10m 15d, b. 1856 d. 20 Dec 1864
STEILLWELL, William b. 1834 d. 1862
MITCHELL, James (n.o.i.)
BEAN, Charles F. b. 1846 d. 1912
RESLEY, Charles A. b. 1827 d. 1905
BEAN, Benjamin age 45y, d. 8 Apr 1847
BEAN, Minerva b. 1817 d. 1857
LEROUX, Jules Callac b. 29 Jan 1905 d. 24 Aug 1905
CALLAN, Louisa Annette b. 27 Aug 1862 d. 12 Aug 1863
CALLAN, Harriett Keef b. 22 May 1867 d. 12 Aug 1868
CALLEN Mary Lenore b. 27 Apr 1879 d. 12 Mar 1901
CALLAN, Thomas b. 10 Oct 1833 d. 25 Jan 1914
CALLAN, Mary Louisa b. 29 Sep 1838 d. 20 Nov 1923
CARDER, Virginia Blackwell Callan b. 8 Jul 1869
    d. 17 Mar 1901
CONRADT, John age 80y 10m 22d, d. 8 Sep 1876
FOSTER, George Co. E. 2nd. Ind. Cav. Home Brigade
    age 27y 8m, d. 18 Sep 1863
Two graves, no stones
GREGORY, Richard b. 26 Sep 1825 D. 26 Sep 1865
GREGORY, Ann Lou w/o Richard GREGORY
    b. 7 Oct 1828 d. 22 Sep 1875
GREGORY, Samuel J., M.D., b. 18 Mar 1793
    d. 20 Oct 1833
GREGORY, Lavina Richmond b. 3 Mar 1798
    d. 8 Apr 1867
GREGORY, Samuel s/o Samuel J. & L. R. GREGORY
    b. 9 Feb 1829 d. 10 May 1837
GREGORY, Eugene Richmond s/o R. & Ann Lou
    GREGORY b. 19 Feb 1852 d. 14 Apr 1856
GREGORY, Arthur Logan s/o R. & Ann GREGORY
    b. 20 Aug 1859 d. 27 Jul 1866
GREGORY, Loulie Eugenia d/o R. & Ann GREGORY
    b. 13 Oct 1856 d. 18 Sep 1876
GREGORY, Julian Snively s/o R. & Ann GREGORY
    b. 7 Feb 1850 d. 8 Apr 1899

GREGORY, Malcolm s/o S. J. & L. R. GREGORY
    b. 19 Feb 1832 d. 25 Dec 1872
BEALL, Mehetable b. 26 Aug 1820 d. 23 Jan 1904
BEALL, Josephua, Husband, b. 12 Jul 1802
    d. 20 May 1855
BEALL, Josephine L., infant, d. (n.o.i.)
BEALL, Charlott R., infant, d. (n.o.i.)
BEALL, Clara, infant d. (n.o.i.)
All ch/o Josephus & Mehetable BEALL (e.n. assumed
    Josephine-Clara)
FREY, Jacob Sr. age 58y 9m 27d, d. 21 Dec 1865
FREY, Catharine w/o Jacob Frey age 50y, d. 20 Aug 1866
FREY, Jacob age 34y 11d, d. 10 Jan 1870
FREY, Barbara w/o Jacob FREY age 20y 2m 27d,
    d. 29 Jul 1863
FREY, Catharine Amanda d/o Jacob & Barbara FREY
    age 8m 27d, d. 3 Apr 1863
MCLAUGHLIN, George b. 8 Jul 1861 d. 27 Feb 1927
MCLAUGHLIN, Mary A. w/o George MCLAUGHLIN
    b. 18 Aug 1860 d. 13 Dec 1929
MCLAUGHLIN, Grace Maria d/o Forence DITTO
    age 6y 7m, d. 2 Apr 1881
DITTO, James B. b. 4 Dec 1809, d. 24 Dec 1879
DITTO, Elizabeth w/o James B. DITTO b. 10 Apr 1812
    d. 8 Aug 1867
STEPHENS, Samuel M. b. 1807 d. 1887
BYERS, Harriet w/o Samuel M. STEPHENS b. 1833
    d. 1880, d/o J. A. & C. M. BYERS
STEPHENS, Lenore B. d/o Samuel M. & H. STEPHENS
    b. 1868 d. 1889
STEPHENS, Lynn B. s/o Samuel M. & H. STEPHENS
    b. 1869 d. 1870
STEPHENS, John Marshall s/o S. McF. & E. C.
    STEPHENS b. 9 Aug 1844 d. 20 Apr 1847
STEPHENS, Townsend Bedell s/o S. McF. & E. C.
    STEPHENS b. 18 Jan 1840 d. 18 Sep 1840
STEPHENS, Eliza C. w/o Samuel Mcf. STEPHENS
    b. 3 Jun 1813 d. 14 Feb 1847
COUDY, James b. 1803 d. 1883
STILLWELL, Susan w/o James COUDY b. 1829 d. 1905
COUDY, Belle Elliott b. 1865 d. 1912
COUDY, John b. 1775 d. 1823
COUDY, Ellen Mar w/o W. L. ALEXANDER (n.o.i.)
COUDY, Edward Mealey b. 1866 d. 1917
COUDY, Mary Caroline b. 1868 d. age 10m
COUDY, James Mathew b. 1873 d. age 2m
HIGGS, Henry, Master Mason b. 1811 d. 1882
HIGGS, Susan b. 1821 d. 1887
HIGGS, Alice (n.o.i.)
HIGGS, d. (n.o.i.)
BOWHAY, Edward b. 1854 d. 1889
BOWHAY, _____ w/o Edward BOWHAY, d. (n.o.i.)
DITTO, James W. b. 30 Nov 1854 d. 16 Feb 1915
DITTO, Sarah A. b. 22 Nov 1854 d. 5 Feb 1934
EDDY, J. M. s/o I. S. & M. EDDY age 1y 1m 15d,
    d. 7 Oct 1870

MCCARTY, Howard I., Master Mason, b. 5 Aug 1875
    d. 23 Jan 1910
MCCARTY, Russel S. b. 10 Sep 1902 d. 30 Dec 1923
BROOKS, Ellen H. w/o George H. BROOKS
    age 28y 4m 12d, d. 5 Feb 1872
Two graves, plain stones
CRAMER, Lillie Bell M. d/o F. S. & F. CRAMER
    age 1y 11m 2d, d. 2 Aug 1871
STIGERS, Baltus b. 8 May 1808 d. 15 Dec 1898
STIGERS, Catherine w/o Baltus STIGERS b 3 Feb 1809
    d. 18 May 1898
HUNTER, Elizabeth b. 5 May 1803 d. 26 Jan 1874
STIGERS, Alice d/o Baltus & C. STIGERS b. 26 Mar 1848
    d. 20 Sep 1884
REID, G. B. b. 7 Sep 1860 d. 17 Apr 1876
COLBERT, Eliza b. 15 Mar 1815 d. 25 Mar 1904
RIED, W. Harris b. 22 Aug 1888 d. 29 May 1889
RIED, B. Yantis b. 6 Nov 1896 d. 16 Sep 1896
RIED, Mary R. b. 19 May 1894 d. 1 Oct 1896
All ch/o J. W. & M. D. RIED (e.n. assumed W. Harris-
    Mary R.)
WEDDELL, Fred W. d. (n.o.i.)
WEDDELL, Mary A. w/o Fred W. WEDDELL age 58y 2m,
    d. 30 Sep 1876
One grave, no stone
DENNELL, Lillie d/o William & Lizzie DENNELL
    age 12y 1m 11d, d. 27 Dec 1877
BROOKE, John b. Cheshire, England 9 Dec 1823
    d. 20 Jun 1906
GREGORY, Rachael w/o John BROOKE b. Poplar
    Springs, PA 11 Dec 1837 d. 7 Jan 1905
Four graves, no stones
MYERS, Mary C. d/o C. & C. E. MYERS, age 1m 18d,
    d. 18 Oct 1882
SENSEL, Willie H. M. d/o Chas. M. & Mary A. SENSEL
    b. 19 Aug 1884 d. 18 Aug 1895
SENSEL, Charles M. b. 12 Jun 1857 d. 29 Oct 1889
STARLIPER, Mary Ann w/o J. D. STARLIPER
    b. 14 Aug 1860 d. 6 Jun 1924
STARLIPER, John E. s/o J. D. & Mary A. STARLIPER
    b. 6 Jan 1907 d. 23 Sep 1922
Two graves, no stones
HENRY, James age 51y 5m 22d, d. 4 Nov 1864
HENRY, Sarah w/o James HENRY b. 12 Aug 1811
    d. 15 Feb 1889
HENRY, Wililam L. age 18y 13d, d. 29 Apr 1863
FIELDS, George W. age 57y 1m 27d, d. 19 Apr 1882
FIELDS, ____? w/o George W. FIELDS d. (n.o.i.)
Three graves, no stones
MCGILL, Edward Breathed b. 23 Aug 1860
    d. 16 May 1925
BREATHED, Louise d/o E. M. & Nettie BREATHED
    b. 1 May 1885 d. 10 Nov 1896
BREATHED, Ada Laura d/o E. M. & Nettie BEATHED(?)
    b. 9 Apr 1887 d. 24 Apr 1895
BREATHED, Infant d. (n.o.i.)
BROOK, George H. b. 5 Apr 1836 d. 15 Nov 1916
BROOK, Ada T. b. 23 Jan 1856 d. 3 Aug 1928
BROOK, Phoebe L. b. 9 Dec 1880 d. 20 Mar 1885
TAYLOR, Olive b. 7 Dec 1820 d. 26 Nov 1888
CAROTHERS, Isaac R. s/o Isaac & Margaret E. Carothers
    age 3m 9d, d. 5 Sep 1889
CAROTHERS, Isaac b. 6 Apr 1840 d. 13 May 1896
CAROTHERS, Margaret E. w/o Isaac CAROTHERS
    b. 17 Oct 1843 d. 29 Nov 1922
LANDER, Joseph b. 24 Nov 1843 d. 6 Feb 1916
LANDER, Mary W. w/o Joseph LANDER b. 15 Feb 1852
    d. 22 Jan 1912
MCFERRAN, Alexander age 41y 28d, d. 2 Nov 1823
MCFERRAN, Priscilla w/o Alenxander MCFERRAN
    age 86y 17d, d. 10 Jan 1869
GROVE, Abram age 72y 9m 23d, d. 18 Oct 1885
GROVE, Harriet w/o Abram GROVE age 78y 9m 1d,
    d. 8 Feb 1882
GROVE, Ellen Jane d/o Abram & Harriet GROVE
    b. 6 Nov 1841 d. 19 Sep 1866
GROVE, John A. s/o Abram & Harriet GROVE,
    age 31y 1m 5d, d. 17 Apr 1877
GROVE, John B. s/o Abram & Harriet GROVE
    age 16m 16d, d. 16 Aug 1841
MITCHELL, Benjamin b. 10 Mar 1850 d. 31 Dec 1928
FIELDS, Jacob Frank b. 1858 d. 1925
BROOKE, Ella b. 1865 w/o Jacob Frank FIELDS d. 1904
FIELDS, J. F. b. 1887 d. 1918
BOOTMAN (n.o.i.)
SHEPPARD, Roy N. b. 1886 d. 1912
MCLAUGHLIN, John b. 1859 d. 1928
MOFFETT, Mollie w/o John MCLAUGHLIN (n.o.i.)
EICHELBERGER, Nannie d. (n.o.i.)
EICHELBERGER, Jennie d. (n.o.i.)
One grave, no stone
J. F. H. d. (n.o.i.)
WAGONER (n.o.i.)
HOUCK, John L. b. 22 Aug 1885 d. 2 Nov 1924, Father
HOUCK, Willie E. b. 1891 d. 1892
ROWLAND, Eliza Ellen d/o J. & E. ROWLAND age 32y,
    d. 5 Jul 1889
SPIKER, Rachel T. w/o Perry SPIKER d. 27 Apr 1844
    d. 27 May 1901
SPIKER, Wilbur Koon s/o Perry & Rachel SPIKER
    b. 14 Mar 1889 d. 8 Apr 1889
SPIKER, Harry T. s/o Perry & Rachel SPIKER
    age 2y 6m 1d, d. 21 Oct 1884
NOEL, William 1928 (n.o.i.)
NOEL, Elizabeth w/o William NOEL b. (n.d.) d. 1924
NOEL, Digpory T. s/o William & E. NOEL, age 1y 1m 17d,
    d. 14 Sep 1889
NOEL, Julia d/o William & E. NOEL age 3y 9m 14d,
    d. 12 Dec 1887
POTTS, Jackson b. (n.d.) d. 1907
POTTS, Louisa w/o Jackson POTTS b. (n.d.) d. 1900
POTTS, John W. b. 16 Jul 1861 d. 8 Dec 1921
HUGHES, Thomas C. b. 17 Sep 1843 d. 26 Jan 1919

HUGHES, Mary J. w/o Thomas C. HUGHES b 7 Jun 1843
    d. 3 Jan 1930
HUGHES, Nathalie b. 23 Apr 1882 d. 25 Oct 1884
CREAGER, Harry L. b. 4 Sep 1862 d. 28 May 1926
CREAGER, Emma R. w/o Harry L. CREAGER (n.o.i.)
CREAGER, J. William s/o H. L. & E. K. CREAGER
    age 4y 8m 5d, d. 14 Dec 1895
SWINGLE, Armstead A. b. 1842 d. 1922
SWINGLE, Mary J. w/o Armstead A. SWINGLE b. 1843
    d. 1901
BOYLES, Ethel W. b. 1874 d. 1905
SWINGLE, Edgar D. b. 1872 d. 1899
SWINGLE, C. Rollinson b. 1868 d. 1901
SWINGLE, John C. b. Jul 1879 d. (n.d.)
SWINGLE, Mary M. b. (n.d.) d. Jul 1877
JENKINS, Solomon b. 7 Sep 1834 d. 3 Mar 1918
MAR, Helen w/o Solomon JENKINS b. 22 Aug 1840
    d. 13 Aug 1917
JENKINS, W. L. b. 9 Mar 1861 d. 8 Oct 1890
JENKINS, M. E. M. b. 13 Aug 1867 d. 29 Aug 1891
JENKINS, Infant d. (n.o.i.)
JENKINS, S. P. b. 21 Aug 1872 d. 22 Aug 1904
JENKINS, Martin T. s/o S. & Helen M. JENKINS
    b. 28 Jan 1860 d. 22 Apr 1860
JENKINS, Gilbert W. s/o S. & Helen M. JENKINS
    age 1y 1m 13d, d. 20 Sep 1879
JENKINS, three graves, no stones
HENDERSON, Charles W. b. 1825 d. 1905
HENDERSON, Jane C. w/o of Charles W. HENDERSON
    b. 1832 d. 1905
HENDERSON d. (n.o.i.)
HENDERSON, Martha Virginia Harris b. 1873 d. 1926
HENDERSON, Daisy Williams b. (n.d.) d. 1872
GAYLE, Virginus W., M.D., b. 1852 d. 1929
GAYLE, ____ w/o Virginus W. GAYLE d. (n.o.i.)
SUTTON, Charles H. b. 13 Dec 1836 d. 22 Apr 1908
SUTTON, Margaret Ann w/o Charles H. SUTTON
    b. 15 Sep 1840 d. 17 Aug 1911
SUTTON, John M. s/o Charles H. & M. SUTTON age 12y,
    d. 3 Sep 1886
SNIVELY, Jacob b. 26 Jun 1802 d. 27 Jan 1881
SNIVELY, Harriet Blackwell w/o Jacob SNIVELY
    b. 6 Nov 1798 d. 27 Apr 1869
BLACKMAN, Alanson Curtis age 87y, d. 1 Jun 1878
SNIVELY, V. C. b. 22 Feb 1833 d. 17 May 1904
SNIVELY, Eudora A. b. 29 Jun 1835 d. 21 Dec 1803
SNIVELY, Roberta Florence b. 8 Aug 1844 d. 25 Mar 1922
BYERS, John A., Civil Engineer, b. 12 Sep 1806
    d. 7 Apr 1872
BYERS Charlotte M. W. w/o John A. BYERS
    b. 23 Mar 1807 d. 14 Aug 1891
BYERS, Alfred W., Son, b. 8 Sep 1839 d. 1 Oct 1912
BYERS, Josephine, Dau., b. 1 Aug 1847 d. 10 Jul 1886
BYERS, James Davis, Colour Serg't. 8 VA Cav. C.S.A.
    killed and buried at Newtown, VA b. 10 Apr 1837
    d. 12 Nov 1864*

BLACKWELL, William Isora b. 13 Nov 1875
    d. 23 Mar 1933
SPILLMAN, Charles(?) O. w/o William Isora BLACKWELL
    (n.o.i.)
BLACKWELL, William b. 1829 d. 1903
BOWLES, Isora M. w/o William BLACKWELL b. 1831
    d. 1921
BOWLES, William A. b. 28 Nov 1824 d. 5 Jul 1903
BOWLES, Mary A. w/o William A. BOWLES
    b. 11 Sep 1825 d. 3 Apr 1905
BOWLES, Teresa McKee b. Aug 1862 d. Jun 1928
BOWLES, Marthan E. d/o S. & A. BOWLES b. 1 Apr 1866
    d. 6 Sep 1866
BOWLES, Samuel b. 6 Dec 1826 d. 17 Mar 1878
BOWLES, Amanda w/o Samuel BOWLES b. 29 Jun 1829
    d. 1 Jun 1878
DAVIS, Samuel H. b. 5 May 1834 d. 17 Apr 1908
DAVIS, Sophia Eliza w/o Samuel H. DAVIS
    age 43y 3m 11d, d. 18 Jul 1872
DAVIS, Williamina R. b. 1845 d. 1916
ROZELLE, Beall Davis b. 1880 d. 1913
DAVIS, Sarah Rebecca d/o Sam. H. & Sophia DAVIS
    age 1m 4d, d. 15 May 1862
DAVIS, Rosa Bell d/o Sam. H. & Sophia DAVIS
    age 1y 7d, d. 7 Jul 1868
DAVIS, Willie Richardson b. 8 Apr 1877 d. 15 Mar 1883
DAVIS, Olive Sheridan b. 7 Oct 1878 d. 17 Jan 1883
DAVIS, Mary Neil b. 5 Jun 1888 d. 15 Jun 1880
DAVIS, Infant d/o S. M. & Willie DAVIS b. (n.d.)
    d. 2 Jan 1875
DAVIS, Infant d/o S. H. & Willie DAVIS b. (n.d.)
    d. 17 Jul 188(?)
DAVIS, Rachel Lefaune b. 1884 d. 1937
TRIMBLE, Robert age 79y, d. 19 Sep 1904
TRIMBLE, Elizabeth w/o Robert TRIMBLE b. 25 Aug 1823
    d. 10 Jan 1912
TRIMBLE, Emma J. b. 23 Jan 1853 d. 28 Oct 1901
KIDWELL, Infant of J. W. Mary KIDWELL d. (n.o.i.)
KIDWELL, Cecil Glenn s/o J. W. & Mary E. KIDWELL
    age 8d, d. 22 Dec 1882
KIDWELL, Ray Reno s/o J. W. & M. E. KIDWELL
    age 8m 28d, d. 21 Apr 1882
KIDWELL, John W. b. 9 Jul 1850 d. 25 Sep 1917
TRIMBELL, Mary E. w/o John W. KIDWELL b. 24 Jul 1861
    d. (n.d.)
JENKINS, Sarah w/o W. W. JENKINS b. 22 May 1815
    d. 5 Dec 1884
BAYNE, Isaac N. b. 8 Aug 1843 d. 3 Nov 1918
BAYNE, Clarissa Bayne, w/o Isaac N. BAYNE
    b. 11 Jan 1850 d. 27 Feb 1914
Two graves, no stones
KERNS, James H., Master Mason, b. 1863 d. 1920
KERNS, Sarah E. w/o James H. KERNS b. 1865 d. 1901
KERNS, Wilbut R. b. 1903 d. 1920
KERNS, Infant, b. (n.d.) d. 1897
KERNS, Sagle b. 1894 d. 1897
KERNS, Fronie b. (n.d.) d. 1904

Two graves, no stones, infants
BROSIUS, John B. b. 6 May 1845 d. 28 Jul 1918
BROSIUS, Agnes T. w/o John B. BROSIUS
    b. 21 Feb 1853 d. 31 Jan 1922
PALMER, Nannie Brosius, Mother, b. 1880 d. 1915
PALMER, Infant of Nannie Brosius PALMER b. (n.d.)
    d. 1915
BROSIUS, Edward E. b. 1888 d. 1914
BROSIUS, B. H. b. 22 Feb 1875 d. 17 Dec 1909
BROSIUS, Lizzie J. d/o J. B. & Agnes BROSIUS
    age 8y 8m 28d, d. 11 Oct 1886
BROSIUS, J. Raymond, b. 18 Aug 1886 d. 16 Mar 1918
LEHMAN, Louise B. b. 1883 d. 1933
KERNS, W. H. (n.o.i.)
KERNS, Robert A., Father, b. 30 Dec 1864 d. 27 Dec 1905
One grave, no stone
BRADY, Clifford b. Feb 1869 d. Oct 1869
BRADY, Charles E. s/o George W. & Margaret BRADY
    age 2m 16d, d. 28 Feb 1862
BRADY, George W. b. 1831 d. 1892
BRADY, Margaret w/o George W. BRADY b. 1838 d. 1909
BRADY, L. Delaplane b. 1859 d. 1906
BRADY, Mattie E. (n.o.i.)
One grave, no stone
MCKINLEY, Norval M. b. 1836 d. 1895
MCKINLEY, Fannie A. w/o Norval M. MCKINLEY b. 1844
    d. 1929
MCKINLEY, Charles B., Brother, b. 1872 d. 1893
MCKINLEY, William H. b. 5 Jul 1865 d. 22 Oct 1900
One grave, no stone
BARTON, Charles W. b. 13 Dec 1818 d. 18 Jul 1902
BARTON, Eleanor O. b. 10 Oct 1829 d. 11 Jun 1914
BARTON, Mary M. b. 8 Jun 1832 d. 23 Apr 1905
SAGLE, Samson age 73y 3m 17d, d. 19 Nov 1893
SAGLE, Mary w/o Samson SAGLE age 38y 8m 26d,
    d. 24 Nov 1893
Two graves, plain stones
TURNER, John J. b. 89 Feb 1832 d. 7 Jan 1895
TURNER, Margaret J. w/o John J. TURNER
    b. 18 Mar 1873 d. 1 Mar 1896
TURNER, Laura J. w/o John W. POTTS b. 17 May 1863
    d. 21 May 1898
TURNER, James G. b. 14 Nov 1865 d. 16 Oct 1924
TURNER, Sarah E. w/o James G. TURNER
    b. 24 Jun 1864 d. 2 Jan 1927
TURNER, Harry S. b. 21 Feb 1868 d. 17 Nov 1915
CARTERET, Rev. J. E. b. 1860 d. 1912
BROSIUS, Samuel H. b. 2 Aug 1834 d. 18 Jun 1895
BROSIUS, Laura S. w/o Samuel H. BROSIUS
    b. 6 Feb 1838 d. 24 Sep 1903
BROSIUS, Samuel Glenville b. 1865 d. 1910
BROSIUS, Henrietta Swindell b. 29 Jan 1873
    d. 31 Oct 1930
JENKINS, Martin b. 29 Sep 1836 d. 5 Jan 1929
JENKINS, Ann C. w/o Martin JENKINS b. 21 Apr 1840
    d. 14 Mar 1913
JENKINS, Harry Ernst age 3y 6m 23d, d. 30 Oct 1870

CUNNINGHAM, John b. 1834 d. 1903
LITTLE, Jane w/o John CUNNINGHAM b. 1842 d. 1923
RICHARDS, Mary Virginia b. 2 Feb 1879 d. 14 Apr 1905
RICHARDS, Marshall D. b. 4 Apr 1903 d. 9 Aug 1903
RICHARDS, one grave, no stone
MCKINLEY, Phillip Brooke s/o Walter B. & Kitty S.
    MCKINLEY b. 1913 d. 1918
STIGERS, Philip Elwood, M.D., b. 1864 d. 1935
STIGERS, Olive Wilson b. 1866 d. 1904
Two graves, no stones
One grave, stone marked H., Brother, d. (n.o.i.)
MYERS, Robert E. b. 16 Mar 1873 d. 21 Sep 1923
MYERS, Martha E. w/o Robert E. MYERS b. 10 Nov 1878
    d. 20 Feb 1909
ROBINSON, Elizabeth V. b. 1890 d. 1933
One grave, no stone
BRAKEALL, Henry C. b. 4 Feb 1868 d. 18 Apr 1936
BRAKEWELL, Mary E. b. 10 Sep 1872 d. 23 Jul 1905
GUNNELLS, John W. b. 1857 d. 1914
GUNNELLS, Margaret A. w/o John W. GUNNELLS
    b. 1864 d. (n.d.)GUNNELLS, D. V., d. (n.o.i.)
GUNNELLS, one infant, no stone
GUNNELLS, one grave, no stone
One infant, no stone, S. on corner
One grave, no stone, S.
SHIVES, William Taylor s/o J. & E. SHIVES
    b. 19 Jan 1874 d. 9 May 1902
SHIVES, Mary E. b. 26 Feb 1881 d. 27 Jun 1903
SHIVES, Samuel C. b. 19 Mar 1876 d. 14 Dec 1907
SHIVES, Dove May w/o John SHIVES b. 10 Oct 1894
    d. 18 Jan 1913
SHIVES, Jacob R. b. 4 Dec 1842 d. 11 May 1917
SHIVES, Martha Ellen b. 5 Jan 1845 d. 11 Mar 1908 w/o
    Jacob R. SHIVES
GRAVES, Sarah Rebecca d/o Edward & Rosa GRAVES
    b. 7 May 1907 d. 6 Nov 1907
GRAVES, Infant b. (n.d.) d. 2 Aug 1897
GRAVES, Infant b. (n.d.) d. 29 Jun 1903
GRAVES, Infant b. (n.d.) d. 25 Dec 1905
GRAVES, Infant b. (n.d.) d. 25 Dec 1910
GRAVES, Wilbur B. s/o Edward & Rosa GRAVES
    age 16m 4d, d. 20 Nov 1914
WARD, Mary M. b. 6 Nov 1843 d. 20 Apr 1924
One grave, plain stone
One grave, no stone
MOFFETT, Susan C. d/o R. S. & A. C. MOFFETT
    b. 24 Feb 1905 d. 13 Jan 1906
MOFFITT, d. (n.o.i.)
MOFFITT, William age 81y 11d, d. 3 Apr 1901
MOFFITT, Mary C. w/o William MOFFITT b. 30 Nov 1842
    d. 18 Jun 1919
MOFFITT, Anna b. 10 Mar 1874 d. 14 Oct 1907
MOFFITT, Blanche b. 3 Apr 1880 d. 13 Apr 1908
MASON, James W. b. 1873 d. 1937
MASON, two graves, no stones
DICKERHOOF, Alice Jane b. 13 Jan 1858 d. 9 Dec 1926
TURNER (n.o.i.)

DICKERHOOF, Frank W. b. 13 Jan 1858 d. 9 Dec 1926
ROWLAND, Maria b. 30 Sep 1827 d. 30 Mar 1897
ROWLAND, Florence R. b. 12 Jan 1865 d. (n.d.)
DICKERHOOF, Mary M. b. 4 May 1853 d. 11 Feb 1927
ROWLAND, Helen L., Mother, b. 11 Oct 1831
    d. 19 May 1897
One grave, no stone, corner marked McD.
HENRY, Charles David b. 27 Aug 1846 d. 7 Nov 1914
Three graves, no stones
WIDMEYER, Tilliason A. b. 1860 d. 1935
GAY, Susie w/o Williason D. WIDMEYER b. 1870 d. 1917
WIDMEYER, One grave, no stone, d. (n.o.i.)
STIGERS, John b. 1850 d. 1919
STIGERS, Barbara E. (n.o.i.)
STIGERS, James H. b. 1845 d. 1931
HOOD, Effie V. Shives b. 17 Dec 1880 d. 23 May 1905
DICK, Lafayette b. 16 Jun 1872 d. 26 Jan 1908
Two graves, no stones, corners marked S. J. M.
SAGLE, Roy E. b. 1889 d. 1908
SAGLE, Aaron T. b. 17 Aug 1862 d. 9 Mar 1929
EXLINE (n.o.i.)
REEL, Carrie B. w/o C. E. REEL b. 4 Dec 1889
    d. 27 Nov 1933
SHIVES, Otho B. 6 Mar 1846 d. 12 Aug 1917
SHIVES, Dorotha A. w/o Otho SHIVES b. 19 Feb 1850
    d. 21 Sep 1911
SHIVES, Rota B. b. 27 Jul 1888 d. 30 Jul 1910
MOSER, John Henry b. 4 Nov 1844 d. 10 May 1927
HOUCK, Elizabeth w/o John Henry MOSER b. 7 Jan 1858
    d. (n.d.)
ATHEY, Emanuel b. 1843 d. 1925, Master Mason
ATHEY, Emma L. w/o Emanuel ATHEY b. 1846 d. 1922
ATHEY, Cora H. b. 1877 d. 1900
ATHEY, Isiella G. d/o Emanuel & Emma ATHEY
    age 3m 13d, d. 4 Jan 1867
ATHEY, one grave, no stone, d. (n.o.i.)
SMITH, Charles Randolph d/o Brent & Louise SMITH
    b. 17 Feb 1898 d. 5 Sep 1898
SMITH, Helen Regina d/o Brent & Louise SMITH
    b. 18 Oct 1896 d. 27 Jun 1897
SMITH, Brent d.
SMITH, Louise w/o Brent SMITH d.
STARNES, Margaret M. b. 17 Dec 1826 d. 3 Mar 1896
Two graves, no stones
RESLEY, Infant d/o James & Mary RESLEY b. (n.d.)
    d. 12 Jun 1937
ROBINSON, Laura Jane age 22m 24d, d. 4 Aug 1833
SENSEL, Martin b. 27 Jun 1819 d. 6 Apr 1893
SENSEL, Wilhelmina w/o Martin SENSEL b. 8 Sep 1826
    d. 6 Sep 1917
SENSEL, Wilhelmina d/o Martin & Wilhelmina SENSEL
    b. 9 Nov 1861 d. 4 Apr 1913
SENSEL, One grave, no stone, d. (n.o.i.)
MYERS, Charles G. age 51y 10m 25d, d. 21 Dec 1909
MYERS, C. Elizabeth w/o Charles G. MYERS
    age 35y 9m 6d, d. 15 Nov 1894
CASSARD, Talbert D. b. 1878 d. 1936

CASSARD, Mary S. w/o Talbert d. CASSARD b. 1878
    d. 1934
SUMMERS, Gertrude b. 1851 d. 1916
KINEAR, Elizabeth b. 11 Nov 1821 d. 29 Mar 1888
KINEAR, Sarah Jane b. 15 Apr 1845 d. 15 Mar 1921
SAGLE, Bertha A. d/o A. T. & P. J. SAGLE
    age 1y 7m 12d, d. 19 Jan 1889
SAGLE, Mary A., Mother, b. 23 Sep 1851 d. 18 Feb 1892
SAGLE, One grave, no stone
BOYD, Hattie w/o Walter BOYD b. 28 Nov 1868
    d. 17 Oct 1898
Two graves, no stones
Two graves, plain stones
One grave, infant, plain stone

Presbyterian Church Graveyard, High St.

(A great many bodies were moved here from old graveyard on Main St., when Railroad was built)

CARTER, Thomas Miles b. 1813 d. 1869
CARTER, Katharine Bridges b. 1828 d. 1907
CARTER, Dr. Robert Bridges b. 1856 d. 1887
CARTER, William Wade b. 1859 d. 1905
CARTER, Elizabeth M. b. 20 Apr 1849 d. 20 Nov 1932
Two graves, no stones
BRIDGES, John W. Breathed b. 21 Sep 1866
    d. 8 Nov 1905
BRIDGES, Eugene Addison b. 19 Mar 1874 d. 4 Sep 1902
BRIDGES, Robert b. 21 May 1830 d. 9 Jan 1908
BREATHED, Priscilla Williams w/o Robert BRIDGES
    b. 17 Mar 1842 d. 10 Apr 1936
BRIDGES, Helen Mar w/o William P. TOWSON
    b. 12 Nov 1869 d. 15 Dec 1909
BRIDGES, Robert F. age 49y, d. 27 Sep 1845
BRIDGES, Rebecca w/o Robert F. BRIDGES age 76y,
    d. 24 Jun 1873
BRIDGES, Helen Mar b. 25 Mar 1836 d. 22 Feb 1904
THOMPSON, Sarah M. w/o Rev. W. T. THOMPSON,
    age 31y, d. 27 Apr 1869
BRIDGES, d/o R. F. & W(?) R. BRIDGES
BRIDGES, James d. 27 Oct 1841 age 19y
BRIDGES, William s/o Robert F. & Rebeca BRIDGES
    age 9y, d. 3 May 1833
BRIDGES, Lynn Robinson s/o Robert F. & Rebecca
    BRIDGES b. 19 Apr 1883 d. 1 Jan 1885
BRIDGES, George Lester b. Apr 1881 d. Aug 1881
BRIDGES, Robinson McGill s/o L. D. & N. M. BRIDGES
    age 16 3m 5d, d. 16 Jun 1902
BRIDGES, Llewellyn Dupont b. 8 Sep 1874
    d. 28 Aug 1916
STOTLEMYER, Lavina b. 7 Mar 1798 d. 21 Apr 1878
STOTLEMYER, Louis B. s/o J. D. & Amanda
    STOTLEMYER b. 27 Apr 1888 d. 17 Dec 1892
STOTLEMYER, Robert F. b. 5 Jun 1831 d. 5 Dec 1910
STOTLEMYER, H. P. w/o Robert F. STOTLEMYER
    (n.o.i.)

STOTLEMEYER, Amelia C., Mother, b. 29 Nov 1838
    d. 15 Jul 1893
CREAGER, William age 64y 6m 8d, d. 24 Feb 1885
CREAGER, Isabella w/o William CREAGER
    age 49y 2m 10d, d. 4 Jun 1881
CREAGER, Infant s/o William & Isabella CREAGER
    b. (n.d.) d. 27 Apr 1869
BOWLES, John J. age 53y, d. Hancock, 11 Oct 1868
BOWLES, Rose, w/o John J. BOWLES b. 16 Jul 1824
    d. 30 Nov 1900
REYNOLDS, Jessie Bowles b. 1858 d. 1923
BOWLES, Ellise age 6m, d. (n.o.i.)
BOWLES, Martin age 21m, d. (n.o.i.)
BOWLES, Oliver age 10m, d. (n.o.i.)
BOWLES, Lew Wallace b. 5 Jul 1861 d. 22 Aug 1899
BOWLES, Harry, Brother, d. 1859 d. 1912
BOWLES, James Hamilton b. 1849 d. 1904
KENDALL, Anna Bowles b. 1843 d. 1925
BOWLES, Lyman (n.o.i.)
BOWLES, Frank (n.o.i.)
DAWSON, Rose Bowles b. 1855 d. 1921
DAWSON, Rosalie d/o Peter E. & Rose DAWSON
    d. (n.o.i.)
HIXON, Rollison W. s/o John & Eliza A. HIXON age 1y,
    d. 25 Jan 1862
HIXON, John b. 1834 d. 1911
CREAGER, Eliza w/o John HIXON b. 1826 d. 1910
CREAGER, Mary w/o William CREAGER b. 13 Dec 1822
    d. 27 Sep 1900
One grave, no stone
KELLER, Henry Frank b. 1850 d. 1921 Stone erected by
    Henry BRIDGES
MELLOTT, Agnes E. b. 1876 d. 1911
MARTIN, Charles A. age 52y 5m 14d, d. 17 Sep 1874
MARTIN, Sarah L., Charles A. MARTIN, her Husband,
    age 32y 1m 1d, d. 27 Jan 1875
BARTLETT, Annie R. w/o Captain R. G. BARTLETT
    age 39y 9m 15d, d. 2 May 1880
HELLER, Daniel d. (n.o.i.)
HELLER, Sarah R. w/o Daniel HELLER age 64y 5m 29d,
    d. 29 Apr 1882
CARL, Daniel A. age 59y 1m 8d, d. 16 Oct 1899
CARL, Sophie A. age 7y 11m, d. 26 Jun 1884
CARL, Rose E. age 13y 4m 26d, d. 2 May 1887
CARL, William A. age 6m 18d, d. 11 Apr 1870
CARL, John T. age 5m 24d, d. 24 Apr 1878
CARL, Annie E. age 80y 7m 17d, d. 31 Jul 1921
EICHELBERGER, Helen, sister, b. 28 Mar 1859
    d. 6 Sep 1892
EICHELBERGER, Job D. age 74y 5m 3d, d. 26 Mar 1883
EICHELBERGER, Maria H. w/o Job D. EICHELBERGER
    age 61y 9m 7d, d. 29 Dec 1883
WELLER, Reba Oran d/o John L. & Lillie M. WELLER
    b. 25 Mar 1905 d. 3 Mar 1908
BOOTMAN, William T. b. 12 Aug 1846 d. 30 Jan 1921
LEWIS, Mary E. w/o George K. LEWIS age 40y 5m 24d,
    d. 30 Jan 1921

LEWIS, Ella G. d/o G. K. & M. E. LEWIS b. 6 Nov 1882
    d. 6 Nov 1882
STINE, Levin B. b. 7 Mar 1840 d. 26 Mar 1916
STONE, Amanda P. b. 23 Jan 1844 d. 17 Dec 1902
BEARD, D. Louis b. 1842 d. 1923
BEARD, Birdie R. w/o Louis BEARD b. 1848 d. 1924
HARTLEY, Leah W. b. 1869 d. 1926
BEARD, Ruth, infant, d. (n.o.i.)
BEARD, Fannie E. b. 15 Apr 1885 d. 6 Oct 1838
PITTMAN, Sylvester b. 16 Apr 1844 d. 19 May 1925
PITTMAN, Ida Margaret w/o Sylvester PITTMAN
    b. 21 Aug 1858 d. 26 Oct 1926
PITTMAN, John W. s/o Sylvester PITTMAN
    b. 14 Jan 1872 d. 10 Jan 1891
DYER, Caroline, mo/o Ida M. PITTMAN b. 27 Jul 1836
    d. 3 Jan 1917
YOCUM, Mrs. Harry age 42y 2m 16d, d. 11 Nov 1935
Three graves, no stones
RICHARDS, Jacob L., Co. C. 195th. Reg. PA Vol.
    b. 26 Mar 1846 d. 16 Mar 1922
RICHARDS, Huldah Wooley b. 24 Mar 1842 d. 7 Jul 1910
RICHARDS, Lilian Gray b. 7 Apr 1873 d. 14 Jul 1893
ELY, Elmer W. H. s/o William & Ella ELY b. 21 Jul 1889
    d. 4 Oct 1907
Three graves, no stones
One grave, infant, stone marked M.
PURNELL, Anna A. w/o John PURNELL age 63y,
    d. 28 Aug 1913
TAYLOR, J. Harvey b. 1834 d. 1910
TAYLOR, Margaret G. b. 1834 d. 1910
MORGRET, Isaac b. 1831 d. 1913
MORGRET, Charlotte w/o Isaac MORGRET b. 1842
    d. 1911
MORGRET, Imogene b. 1888 d. 1919
Three graves, no stones
Four graves, no stones
PROCTOR, Richard age 59y, d. 1 Oct 1905
PROCTOR, w/o Richard PROCTOR (n.o.i.)
Two graves, no stones
Two graves, no stones
SMITH, Raymond H. age 3y 1m, d. 2 Feb 1896
Two graves, no stones
DODSON, W. H. (n.o.i.)
DODSON, Minnie A. w/o W. H. DODSON b. 1870 d. 1900
SEYLAR, G. W. b. 18 Feb 1848 d. 25 Apr 1899
SEYLAR, Sarah E. w/o G. W. SEYLAR b. 25 Dec 1848
    d. 13 Jul 1924
Five graves, plain boards
PERKINS, W. H. b. 18 Nov 1841 d. 10 Sep 1896
BEARD, Mary J. w/o W. H. PERKINS b. 22 Jun 1848
    d. 5 Oct 1932
PERKINS, Elizabeth b. 1818 d. 1905
PERKINS, Infant s/o Wm. H. Jr. & Gerogia PERKINS
    b. (n.d.) d. 23 Feb 1912
PERKINS, Mary W. w/o A. B. MCKINLEY b. 1880 d. 1925
FELTNER, Elbert b. 1883 d. 1923
FELTNER, Nellie w/o Elbert FELTNER (n.o.i.)

BEARD, William H. b. 1858 d. (n.d.)
BEARD, Clara B. w/o William H. BEARD b. 1856 d. 1938
BEARD, Willie T. w/o W. H. & Clara BEARD b. 1877
    d. 1896
GRAVES, Ralph C. b. 28 Jun 1851 d. 6 Feb 1909
GRAVES, Laura S. w/o Ralph C. GRAVES b. 4 Apr 1853
    d. 14 Dec 1894
GRAVES, Lillian B. d/o Ralph C. & L. S. GRAVES
    age 4y 9m 18d, d. 16 Jul 1889
LASHLEY, Tobitha w/o Henry Clay LASHLEY
    b. 9 Jul 1837 d. 30 Sep 1903
LASHLEY, Humphrey D. L. s/o Tobitha LASHLEY
    b. 9 Jul 1876 d. 18 Nov 1902
LASHLEY, Roberta G. d/o J. R. & Roberta LASHLEY
    (n.o.i.)
CORNELIUS, William S. b. 1 Nov 1847 d. 27 Jul 1936
CORNELIUS, Elizabeh G. w/o William S. CORNELIUS
    b. 1846 d. 1926
CORNELIUS, Mary Catharine w/o William CORNELIUS
    age 26y 9m 8d, d. 13 Aug 1880
CORNELIUS, Ethel Lee d/o Wm. & Mary CORNELIUS
    age 3m 23d, d. 1 Aug 1880
MELLOTT, Lelia Pearl, Mother, b. 2 Apr 1878
    d. 6 Oct 1930
MELLOTT, Lorraine b. 2 May 1899 d. 26 Sep 1922
STINE, John age 78y 1m 0d, d. 21 Dec 1868
STINE, Catharine w/o John STINE b. 17 Oct 1799
    d. 12 Dec 1880
STINE, Ada d/o J. W. & M. M. STINE b. 7 Jan 1898
    d. 12 Aug 1901
BARNHARDT, Caroline b. 17 Jul 1837 d. 18 May 1878
STINE, Henry b. 22 Sep 1834 d. 19 Jan 1913
STINE, Otta Mesa w/o Henry STINE age 63y,
    d. 26 Aug 1890
STEIN, Lillie M. b. 11 Mar 1865 d. 24 Sep 1922
WATTS, Alfred P. b. 28 Feb 1824 d. 8 Jun 1895
HIXON, Margaret w/o Alfred P. WATTS b. 14 Jan 1843
    d. 30 Jan 1906
WATTS, Mae L. b. 28 Feb 1872 d. 10 Nov 19(??)
ARMSTRONG, Robert b. 1863 d. (n.d.)
ARMSTRONG, Gertrude L. b. 1869 d. 1934
BOOTMAN, Benjamin B. age 64y 10m 25, d. 11 May 1883
BOOTMAN, Mary J. w/o Benjamin B. BOOTMAN
    age 68y 5m 11d, d. 13 Jan 1894
BOOTMAN, Louisa Lee, sister, b. 20 Sep 1868
    d. 28 Jul 1897
BOOTMAN, Walter age 61y d. 22 Feb 1918
BOOTMAN, Benjamin Bradford s/o J. D. & C. M.
    BOOTMAN b. 30 Aug 1889 d. 18 Mar 1897
BOOTMAN, Raymond Theodore b. 18 May 1898
    d. 16 May 1902
BOOTMAN, Elmira P. age 1y 7m 27d, d. 9 Aug 1861, d/o
    Benjamin B. & Martin J. BOOTMAN
BOOTMAN, Emma J. age 23y, d. 21 Feb 1856, d/o
    Benjamin B. & Mary J. BOOTMAN
FREY, George A. b. 28 Mar 1840 d. 19 Mar 1920
FREY, Lucy Ann b. 3 Jun 1842 d. 22 Mar 1895

FREY, Pleasant B. b. 9 Mar 1895 d. 12 Mar 1917
FREY, Ella V. b. 7 Mar 1878 d. 26 Feb 1883
FREY, David S. b. 13 Jun 1883 d. 8 Dec 1907
HESS, Charles M. b. 10 Aug 1909 d. 21 Apr 1931
HESS, Harry C. b. 17 May 1877 d. 7 Feb 1911
Three graves, plain boards
RICHARDS, Isaac b. 1833 d. 1916
RICHARDS, Eve Ellen w/o Isaac RICHARDS b. 1845
    d. 1925
RICHARDS, Helen b. 1877 d. 1916
RICHARDS, Walter b. 1881 d. 1918
SMALL, Harry d. (n.o.i.)
SMALL, H. Wells d. (n.o.i.)
SMALL, Newton d. (n.o.i.)
SMALL, Mother, d. (n.o.i.)
TROXELL, Abraham b. 5 Apr 1826 d. 2 Jun 1901
TROXELL, Susan w/o Abraham TROXELL b. 25 Aug 1829
    d. 14 Jul 1920
TROXELL, William D. s/o John P. & Ellen TROXELL
    age 3y 8m 4d, d. 17 Jun 1867
TROXELL, Charles A. s/o John P. & Ellen TROXELL
    age 1y 8m 2d, d. 8 Jun 1861
TROXELL, Minnie d/o John P. & Ellen TROXELL
    age 8d, d. 29 Jan 1867
TROXELL, Luther X. s/o John P. & Ellen TROXELL
    age 3y 2m 13d, d. 3 Jan 1861
TROXELL, Aaron Donelson age 8y 2m 15d,
    d. 1 Sep 1870
BOOTMAN, W. T., d. (n.o.i.)
BOOTMAN, Mary C. w/o W. T. BOOTMAN
    age 38y 2m 1d, d. 25 Sep 1879
GRAVES, Catharine w/o Joseph GRAVES
    age 65y 5m 27d, d. 3 Nov 1863
TANEY, Martha w/o Ethelbert TANEY age 60y,
    d. 30 May 1862
GEHR, Leander C. b. 20 Jul 1876 d. 2 May 1899
GEHR, d. (n.o.i.)
GEHR, Anna V. w/o Denton GEHR age 41y 11m 1d,
    d. 4 Oct 1882
PAYNE, Thomas b. 18 Dec 1773 d. 20 Nov 1874
PAYNE, Ann w/o Thomas PAYNE age 80y, d. 1 Sep 1879
One grave, no stone
MURRAY, Joseph age 77y 3m 22d, d. 23 Apr 1885
MURRAY, Susan w/o Joseph MURRAY b. 4 Mar 1817
    d. 13 Jun 1902
MURRAY, Rosalie d/o J. H. MURRAY b. 28 Mar 1899
    d. 28 May 1904
Two graves, no stones
WILLS, Isaac C. b. 23 Mar 1903 d. 19 Jan 1904
STOTLAR, Allan s/o P. & E. STOTLER b. 10 Jul 1853
    d. 24 Jul 1903
STOTLER, Elizabeth w/o Peter STOTLER b. 24 Jan 1823
    d. 16 Aug 1885
HARRISON, William H. b. 1892 d. 1920
HARRISON, Joseph b. 1823 d. 1915
BURGAN, Charles E. b. 1851 d. 1931
BURGAN, Izora w/o Charles E. BURGAN b. 1849 d. 1929

BURGAN, Lloyd, infant, d. (n.o.i.)
One grave, no stone
BARNETT, Theophilus age 49y 7m, d. 25 Oct 1819?
BARNETT, Sarah J. w/o Theophilus BARNETT
b. 4 Apr 1841 d. 27 Mar 1919
BARNETT, Larun C. d/o Theo. & Sarah J. BARNETT
age 17y 11m, d. 4 Dec 1878
SNIDER, Harry b. 29 Mar 1804 d. 29 Dec 1866
SNIDER, Susan w/o Henry SNIDER age 73y 1m 10d,
d. 13 Nov 1884
CALLAN, Louisa Annette d/o Thomas & Maria L. CALLAN
age 11m 15d, d. 12 Aug 1863
Two graves, no stones
GOSS, Jane age 74y, d. 4 Mar 1855
BROSIUS, James s/o John & Mary Magdalene BROSIUS
age 30y 4m, d. 18 Apr 1855
GRAVES, John T. age 34y 1m 12d, d. 17 Jul 1857
GRAVES, Lucinda w/o John T. GRAVES age 70y 5m 6d,
d. 5 Jun 1896
GRAVES, Clarence R. age 9y 3m 12d, d. 16 Jul 1862 s/o
J. F. & L. GRAVES
MCCOY, Daniel age 43y, d. 9 Apr 1881
MCCOY, Margaret E. w/o Daniel MCCOY b. 13 Nov 1839
d. 16 Oct 1925
MCCOY, Nellie age 5y 9m, d. 14 Oct 1884 d/o Daniel &
M. E. MCCOY
CRAIG, Jacob b. 30 Sep 1822 d. 19 May 1879
EXLINE, Azarias b. 30 Oct 1830 d. 16 Oct 1903
EXLINE, Georgeanna w/o Azarias EXLINE b. 18 Sep 1847
d. 16 May 1929
EXLINE, B. Hayes b. 1876 d. (n.d.)
EXLINE, Emma F. w/o B. Hayes EXLINE b. 1876 d. 1934
EXLINE, Evelyn G. d/o B. H. & E. E. EXLLINE
b. 11 Feb 1918 d. 20 Jul 1918
EXLINE, Florence Belle w/o John W. EXLINE
b. 27 Jul 1870 d. 21 Dec 1893
BOOTMAN, Charles E. b. 19 Mar 1853 d. 21 Dec 1908
One grave, no stone
GETZENDANNER, Jacob A. b. 25 Nov 1826
d. 31 Jul 1906
GETZENDANNER, Amanda E. w/o Jacob A.
GETZENDANNER b. 29 Jun 1832
d. 30 Apr 1914
GETZENDANNER, Charles M. s/o Jacob & Amanda E.
GETZENDANNER b. 2 Apr 1864 d. 4 Feb 1901
ZIMMERMAN, Howard C. b. 1870 d. 1923
MYERS, W. D. b. 1859 d. 1923
MYERS, C. Aleba w/o W. D. MYERS b. 1862 d. 1921
MYERS, Infant d/o W. D. & C. A. MYERS b. 26 Apr 1898
d. 29 Apr 1898
REEL, Charles H. b. 15 Nov 1853 d. 24 Jan 1932
EXLINE, Joanna w/o Charles H. REEL b. 16 Jun 1865
d. 5 Mar 1927
REEL, Frances B. w/o James R. REEL b. 1899 d. 1924
REEL, Johnie A. s/o C. H. & J. A. REEL age 5y 3m 3d,
d. 26 Mar 1895
BARKER, Thomas T. b. 9 Aug 1858 d. 28 Apr 1924

BARKER, Myrtle N. d/o T. T. & C. V. BARKER
age 9m 22d, d. 30 Mar 1899
BARKER, Bernard L. s/o T. T. & C. V. BARKER
b. 9 Jan 1912 d. 23 Oct 1916
IRWIN, Effie V. d/o T. & A.(?) IRWIN age 1y 7m 14d,
d. 29 Aaug 1894
MIKESELL, Rebecca w/o Samuel MIKESELL age 67y,
d. 30 Jan 1898
WOLFKILL, Mary M. b. 1873 d. 1902
COLLINS, Addison B. b. 28 Sep 1863 d. 27 Nov 1916
COLLENS, Sarah Belle w/o Addison B. COLLINS
b. 5 Oct 1867 d. 31 Aug 1900
COLLNS, Harry b. 28 Oct 1892 d. 30 Jan 1916
SHIVES, Dayton O. b. 17 Oct 1841 d. 9 Mar 1918
SHIVES, Molvina w/o Dayton O. SHIVES b. 14 Nov 1840
d. 5 Mar 1906
SHIVES, Mary V. b. 28 Feb 1870 d. 8 Oct 1904
CREEK, Luther K. b. 27 Aug 1878 d. 11 Jul 1905
SHIVES, Charles E. b. 14 Mar 1876 d. 19 Nov 1916
CORBETT, Emmons L. b. 1888 d. 1934 Co. E. 310
Macine(?) Gun Battery
CORBETT, Phyllis Vida d/o Leland E. & Eva M.
CORBETT b. 11 May 1921 d. 28 Apr 1926
CORBETT, George W. b. 1850 d. 1916
CORBETT, Daisy E. d/o G. W. & Annie M. CORBETT
b. 1883 d. 1900
REEL, Evelyn C. d/o W. H. & B. M. REEL b. 5 Apr 1909
d. 4 Nov 1910
REEL, Elaine b. 17 Jan 1925 d. 1 Jul 1933
REEL, Genevieve B. 12 Feb 1917 d. 10 Apr 1934
CORBETT, Francis T. Co. F. 2 Reg. P.H.B.
b. 12 Feb 1838 d. 3 Apr 1912
BAXTER, Jane w/o Francis T. CORBETT b. 11 Apr 1840
d. 27 Mar 1921
REEL, W. Rutherford s/o Walter H. & Bessie M. REEL
b. 18 Apr 1911 d. 29 Sep 1931
One grave, no stone
PELTON, Lieut. Emory, Co. G. 2 MD P.H.B. Vol. Inf. B.
Ex-prisoner of War, b. 26 Apr 1833
d. 29 Mar 1904
PELTON, John E. C. b. 20 Sep 1875 d. 17 Sep 1902
PELTON, George R. b. 17 Jun 1857 d. 11 May 1931
PELTON, Mary A. C. b. 25 Mar 1856 d. 2 Jun 1925
Seven graves, no stones
SHIVES, John D. b. 9 Nov 1823 d. 25 Jan 1894
SHIVES, Mary w/o John D. SHIVES b. 18 Feb 1826
d. 20 Jan 1905
SHIVES, Ruhamma d/o J. D. & Mary SHIVES
b. 22 Jul 1859 d. 15 Jun 1907
SHIVES, Charles E. b. 11 Jan 1856 d. 6 Sep 1928
SHIVES, William H. b. 11 Jan 1856 d. 6 Sep 1928
SHIVES, Mary E. b. 12 Jul 1867 d. 3 Nov 1934
Four graves, no stones, corner marked H.
Four graves, no stones, corner marked M.
Three graves, no stones
HENRETTY, Frances L. s/o J. A. & A. J. HENRETTY
age 5m 3d, d. 20 Jul 1906

Three graves, no stones
YONKER, John A. b. 1 Aug 1847 d. 20 Apr 1918
YONKER, Anna Rebecca w/o John A. YONKER
b. 18 Apr 1848 d. 5 Sep 1926
GREEN, Henry age 65y, d. 12 Mar 1912
GREEN, Ellen Nora w/o Henry GREEN age 55y,
d. 28 Jun 1911
BITNER, Ervin b. 1865 d. 1929
BITNER, Ida E. w/o Ervin BITNER b. 7 Mar 1888
d. 31 Dec 1907
BITNER, Howard L. s/o E. & I. E. BITNER b. 1907 d. 1908
BITNER, Harvey A. b. 17 May 1893 d. 15 Feb 1912
BITNER, T. W. d. (n.o.i.)
GORDON, Mamie B. d/o Hurbert & Bertha GORDON
b. (n.d.) d. Aug 1908
One grave, no stone
One grave, plain stone
ADAMS, James B. Master Mason, b. 1868 d. 1921
ADAMS, Christina, Mother, b. 1835 d. 1911
WEBSTER, Rev. J. S. b. 1980 d. 1929
WEBSTER, Sarah A. w/o Rev. J. S. WEBSTER b. 1879
d. (n.d.)
WEBSTER, Ruth Gray d/o Dr. J. S. & S. A. WEBSTER
b. 27 Sep 1902 d. 21 Dec 1905
JOHNSTONE, Rev. William Webster, Minsiter of
Winchester Presbytery, b. in Scotland,
11 Nov 1843 d. 21 Feb 1922
TURNER, Mary A. w/o W. J. WEBSTER, b. in Scotland
17 Apr 1850 d. 15 Jun 1926
HIXON, Eveyln M. d/o E. T. & M. R. HIXON b. 1931
d. 1931
HIXON, Joseph F. b. 30 Nov d. 26 Jun 1932
HIXON, Infant, d. (n.o.i.)
BRADY, N. Ellen w/o Joseph F. HIXON b. 1 Apr 1844
d. 1 Jan 1916
RASH, Grace L. w/o Huber G. HIXON b. 28 May 1886
d. 22 Dec 1914
DALBEY, Joseph W. b. 1822 d. 1903
DALBEY, Rachel w/o Joseph W. DALBEY b. 1830 d. 1902
DALBEY, William A. b. 2 Feb 1852 d. 30 Jun 1930
DALBEY, Lucy b. 15 May 1852 d. 18 Dec 1926
GUNNELLS, Henry Clay b. 20 Sep 1830 d. 6 Mar 1902
GUNNELLS, Sidney Jane w/o Henry Clay GUNNELLS
b. 20 Jul 1839 d. 2 Sep 1921
GUNNELLS, J. Estelle b. 3 May 1878 d. 3 Jul 1934
GUNNELLS, Anna V. b. 15 Mar 1853 d. 28 Jan 1927
MCKALVEY, Mary Harris b. 1905 d. 1924
MCKALVEY, Fannie b. w/o Robert E. MCKALVEY
b. 18 Aug 1869 d. 2 Apr 1904
MCKALVEY, Robert E., Master Mason, d. 9 Sep 1913
MCKALVEY, Norval s/o R. E. & F. B. MCKALVEY
b. 20 Jul 1902 d. 7 Jan 1905
CREAGER, Minna May d/o Joshua & Harriett A.
CREAGER age 2y 1m 12d, d. 10 Apr 1862
CREAGER, Alice A. d/o Joshua & Harriett CREAGER
age 1m 27d, d. 21 Jul 1856
CREAGER, George Etta d/o Joshua & Harriett CREAGER
age 4m 20d, d. 12 Jul 1854
CREAGER, Josuha d. (n.o.i.)
CREAGER, Harriett w/o Joshua CREAGER d. (n.o.i.)
HAYS, Walter S. b. 31 Aug 1870 d. 5 Jun 1931
HAYS, May Creager w/o Walter HAYS b. 11 May 1865
d. (n.d.)
Kitty L. D. ____? d. (n.o.i.)
One grave, no stone, corner stone marked C. d. (n.o.i.)
One grave, no stone

Presbyterian Church Graveyard, Main St.

(Other part was moved to new location)

OLIVER, Arlington L. b. 1867 age 16y 5m 3d,
d. 5 Aug 1883
OLIVER, Denton age 77y 2m, b. 1815 d. 18 Jan 1893
OLIVER, Rebecca N. b. 1821 d. 1918
OLIVER, Georgia K. b. 1846 d. 1918
OLIVER, Annie R. b. 1854 d. (n.d.)
OLIVER, Emma b. 1848 d. 1909
OLIVER, Lavenia B. b. 1857 d. 1857
OLIVER, Denton Jr., b. 1860 d. 1862
OLIVER, John age 41y, d. 17 Sep 1823
EVANS, Simon C. s/o Martin & Susannah EVANS
age 3m 11d, d. 28 Jan 1860
MARTIN, Job s/o Isaac & Isabella MARTIN age 6m,
d. 14 Jan 1861
NIEL, David age 61y, d. 21 Aug 1863
NIEL, Eleanor age 78y 1m 27d, d. 9 Sep 1864
SHEPPARD, Mary J. age 32y 8m 24d, d. 2 Aug 1889 w/o
Jacob SHEPPARD
SHEPPARD, Jacob b. 1850 d. 1899
SHEPPARD, Nellie G. age 7m 17d, d. 2 Aug 1888
SHEPPARD, Oliver W. s/o Jacob & M. J. SHEPPARD
age 1m 25d, d. 27 Sep 1889
SHEPPARD, John age 67y 5m 10d, d. 8 Jun 1885
SHEPPARD, Barbara w/o John SHEPPARD
d. 14 Mar 1893
SHEPPARD, Mary E. b. 24 Oct 1861 d. 30 Aug 1933
SHEPPARD, Lewis C. s/o John & Barbara SHEPPARD
b. 27 Mar 1852 d. 15 Feb 1905
SHEPPARD, Annie M. b. 6 Aug 1854 d. 7 May 1925
SHEPPARD, Clara A. b. 14 Jun 1859 d. 22 May 1925
REEL, Elizabeth w/o Jacob REEL b. 11 Feb 1812
d. 12 May 1893
JONES, H. B. age 33y d. (n.d.)
CROSSMAN, John N. age 65y 10m 20d, d. 2 Mar 1869
DIGNAN, Mary E. w/o S. P. DIGNAN age 30y 7m 21d,
d. 16 Aug 1888
ROBISON, Margaret d/o W. S. & M. H. ROBINSON
age 6m 8d, d. Aug 1896
ROBINSON, Infant d/o W. S. & M. H. ROBISON b. (n.d.)
d. 1895
One grave, no stone

HILES, Roy Elmer s/o Edward & Almeda HILES b. 1915
    d. 1925
SPELLMAN, Susan age 84y, d. 16 Mar 1918
PECK, John b. 1882 d. 1925
EICHELBERGER, Lafayette b. 13 Dec 1841 d. 5 Sep 1909
EICHELBERGER, Isabella w/o Lafayette Eichelberger
    b. 12 Jan 1843 d. 8 Mar 1915
CROWN, Samuel C. b. 5 Jul 1852 d. 8 Mar 1915
OLIVER, Mary E. w/o Samuel C. CROWN d. 1928 b. 1851
CROWN, William C. b. 21 Jul 1860 d. 17 May 1887
CROWN, Frederick C. b. 26 Jan 1863 d. 7 Jun 1889
WASON, Robert b. 3 Apr 1787 d. 17 Apr 1856

St. Peter's Catholic Church Graveyard on High Street, Hancock

BARTON, Charles Lewis, Father, b. 4 Jun 1884
    d. 8 Apr 1918
One grave, no stone
FETZER, Laura B. w/o Harry C. FETZER Jr.,
    b. 28 Dec 1877 d. 10 Oct 1918
ZIMMERMAN, Michael b. 28 Feb 1868 d. 20 Aug 1908
One grave, no stone
FINK, Raymond F. s/o J. E. & Alice FINK b. 27 Aug 1910
    d. 11 Jun 1931
One grave, no stone
CARTER, Rachel w/o Harry CARTER age 68y,
    d. 20 Oct 1881
Three graves, no stones, infants
BAKER, Mehitable B. d/o H. & L. BAKER age 19y 7m 16d,
    d. 20 Jun 1883
Five graves, no stones
Three graves, no stones, infants
Three graves, no stones
One grave, stone marked, J. H. H.
GARTNER, George b. 15 Aug 1807 d. 26 Dec 1893
GARTNER, Mary b. 26 Aug 1826 d. 3 Feb 1892
One grave, plain board
One grave, infant
GARTNER, Michael age 71y 4m 20d, d. 21 May 1876
CAIN, Thomas I. b. 20 Feb 1856 d. 26 Nov 1932
CAIN, _____, w/o Thomas I. CAIN d. (n.o.i.)
Two graves, no stones, corners S.
FURRY, William b. 1858 d. 1936
FURRY, Elizabeth w/o William FURRY b. 1865 d. 1930
HAYWORD, J. H. age 24y, d. 25 Nov 1918
LITTLE, Laura w/o H. J. LITTLE b. 8 Nov 1899
    d. 19 Dec 1923
LITTLE, Allen Vincent s/o H. J. & Laura LITTLE
    b. 6 Dec 1923 d. 12 Apr 1924
HAYWORD, Charles W. b. 26 Oct 1855 d. 1 Mar 1926
BRESLER, Frank age 53y 2m 12d, d. 27 May 1873
BRESLER, Mary w/o Frank BRESLER (n.o.i.)
One grave, no stone
JACKSON, Bessie b. 19 Mar 1893 d. 28 Feb 1929
JONES, Mary, Mother, b. 10 May 1870 d. 11 Mar 1937
INGRAM, _____ d. (n.o.i.)

INGRAM, Rusel A. b. 4 Sep 1909 d. 13 Jan 1927
INGRAM, _____, infant, d. (n.o.i.)
MILLER, George A. age 26y, d. 5 Mar 1925
GAY, Willie A. age 1y 3d, d. 6 Aug 1877
GAY, Mary C. age 8m, d. 26 Jun 1878
GAY, Catharine B. age 5m 8d, d. 27 Aug 1879
GAY, Pleasant V. age 2m, d. 15 Jul 1873
GAY, Annie E. age 1m, d. 16 Jul 1875
Ch/o Isaac A. & Laura GAY (e.d. assumed Willie - Annie)
Four graves, no stones
MCCUSTER, John age 81y, d. 27 Apr 1897
One grave, no stone
MCCUATER(?), John b. 29 Oct 1846 d. 12 Jan 1914
    (probably MCCUSTER)
PASQUINO, Donato, mato in Lanciano, Italy 1893,
    Morto 21 Dicembre, 1911
One grave, no stone
DOYLE, Laura C. b. 1841 d. 1922
DOYLE, John R. b. 1851 d. 1904
One grave, no stone
TONKAVIC, Nicholas s/o Miler & Mary TONKAVIC
    b. 21 Mar 1912 d. 3 Apr 1912
MCCUSKER, George b. 30 Mar 1895 d. 11 Jan 1935
COHILL, Margaret Rose d/o Leo A. & Anna B. COHILL
    age 9y 6m, d. 6 Jun 1926
YOUNKERS, John Andrews s/o J. E. & Agnes
    YOUNKERS b. 10 Sep 1923 d. 23 Jan 1924
MASON, Emmert W. b. 17 Mar 1884 d. 12 Mar 1923
MCCORMICK, William b. 13 Nov 1885 d. 6 Aug 1934
MCCORMICK, d. (n.o.i.)
MCCORMICK, Edmund C. World War Soldier
    b. 24 Sep 1895 d. 22 May 1922
ANTHONY, Joseph P. b. 1842 d. 1891
ANTHONY, Hester M. w/o Joseph P. ANTHONY
    b. 1844 d. 1917
Four graves, no stones
One grave, no stone
One grave, no stone, plain board
ELKINS, William b. 1856 d. 1926
ELKINS, Annie w/o William ELKINS b. 1862 d. (n.d.)
ELKINS, Martina S. w/o Jesse R. ELKINS b. 1897 d. 1919
MCCORMICK, William Henry b. 28 Jan 1888
    d. 9 Nov 1935
MCCORMICK, Rosa Leona w/o William Henry
    MCCORMICK b. 9 Feb 1889 d. (n.d.)
MCCORMICK, Henry Andrew s/o Henry & Rose
    MCCORMICK b. 27 Jul 1917 d. 16 Oct 1918
MCCORMICK, Joseph b. (n.d.) d. 7 Jan 1931
MYERS, Earl B. s/o B. T. & L. L. MYERS age 2y 2m 3d,
    d. 29 Jul 1897
Three graves, no stones
MILLS, Mary E. w/o Jeremiah MILLS b. 15 May 1853
    d. 26 Mar 1914
EASTON, Andrew J. b. 14 Feb 1843 d. 4 Apr 1914
EASTON, Annie C. b. 14 Sep 1850 d. 26 Oct 1931
MCCARTY, George Dewey b. 3 Sep 1899 d. 13 Oct 1918
MCCARTY, _____ d. (n.o.i.)

CLAY, Douglas s/o James & Sarah CLAY b. 11 Jul 1910 d. 22 Nov 1910
One grave, no stone
BRAKEALL, George F. s/o Samuel & Fannie BRAKEALL b. 24 Feb 1910 d. 10 Jun 1910
REEL, William Shaffer b. 1838 d. 1917
REEL, Frances Elizabeth b. 1855 d. 1934
REEL, Wallace Cleveland b. 1884 d. 1910
FAITH, Alice R. b. 22 Apr 1915 d. 28 Dec 1915
FAITH, William M. b. 5 Dec 1910 d. 25 Dec 1915
FAITH, Mary J. d/o Joseph & Lucy FAITH b. 6 Aug 1909 d. 17 Jan 1910
FAITH, Joseph I. b. 7 May 1862 d. 17 Feb 1922
One grave, plain board
FAITH, Samuel E. s/o Joseph & Emma FAITH b. 26 Aug 1894 d. 21 Dec 1911
FAITH, _____ d. (n.o.i.)
EXLINE, Infant, d. (n.o.i.)
EXLINE, Mercy R., Mother, b. 1873 d. 1927
FAITH, Mary E., Mother, b. 26 Sep 1866 d. 2 Jun 1928
FAITH, Frances I. b. 1899 d. 1899
FAITH, James L. b. 1896 d. 1900
FAITH, Emma C. b. 1900 d. 1902
FAITH, James H. b. 1906 d. 1906
Infant d. (n.o.i.)
MOUSE, Samuel H. b. 22 Sep 1889 d. 24 Jul 1898
MOUSE, Raymond F. b. 8 Jul 1890 d. 15 Aug 1892
Ch/o P. H. & E. M. Mouse (e.d. assumed Samuel - Raymond)
BOWHAY, Thomas C. C. s/o Thomas P. & Mary E. BOWHAY age 11m 7d, d. 22 Sep 1885
WEAVER, Mary E. w/o J. E. WEAVER b. 16 Aug 1857 d. 20 May 1914
BOWHAY, Thomas P. age 40y, d. 21 Nov 1894
MCCUSKER, two graves, no stones
MCCUSKER, Jacob age 57y, d. 3 Apr 1901
MCCUSKER, Elen w/o Jacob MCCUSKER (n.o.i.)
MCCUSKER, Emily J. w/o Jacob MCCUSKER age 36y, d. 17 Feb 1882
MCCUSKER, Joseph b. 1851 d. 1883
MCCUSKER, Mary E. w/o Joseph MCCUSKER b. 1853 d. 1925
MYERS, Mary V. b. 1840 d. 1921
DORMER, Maggie d/o James & Annie DORMER b. 26 Feb 1859 d. 19 Feb 1882
HAMILL, three graves
STEGANIUS, Father, two graves(?) (n.o.i.)
PRYOR, Mary R. d/o A. & C. E. PRYOR age 4y 3m 2d, d. 20 Jun 1872
PRYOR, Catharine w/o Alexander PRYOR age 30y, d. 18 Feb 1872
BEVANS, Thomas age 69y 11m, d. 16 Nov 1893
BEVANS, Elizabeth w/o Thomas BEVANS b. 10 Oct 1825 d. 12 Sep 1900
BEVANS, Dorsey J. b. 12 Nov 1855 d. 25 Jul 1892
BEVANS, Rose b. 1862 d. 1931
BEVANS, Page b. 1859 d. 1907
Ch/o Thomas & Elizabeth BEVANS (e.d. assumed Dorsey - Page)
VANTZ, Charles J. b. 1 Jan 1849 d. 27 Sep 1937
VANTZ, Mary E. b. 14 Mar 1852 d. 31 Dec 1919
VANTZ, Archie T., Son, b. 12 Mar 1891 d. 1 Sep 1908
VANTZ, Gertrude E., Dau., b. 6 Sep 1877 d. 25 Feb 1938
VANTZ, Charles H. s/o J. P. & B. VANTZ b. 12 Nov 1898 d. 12 Sep 1899
VANTZ, L. Z. d. (n.o.i.)
VANTZ, W. L. d. (n.o.i.)
VANTZ, Levi Zellers s/o W. D. & S. E. VANTZ b. 15 Aug 1898 d. 28 Apr 1899
VANTZ, William Leroy s/o W. D. & S. E. VANTZ b. 8 Aug 1895 d. 20 Oct 1895
SHIVES, Mary A. w/o James SHIVES b. 28 Oct 1841 d. 6 Jul 1896
SHIVES, Mary B. d/o J. & M. A. SHIVES b. 15 Sep 1876 d. 6 Jul 1896
SHIVES, eight graves, no stones
SENSEL, Jacob E. b. 18 Jun 1877
SENSEL, Rose I. w/o Jacob SENSEL b. 23 Jul 1883 d. 28 Sep 1924
One grave, no stone
KNABLE, Mary Hilda d/o Boyd T. & Helen E. KNABLE b. 21 Feb 1921 d. 4 Oct 1929
MCCUSKER, Abner b. 29 Mar 1855 d. 21 Jan 1926
MCCUSKER, Sarah Elizabeth b. 12 Aug 1960 d. (n.d.)
MCCUSKER, Harry b. 19 Feb 1895 d. 22 Mar 1930
ATKINSON, Charles J. b. 1833 d. 1907
ATKINSON, Mary E. b. 1844 d. 1928
Three graves, no stones, D. on corner
LITTLE, Herman J., World War, MD Pvt. 316 Inf. 79 Div. b. (n.d.) d. 26 Nov 1936
LITTLE, Isabelle C. si/o Francis P. LITTLE, b. 1858 d. 1928
LITTLE, Francis P. b. 1864 d. 1924
LITTLE, Annie E. w/o Francis P. LITTLE b. 1869 d. 1905
PRYOR, three graves, no stones
LITTLE, Margaret C. d/o Charles P. & Luella LITTLE b. 12 Feb 1927 d. 13 Feb 1927
LITTLE, Mary R. d/o W. E. & L. B. LITTLE age 5y 9m 3d, d. 3 Nov 1886
LITTLE, Julia, infant, d. 17 Sep 1892
LITTLE, William, infant, d. 15 Oct 1892
LITTLE, Leo, infant, d. 26 Feb 1893
Ch/o W. E. & L. B. LITTLE (e.d. assumed Julia - Leo)
LITTLE, William E. b. 15 Dec 1855 d. (n.d.)
LITTLE, Laura B. w/o William E. LITTLE b. 20 Mar 1853 d. 16 Feb 1927
SILER, John E. b. 1807 d. 1876
SILER, Elizabeth b. 1835 d. 1914
SILER, John b. 1868 d. (n.d.)
SILER, Annie C. w/o John SILER b. 1875 d. 1935
HARVEY, Clara A. b. 1851 d. 1935
HARVEY, John A. b. 1869 d. 1922
HARVEY, Bernard S. b. 1845 d. 1910
HARVEY, J. Edward b. 1864 d. 1902

HARVEY, Charles b. 1821 d. 1890
HARVEY, Maria A. b. 1824 d. 1890
HARVEY, Sarah I. R. b. 1859 d. 1883
BOYD, William J. age 50y, d. 8 Apr 1883
BOYD, Mary E. w/o William BOYD age 57y,
    d. 11 Sep 1897
TANEY, R. E. b. 2 Feb 1838 d. 12 Apr 1913
FAITH, Joseph s/o W. J. & E. R. FAITH age 7d,
    d. 8 May 1872
FAITH, Francis s/o W. J. & E. B. FAITH age 21d,
    d. 9 Jul 1869
FAITH, William b. 1847 d. 1937
FAITH, Emma B. w/o William FAITH b. 1842 d. 1913
SCHUH, Rosana w/o Charles SCHUH age 23y 1m 19d,
    d. 11 Feb 1881
SCHUH, Henry s/o Charles & Rosana SCHUH
    age 2y 4m, d. 18 Jul 1889
One grave, no stone
Two graves, no stones
SMITH, John M. age 46y 7m 5d, d. 24 Nov 1908
SMITH, Ellen T. w/o John M. SMITH b. (n.d.)
    d. 19 Jan 1919
MCAVOY, John T. d. (n.o.i.)
MCAVOY, Theresa A. M. d. (n.o.i.)
MCAVOY, Patrick age 81y, d. 5 Apr 1879
MCAVOY, Mary w/o Partick MCAVOY age 70y,
    d. 25 Sep 1884
MCAVOY, Terence s/o P. & M. MCAVOY
    age 17y 9m 13d, d. 6 Feb 1864
MCAVOY, Ellen d/o P. & M. MCAVOY age 8y 5m 24d,
    d. 22 Aug 1863
MCAVOY, Thomas s/o P. & M. MCAVOY age 36y,
    d. 14 May 1885
BEVENS, Henry A. b. 1845 d. 1872
BEVENS, Rose A. w/o Henry BEVENS b. 1847 d. 1920
BAXTER, James W. age 60y 9m, d. 7 Jan 1892
BAXTER, Joanna V. age 73y, d. 13 Jan 1913
BAXTER, Daniel age 67y 10d, d. 25 Aug 1865
BAXTER, Mary E. b. 26 Apr 1801 d. 25 Oct 1883
BAXTER, Virginia E. w/o D. T. BAXTER b. 1846 d. 1906
BARNETT, Henry S. age 75y 6m, d. 5 May 1895
BARNETT, Catharine w/o Henry S. BARNETT
    age 57y 5m, d. 4 Jul 1879
BARNETT, Mary E. w/o Henry S. BARNETT
    b. 27 Sep 1841 d. 29 Mar 1915
BROIDRICK, Patrick b. 12 Nov 1808 d. 16 Jan 1878
BROIDRICK, Margaret b. 1 Apr 1811 d. 1 Aug 1874
BROIDRICK, Mary E. age 84y, d. 17 Sep 1917
MCEVOY, Bridget b. 4 May 1793 d. 11 May 1874
BROIDRICK, John T. age 33y, d. 12 Feb 1870
BROIDRICK, Ellen N. age 23y 7m, d. 12 Aug 1866 w/o
    John T. BROIDRICK
HOOK, Capt. James age 47y, d. 21 Jun 1837
HOOK, James D. b. 11 Feb 1817 d. 27 Feb 1904
HOOK, Mary w/o James D. HOOK age 66y 8m 14d,
    d. 29 Jun 1886
HOOK, Faney b. 2 Sep 1850 d. 23 Aug 1854

HOOK, Charles McGill b. 19 Apr 1847 d. 11 Jun 1847
HOOK, Jane McGill d/o James D. & Mary HOOK
    age 3y 1m, d. 21 Jun 1861
HOOK, Charles McGill s/o James D. & Mary HOOK
    age 15y 4m 29d, d. 18 Sep 1862
HOOK, James P. s/o J. D. HOOK b. 16 Apr 1856
    d. 24 Dec 1930
HOOK, Belle d/o J. D. & Mary HOOK age 35y 20d,
    d. 27 Aug 1888
SHANK, Joseph L. b. 14 Aug 1923 d. 30 Sep 1934
TANEY, Augusta B. b. 27 Apr 1829 d. 2 Oct 1865
BLONDEL, Charles E. b. (n.d.) d. 2 Dec 1900
BLONDEL, Eliza C. b. (n.d.) d. 3 Jan 1905 w/o Charles E.
    BLONDEL
CRESAP, Frances A. w/o L. M. CRESAP age 54y,
    d. 24 Nov 1884
RYAN, John P. N. age 23y, d. 25 Mar 1861
RYAN, James P. A. age 29y, d. 25 Jan 1865
ENGLISH, William T. age 48y, d. 2 Jul 1886
ENGLISH, Paul, infant, d. (n.o.i.)
ENGLISH, William, infant, d. (n.o.i.)
ENGLISH, Julia, infant, d. (n.o.i.)
ENGLISH, Mary E. w/o William T. ENGLISH age 35y 8m,
    d. 7 Jul 1879
ENGLISH, Charles age 1y 4m 1d, d. 22 Nov 1865
ENGLISH, Infant, b. (n.d.) d. 20 Sep 1865
ENGLISH, James D. age 6m 20d, d. 12 Sep 1871
Ch/o W. T. & Mary ENGLISH (e.d. assumed William-
    James D.)
LEASURE, Mary A. w/o Anthony LEASURE age 69y 10d,
    d. 5 Apr 1868
LEASURE, Charles O. s/o C. & M. E. LEASURE
    age 6y 1m 9d, d. 11 Feb 1870
One grave, no stone
MCCORMICK, J. Edward, b. 10 Apr 1916
    d. 27 Nov 193(3?)
PECK, Jerome b. 1830 d. 1903
PECK, Emily F. w/o Jerome PECK b. 1840 d. 1904
PECK, Catherine b. 1867 d. 1904
PECK, Elizabeth A. b. 1869 d. 1894
Ch/o Jerome & Emily PECK (e.d. assumed Catherine-
    Elizabeth)
DOLAN, Christopher age 22y 10m 19d, d. 17 Aug 1891
One grave, no stone
One grave, no stone
INGRAM, Mary Ellen age 22y 2m 19d, d. 13 Jan 1873
INGRAM, Francis P. age 4y 8m, d. 15 Oct 1857
INGRAM, Margaret C. age 1y 6m, 7 Oct 1857
INGRAM, Joseph G. age 2y 2m, d. 5 Jun 1864
INGRAM, James age 1m, d. 30 Aug 1862
Ch/o C. & M. INGRAM (e.d. assumed Francis-James)
M. H. d. (n.o.i.)
Two graves, no stones
LITTLE, Mary E. d/o C. A. & M. L. LITTLE age 3y 3m 14d,
    d. 28 May 1873
LITTLE, Charles A., 1847(b.?), age 30y 5m 26d,
    d. 24 Nov 1877

LITTLE, Mary Letitia b. 1849 d. 1911
LITTLE, Charles A. Jr. b. 1872 d. 1932
LITTLE, Mary P. d/o J. T. & A. E. LITTLE age 5y 7m,
    d. 18 Feb 1874
LITTLE, Annie E. w/o J. T. LITTLE age 40y 6m,
    d. 17 Dec 1883
LITTLE, J. T. d. (n.o.i.)
DOCHENNEY, Harriet w/o Patrick DOCHENNEY
    age 31y 9m 24d, d. 14 Jan 1871
MURRAY, Charles P. b. 1840 d. 1911
MURRAY, Bridget b. 1841 d. 14 Mar 1927
MURRAY, William L. b. 1851 d. 1934
MURRAY, Johanna T. w/o William L. MURRAY b. 1855
    d. 1921
MURRAY, James Ross b. 1885 d. 1925
MURRAY, Lola b. 2 Mar 1884 d. 1 Feb 1908
MURRAY, Richard b. 1 Oct 1892 d. 12 Oct 1892
MURRAY, ____ d. (n.o.i.)
SPICER, Mary E. d/o J. T. & A. B. SPICER b. 5 Apr 1883
    d. 12 May 1883
SPICER, J. T. age 51y 9m 21d, d. 2 Oct 1895
SPICER, Anna B. age 78y 9m 19d, d. 30 Mar 1932 w/o J.
    T. SPICER
EXLINE, Mollie E. d/o J. H. & A. M. EXLINE
    age 18y 1m 9d, d. 3 Apr 1888
EXLINE, James G. age 22y 6m 24d, d. 8 Aug 1896
EXLINE, Marguerite G. age 10m 6d, d. 19 Jul 1892
EXLINE, Austin b. 4 Oct 1877 d. 31 Oct 1898
EXLINE, Agnes G. d/o J. H. & A. M. EXLINE
    age 1y 1m 5d, d. 24 Jul 1873
EXLINE, Infant s/o J. H. & A. M. EXLINE age 26d,
    d. 3 Apr 1883
EXLINE, Howard A. age 2y 5d, d. 4 Sep 1888
SPICER, Louisa b. 1800 d. 1887
SPICER, Mariah A. b. 1809 d. 1896
SPICER, Francis L. s/o H. & H. SPICER
    age 14y 11m 16d, d. 13 Apr 1871
SPICER, Austin G. s/o H. & H. SPICER age 28y 2m 2d,
    d. 17 Mar 1877
SPICER, John W. age 39y 7m 6d, d. 6 Sep 1894
SPICER, Henry age 86y 18d, d. 20 Mar 1896
SPICER, Hanna w/o Henry SPICER age 62y 1m 14d,
    d. 1 Jan 1885
SPICER, Elizabeth age 76y 2m 2d, d. 26 Jan 1880
SPICER, Teresa b. 1854 d. 1922
SPICER, Katherine b. 1859 d. 1933
SPICER, two graves, no stones
GOODING, George H. s/o C. W. & M. J. GOODING
    age 6m 2d, d. 2 Aug 1875
RINEHART, Samuel, Father b. 19 Jun 1814
    d. 12 Feb 1889
RINEHART, James E., Brother, b. 23 Dec 1849
    d. 28 Aug 1888
RINEHART, S. Anne, Sister, b. 12 Apr 1852 d. 7 Feb 1887
RINEHART, Elize w/o Samuel RINEHART b. 23 Aug 1816
    d. 6 Dec 1895

RINEHART, Thomas B., Brother, b. 7 Nov 1839
    d. 19 Feb 1891
COHILL, Marguerite d/o Edmund P. & Mary COHILL
    b. 19 Dec 1891 d. 21 Jul 1892
COHILL, Louise Elizabeth b. 19 Jul 1879 d. 10 Apr 1928
COHILL, Marie Agnes b. 11 Aug 1877 d. 12 Jun 1905
COHILL, Mary Rinehart, Mother, b. 18 Aug 1854
    d. 2 Jun 1922
One grave, no stone
LITTLE, Thomas age 83y 10m, d. 13 Oct 1899
LITTLE, Bridget W. b. 25 Dec 1839 d. 8 Dec 1922
LITTLE, Mary w/o Thomas LITTLE age 73y, d. Apr 1882
LITTLE, Ann Eliza w/o Philip T. LITTLE b. 30 Sep 1848
    d. 28 Sep 1924
LITTLE, Philip b. 9 Sep 1846 d. 6 Jun 1925
LITTLE, Emma age 2y, d. 24 Sep 1886
LITTLE, Walter B. s/o Philip T. & A. E. LITTLE age 4y,
    d. 1 Sep 1884
BRENNAN, Julia age 70y, d. 22 Jul 1883
BRENNAN, John s/o Julia BRENNAN age 13y,
    d. 17 Mar 1873
GILLEECE, Thomas b. 1804 d. 1879
GILLEECE, Ann w/o Thomas GILLEECE b. 1826 d. 1911
GILLEECE, ____ d. (n.o.i.)
One grave, no stone
HANNA, John D. s/o James & Mary HANNA
    b. 7 Dec 1844 d. 7 Aug 1804
CULLEN, James b. 25 Jul 1819 d. 18 Apr 1888
CULLEN, Mary E. w/o James CULLEN b. 24 Jun 1817
    d. 7 Jun 1874
HANNA, James W. s/o James & Mary HANNA
    age 24y 10m 20d, d. 18 Jul 1866
BARTON, Agnes I. d/o W. H. & E. BARTON age 2d,
    d. 24 Jan 1881
BARTON, Lillian G. d/o W. H. & E. BARTON age 5m 8d,
    d. 20 Sep 1889
GATTON, Annie P. d/o Zach & Ellen J. GATTON b. (n.d.)
    d. 12 Jun 1887
GATTON, Myrtle P. d/o Zach & Ellen J. GATTON b. (n.d.)
    d. 21 Jan 1883
MURRAY, Mary H. d/o E. R. & E. MURRAY age 27y 6m,
    d. 24 Dec 1890
MURRAY, Edward Ross b. 18 Apr 1818 d. 21 May 1898
MURRAY, Elizabeth w/o Edward Ross MURRAY
    b. 25 Nov 1825 d. 13 Apr 1903
MURRAY, Ann w/o Richard MURRAY age 83y 7m 22d,
    d. 16 Feb 1872
MURRAY, Richard age 69y, d. 14 Jan 1852
MURRAY, Mary Ann Victoria, 2nd d/o Richard & Ann
    MURRAY, age 18y 6m, d. 30 Sep 1839
MURRAY, Amelia E., 2nd d/o L. & S. MURRAY,
    age 7m 23d, d. 17 Sep 1845
J. S. d. (n.o.i.)
BUTLER, Gertruce b. 5 Apr 1835 d. 5 Jan 1915
Four graves, plain stones

GILLEECE, Patrick age 56y, d. 4 Dec 1863, native of Ireland, Co. of G(a?)ven Parish, of Dremigan
GILLEECE, Catharine w/o Thomas GILLEECE age 29y, d. 14 Sep 1848
GILLEECE, Mary Ann age 4y 9m, d. (n.o.i.)
GILLEECE, William F. age 3m, d. (n.o.i.)
Ch/o Thomas & C. GILLEECE (e.d. assummed Mary Ann -William)
MCDONNELL, Patrick, native of Ireland, Co. of Langford Parish of T., age 55y, d. 15 Aug 1863
Two graves, no stones
LITTLE, Patrick F. s/o Thomas & Mary LITTLE age 20y 4m 23d, d. 9 Feb 1861
LITTLE, Annie d/o Patrick & Isabella LITTLE age 5y 7m 16d, d. 8 Mar 1855
LITTLE, Ellen d/o Patrick & Isabella LITTLE age 25d, d. 28 Feb 1863
BEVENS, Ann age 65y 21d, d. 21 Jan 1852
BEVENS, Infant, s/o Thomas & Betty BEVENS, d. (n.o.i.)
BEVENS, four graves, infants
BARNETT, Clarence Charles s/o M. & C. BARNETT b. 6 Apr 1851 d. 29 Dec 1856
BARNETT, David Albert s/o M. & C. BARNETT b. 8 Feb 1848 d. 18 Dec 1856
RINEHART, J. T. b. 17 Nov 1842 d. 2 Jun 1847
RINEHART, C. H. b. 16 Feb 1845 d. 27 Mar 1846
TANEY, Ethelbert b. 4 Apr 1794 d. 17 Jun 1863
TANEY, Eliza M. w/o Ethelbert TANEY age 44y, d. 4 Jan 1847
CLINGAN, Dorothy age 54y, d. 25 Sep 1846
CLINGAN, Ann Eugenia d/o Dorothy CLINGAN age 11y 10m 25d, d. 25 Sep 1846
WATKINS, R. W. b. 17 Feb 1810 d. 21 Apr 1845
WATKINS, E. A. b. 17 May 1819 d. 25 May 1846
RINEHART, Mary L. age 74y, d. 10 May 1875
RINEHART, Samuel s/o S. & E. RINEHART age 8m, d. 23 Oct 1858
HOOVER, Jennette d/o J. & A. HOOVER age 5m 14d, d. 11 Jul 1872
DOCHENNEY, James age 39y, d. 10 Oct 1850
DOCHENNEY, Bridget age 49y, d. 16 Mar 1862
MCCORMICK, Francis age 80y, d. 4 Nov 1844
MCCORMICK, Margaret w/o Francis MCCORMICK age 75y, d. 2 Aug 1842
BLAIR, Frank A. b. (n.d.) d. 4 May 1927
BLAIR, Carrie M. (n.o.i.)
MANN, Ellen R. W. d/o Warfield & Anna MANN age 5y 3m, d. 7 May 1867
MANN, Elizabeth d/o Warford & Anna MANN age 3y 23d, d. 15 Jun 1862
LOWDER, Mollie M. b. (n.d.) d. 20 Apr 1927
GARRY, Rosanna w/o Michael GARRY age 72y 8m 16d, d. 30 May 1872
STROUBLE, John H. b. 1846 d. 1917
STROUBLE, Mary Ann w/o John H. STROUBLE age 82y 4m, d. 26 Nov 1891

Three graves, no stones
STROUBLE, Conrad Anthony s/o George & Mary A. STROUBLE age 23y 3m 6d, d. 16 Apr 1865
SHUE, Charles H. s/o E. & E. C. SHUE age 1y 5m 4d, d. 18 Jul 1876
Two graves, no stones
MCCLAIN, John E. s/o J. A. & C. MCCLAIN age 31y 1m 8d, d. 14 Jun 1885
MCCLAIN, James A. age 53y 6m 1d, d. 22 May 1877
MCCLAIN, Catherine w/o James A. MCCLAIN d. (n.o.i.)
MCCORMICK, Samuel b. 22 Dec 1843 d. 26 Sep 1872
MCCORMICK, Francis b. 10 Dec 1839 d. 1 Apr 1922
MCCORMICK, Virginia w/o Francis MCCORMICK b. 5 Nov 184(?)6 d. 31 Dec 1882
MCCORMICK, Rebecca b. 19 Feb 1871 d. 13 Jan 1883
MCCORMICK, Francis P. b. 17 Feb 1871 d. 18 Sep 1880
MCCORMICK, James b. 5 Mar 1881 d. 5 Jan 1883
MCCORMICK, Thomas E. b. 26 Dec 1882 d. 31 Dec 1882
Ch/o F. M. & Virginia MCCORMICK (e.d. assumed Rebecca-Thomas)
GANNON, Edward V. b. 1844 d. 1897
GANNON, Elizabeth S. w/o Edward V. GANNON b. 1844 d. 1914
GANNON, Edward A. age 2y 5m 24d, d. 20 Jan 1881
GANNON, Thomas, infant d. (n.o.i.)
GANNON, Francis, infant d. (n.o.i.)
GANNON, John, infant d. (n.o.i.)
GANNON, Joseph, infant d. (n.o.i.)
GANNON, Edward P., infant d. (n.o.i.)
GANNON, James R., infant d. (n.o.i.)
Ch/o E. V. & E. S. GANNON (e.d. assumed Thomas-James)
STEWART, Charles age 48y, d. 26 Jun 1872
SWAN, John age 78y, 10 Oct 1905
SWAN, Mary J. w/o John SWAN age 75y, d. 3 Apr 1906
STROUBLE, John Henry b. 1804 d. 13 Mmar 1884
MUNDAY, Patrick, native of Ireland, age 46y, d. 22 May 1839, Co. Fermanafh, Parish Cannaly
One grave, plain stone
SHOEMAKER, M. Catharine d/o Thomas & Nannie SHOEMAKER b. 24 Dec 1913 d. 30 Aug 1914
One grave, no stone
KIRLINGHAN, James, native of Parish of Colay, Co. of Sligo, Leland(?), age 23y, d. 15 Aug 1837
Three graves, no stones
Four graves, plain stones
HOOPENGARDNER, Elizabeth w/o John HOOPENGARDNER age 68y, d. 19 Feb 1859
MOORE, Ulton T. age 42y 4m 29d, d. 25 Jun 1865
FAY, Mary w/o Patrick FAY age 37y, d. 14 Nov 1836, native of Ireland, King's Co., Parish of Amore
FAY, Maria d/o Patrick & Mary FAY, d. 14 Nov 1836
One grave, plain stone
EGAN, Hugh age 52y, d. 7 Jun 1857
EGAN, Mary age 75y, d. 27 Feb 1858
EGAN, Michael s/o Mary EGAN age 61y, d. 8 Feb 1875

EGAN, Edward age 24y, d. 30 Mar 1836, native of Parish of Fernhane Town, Land of Ballydaly, King's Co., Ireland, brothers H. & M. EGAN
KELLY, Patrick, native of Ireland, age 45y, d. 6 Oct 1836
BYRNE, Patrick, of Montgomery Co., MD, age 45y, d. 10 Aug 1835
GARRAHAN, Michael age 31y, d. 2 Oct 1839, native of Parish of Mydon, Co. Longford, Ireland
One grave, plain stone
MULIEHILL, Thomas, native of Ireland, parish of Kil-Cormick, Co. Longford, age 32y, d. 12 Feb 1837
MULIEHILL, Bridget w/o Thomas MULIEHILL (n.o.i.)
DOUGHERTY, Patrick, native of town of Dunnagual, Ireland age ca. 27y, d. 6 May 1837
One grave, plain stone
MCCURK, Patrick, native of Ireland, Co. of Longford, parish of Clyugish, age 55y, d. 9 Mar 1839
MCCORK(?), Mary w/o Partick MCCURK (n.o.i.)
GORMAN, Bernard, native of Parish of Amatras, Co. Monaghan, Ireland, age 58y, d. 10 Dec 1854
GORMAN, John age 1y 8m 5d, d. 16 Oct 1856
GORMAN, Catherine w/o Bernard GORMAN d. (n.o.i.)
One grave, plain stone
MCCORMICK, William age 45y, d. 26 Apr 1856
MCCORMICK, Sarah age 6y, d. 4 Sep 1855
One grave, plain stone
Lot of graves, no stones, in corner of old section

Mt. Olivet Cemetery, west of Hancock, on Route 40

NORRIS, Isaac b. 1843 d. 1921
NORRIS, Emma J. w/o Isaac NORRIS b. 1862 d. (n.d.)
NORRIS, Minnie B. d/o Isaac & Emma NORRIS b. 1883 d. 1923
NORRIS, Ruth b. 1891 d. 1926
NORRIS, Lawrence R. b. 1895 d. 1913
Two graves, no stones
WHORTON, Calvin T. s/o J. W. & B. W. WHORTON b. 30 Sep 1914 d. 30 Jun 1920
BISHOP, Lemuel C. b. 23 Nov 1862 d. (n.d.)
BISHOP, Mary Alice w/o Lemuel C. BISHOP b. 21 Aug 1856 d. 22 Feb 1934
BISHOP, ____, World War (n.o.i.)
BISHOP, Leonard C. s/o Lemuel & Mary BISHOP b. 9 Jun 1893 d. 16 Aug 1906
SHIPWAY, John C. b. 1822 d. 1916
SHIPWAY, Sarah A. w/o John C. SHIPWAY b. 1818 d. 1904
BAXTER, A. J., Co. F. 2nd. MD P.H.B. Inf. d. (n.o.i.) *
BAXTER, ____ w/o A. J. BAXTER d. (n.o.i.)
BAXTER, A. J. d. (n.o.i.)
MONTGOMERY, Joseph, 1st. Sargt. Co. K 97 Reg. PA Vol. b. 1840 d. 1929 *
MONTGOMERY, Julia A. w/o Joseph MONTGOMERY b. 1848 d. (n.d.)

STOTTLEMYER, A. J., Co. A. 1st. MD P.H.B. Cav. d. (n.o.i.) *
STOTTLEMYER, ____ w/o A. J. STOTTLEMYER d. (n.o.i.)
Fourteen graves, plain stones
BISHOP, John, Co. H. 3rd. MD Cav. d. (n.o.i.) *
DYER, Elliott Bruce, Father, age 33y 8m, d. 28 Nov 1908
HENLINE, John b. 16 Aug 1831 d. 22 Mar 1913
HENLINE, Edna S. w/o John HENLNE b. 29 Jun 1856 d. 3 Jun 1923
HENLINE, Rollinson Edward, Son, b. 19 Jan 1892 d. 5 Sep 1910
Two graves, no stones
One grave, plain stone
MORT, Frank .b. 19 Jun 1876 d. 14 Aug 1901
Two graves, plain stone
SHEPPERD, Thomas, World War, d. (n.o.i.)
Two graves, plain stone
BISHOP, William A. b. 4 Jul 1886 d. 9 May 1907
BISHOP, Lawrence M. b. 28 May 1891 d. 12 Apr 1907
Ch/o L. & M. BISHOP (e.d. assumed William- Lawrence)
Two graves, plain stone
GARLICK, Charles A. s/o Lewis & Susie GARLICK b. 15 Jun 1901 d. 7 Aug 1901
One grave, plain stone, infant
PRICE, Ollie W. d/o C. C. & L. L. PRICE age 3y 4m 11d, d. 1 Nov 1894
UNGER, William Y., Father, b. 6 Dec 1858 d. 10 Apr 1926
One grave, no stone, infant
PRICE, M. H. d. (n.o.i.)
PRICE, Susan w/o M. H. PRICE age 63y 10m 25d, d. 14 Apr 1888
GARLICK, Dolly F. d/o J. & B. A. GARLICK age 10d, d. 25 May 1893
Four graves, no stones
One grave, plain stone
CLEVENGER, B. Stanley, s/o A. O. & P. M. CLEVENGER, age 3m, d. 30 Aug 1892
One grave, plain stone, infant
MUNSON, James W. b. 23 Jan 1871 d. (n.d.)
MUNSON, PLeasant Ella, w/o James W. MUNSON b. 27 May 1878 d. 18 Mar 1922
MUNSON, John W. b. 1 Dec 1850 d. 15 Dec 1934
MUNSON, Columbia w/o John W. MUNSON b. 24 Apr 1849 d. 25 Dec 1898
MUNSON, Harry W. b. 15 Aug 1882 d. 19 Aug 1884
MUNSON, Susan R. b. 11 Jul 1887 d. 21 Nov 1894
MUNSON, Henry A. b. 8 Oct 1873 d. 1 Jun 1903
MUNSON, Walter N. b. 9 Oct 1891 d. 27 Jul 1909
Ch/o W. & C. MUNSON (e.d. assumed Harry-Walter)
Six graves, plain stones, infants
One grave, no stone
ESSINGER, Lizzie E. w/o H. H. ESSINGER b. 29 May 1869 d. 8 Nov 1906
MIKESELL, Mary R. age 7m, d. 22 May 1890
MIKESELL, Chester A. age 5m 5d, d. 19 Jun 1897
Three graves, plain stones

ROMAN, Justus age 29y 11m 8d, d. 31 May 1910
One grave, plain stone
BISHOP, Harry A. b. 23 Mar 1891 d. 1 Sep 1916
Six graves, plain stones
ROBEY, Mary d. (n.o.i.)
ROBEY, Roise, infant, d. (n.o.i.)
ROBEY, Eddy d. (n.o.i.)
One grave, plain stone, infant
MUNSON, E. Albert b. 13 Jan 1883 d. 22 Mar 1910
MUNSON, Samuel H. b. 28 Jun 1855 d. (n.d.)
MUNSON, Alice A. w/o Samuel H. MUNSON
    b. 1 May 1860 d. 7 Jan 1932
BISHOP, Joseph b. 8 Jun 1849 d. 6 Oct 1919
One grave, plain stone, infant
ZIES, Hayes R. b. 30 Sep 1876 d. 17 Mar 1933
COOPER, Alma Frances d/o D. W. & Virginia COOPER
    b. 15 Jun 1898 d. 5 Oct 1919
One grave, plain stone, infant
Two graves, plain stones
Two graves, plain stones, infants
Two graves, plain stones
Two graves, plain stones, infants
One grave, plain stone, C.
MCCUSKER, John b. 2 Feb 1868 d. 9 Jul 1926
MCCUSKER, Nancy V. w/o John W. MCCUSKER
    b . 7 Apr 1867 d. 28 Jan 1920
Four graves, plain stones
One grave, plain stone
One grave, plain stone, infant
BISHOP, Rosalie A. d/o Fillmore & Anna BISHOP
    b. 4 Feb 1914 d. 9 Oct 1914
BISHOP, two graves, plain stones, infants
BISHOP, Millard F. b. 1877 d. (n.d.)
BELL, Anna w/o Millard F. BISHOP b. 1875 d. 1930
One grave, plain stone
JOHNSON, Harold Joseph s/o Keller H. & Maggie E.
    JOHNSON b. 24 Nov 1914 d. 27 Feb 1915
Two graves, plain stones
Two graves, plain stones, infants
MUNSON, Edward L. s/o J. F. & Josephine MUNSON
    b. 21 Aug 1915 d. 30 Mar 1916
EXLINE, Charles W. b. 19 Oct 1864 d. 24 Oct 1922
EXLINE, William H. b. 19 Oct 1836 d.
EXLINE, Sarah Ann w/o William H. EXLINE b. 8 May 1842
    d. 23 Jan 1914
KERNS, Robert E. b. 25 Aug 1870 d. 20 Oct 1913
KERNS, Jessie M. w/o Robert E. KERNS b. 11 Jan 1880
    d. (n.d.)
GOLDEN, Minnie w/o J. A. GOLDEN b. 1866 d. 1914
Two graves, plain stones
MUNSON, Jessie B. w/o John R. MUNSON b. 1895
    d. 1916
MUNSON, Mabel D. d/o John & Jessie MUNSON, infant,
    d. 9 Apr 1916
MUNSON, J. Opal d/o John R. & Jessie B. MUNSON
    b. 1914 d. 1918
Three graves, plain stones

Two graves, plain stones, infants
FLOWERS, Leonard William s/o William & Jessie T.
    FLOWERS b. 30 Mar 1925 d. 23 Dec 1925
One grave, plain stones
Eight graves, plain stones
BAKER, Harold Clevenger s/o Guy E. & Lillian C. E.
    BAKER b. 26 Nov 1926 d. 11 May 1929
EXLINE, Floyd E., World War, Co. A 112 Eng. Corps.
    b. 1892 d. 1918
EXLINE, Floyd Oliver s/o Floyd & Lillian EXLINE
    age 6m 8d, d. 19 Feb 1919
BARNHART, James N. b. 1865 d. 1937
HOSS, Lydia E. w/o James M. (?) BARNHART b. 1873
    d. (n.d.)
One grave, plain stone, infnat
HESS, Banner b. 30 Dec 1842 d. 8 Jul 1914
HESS, Mary A. w/o Banner HESS b. 11 Nov 1850
    d. (n.d.)
Two graves, plain stones
One grave, plain stone
BISHOP, George A. b. 25 May 1846 d. 27 Sep 1922
BISHOP, Rebecca w/o George A. BISHOP b. 31 Jul 1851
    d. 18 Sep 1909

Riverview Cemetery,
east end of Hancock, along Route 40

BARTON, Wason Hamilton b. 1854 d. 1915
BARTON, Sarah Elizabeth w/o Wason Hamilton BARTON
    b. 1856 d. 1920
MARKS, Charles E. b. 24 Oct 1889 d. 21 Sep 1930
MARKS, Margaret b. 19 Mar 1894 d. 6 Apr 1931
Fourteen graves, no stones
COFFMAN, Lester s/o Roy T. & Lola COFFMAN
    b. 9 Aug 1916 d. 16 Apr 1819
Two graves, no stones
Two graves, no stones, infants
One grave, no stone
CHANEY, Mable Daisy b. 8 Feb 1919 d. 1 Apr 1921
CHANEY, Jessie Lorrain d/o Alonza & Nettie CHANEY
    b. 25 Jan 1926 d. 26 Feb 1926
CHANEY, John Henry s/o Alonza & Nettie CHANEY
    b. 27 Oct 1923 d. 5 Dec 1930
MORRISS, Louise Blondell b. Paris, France 22 Sep 1851
    d. 12 May 1935
One grave, no stone, infant
MCCARTY, George Russell b. 14 Mar 1923
    d. 24 Apr 1927
MANNING, Edward Sylvester s/o Hubert & Grace
    MANNING b. 1 Jul 1920 d. 11 Sep 1920
One grave, no stone, infant
BARNES, Clara Agnes w/o Tolden BARNES
    b. 22 Mar 1891 d. 24 Oct 1918
Two graves, no stones
Five graves, no stones, infants
Two graves, no stones
One grave, no stone, infant

COFFMAN, John b. 19 May 1849 d. 3 Jun 1931
COFFMAN, Hanna F. b. 6 Nov 1851 d. 27 Mar 1934
Two graves, no stones
One grave, no stone, infant
Two graves, no stones
One grave, no stone, infant
MYERS, Levi B. b. 1862 d. (n.d.)
MYERS, Ida May w/o Levi MYERS b. 1866 d. 1927
KELLEY, Patrica Jane b. 2 Apr 1933 d. 9 May 1936
Three graves, no stones
One grave, no stone, infant
BACHTELL, Martin Luther b. 20 Jul 1854 d. 20 oct 1924
BACHTELL, Catharine M. w/o Martin Luther BACHTELL
    b. 15 Apr 1852 d. 6 May 1929
WALTERS, Mary Elizabeth d/o J. T. & C. M. WALTERS
    b. 26 Mar 1919 d. 15 Jul 1922
WALTERS, Samuel, Co. H. 3rd. MD Cav. b. 1840
    d. 1922*
WALTERS, _____ d. (n.o.i.)
MYERS, Alexander b. 6 Oct 1860 d. (n.d.)
MYERS, Dellia E. w/o Alexander MYERS b. 15 Mar 1864
MYERS, Hattie E. b. 2 Apr 1890 D. 14 Apr 1922
BERGDOLL, Infant s/o W. T. & Gertrude BERGDOLL
    b. (n.d.) d. 16 May 1925
MCCARTY, Barnabas S. b. 7 Jul 1883 d. 16 Sep 1922
MCCARTY, Alexander, Private Co. H 1st. MD Reg. Cal.
    b. 30 Jul 1838 d. 28 Sep 1922
MCCARTY, Mary Ellen w/o Alexander MCCARTY
    d. (n.o.i.)
Four graves, no stones
Four graves, no stones, infants
SHOEMAKER, J. Thomas b. 24 May 1877 d. 8 Oct 1936
SHOEMAKER, Nancy May w/o J. Thomas SHOEMAKER
    b. 1 May 1882 d. (n.d.)

Orchard Ridge Methodist Church Graveyard near Millstone

YONKER, Isaac Meade s/o Elmer & Florence YONKER
    b. 20 Sep 1891 d. 31 Dec 1915
WELLER, Rosie A. w/o Lewis WELLER b. 30 Jun 1887
    d. 31 Mar 1919
WELLER, Raymond W. s/o L. & R. A. WELLER
    b. 11 Jan 1914 d. 7 Feb 1919
GLADHILL, George W. b. 13 May 1870 d. 9 Sep 1925
GLADHILL, Martha J. w/o George W. GLADHILL
    b. 11 Feb 1879 d. (n.d.)
MCCARTY, Margaret Lucy b. 30 Apr 1887 d. 9 Feb 1934
MANNING, Samuel L. b. 16 Nov 1877 d. 24 Jan 1929
MANNING, Mary C. b. 11 Feb 1857 d. 19 Oct 1926
One grave, plain stone
Sixteen graves, no stones, infants
Four graves, no stones
CASSIDY, N. C., Mother, d. (n.o.i.)
SNYDER, H. B., infant, d. (n.o.i.)
WILEY, Gladys Kathleen age 6y 6m 24d, d. 12 Oct 192?

Catawba Church Graveyard, along the Potomac River, at Tonoloway

BARNHART, Jacob, Father, b. 4 Jun 1824 d. 4 Jun 1912
BARNHART, Neal, Father, b. 16 Jan 1872 d. 3 May 1920
PECK, Norma d/o M. L. & M. E. Peck b. 9 Apr 1916
    d. 26 Jul 1922
DUGAN, William Edward age 36y 4m, d. 27 Mar 1913
DUGAN, L. Gertrude d/o Edward & Annie M. DUGAN
    b. 30 Nov 1901 d. 28 Apr 1910
DUGAN, _____ d. (n.o.i.)
DUGAN, W. E. d. (n.o.i.)
WEBB, Annabelle w/o George E. WEBB b. 5 Dec 1898
    d. 10 Jul 1919
EFFLAND, George W. b. 21 Jun 1849 d. 9 Apr 1926
EFFLAND, Sarah M. w/o George W. EFFLAND
    b. 7 Oct 1854 d. 3 Jan 1916
EFFLAND, George Leslie age 20y 9m 3d, d. 14 Jun 1913
EFFLAND, J. Tolbert age 29y 5m 15d, d. 22 Mar 1919
GRAHAM, Clay s/o John & Josephine GRAHAM
    b. 4 Feb 1898 d. 11 May 1912
Four graves, plain stones
PURNELL, Mollie E. w/o Lewis PURNELL b. 1866 d. 1925
Thirty-nine graves, plain stones

Graveyard on Marshall NORRIS Farm, in PA, adjoining the MD Line, next to RITZ Farm, N.W. of Hancock

NORRIS, James Co. I 1st. P.H.B. MD Cav. d. (n.o.i.)
NORRIS, Nancy age 88y, d. 18 Dec 1892
BARNHART, Isaac s/o I. & C. BARNHART age 27d,
    d. 9 Jan 1906
BARNHART, Harry s/o I. & C. BARNHART age 27d,
    d. 10 Sep 1892
BARNHART, Florence d/o I. & C. BARNHART
    age 1y 4m 22d, d. 3 Sep 1900
PURNELL, Catharine w/o W. PURNELL age 86y,
    d. 13 Oct 1891
Lot of other graves, plain stones

Graveyard on the RITZ Farm, N. of Route 40, and at State Line, N.W. of Hancock

HENLINE, George age 47y 27d, d. 25 May 1905
HENLINE, John age 81y 3m 14d, d. 24 Mar 1892
HENLINE, J. age 75y 6m, d. 16 Apr 1896
HENLINE, C. d. (n.o.i.)

Graveyard on the Edward SHIVES Farm, n. of Route 40, east of Tonoloway Creek

SHIVES, Goldie V. d/o E. L. & W. J. SHIVES
    b. 10 Feb 1922 d. 11 Aug 1922
Two graves, no stones, infants
Six graves, no stones, infants

VANCE, Infant d/o Charles & Mary VANCE
b. 20 Mar 1872 d. (n.d.)
SHIVES, Benjamin T., Father, b. 2 May 1876
d. 5 Nov 1931
SHIVES, Estalene E. b. 21 Feb 1914 d. 17 Apr 1935
SHIVES, Peter E. b. 1870 d. (n.d.)
SHIVES, Nannie E. w/o Peter E. SHIVES b. 1874 d. 1927
SHIVES, Roy H. s/o P. E. & N. E. SHIVES
age 11y 8m 20d, d. 9 Feb 1909
SHIVES, Infant s/o P. E. & N. E. SHIVES b. 13 Mar 1896
d. 13 Mar 1896
SHIVES, Jospeh G. b. 18 May 1846 d. 9 Mar 1906
SHIVES, Amy w/o Joseph G. SHIVES b. 15 Nov 1847
d. 10 Jul 1922
SHIVES, Joseph U. b. 22 Jun 1867 d. 30 May 1911
SHIVES, Alice M. w/o Joseph U. SHIVES b. 5 Apr 1860
d. 23 Feb 1932
Three graves, no stones
SHIVES, Daniel H. Co. G. 205 Reg PA Vol. b. 6 Sep 1844
d. 8 Jan 1906
PECK, Sarah J. w/o Charles W. PECK age 28y 7m 15d,
d. 11 Feb 1881
Five graves, plain stones
SHIVES, Jacob D. age 67y 1m 28d, d. 4 May 1886
SHIVES, Mary w/o Jacob D. SHIVES age 67y 1m 14d,
d. 5 Mar 1890
SHIVES, Infant s/o Peter & Nancy A. SHIVES
b. 27 Feb 1866 d. 27 Feb 1866
SHIVES, Susannah d/o Peter & Nancy Ann SHIVES
age 3y 7m 10d, d. 3 May 1862
SHIVES, Leonard s/o Peter & Nancy Ann SHIVES
age 5y 7m 8d, d. 4 May 1862
SHIVES, Peter b. 29 Dec 1821 d. 26 Jul 1898
SHIVES, Nancy Ann w/o Peter SHIVES b. 24 May 1829
d. 18 Apr 1910
BIVENS, John W. s/o B. James & Mary BIVENS
age 6y 8m 3d, d. 17 Mar 1863
One grave, plain stone, infant
MYERS, Infant d/o D. & E. MYERS d. (n.o.i.)
SHIVES, Margaret J. d/o John & Mary SHIVES age 3y 7d,
d. 9 Jul 1856
SHIVES, Jacob D. s/o D. H. & D. SHIVES age 1y 7m 17d,
d. 27 mar 1877
SHIVES, Jennie d/o D. H. & D. SHIVES age 12y 8m 25d,
d. 2 Sep 1897
SHIVES, Samuel s/o D. H. & D. SHIVES b. 3 Nov 1877
d. 15 Apr 1900
One grave, no stone
MYERS, David age 75y 19d, d. 23 Sep 1886
MYERS, Eve w/o David MYERS, age 62y 7m 16d,
d. 3 Oct 1875
MYERS, Infant s/o D. & E. MYERS d. (n.o.i.)
MYERS, Elizabeth d/o D. & E. MYERS age 2y 4m 11d,
d. 10 Dec 1851
MYERS, William s/o D. & E. MYERS age 3y 1m 11d,
d. 22 Sep 1844
MYERS, John s/o D. & E. MYERS age 10y 9m,
d. 12 Sep 1844
SHIVES, Sarah d/o Daniel & Mary SHIVES
age 10y 5m 25d, d. 24 Feb 1839
SHIVES, Daniel age 73y 3m 16d, d. 17 Nov 1858
SHIVES, Mary w/o Daniel SHIVES age 74y 1m 20d,
d. 25 May 1860

Graveyard on the Frank BURNETT Farm, n. of Hancock, next to the Henry DORIER Farm

BROSIUS, Francis R. s/o Daniel & Ellen B. BROSIUS
age 6y 3m 3d, d. 9 May 1836
Several other graves, plain stones

Graveyard on the Henry DORIER Farm, n. of Hancock

CLARY, Rachel age 52y, d. 3 Oct 1822
Thirty graves, plain stones

Graveyard on Henry SOUDERS Farm, n.w. of Hancock

Two graves, no stones
THOMAS, Catharine K. d/o George & Lucinda Thomas
age 3y 5m 11d, d. 11 Jul 1841
THOMAS, John age 67y, d. 1802
THOMAS, Mary F. w/o George THOMAS & d/o Joshua
JOHNSON age 25y 4m, d. 4 May 1831

ROGER Heights Church Graveyard along MD State Line, near RITZ Farm w. of Hancock

BROWN, Charles age 69y 3m 7d, d. 2 Apr 1897
BROWN, Margaret w/o Charles BROWN b. 21 Dec 1827
d. 28 Dec 1898
DITTMAN, John J. b. 5 Apr 1864 d. 24 Oct 1930
DITTMAN, Elizabeth w/o John J. DITTMAN
b. 12 May 1873 d. 28 Feb 1915
DITTMAN, J. George b. 4 Jul 1867 d. 2 Mar 1936
Thirty-four graves, plain stones
HOFFMAN, John M. b. 18 Aug 1842 d. 20 Feb 1916
HOFFMAN Sophia w/o John M. HOFFMAN
b. 5 Nov 1847 d. 28 Nov 1914
MILLER, Ettie Nevada d/o J. H. & M. A. MILLER
age 10y 3m 1d, d. 27 Jun 1894
MILLER, Charley W. s/o H. & A. MILLER age 1m 28d,
d. 23 Jun 1894
MILLER, Alice w/o Henry MILLER age 34y 2m 2d,
d. 22 May 1894
MILLER, Nancy Ann d/o J. H. & M. A. MILLER
age 5y 11m 25d, d. 1 Aug 1894
RITZ, John C. b. 20 Nov 1850 d. 25 Aug 1916

RITZ, Margaret w/o John C. RITZ b. 22 Jul 1858
   d. 21 Oct 1934
RITZ, J. Luther b. 1896 age 10m 28d, d. 7 Feb 1897
RITZ, George M. b. 1900 d. 1902
RITZ, W. McKinley b. 1893 d. 1911
Ch/o John C. & M. RITZ (e.d. assumed J. Luther-W. McKinley)
NORRIS, Mary C. w/o James NORRIS b. 8 May 1855
   d. 18 Nov 1904

Graveyard on the Edward MUNSON Farm, near Hancock and State Line

SNELL, George age 93y d. 7 Aug 1856
SNELL, Rebecca w/o George SNELL age 89y 9m 4d,
   d. 16 Dec 1860
SNELL, Benjamin age 78y 8m 3d, d. 28 May 1891
SNELL, Rebecca age 86y 4m 7d, d. 18 Jul 1897
SNELL, Delilah age 85y 8m 6d, d. 17 Apr 1900
SNELL, Edna b. 19 Feb 1917 d. 28 Sep 1901

Graveyard on Sylvester SUMMERS Farm, now owned by Pittsburg Sand Co., s. of R. S. DILLON Packing House and of Hancock

SUMMERS, Darlus age 15y, d. 22 Apr 1853
SUMMERS, Sarah M. d/o Nathaniel & Mary SUMMERS
   age 16y 1m 24d, d. 31 Jan 1862
SUMMERS, Joseph age 27y 5d, d. 5 Sep 1820
SUMMERS, Ann M. age 11y, d. 25 Dec 1845
SUMMERS, J. W., Husband, age 35y, d. 7 Dec 1858
SUMMERS, Bettie Banter d/o J. W. & K. SUMMERS
   b. 19 Mar 1853 d. 30 Jun 1854
SUMMERS, Ella May d/o J. W. & K. SUMMERS
   b. 29 Jan 1852 d. 4 Feb 1854
HARVEY, George age 81y, d. 3 Mar 1854
SIMMONS, Jennie d. (n.o.i.)
FAITH, Ellie d. (n.o.i.)

Graveyard on Charles LOCHER Farm, along Canal, w. of Hancock

WIDMEYER, Nancy d/o J. S. & A. L. WIDMEYER
   b. 2 Feb 1872 d. 17 Jul 1872
WIDMEYER, J. Singleton b. 10 Jan 1832 d. 31 May 1893
WIDMEYER, Adaline b. 9 Sep 1833 d. 24 Nov 1900
BRENT, T. C. age 59y, d. 25 Dec 1831
BRENT, George age 38y, d. 11 Jan 1782
BRENT, Charity w/o George BRENT d. (n.d.)
OHR, Mary w/o Dr. I. H. OHR age 74y 9m, d. 10 Oct 1875
   d/o David & Ann BLACKWELL
TIDBALL, James age 72y 6d, d. 25 Apr 1821
TIDBALL, Eleanor age 70y, d. 16 Dec 1843
BRENT, George L. s/o Hannah BRENT b. 13 Jul 1796
   d. 18 Oct 1881
TIDBALL, Anna w/o GEORGE BRENT b. 28 Nov 1799
   d. 30 Sep 1891
WIDMEYER, Maggie d/o G. W. & Mary E. WIDMEYER
   b. 20 Jul 1865 d. 3 Apr 1888
BRENT, Thomas C. s/o George & Ann BRENT age 1y,
   d. 6 Dec 1829
BRENT, James Tidball age 2y 6m, d. 2 Jan 1833
CLAYBAUGH, John BRENT s/o W. H. & L. L.
   CLAYBAUGH b. 2 Aug 1841 d. 9 Aug 1842
WIDMEYER, George W. b. 1836 d. 1912
WIDMEYER, Mary E. b. 1837 d. 1913
Lot of other graves, plain stones
WIDMEYER, Adaline S. s/o F. J. S. & A. L. WIDMEYER
   b. 11 Feb 1866 d. 21 Jan 1894

Graveyard on Elsie and Daisy MUNSON Farm, at Pine Flat, n. of Mt. Olivet Cemetery, on Route 40

CORNELL, Lurama b. 1841 d. 1856
CORNELL, Lucinda b. 1839 d. 1856
CORNELL, Michael b. 1839 d. 1856
Ten graves, plain stones

Graveyard on the R. S. DILLON Farm, w. of Hancock, s. of Packing House on OLIVER Farm

MILES, Barbara w/o Elisha MILES age 52y 1m 18d,
   d. 5 Jan 1855 d/o Jacob SLAGLE
MILES, Jacob S. s/o Elisha & Barbara MILES
   age 19y 1m, d. 19 Sep 1843
SHLAGEAL, Jacob age 82y, d. 18 Jun 1857
SHLAGEAL, Mary M. b. 1778 d. 14 Aug 1823
SHLAGEAL, Elizabeth w/o Jacob SHLAGEAL
   b. 28 Sep 1781 d. 11 Jul 1855
SHLAGEAL, Daniel, Father, age 52y 1m 21d,
   d. 16 Apr 1861
SHLAGEAL, Daniel M. s/o Daniel & Margaret SHLAGEAL
   age 2y 3m 1d, d. 28 Dec 1862
YOUNG, Philip b. 9 Jun 1818 d. 26 Mar 1840
NICODEMUS, Abraham b. 11 Jan 1798 d. 1 Nov 1836
SHEPPARD, William b. 25 Jun 1800 d. 19 Oct 1870
SHEPPARD, David b. 1 Mar 1793 d. 3 Jun 1864
SHEPPARD, John Sr. age 77y 5m 6d, d. 20 Dec 1857
SLAGLE, Jacob b. 25 May 1806 d. 6 May 1881
_____, Oddie, Infant d. (n.o.i.)
_____, Willie, infant, d. (n.o.i.)
SLAGLE, John age 66y 5m 15d, d. 3 Dec 1812
REEL, Jacob age 64y 5m 5d, d. 2 Jan 1874
REEL, Francis Thomas s/o J. & E. REEL age 18y 8m 18d,
   d. 3 Feb 1859
REEL, J. L. b. 5 Apr 1849 d. 5 Sep 1850
MILES, D. d. (n.o.i.)

Graveyard on Bill MCDONNELL Farm, in Allegheny Co., near the C. & O. Canal, and Pearre Station

BARTMESS, John age 26y, d. 23 Aug 1817
NARAN, John age 28y, d. 22 Jul 1838, native of Wtithom Gallowspire, Scotland
Lot of graves, plain stones

MASON Orchard, BOWLES Farm, n.e. of Tonoloway Creek, near Hancock, MD

SRADER, Lazarus age 31y 20d, d. 8 Apr 1871
SRADER, Catharine w/o Lazarus SRADER
    age 24y 6m 18d, d. 13 Feb 1871
SRADER, George s/o Lazarus & Catharine SRADER
    age 7m 7d, d. 2 Oct 1870
YATES, Elizabeth (n.o.i.)
YATES, William B. s/o William & Susanna YATES
    age 8y 6m 2d, d. 9 Jul 1833
YATES, Two infant ch/o William B. & Susanna YATES
YATES, William age 59y 9m 14d, d. 20 Nov 1834
YATES, Susanna w/o William YATES age 62y 10m,
    d. 19 Mar 1843
YATES, Joseph age 69y 6m 6d, d. 20 Feb 1868
YATES, Valluna d/o William & Susanna YATES
    age 30y 9m 10d, d. 28 Nov 1851
YATES, Ann d/o William & Susanna YATES
    d. 19 Oct 1819
OLIVER, William s/o B. & S. OLIVER (n.o.i.)
YATES, Providence b. 11 May 1770 d. (n.d.)
YATES, Joshua b. 2 Feb 1768 d. (n.d.)

Tonoloway Baptist Church Graveyard, north of Hancock in PA, near MD State Line

HOUSEHOULDER, Simon b. 9 Mar 1783 d. 28 Jul 1843
Two graves, no stones
MAY, John b. 21 Aug 1853 d. 17 Apr 1927
MAY, Anna b. 18 May 1852 d. 19 Apr 1907
NYCUM, Bernard age 62y 1m 26d, d. 4 Jan 1899
NYCUM, Mary A. w/o Bernard NYCUM age 62y 9m,
    d. 13 Jan 1895
NYCUM, Leonard b. 19 Mar 1830 d. 28 Feb 1905
FISHER, Joseph, 22nd. Reg. PA Cal. b. 21 Jul 1864
    d. 18 May 1911
FISHER, Mary M. w/o Joseph FISHER b. 15 Sep 1854
    d. 21 Aug 1925
FISHER, Jacob b. 6 Oct 1817 d. 26 Feb 1891
FISHER, Mary w/o Jacob FISHER b. 12 Oct 1819
    d. 2 Feb 1908
TRUAX, David age 72y 2m 21d, d. 5 Jan 1885
BARNHARD, Otho b. 23 Aug 1832 d. 20 Jan 1913
BARNHARD, Margaret w/o Otho BARNHARD
    b. 30 Jun 1838 d. 8 Jan 1917
BARNHARD, William E. age 25y 28d, d. 19 Jul 1892

WEAVER, William H. b. 25 Aug 1858 d. (n.d.)
WEAVER, Ellie w/o William H. WEAVER b. 1 Jul 1868
    d. 8 Oct 1905
Three graves, plain stones
SMITH, John T. age 27y 1m 23d, d. (n.d.), Civil War Soldier
Twelve graves, plain stones
CARNELL, Leonard age 46y 7m 9d, d. 7 Nov 1853
HART, Elizabeth w/o E. SHARP b. 7 Jul 1864
    d. 1 Mar 1906 (e.n. SHARP in the original, but this may be HARP)
HART, W. Frank b. 1853 d. 1910
Eleven graves, no stones
MANN, Infant d/o P. & R. MANN b. 25 Dec 1830
    d. 25 Dec 1830
One grave, plain stone
MOOD, _____, on plain stone, d. (n.o.i.)
EDWARDS, Sarah w/o Robert EDWARDS
    age 75y 4m 23d, d. 15 Oct 1820
LAKE, Elizabeth w/o Daniel LAKE age 64y 7m 29d,
    d. 9 Feb 1874
One grave, plain stone
Three grave, plain stones
MCFIRRAN, John age 10y, who was killed by a fall from a horse, 4 Jul 1799
MCFIRRAN, Jane age 13y, d. 27 Aug 1796
One grave, plain stone
MCFERREN, Samuel age 34y, d. 7 Dec 1790
JOHNSON, Margaret age 60y, d. 5 Jul 1816
BOULES, Nancy age 22y, d. 29 Sep 1817
JOHNSTON, Capt. John age 80y, d. 27 Oct 1845,
    Tomb erected by John J. BOWLES
JOHNSON, Louisa age 19y, d. 30 Mar 1820
STEPHENS, David age 39y, d. 30 Sep 1819
Four graves, plain stones
PHENICIE, William age 29y 11m 16d, d. 11 Nov 1833
PHENICIE, Ann age 46y 10m 5d, d. 19 Aug 1824
TRUEAX, Benjamin age 69y 5m 15d, d. 10 ___ 1801
TRUEAX, Perthenn w/o Benjamin TRUEAX
    age 39y 7m 15d, d. 31 Oct 1781
TRUEAX, Elias age 11y, d. Oct 1786
Six graves, plain stones
C____, _____ d. 1777 (n.o.i.)
Four graves, plain stones
LINN, Elisha E., Father, age 35y 2m, d. 25 Aug 1805
J. L. d. 20 Feb 1788
Nine graves, plain stones
HEART, William age ca. 82y, d. 3 Apr 1799
HEFS, Margaret w/o William HEFS age 64y,
    d. 21 Nov 1798 (The age had another number cut on stone by a Civil War Soldier).
HART, Elizabeth w/o John HART age 27y 2m 18d,
    d. 9 Nov 1801
HART, Rhoda w/o Nathaniel HART age 66y 9m 18d,
    d. 8 Apr 1845
HART, Enoch b. 1829 d. 1901
HART, Catherine b. 1823 d. 1909

HART, William Esq. age 55y 1m 26d, d. 12 Jan 1849
HART, Mary w/o William HART esq. age 80y 5m 25d,
    d. 4 Oct 1889
Two graves, plain stones
HART, John Albert s/o E. & C. HART age 6y 1m 28d,
    d. 22 Nov 1873
HART, Anna Mary d/o E. & C. HART age 13y 5m 15d,
    d. 10 Nov 1873
HART, Menervy d/o E. & C. HART age 6y 1m 28d,
    d. 14 Dec 1864
HART, Infant s/o E. & C. HART d. (n.o.i.)
HART, John age 59y 7m, d. Aug 1822
HART, Sebela w/o John HART age (6?)6y, d. 25 Jul 1814
HART, Elizabeth age 15y, d. 15 Sep 1822
HART, Nathaniel age 69y 8m 11d, d. 18 Oct 1834
HART, Mary d/o William & Mary HART age 3y 7m 27d,
    d. 23 Jun 1835
LAKE, John age 49y 2m 27d, d. 30 Sep 1824
HART, Malinda d/o William & Mary HART age 7y 2m 20d,
    d. 29 Jun 1844
EVANS, Evan b. 29 Jul 1798 d. 24 Jan 1864
EVANS, Sabina w/o Evan EVANS age 75y 4m,
    d. 11 May 1888
Two graves, plain stones
PECK, Ann Elizabeth d/o A. M. & R. PECK
    age 1y 10m 12d, d. 14 Aug 1853
HART, Malinda age 37y 6m 12d, d. 4 Jun 1851
PECK, Jasper s/o Daniel & Nancy PECK
    age 14y 4m 18d, d. 21 Jul 1858
PECK, Clarence B. s/o J. A. & R. B. PECK age 5m 15d,
    d. 1 Aug 1878
Five graves, plain stones
LYNN, Mary w/o Levi LYNN age 85y 6m, d. 14 Feb 1855
Three graves, plain stones
STILLWELL, Catharine w/o Jeremiah STILLWELL
    age 59y 4m 23d, d. 10 Sep 1804
One grave, plain stone
Five graves, plain stones
STILLWELL, Elias age 84y, d. 4 Feb 1792
STILLWELL, Mariam w/o Elias STILLWELL age 95y,
    d. 19 Oct 1803
GRAHAM, Elizabeth age 72y 5m 13d, d. 3 Oct 1804
One grave, plain stone
CHARLTON, John age 84y 9d, d. 21 Apr 1895
GRAHAM, Phebe w/o John CHARLTON age 70y 4m 13d,
    d. 23 Aug 1873
LAMBERSON, Abigail age 64y 4m 10d, d. 12 Feb 1901
    w/o Andrew L. LAMBERSON
One grave, no stone, d. 194_?
GRAHAM, Moses age 78y 10d, d. 16 Jul 1833
GRAHAM, Phebe w/o Moses GRAHAM age 56y 6d,
    d. 2 Mar 1821
GRAHAM, _____ age __y 5m, d. 28 Feb 1803
Three graves, plain stones
WADE, Lizzie age 11m, d. (n.o.i.)
WADE, William B. age 70y 10m 15d, d. 31 Dec 1865
WADE, Hezekiah age 16y 5m 22d, d. 19 Feb 1839

WADE, Rachel age 57y 2m 1d, d. 1 Mar 1859
WADE, John s/o H. & K. WADE, a Master Mason,
    age 34y 7m 7d, d. 2 Mar 1864
One grave, plain stone
SEAVOLT, Daniel, Master Mason, age 42y 9m 19d,
    d. 28 Oct 1876
WADE, Callie w/o Daniel SEAVOLT, b. 27 Jun 1831
    d. 15 Jul 1804
SEAVOLT, J. Wade, Master, Mason, b. 7 Feb 1866
    d. 10 Aug 1914
Eight graves, plain stones
MYERS, Sarah E. w/o George M. MYERS
    age 36y 2m 16d, d. 19 Apr 1893
HESS, Amanda J. b. 5 May 1880 d. 16 Jun 1880 d/o G.
    W. & A. E. HESS
HESS, James s/o G. W. & A. E. HESS age 23d,
    d. 10 Feb 1876
HESS, Frank J., infant, d. (n.o.i.)
MASON, John b. 24 Mar 1824 d. 7 May 1874
MASON, Elizabeth w/o John MASON age 74y 10m 25d,
    d. 24 Nov 1892
One grave, plain stone
MASON, Sarah w/o William MASON age 69y,
    d. 13 Jan 1859
MASON, Solomon b. 3 Nov 1810 d. 3 Jan 1854
MASON, Abner age 33y 2m 12d, d. 25 Mar 1853
FISHER, John, Father, age 56y 22d, d. 1 Apr 1852
FISHER, Ezra s/o John & Margaret FISHER
    age 11y 8m 9d, d. 3 Aug 1848
FISHER, Margaret age 41y 3m 7d, d. 10 Dec 1839
MANN, Jacob b. 27 Jul 1763 d. 5 Nov 1830
MANN, John H. b. 19 Jun 1790 d. 22 Feb 1841
MANN, Dorothy age 84y 2m 3d, d. 5 Aug 1845
MASON, Sarah d/o William & Sarah MASON
    age 20y 9m 18d, d. 6 Mar 1853
MASON, Mary, infant d/o J. & E. MASON d. 5 Aug 1855
One grave, plain stone
Two graves, plain stones
MCLELAND, William age 2y 7m 16d, d. 21 Aug 1836
One grave, plain stone
WINTERS, Margaret b. 2 Oct 1833 d. 21 Dec 1908
BREWER, George age 51y 4m, d. 30 Jul 1855
WINTERS, George age 42y 2m 7d, d. 12 Jul 1836
MANN, Job H. b. 22 Feb 1816 d. 19 Sep 1831
Five graves, plain stones
STILLWELL, Obadiah C. age 4y 1m 11d, d. 19 Mar 1834
STILLWELL, James M. age 6y 11m 3d, d. 19 Jun 1822
One grave, plain stone
STILLWELL, John Esq. age 77y 4m, d. 3 Oct 1823
STILLWELL, Sarah w/o John STILLWELL age 70y,
    d. 5 Oct 1823
GRAVES, Joseph Sr. age 67y 7m, d. 7 Jun 1831
GRAVES, Elizabeth w/o Joseph GRAVES Sr. age 48y,
    d. 16 May 1826
MONTGOMERY, Archibald s/o John & Mary
    MONTGOMERY age 18y 3m 13d,
    d. 30 May 1832

Two graves, plain stones
VANCLEVE, William age 61y 3m 4d, d. 17 Nov 1829
MCKINLEY, Ellen w/o Henry MCKINLEY age 56y,
    d. 2 Oct 1834
Three graves, plain stones
JENKINS, Denton age 4wk 4d, d. 7 Apr 1842
JENKINS, David age 2y 2m 26d, d. 5 May 1833
JENKINS, Maria C. age 1y 4m 4d, d. 21 Feb 1841
BISHOP, Jacob age 54y 7m 4d, d. 10 Apr 1813
Two graves, plain stone
POWELL, Rev. Joseph age 70y 5m 22d, d. 28 Aug 1804
One grave, plain stone
VAN CLEVE, Rebecca w/o William VAN CLEVE
    age 47y 9m, d. 4 Apr 1821
COOK, Ida w/o Rev. John COOK age 8y 6m 3d,
    d. 27 Dec 1805
COOK, Joafner s/o Rev. John COOK age 8y 6m 3d,
    d. 27 Dec 1805
Two graves, plain stones
FUNK, C. L.: In memory of the unknown dead, erected
    by C. L. FUNK, 1925
STIGERS, Adam age ca. 74y, d. 29 Sep 1808
STIGERS, Sopia w/o Adam STIGERS age 63y 5m,
    d. 23 May 1797
Two graves, plain stones
EVANS, N. H. b. 9 Mar 1837 d. 27 Feb 1916
EVANS, Dorothy w/o N. H. EVANS b. 16 Jun 1844
    d. 9 Feb 1912
MCELDOWNEY, Deborah age 45y 6m 29d,
    d. 20 Aug 1837
EVANS, Rhoda H. d/o N. H. & D. EVANS age 5y 2m 14d,
    d. 14 Jan 1874
EVANS, Frances d/o N. H. & D. EVANS age 1d,
    d. 23 Dec 1874
Fourteen graves, plain stones
ROBISON, Elizabeth, w/o John ROBISON age 61y 16d,
    d. 22 Nov 1883
FORNER, William H. age 38y 8m 17d, d. 6 Jun 1855
FORNER, William Allen s/o Benjamin & Elmira FORNER
    age 16d, d. 19 Apr 1865
PECK, William age 72y 6m 18d, d. 16 Jul 1866
PECK, Sarah w/o William PECK age 76y 9m 24d,
    d. 5 Sep 1884
One grave, plain stone
MCELDOWNEY, John age 65y 9m 3d, d. 4 Nov 1866
MCELDOWNEY, Susan w/o John MCELDOWNEY
    age 76y, d. 17 Apr 1879
MCELDOWNEY, John F. s/o Wm. & N. MCELDOWNEY
    age 1y 8m 3d, d. 13 Oct 1865
MCELDOWNEY, Maria S. d/o Wm. & N. MCELDOWNEY
    age 2y 5m 7d, d. 7 Jun 1870
MCELDOWNEY, Nancy w/o William MCELDOWNEY
    age 36y 7m 29d, d. 6 Sep 1874
MCELDOWNEY, Malissa Ellen d/o Wm. & N.
    MCELDOWNEY age 1y 5m 20d, d. 17 May 1875
Two graves, plain stones
ANDREWS, Benjamin s/o Wm. & M., infant, d. (n.o.i.)

ANDREWS, William age 65y 9m 5d, d. 27 Aug 1873
FUNK, Eliza w/o William FUNK b. 23 Nov 1818
    d. 26 May 1897
FUNK, William age 41y 12d, d. 12 Nov 1855
FUNK, Mary C. d/o Wm. & E. FUNK, age 15y 1m 21d,
    d. 15 Nov 1861
MASTERS, Jacob b. 14 Aug 1783 d. 1 May 1847
MASTERS, Sarah b. 1794 d. 1 Jul 1842
MASTERS, Rebecca b. 23 Dec 1832 d. 21 Jun 1842
MASTERS, Menervey J. age 1y, d. 21 Feb 1848 d/o
    Daniel & Mary MASTERS
MASTERS, Barbara Ann d/o Daniel & Mary MASTERS
    age 9y 8m 19d, d. 11 May 1853
MASTERS, Mary w/o Daniel MASTERS age 30y 1m 29d,
    d. 16 Nov 1853
MASTERS, Joseph s/o Daniel & Mary MASTERS age 1m,
    d. 7 Dec 1853
(p.p. Daniel, Christian Co., IL)
One grave, plain stone
BERNHEARD, Joseph age 76y 2m 27d, d. 21 Apr 1875
BERNHEARD, Mary w/o Joseph BERNHEARD
    age 68y 8m 15d, d. 13 May 1866
ROSE, Elizabeth, Mother, age 84y 10m 24d,
    d. 24 Oct 1894
BRANT, Benjamin G. b. 2 Aug 1854 d. 1 May 1888
BLAIR, Rachel w/o Benjamin G. BRANT d. (n.o.i.)
BRANT, Bessie b. 10 Oct 1882 d. 18 Oct 1882
BRANT, Infant, b. (n.d.) d. 26 Nov 1885
VARNS, Mary C. w/o Isaac VARNS d. (n.o.i.)
JOHNSON, Ruhamae B. d/o David & Susan A. Johnson
    age 5y 7m 29d, d. 22 Sep 1863
ASH, Rev. Jesse age 64y 2m 26d, d. 14 Apr 1858
BREWER, Catherine w/o Henry BREWER
    age 85y 2m 17d, d. 28 Nov 1860
BREWER, Henry age 76y 9m 23d, d. 20 Mar 1849
HUTCHINSON, Rev. John, Pastor of Baptist Ch. at
    Tonoloway, age 72y 16d, d. 21 May 1842
POWELL, Rachel w/o Samuel POWELL b. 19 Jun 1819
    d. 19 Aug 1848
BREWER, Joseph age 65y 9m, d. 17 Jan 1884
BREWER, Anna w/o Joseph BREWER age 53y 5m 27d,
    d. 2 Feb 1880
BREWER, Infant d/o Joseph & Anna BREWER age 2hrs,
    d. 6 Mar 1853
BREWER, Sarah d/o Henry & Mary BREWER
    age 33y 6m 17d, d. 15 Nov 1845
Five graves, plain stones
JENKINS, Dennis age 3y 6m 7d, d. 29 Sep 1846
JENKINS, William age 60y 7m 14d, d. 17 Aaug 1863
JENKINS, Margaret age 47y 9m 24d, d. 6 Sep 1846
PECK, Deborah w/o Conrad PECK age 72y 1m 16d,
    d. 23 Feb 1859
BAILEY, Elias age 69y 10m 6d, d. 6 Apr 1861
BAILEY, Elizabeth age 88y 8d, d. 21 Dec 1917
Two graves, plain stones
YOUNKER, Catherine w/o John YOUNKER
    age 74y 11m 1d, d. 28 Mar 1854

SNIDER, Alfred s/o Jonathan B. & Mary SNIDER
    age 1y 1m 7d, d. 19 Oct 1861
SNIDER, Jasper N. s/o Jonathan B. & Mary SNIDER
    age 6y 21d, d. 24 Oct 1855
MCCLELAND, John age 20y 1m 3d, d. 24 Apr 1849
MCCLELAND, Eleanor d/o Robert & Amy MCCLELAND
    age 12y 7m, d. 28 Oct 1852
MCCLELAND, Robert age 81y 4m 22d, d. 20 Dec 1883
MCCLELAND, Amy w/o Robert MCCLELAND
    age 59y 6m 18d, d. 2 Oct 1864
SNIDER, Deborah d/o John R. & Ascnath SNIDER
    b. 14 Sep 1827 d. 8 Sep 1853
SNIDER, John B. s/o John R. & Ascnath SNIDER
    age 6y 6m 29d, d. 14 May 1839
SNIDER, John R. age 61y 11m 27d, d. 4 Aug 1852
FLICK, Anna w/o Jacob FlICK age 6y 11m 5d,
    d. 5 Jan 1835
FLICK, John H. age 15y 8m 27d, d. 3 Sep 1843
WINTERS, Dorothy E. d/o John M. & Anna WINTERS
    age 3y 4m 16d, d. 5 Jan 1863
WINTERS, Rebecca J. d/o John M. & Anna WINTERS
    age 1y 2m 21d, d. 10 Nov 1862
FLICK, Jacob age 65y 2m 11d, d. 7 May 1853
FLICK, Henry B., Co. 158 PA Vol. age 69y 7m 12d,
    d. 11 Feb 1890
One grave, plain stone
    FLICK, Rachel age ___, d. 22 Feb 1893
BREWER, Catherine d/o George & Anna BREWER
    age 20y 11d, d. 17 Dec 1862
BREWER, Elizabeth d/o George & Anna BREWER
    age 16y 9d, d. 3 Jan 1863
WINTERS, Frances d/o John M. & Anna WINTERS
    age 3m 25d, d. 25 Nov 1869
BREWER, Elizabeth E. w/o George BREWER
    age 49y 11m 11d, d. 12 May 1871
BREWER, George age 87y, d. 9 Jul 1889
BREWER, Willie Ellsworth age 11y 1m 23d,
    d. 17 Apr 1874
CLARK, Peter, Co. K. 158th. PA Inf., d. (n.o.i.)
One grave, no stone
POWELL, John S. b. 30 Mar 1849 d. 21 Jan 1917
POWELL, Harriet b. 10 Sep 1842 d. 15 Oct 1916
Two graves, plain stones
HUFFMAN, Amanda w/o J. C. HUFFMAN age 37y 2m 5d,
    d. 23 Dec 1893
POWELL, Wm. H. age 69y 1m 12d, d. 3 Jul 1882
POWELL, Eleanor w/o Wm. H. POWELL age 67y 27d,
    d. 4 Jul 1884
POWELL, Ancnath d/o Wm. H. POWELL d. (n.o.i.)
POWELL, Margaret E. d/o Wm. H. & Eleanor POWELL
    age 6y 5m 3d, d. 24 Aug 1859
POWELL, Joseph H. age 70y 6m 9d, d. 19 Jul 1880
POWELL, Anna w/o Joseph H. age 69y 10m 9d,
    d. 8 Mar 1883
POWELL, James M. b. 11 Jun 1810 d. 21 Apr 1869
POWELL, Anna b. 9 Nov 1806 d. 21 Jul 1870
One grave, plain stone

MANN, Warford b. 11 May 1814 d. 19 Mar 1872
MANN, Elizabeth b. 29 Dec 1785 d. 25 Aug 1872
MANN, James b. 12 Mar 1818 d. 11 Jun 1900
MANN, Abigail C. w/o James MANN b. 17 Nov 1814
    d. 28 Jan 1869
YONKER, Jacob L. age 61y 3m 21d, d. 18 Jun 1862
YONKER, Rebecca age 73y 7m 5d, d. 27 Sep 1881
BREWER, Henry H. b. 4 Mar 1833 d. 16 Apr 1906
BREWER, Mary w/o Henry H. BREWER age 66y 5m 26d,
    d. 14 Feb 1909
BREWER, Amanda F. d/o H. H. & M. S. BREWER
    age 20y 25d, d. 9 Nov 1887
BREWER, Henry b. 23 Oct 1788 d. 24 Jan 1880
BREWER, Mary w/o Henry BREWER age 73y 10m 1d,
    d. 5 Nov 1864
BREWER, Emmelin d/o H. H. & M. S. BREWER
    age 6m 11d, d. 21 Dec 1866
MANN, John H. s/o James & Abigail C. MANN
    age 2y 7m, d. 29 Aug 1850
MANN, Infant d/o James & A. C. MANN b. (n.d.)
    d. 30 Apr 1845
HART, John DeWitt Jr., b. 10 Feb 1832 d. 24 Jul 1841
GRAVES, Obadiah S. age 47y 6m 10d, d. 29 Jan 1858
GRAVES, Susan w/o Obediah GRAVES age 40y 6m 24d,
    d. 12 Oct 1853
PECK, Joseph F. s/o Conrad & Dorothy PECK
    age 7y 10m 12d, d. 25 Dec 1859
PECK, Levi B. s/o Conrad & D. PECK age 7y 9m 24d,
    d. 24 Sep 1861
PECK, Elizabeth J. d/o Conrad & D. PECK
    age 7y 9m 14d, d. 1 Jan 1863
PECK, Silas s/o Conrad & D. PECK age 4y 4d,
    d. 13 Jan 1863
PECK, Mary E. d/o Conrad & D. PECK age 1y 11m 29d,
    d. 21 Jan 1863
MYERS, Adis s/o Jacob S. & Mahala MYERS age 2y 22d,
    d. 22 Dec 1860
MYERS, Lewis s/o Jacob S. & M. MYERS
    age 16y 1m 20d, d. 25 Mar 1862
One grave, plain stone
BRAHCALL, Alburtis s/o John & Lucinda BRAHCALL
    age 1y 2m 16d, d. 11 Aug 1862
MYERS, Clarence s/o Levi & Martha MYERS age 9m 4d,
    d. 16 Aug 1868
O'ROURK, Harriet Ada d/o J. & M. O'ROURK
    age 3y 2m 22d, d. 9 Apr 1883
FISHER, Elizabeth w/o John FISHER age 75y 8d,
    d. 24 Jun 1882
TRUEAX, Benjamin b. 24 Apr 1774 d. 3 Jul 1846
TRUEAX, Ezediah w/o Benjamin TRUEAX b. 8 Mar 1780
    d. 20 Mar 1879
FISHER, Margaret d/o J. J. & M. FISHER
    age 12y 1m 16d, d. 28 Aug 1862
GORDON, Col. Moses age 78y, (d.?) 17 May 1850
GORDON, Mary w/o Col. Moses GORDON
    age 85y 6m 12d, d. 24 Jan 1864
GORDON, Philip, Father, age 80y 4m 4d, d. 20 Oct 1882

GORDON, Philip s/o L. & M. GORDON age 10y 1m 26d, d. 11 Jun 1862
GORDON, James s/o L. & M. GORDON age 8y 11m 29d, d. 28 Jun 1862
GORDON, Lemuel age 76y 1m 14d, d. 16 Jan 1884
GORDON, Martha w/o Lemuel GORDON age 61y 11m 29d, d. 30 Jul 1886
KIRK, Moses s/o James S. & Elizabeth KIRK age 26y 4m 2d, d. 31 Jan 1867
WINTERS, Jacob b. 7 Dec 1826 d. 16 Jul 1878
WINTERS, Rebecca J. w/o Jacob WINTERS b. 7 Jul 1831 d. 6 Sep 1916
TRUEAX, Stillwell b. 13 Aug 1810 d. 7 Feb 1871
TRUEAX, Rachel w/o Stillwell TRUEAX age 59y 8m 7d, d. 11 Mar 1877
BERNHARD, Infant d/o Otho & Margaret BERNHARD b. (n.d.) d. 7 Apr 1866
MANN, Rachel M. d/o M. & E. MANN age 1m 4d, d. 14 Dec 1860
GORDON, Irene d/o C. & M. GORDON b. 16 Jan 1888 d. 21 Jun 1888
GORDON, Ethel d/o C. & M. GORDON b. 18 Aug 1889 d. 15 Jul 1890
MANN, Morgan b. 31 Jan 1836 d. 8 Feb 1900
MANN, Effany b. 11 Apr 1829 d. 26 Feb 1908
MANN, John b. 28 Jan 1834 d. 2 Apr 1917
MANN, Mary E. w/o John MANN b. 8 Jul 1833 d. 10 Jan 1906
MANN, Mary A. d/o J. & M. E. MANN age 2y 3m 26d, d. 20 Nov 1873
One grave, plain stone
COVALT, Isaac age 69y 8m 18d, d. 27 Jan 1874
COVALT, Sarah age 73y 3m 7d, w/o Isaac COVALT d. 18 Jun 1887
COVALT, William s/o Isaac & Sarah COVALT age 21y 3m 13d, d. 22 Jan 1863
COVALT, Ephraim d/o Isaac & Sarah COVALT age 12y 8m 5d, d. 11 Dec 1862
LYNCH, Mary w/o Wesley LYNCH age 69y 4m 23d, d. 5 Sep 1884
LYNCH, Elizabeth d/o W. & M. LYNCH age 15y, d. 13 Sep 1862
COVALT, Mary E. d/o Isaac & Sarah COVALT age 4y 7m 20d, d. 1 Dec 1862
PECK, Laura O. infant d/o E. I. & D. PECK d. (n.o.i.)
COVALT, Sarah Ann d/o Isaac & Sarah COVALT age 15y 7m 29d, d. 27 Nov 1862
COVALT, Job s/o Isaac & Sarah COVALT age 23y 3m 26d, d. 22 Jan 1857
COVALT, Isaac Sr. age 72y 2m, d. 9 Jan 1851
COVALT, Elizabeth w/o Isaac COVALT Sr. age 74y 7m 7d, d. 13 Aug 1853
LAKE, Charity w/o John LAKE age 79y 3m 12d, d. 20 Dec 1857
COVALT, Isaac M. age 23y 11m 6d, d. 23 Nov 1863
COVALT, Ephriam age 76y 1m 25d, d. 7 Feb 1883

COVALT, Elizabeth w/o Ephriam COVALT age 61y 3m 10d, d. 17 Dec 1878
COVALT, John S. d. (n.o.i.)
COVALT, Elizabeth w/o John S. COVALT b. 4 Jun 1831 d. 12 Aug 1867
BAILEY, Mary A. d/o John T. & Anna BAILEY age 4y 3m 1d, d. 27 Dec 1862
COVALT, Bethuel age 66y 8m 19d, d. 4 Mar 1857
COVALT, Rachel age 50y 10d, d. 12 Jan 1876
FISHER, Paul age 42y 1m 5d, d. 17 Aug 1864
FISHER, Florence V. d/o Paul & Malinda FISHER age 7y 6m, d. 11 Sep 1862
FISHER, Mary E. d/o Paul & Malinda FISHER age 8m 15d, d. 6 Sep 1862
FISHER, William A. s/o Paul & Malinda FISHER age 5y 11m 2d, d. 30 Aug 1862
FISHER, Infant s/o Paul & Malinda FISHER b. (n.d.) d. 12 Jul 1858
FISHER, Malinda d/o William & Elizabeth FISHER age 4y 5m 20d, d. 10 Mar 1854
FISHER, Paul age 65y 7m 17d, d. 13 Feb 1859
FISHER, Elizabeth w/o Paul FISHER b. 13 Sep 1795 d. 11 May 1871
FISHER, Ann E. d/o Amos & Jane FISHER age 8m 25d, d. 30 May 1862
FISHER, Sarah J. A. d/o A. & J. FISHER age 6m 25d, d. 2 Sep 1864
FISHER, Amos age 31y 4m 26d, d. 22 Nov 1865
GORDON, Jane C. b. 1849 d. 1926
ROSS, James L. age 33y 3m 1d, d. 22 Jun 1876
MANN, Peter age 75y 5m 4d, d. 14 Feb 1880
MANN, Rachel w/o Peter Mann age 80y 5m 22d, d. 3 Mar 1887
BOOTH, Anie d/o N. & D. A. BOOTH age 4y 5m 14d, d. 12 May 1879
ROSS, James M. age 16y 10m 8d, d. 30 Apr 1893
MCCLELLEN, John H. C. b. 1837 d. 1913
MANN, Elizabeth w/o John H. C. MCCLELLEN b. 1841 d. 1920
HESS, David F. b. 7 Mar 1810 d. 7 Mar 1872
HESS, Fanny w/o William HESS age 76y, d. 15 Jun 1866
HIXON, Isaiah b. 10 Oct 1810 d. 18 Jan 1896
HIXON, Elizabeth w/o Isaiah HIXON age 62y 1m 1d, d. 26 Oct 1881
HIXON, Anna d/o I. & E. HIXON b. 17 Jun 1844 d. 7 Oct 1853
COVALT, Elizabeth J. d/o J. & E. COVALT age 18y 26d, d. 28 Oct 1884
COVALT, Elizabeth w/o J. COVALT age 42y 9m 16d, d. 3 Aug 1874
COVALT, Calvin s/o J. & E. COVALT age 1m 25d, d. 19 Aug 1873
COVALT, Mary F. d/o Isaac & Eleanor COVALT age 14y 10m 29d, d. 7 Jan 1863
COVALT, Moses s/o Isaac F. & Eleanor COVALT age 10y 6m 16d, d. 15 Feb 1863

COVALT, David s/o Isaac F. & Eleanor COVALT
  age 7y 11m 2d, d. 23 Feb 1863
COVALT, Amos s/o Isaac F. & Eleanor COVALT
  age 13y 2d, d. 24 Mar 1863
BISHOP, William b. 30 Dec 1828 d. 18 Apr 1909
BISHOP, Barbara Ann w/o William BISHOP
  age 49y 11m 12d, d. 19 Mar 1900
LINN, Catherine b. w/o Elisha E. LINN age 98y 2m 15d,
  d. 11 May 1870
LINN, Desire, Mother, age 76y 5m 15d, d. 26 Aug 1879
Three graves, plain stones
SNIDER, Asenath d/o John R. & Asenath SNIDER
  b. 15 Apr 1830 d. 24 Jun 1870
SNIDER, Asenath w/o John R. SNIDER age 81y 4m 6d,
  d. 19 Sep 1875
STARR, Sarah w/o B. M. STARR age 27y 5m 7d,
  d. 31 Oct 1884
SNIDER, Jonathan B. b. 29 Dec 1818 d. 1 Sep 1901
SNIDER, Mary w/o Jonathan B. SNIDER b. 20 Jul 1823
  d. 7 Mar 1902
SNIDER, Amanda Jane d/o Jesse B. & Annie SNIDER
  age 1m 5d, d. 8 Nov 1882
SNIDER, Jesse B. b. 19 Aug 1852 d. 24 Feb 1929
POWELL, Anna E. w/o Jesse B. SNIDER b. 8 Jun 1852
  d. 11 Mar 1940
One grave, plain stone
HESS, William b. 14 Mar 1849 d. 20 Oct 1902
PITTMAN, Jacob age 41y 1m 15d, d. 30 Sep 1876
PITTMAN, Sarah w/o Jacob PITTMAN age 65y 9m 16d,
  d. 8 Sep 1899
HESS, Lieut. Abner age 48y 11m 27d, d. 30 Mar 1879
HESS, Stillwell age 78y 4m 9d, d. 15 Feb 1874
HESS, Asenath w/o Stillwell HESS age 66y 9m 21d,
  d. 2 Aug 1878
HESS, Catherine Edith d/o B. F. & E. J. HESS
  age 6m 25d, d. 9 Sep 1885
HESS, B. F. age 54y 8m 14d, d. 23 Jan 1901
HESS, Eleanor J. w/o B. F. HESS age 31y 22d,
  d. 4 Sep 1886
COOK, Alexander Hamilton s/o Benjamin F. & Winifred H.
  COOK age 2y 3m 13d, d. 2 Apr 1862
BISHOP, Mary J. d/o William & Harriet R. BISHOP
  age 7y 9m 2d, d. 29 Jul 1846
BISHOP, Col. William age 65y 9m, d. 17 Nov 1858
BISHOP, Harriet R. w/o Col. William BISHOP
  age 57y 7m 23d, d. 14 Apr 1855
STILLWELL, Infant age 4hrs. d. 14 Apr 1852 &
  STILLWELL, Infant age 12d, d. 26 Apr 1852
  ch/o Abraham M. & Elizabeth A. STILLWELL
BISHOP, Mary w/o Jacob BISOP age 91y 2m 6d,
  d. 9 Apr 1856
STIGERS, John age 80y 6m 3d, d. 27 Dec 1846
STIGERS, Eleanor age 82y 2m, d. 3 Aug 1851
WATT, John age 30y 3m 3d, d. 20 Feb 1848
WATT, M. Frances d/o J. & E. WATT age 8y,
  d. 10 Sep 1855
WEAVER, John b. 1 Mar 1829 d. 8 Apr 1905

SOUDERS, Nancy w/o John WEAVER b. 7 Nov 1836
  d. 28 Oct 1866
EVERTS, Catherine w/o J. WEAVER b. 9 Jun 1845
  d. 26 Aug 1917
WEAVER, Mary E. d/o John & Catherine WEAVER
  b. 11 Jul 1876 d. 9 Mar 1898
WEAVER, William b. 1 Feb 1839 d. 10 Mar 1899
WEAVER, Susan w/o William WEAVER b. 17 Dec 1839
  d. 9 Jul 1891
WEAVER, E. Remsberg s/o Wm. & S. WEAVER age 22d,
  d. 30 Nov 1879
Two graves, plain stones
WEAVER, John age ca. 35y, d. Oct 1832
WALTERS, Rev. Jacob age 79y 1m, d. 2 Feb 1874
WILHIDE, Mary C. d/o Henry & Mary WILHIDE
  age 5y 8m 11d, d. 26 Jul 1862
WILHIDE, John H. s/o Henry & Mary WILHIDE
  age 11m 25d, d. 27 Jan 1862
WILHIDE, Nancy w/o John WILHIDE age 29y 11m 21d,
  d. 28 Oct 1866
SOUDERS, William H. s/o Charles & Rebecca SOUDERS
  age 21y 6m 15d, d. 31 Mar 1862
WOLVERTON, Jacob C. s/o Charles H. & Charlotte S.
  WOLVERTON age 2y 2m 21d, d. 5 May 1858
BOWHAY, Margaret A. d/o Wm. & Mary BOWHAY
  age 17y 11m, d. 7 Mar 1847
One grave, plain stone
GETZENDANNER, Franklin G. s/o J. A. J. & A. E.
  GETZENDANNER age 21y 2m 24d,
  d. 2 Apr 1874
STIGERS Amos C. b. 15 Jun 1806 d. 13 May 1881
STIGERS, Abner H. b. 26 Sep 1811 d. 9 Oct 1881
STILLWELL, John T. age 26y, d. 18 Oct 1845
STILLWELL, Dr. Lewis M. age 20y 11m 5d, d. 1 Oct 1845
JOHNSON, Nancy s/o John STILLWELL
  age 70y 11m 10d, d. 10 Apr 1868
One grave, plain stone
STEVENS, Mary A. d/o Jas. L. & R. STEVENS age 6m,
  d. 23 Aug 1856
CORRELL, Mary Ann w/o Caleb CORRELL
  age 23y 10m 15d, d. 8 Mar 1858
HESS, William Allen b. 30 Sep 1895 d. 31 Aug 1896
HESS, Gilbert Oscar s/o B. F. & E. J. HESS
  b. 19 Oct 1877 d. 14 Feb 1892
HESS, Amanda age 49y 8m 25d, d. 25 Mar 1891
HESS, Lillian age 24y 1m 9d, d. 6 Sep 1903
MCCULLOUGH, Elliott, Father, age 44y 9m 9d,
  d. 14 Nov 1853
MCCULLOUGH, Margaret age 46y, d. 26 Oct 1856
MCCULLOUGH, John b. 1851 d. 1914
MCCULLOUGH, George, 3rd. MD Inf. d. (n.o.i.)
MCCULLOUGH, Mary J. b. 6 Apr 1845 d. 15 Sep 1919
STILLWELL, Sarah w/o Johnson STILLWELL
  age 81y 8m 6d, d. 16 Mar 1880
PECK, William H. b. 17 May 1853 d. 5 Aug 1930
PECK, Temperence M. w/o William H. PECK
  b. 10 Oct 1857 d. (n.d.)

PECK, Perry C. s/o W. H. & T. PECK b. 22 Jun 1886
    d. 17 Jun 1897
PECK, Sherman b. 17 Jun 1897 d. 22 Aug 1899
PECK, Mary Alice age 32y 6m 11d, d. 29 Feb 1892
PECK, Daniel age 69y 1m 15d, d. 23 Mar 1881
PECK, Nancy A. w/o Daniel PECK b. 5 Jun 1816
    d. 11 Feb 1906
PECK, Paul b. 1856 d. 1921
PECK, Conrad age 74y 5m 28d, d. 21 Jun 1893
PECK, Dorothy w/o Conrad PECK age 65y 5m 23d,
    d. 20 Sep 1884
SOWDERS, Charles age 79y 3m 9d, d. 24 Jun 1895
SOWDERS, Mary w/o Charles SOWDERS
    age 81y 11m 27d, d. 27 Dec 1894
One grave, no stone
JOHNSON, David b. 6 May 1819 d. 27 May 1899
JOHNSON, Susan b. 3 Aug 1824 d. 12 Sep 1902
JOHNSON, Nancy A. F. d/o D. & S. A. JOHNSON
    age 32y 3m 28d, d. 8 Apr 1888
LEWIS, John H. H. b. 29 Jun 1837 d. 21 Jul 1909
LEWIS, Elizabeth W. w/o John H. H. LEWIS
    b. 16 Aug 1841 d. 13 Dec 1915
PECK, Martin L. b. 23 Oct 1848 d. 19 Apr 1918
MASON, Virginia w/o Martin L. PECK, b. 11 May 1852
    d. 16 May 1926
PECK, Minnie d/o M. L. & J. PECK age 7y 7m 13d,
    d. 23 Jan 1883
HILL, Maggie M. d/o T. J. & E. J. HILL age 3y 24d,
    d. 22 Oct 1887
HILL, Edgar G. b. 24 Feb 1890 d. 3 Jul 1890
HILL, Thomas J. b. 1856 d. (n.d.)
HILL, Eliza J. w/o Thomas J. HILL b. 1860 d. 1914
HILL, Denver C. b. 1887 d. 1915
HILL, Thomas E. b. 19 Dec 1894 d. 10 Mar 1919
GRAVES, Enoch age 65y 8m 16d, d. 1 Jan 1894
MANN, Dorothy w/o Enoch GRAVES age 88y 7d,
    d. 15 Jan 1920
HILL, Dorothy J. b. 26 Apr 1886 d. 18 Dec 1923
MANNING, Laura M. b. 15 Jan 1884 d. 25 Sep 1888
MANNING, Emma F. b. 12 Oct 1886 d. 29 Sep 1888
MANNING, Wilber b. 27 Jul 1896 d. 5 Aug 1896
MANNING, Carrie b. 9 Mar 1890 d. 4 Mar 1897
MANNING, Thomas b. 10 Dec 1853 d. 1941
MANNING, Amelia b. 11 Sep 1854 d. 7 Nov 1933
MANNING, Benjamin b. 4 Mar 1859 d. 5 Oct 1939
One grave, plain stone
MANNING, William age 78y, d. 10 May 1892 #
MANNING, Ellen w/o William MANNING age 82y 8m 29d,
    d. 9 Mar 1911
PITTMAN, Mary Jane Kirk b. 1845 d. 1930
KIRK, Sarah Candace b. 1855 d. 1934
KIRK, Stillwell b. 1 Jan 1849 d. 3 Feb 1917
KIRK, James S. b. 1814 d. 1905
KIRK, Elizabeth w/o James S. KIRK b. 1817 d. 1909
STIGERS, Baltus b. 25 Nov 1830 d. 20 Mar 1909
STIGERS, Maria w/o Baltus STIGERS b. 24 Jun 1833
    d. 12 Feb 1903

GORDON, Jane, Sister, age 67y 2m 23d, d. 19 Dec 1905
GALE, Mary w/o Philip GORDON b. 24 Jun 1809
    d. 6 Jan 1897
GORDON, Mary age 69y 1m 23d, d. 19 Feb 1888
GORDON, Rebecca A. b. 9 Sep 1830 d. 22 Mar 1915
OTT, Catherine w/o Thomas E. OTT b. 1843 d. 1918
One grave, no stone
LYNCH, Henry b. 17 Sep 1854 d. 14 Oct 1888
LYNCH, Catherine w/o Henry LYNCH b. 26 Oct 1858
    d. 24 Jan 1940
One grave, no stone
LYNCH, Martha Bridget w/o Paul LYNCH b. 14 May 1852
    d. 4 Apr 1911
LYNCH, Frank s/o Paul & Martha B. LYNCH
    b. 4 Mar 1902 d. 31 Dec 1910
LYNCH, Vina L. age 7m 13d, d. 28 Oct 1888
LYNCH, Mary F. age 7y 8m 2d, d. 2 Apr 1889
LYNCH, Charles s/o P. & S. E. LYNCH age 7y 5m 11d,
    d. 26 Mar 1892
LYNCH, Salvine E. w/o Paul LYNCH age 32y 1m 24d,
    d. 26 Mar 1892
WINTERS, Sarah Ann d/o John M. & Anna WINTERS
    age 27y 3m 18d, d. 6 Jul 1890
WINTERS, Martha A. w/o George A. WINTERS
    age 32y 5m 25d, d. 16 Feb 1895
Two graves, plain stones
WINTERS, John M. b. 25 Feb 1831 d. 20 May 1915
WINTERS, Anna w/o John M. WINTERS b. 19 Mar 1837
    d. 23 Nov 1918
LYNCH, Wesley age 71y, d. 30 Apr 1893
LYNCH, one grave, plain stone
One grave, plain stone, infant
GORDON, William P. b. 16 Jan 1837 d. 5 Jul 1909
GREGORY, Mary w/o William P. GORDON b. 9 May 1845
    d. 5 Sep 1912
One grave, plain stone
CHARLTON, Joe b. 1867 d. 1936
CHARLTON, Mary C. b. 1870 d. (n.d.)
SMALL, Norman R. b. 1887 d. 1934, 29th. Div. U.S.A.
SENSEL, Bertha M. w/o Norman R. SMALL b. 1890
    d. (n.d.)
Two graves, plain stones
SOUDERS, Geraldine M. b. 1918 d. 1940
SOUDERS, Yetta Rebecca b. 16 Nov 1921 d. 6 Feb 1922
SENSEL, Julia E. w/o Harry SOUDERS b. 27 Jan 1888
    d. 12 Feb 1923
GETZENDANNER, John b. 1860 d. 1932
GRAHAM, Ollie w/o John GETZENDANNER b. 1869
    d. 1927
COVALT, John b. 27 Jul 1828 d. 29 Oct 1903
COVALT, Margaret Ellie d/o J. & E. COVALT
    age 31y 10m 8d, d. 17 Sep 1896
PECK, Y. W. d. (n.o.i.)
PECK, Amanda A. w/o Y. W. PECK b. 2 Dec 1866
    d. 1 Oct 1899
PECK, Bertha V. d/o T. W. & A. A. PECK age 3y 10m 20d,
    d. 7 Oct 1895

WEAVER, Harry R. b. 1899 d. (n.d.)
WEAVER, Ophelia S. b. 1899 d. 1921 w/o Harry R. WEAVER
SENSEL, Fannie M. w/o Charles E. SENSEL
    b. 7 Oct 1871 d. 29 Mar 1934
WEAVER, Jacob b. 22 Dec 1865 d. (n.d.)
WEAVER, Emma W. w/o Jacob WEAVER b. 16 Sep 1873
    d. 15 Aug 1920
HESS, John age 72y 6m 8d, d. 11 Apr 1901
HESS, Elizabeth w/o John HESS b. 22 Jan 1835
    d. 28 Jul 1913
BREWER, Georgia w/o Clarence BREWER
    age 25y 11m 9d, d. 11 Jun 1911
SHIVES, David b. 1856 d. 1920
BARNHART, Alberta M. d/o Ross & Madeline BARNHART
    b. 21 Sep 1914 d. 22 Jun 1917
EVANS, William b. 13 Feb 1895 d. 18 Oct 1913
SENSEL, Henry b. 28 Aug 1850 d. 29 Sep 1931
SENSEL, Rebecca Ellen w/o Henry SENSEL
    b. 1 Jun 1857 d. 29 Mar 1920
SENSEL, Rebecca Ellen b. 5 Aug 1896 d. 21 Jan 1914
CARPENTER, Gilbert B. b. 12 Aug 1834 d. 19 Mar 1911
CARPENTER, ____ d. (n.o.i.)
THORN, Amanda J. b. 1 Jun 1862 d. 2 Oct 1897
Three graves, plain stones
One grave, plain stone
MELLOTT, Enoch L. d. (n.o.i.)
MELLOTT, Mary Jane w/o Enoch L. MELLOTT
    b. 14 Jan 1855 d. 7 Feb 1911
MELLOTT, Sarah C. b. 31 Jul 1878 d. 16 Apr 1898
MELLOTT, Goldie b. 2 Mar 1892 d. 7 Jan 1911
MELLOTT, Elmo b. 27 Mar 1911 d. 30 Mar 1913
MELLOTT, Anna d/o A. S. & E. A. MELLOTT
    b. 20 Aug 1913 d. 3 Oct 1915
One grave, no stone
BRAKEALL, Asa b. 1869 d. (n.d.)
BRAKEALL, Susie w/o Asa BRAKEALL b. 1866 d. 1917
BRAKEALL, I. Marchel s/o A. & S. BRAKEALL
    age 5m 10d, d. 28 Mar 1897
BRAKEALL, George, Co. F. 56th. Reg. PA Vol. Inf.
    age 77y, d. 9 Oct 1908 #
BRAKEALL, Mary Jane w/o George BRAKEALL
    b. 19 Jul 1836 d. 17 Sep 1906
BRAKEALL, John F. s/o Edward & Mary BRAKEALL
    b. 30 Jul 1912 d. 15 Sep 1912
BRAKEALL, one grave, infant
BRAKEALL, one grave, plain stone
One grave, no stone
MASON, Jeremiah b. 1853 d. 1934
MASON, Rachel w/o Jeremiah MASON b. 1852 d. 1912
YOUNKER, Harriett b. 13 Oct 1846 d. 7 Jan 1920
SHAW, Maurice E. (n.o.i.)
SHAW, Nancy E. w/o Maurice E. SHAW b. 19 Apr 1886
    d. 28 Oct 1918
WEAVER, Arthur b. 22 Dec 1865 d. (n.d.)
NYCUM, Malinda w/o Arthur WEAVER b. 1 Jan 1867
    d. 24 Nov 1918

WEAVER, Abner J. b. 1874 d. 1919
WEAVER, Annie E. b. 1872 d. 1934
MCLAUGHLIN, Raymons S., World War, PA Corp. 112th.
    Inf. 28th. Div., d. 12 Jan 1929
BARNHARD, Palmer b. 12 Jul 1857 d. 26 Aug 1924
GORDON, Charles B., b. 1859 d. 1933
GORDON, mary M. w/o Charles B. GORDON b. 1862
    d. (n.d.)
WEAVER, Thelma d/o George & Goldie WEAVER
    b. 18 Sep 1909 d. 11 Feb 1916
HATFIELD, Hyatt Williard b. 1863 d. 1941
BAILEY, Jennie w/o Hyatt Williard HATFIELD b. 1866
    d. (n.d.)
One grave, plain stone
RUNYAN, Jospeh Co. H 158th. Reg. PA Inf. b. 1836
    d. 1920 #
RUNYAN, Rachel w/o Joseph RUNYAN b. 1841 d. 1922
MORGRET, Laura R., Mother, b. 1872 d. 1935
SNYDER, Harvey M. b. 1875 d. 1932
MELLOTT, Grant b. 1871 d. (n.d.)
MELLOTT, Adda B. w/o Grant MELLOTT b. 1876 d. (n.d.)
WINTER, John Stanley s/o Morgan & Orpha WINTER
    b. 22 Dec 1917 d. 28 Dec 1917

Boonsboro Cemetery

THOMAS, Josephus b. 27 Feb 1839 d. 3 Mar 1915
THOMAS, Mary M. w/o Josephus THOMAS
    b. 17 Oct 1842 d. 15 Oct 1921
THOMAS, Addie M. d/o Josephus & Mary THOMAS
    b. 21 Feb 1868 d. 16 Apr 1919
THOMAS, Richard S. s/o Josephus & Mollie M. THOMAS
    age 8y 9m 26d, d. 26 Jun 1880
THOMAS, Sarah C. d/o Josephus & Mollie M. THOMAS
    d. 30 Mar 1871, age 4y 7m 15d
THOMAS, Samuel age 86y 10d, d. 23 Apr 1894
THOMAS, Mary w/o Samuel THOMAS age 72y 2m 28d,
    d. 8 Aug 1883
LIGHTER, Hester b. 24 Aug 1848 d. 22 Dec 1918
LIGHTER, Thomas Harvey age 6m 26d, s/o Ezra K. &
    Susan LIGHTER d. 12 Feb 1962
LIGHTER, Tobitha Ellen d/o Ezra K. & Susan LIGHTER
    age 4y 1m 10d, d. 26 Dec 1862
LIGHTER, Janett Victoria d/o Ezra K. & Susan LIGHTER
    age 8y 1m 13d, d. 16 May 1864
LIGHTER, Ezra K. b. 12 Mar 1825 d. 6 May 1899
LIGHTER, Susan w/o Ezra K LIGHTER age 29y 9m 23d,
    d. 18 Oct 1863
LIGHTER, Joseph E. s/o Joseph & Mary M. LIGHTER
    age 73y 6m 22d, d. 7 Mar 1904
LIGHTER, Joseph b. 17 Mar 1788 d. 8 May 1875
LIGHTER, Magdalene E. w/o Joseph LIGHTER
    b. 28 Dec 1794 d. 14 Aug 1876
BRANTNER, Kate H. b. 1871 d. 1931
BRANTNER, Thomas H. b. 1838 d. 1900
BRANTNER, Tabitha b. 1840 d. 1905

THOMAS, Daniel Carlton s/o Daniel & Susan M. THOMAS
age 4y 8m 24d, d. 11 Nov 1862
THOMAS, Hugh Woodward s/o Daniel & Susan M.
THOMAS age 3y 1m 3d, d. 7 Nov 1862
THOMAS, Dora Bell d/o Daniel & Susan M. THOMAS
age 4y 3m 20d, d. 23 Nov 1862
LINE, Daniel W. b. 9 Oct 1841 d. 30 May 1922
LINE, Martha J. w/o Daniel W. LINE b. 8 Jul 1856
d. 3 Oct 1919
KEEDY, Jonas b. 5 Aug 1820 d. 17 Feb 1879
SHIFLER, Elizabeth d. in a fire (n.o.i.)
SNYDER, John T. age 79y 2m 5d, d. 8 Nov 1925
SNYDER, Amanda E. w/o John T. SNYDER
age 73y 3m 1d, d. 26 Nov 1923
SNYDER, Cora E. d/o John T. & Amanda E. SNYDER
age 39y 21d, d. 16 Aug 1917
SNYDER, Samuel s/o John T. & Amanda E. SNYDER
age 20d, d. 6 Aug 1879
SNYDER, Martin T. age 38y 3m 16d, d. 16 May 1881
SNYDER, Catharine w/o Elias A. SNYDER d. 7 May 1887,
age 71y 4m 6d
SNYDER, Daniel T. s/o Elias & Catharine SNYDER
b. 28 Oct 1840 d. 3 Feb 1870
SNYDER, Martha A. d/o Elias A. & Catharine SNYDER
age 15y 9m 16d, d. 21 Sep 1864
SHIFLER, George J. b. 27 Jun 1834 d. 11 Apr 1907
SHIFLER, Elizabeth w/o George J. SHIFLER
b. 9 Apr 1834 d. 28 Dec 1908
SHIFLER, Rufus L. s/o George & Elizabeth SHIFLER
age 10m 4d, d. 1 Jan 1867
SHIFLER, Jacob William s/o George & Elizabeth
SHIFLER age 1y 6m 11d, d. 8 Jan 1866
SHIFLER, John b. 13 Aug 1811 d. 3 Jul 1896
SHIFLER, Susannah w/o John SHIFLER b. 26 Dec 1814
d. 7 Apr 1896
KEEDY, Jacob E. s/o Edward & Elizabeth KEEDY
age 5y 11m 3d, d. 19 Mar 1963
ROHRER, Hermy Ellen d/o L. Q. & M. E. ROHRER
age 2y 8m 25d, d. 25 Sep 1880
SHIFLER, Catherine b. 9 Feb 1836 d. 17 Jul 1916
HOUPT, Jacob b. 11 Feb 1798 d. 27 Dec 1887
HOUPT, Elizabeth w/o Jacob HOUPT age 77y 7m 14d,
d. 20 Jul 1874
HOUPT, Eliza Ann w/o Jacob SPEALMAN
age 52y 9m 25d, d. 10 Dec 1869
HOUPT, Louis s/o Jacob & Elizabeth HOUPT
b. 5 Oct 1827 d. 1 Jul 1852
NIKIRK, John b. 25 Dec 1807 d. 16 May 1878
NIKIRK, Susannah w/o John NIKIRK b. 20 Sep 1814
d. 16 May 1866
NIKIRK, Lucinda Jennette d/o John & Susannah NIKIRK
b. 13 Mar 1850 d. 1 May 1855
NIKIRK, Susan Cora d/o John & Susannah NIKIRK
b. 6 Jul 1855 d. 14 May 1857
NIKIRK, Margaret E. d/o John & Susannah NIKIRK
b. 31 May 1846 d. 25 May 1857

NIKIRK, William Alvey s/o Charles & Amanda E. NIKIRK
age 2m 20d, d. 29 Apr 1870
HUFFER, Dora May d/o J. D. & M. E. HUFFER
age 3m 5d, d. 5 Jul 1874
NIKIRK, Charles E. age 61y 3m 19d, d. 3 Mar 1909
NIKIRK, Amanda E. w/o Charles E. NIKIRK
age 35y 10m 22d, d. 16 Aug 1881
HUFFER, Laura b. 1876 d. 1918
KITZMILLER, Jacob age 74y 9m 10d, d. 19 Nov 1878
KEYSER, Lavina, Mother of Jacob KITZMILLER, b. in
Lan Lestershire, England, 5 Feb 1809
d. 5 Feb 1868
KITZMILLER, Ida C. d/o Daniel & Mary KITZMILLER
age 8y 8m 25d, d. 21 dec 1865
KITZMILLER, Daniel age 68y 6m 27d, d. 20 May 1902
KITZMILLER, Mary w/o Daniel KITZMILLER
age 69y 1m 28d, d. 23 Jul 1903
KLINE, George b. 1814 d. 1893
KLINE, Nancy b. 1822 d. 1902
KLINE, George W. b. 1846 d. (n.d.)
KLINE, Ruann b. 1847 d. 1893
SMITH, Thomas E. b. 5 Mar 1824 d. 2 Apr 1887
SMITH, Margaret Amelia d/o George F. & Indianna
SMITH age 11y 9m 21d, d. 22 Nov 1861
SMITH, Indianna w/o George F. SMITH age 44y 9m 26d,
d. 13 Feb 1875
SMITH, George F. b. 29 Apr 1826 d. 8 Apr 1878
SMITH, Martha F. b. 1 Feb 1850 d. 12 Nov 1892
SMITH, Benjamin C. b. 24 Nov 1847 d. 19 Aug 1880
DAVIS, Mary Elizabeth w/o John DAVIS age 33y 11m 5d,
d. 23 Nov 1862
SMITH, Margaret w/o Michael SMITH ae 59y 10m,
d. 13 May 1861
BOMBARGER, Annie C. w/o Moses BOMBARGER
b. 20 May 1835 d. 15 Apr 1864
BOMBARGER, William Edward s/o Moses & Annie
BOMBARGER age 5m 18d, d. 31 May 1859
DAVIS, Annie M. E. d/o John & Mary DAVIS
age 9y 10m 3d, d. 21 Mar 1869
SCHLOSSER, Joel age 68y 11m 7d, d. 18 Oct 1879
SCHLOSSER, Catharine w/o Joel SCHLOSSER
age 74y 2m 12d, d. 17 Mar 1890
SCHLOSSER, Clegot John s/o David & Magdelene
SCHLOSSER age 1y 1m 17d, d. 15 Jan 1852
BRINING, Claudia O. age 2y 9m, d. 31 Oct 1871
SCHLOSSER, David age 66y 1m 27d, d. 21 Dec 1880
KNODE, Mary S. d/o Wm. H. & Ellen E. KNODE
age 6y 9m 21d, d. 15 Oct 1882
KNODE, Julia Ray d/o Wm. H. & Ellen E. KNODE
age 9m 22d, d. 18 Dec 1880
REYNOLDS, Samuel age 61y 2m 10d, d. 5 Feb 1879
REYNOLDS, Eliza C. w/o Samuel REYNOLDS
age 76y 4m 4d, d. 21 Jul 1902
REYNOLDS, Infant d/o Samuel REYNOLDS
d. 9 Dec 1869
REYNOLDS, Silas Cornelious s/o Samuel & Eliza
REYNOLDS age 1y 7m 5d, d. 3 Aug 1850

REYNOLDS, Ella E. w/o W. H. GEORGE b. 9 Mar 1848
    d. 1 May 1869
GEORGE, Infant (n.o.i.)
GEORGE, _____ d/o Wilson H. & E. E. GEORGE b. (n.d.)
    d. 4 Aug 1870
Four graves, no stones
LAPOLE, William Edward age 18y 5m 23d,
    d. 28 Sep 1894
Two graves, no stones
LAPOLE, John L age 82y 2m 4d, d. 29 Jul 1896
LAPOLE, Mary w/o John L. LAPOLE age 80y 10m 27d,
    d. 17 Mar 1901
NORRIS, James b. 10 Oct 1833 d. 11 Apr 1925
NORRIS, Sarah Jane w/o James NORRIS b. 13 Apr 1841
    d. 30 Jul 1913
SMITH, Caroline C. age 19y 6m 10d, w/o Daniel SMITH,
    d. 11 Nov 1862
SMITH, John Sibert s/o Daniel & Caroline C. SMITH
    age 22d, d 27 Nov 1862
SMITH, Daniel b. 25 Nov 1831 d. 25 Sep 1878
SMITH, Malinda C. w/o Daniel SMITH b. 9 Nov 1842
    d. 18 Jan 1906
SMITH, one grave, no stone d. 1936 (n.o.i.)
SMITH, Samuel age 37y 3m 7d, d. 5 Sep 1865
HUNTZBERRY, John W. b. 13 Aug 1860 d. 7 Mar 1907
HUNTZBERRY, Alice A. b. 24 May 1860 d. 28 Mar 1918
HERSHEY, Andrew age 43y 6m 29d, d. 27 Dec 1822
SMITH, Robert b. 15 Jan 1738 d. 14 Oct 1818
HITT, Barbara Ellen d/o S. M. & B. HITT b. 25 Apr 1842
    d. 30 Jan 1843
THOMAS, Charles b. 22 Jun 1862 d. 10 May 1930
THOMAS, Sarah w/o George THOMAS age 77y 11m 3d,
    d. 16 Nov 1882
THOMAS, Noah G. b. 27 Jan d. 10 Jan 1907
THOMAS, Sarah Ann w/o Noah G. THOMAS
    b. 23 Feb 1834 d. 10 Sep 1901
THOMPSON, Amanda F. b. 16 Dec 1856 d. 26 Oct 1919
THOMAS, Mary C. b. 6 Aug 1863 d. 8 Sep 1929
ITNEYER, Absalom age 49y 5d, d. 22 Feb 1869
ITNEYER, Elmer A. s/o William & Amanda C. ITNEYER
    age 2y 3m 2d, d. 11 Feb 1878
ITNEYER, Jacob Howard s/o William & Catharine Ann
    ITNEYER b. 29 Feb 1844 d. 14 Mar 1860
ITNYRE, William b. 16 Feb 1817 d. 21 Jan 1882
ITNYRE, Catharine A. w/o William ITNYRE b. 15 Oct 1817
    d. 25 Dec 1893
ITNYRE, two graves, no stones
KITZMILLER, Ara Ardella d/o Jacob & Elizabeth
    KITZMILLER age 12y 4m 19d, d. 6 Apr 1878
KITZMILLER, Charles E. s/o Jacob & Elizabeth
    KITZMILLER age 4m 12d, d. 23 Oct 1868
KITZMILLER, Margaret C. d/o Jacob & Elizabeth
    KITZMILLER age 9m 17d, d. 30 Aug 1861
KITZMILLER, William H. s/o Jacob & Elizabeth
    KITZMILLER age 1y 5m 9d, d. 20 Mar 1865
KITZMILLER, Jacob age 66y 5m 26d, d. 29 Jan 1902

KITZMILLER, Elizabeth w/o Jacob KITZMILLER
    age 72y 3m 22d, d. 22 Oct 1912
KITZMILLER, Effie May d/o Jacob & Elizabeth
    KITZMILLER age 15y 2m 7d, d. 3 Apr 1895
DAUGHERTY, Anna A. d/o Jacob & Elizabeth
    DAUGHERTY age 24y 10m 27d, d. 19 Jun 1887
THOMAS, Jacob A. age 68y 1m 16d, d. 1 Dec 1883
THOMAS, Sarah w/o Jacob A. THOMAS age 78y 8m 20d,
    d. 23 Jun 1892
THOMAS, Abraham b. 16 May 1791 d. 10 Apr 1838
THOMAS, Elizabeth A. w/o Abraham THOMAS
    age 80y 5m, d. 28 Apr 1871
THOMAS, Abraham Hammon s/o Jacob A. & Sarah
    THOMAS age 4y 3m 16d, d. 7 Mar 1848
GARNER, Margaret age 65y 5d, d. 22 Jul 1887
BAKER, Carlton Eugene s/o Fillard M. & Jennie E.
    BAKER age 2m, d. 19 Mar 1864
Two graves, no stones
SCUFFIN, William b. 1820 d. 1903
WEILLS, Rev. G. W. age 40y 3m, d. 7 Jul 1868
TOMS, Jacob S. age 66y 3m 1d, d. 22 Aug 1879
TOMS, Elizabeth w/o Jacob S. TOMS age 78y 11m
    d. 7 Aug 1891
SHIFLER, William age 77y 1m 13d, d. 9 Nov 1895
SHIFLER, Lydia w/o William SHIFLER age 74y 5m 15d,
    d. 28 Dec 1892
SHIFLER, Henry Abigail s/o William & Lydia SHIFLER
    b. 5 Dec 1843 d. 3 Jun 1845
SHIFLER, Ruanna Magdalene d/o William & Lydia
    SHIFLER b. 2 Mar 1846 d. 29 Apr 1854
SHIFLER, Elmer D. s/o Otho J. & Arbelin A. SHIFLER
    d. 18 Oct 1882 age 1m 8d
SHIFLER, Minnie A. d/o Otho J. & Arbelin A. SHIFLER
    age 1d, d(n.d.)
SHIFLER, Clarence W. s/o Joshua & Ellie SHIFLER
    age 3m 11d, d. 2 Jan 1902
SHIFLER, Walter H. s/o Joshua & Ellie SHIFLER
    age 18y 2m 27d, d. 17 Jan 1896
SHIFLER, one grave, no stone
SHIFLER, Otha J. age 41y 1m 4d, d. 2 Mar 1895
SHIFLER, Arbelin w/o Otha J. SHIFLER b. 14 Nov 1856
    d. 8 Nov 1924
STAUBS, George age 73y 5m 28d, d. 11 May 1874
STOPS, Sarah b. 28 Apr 1801 d. 10 Aug 1868
EASTERDAY, Albert C. s/o Daniel & Katie C. EASTERDAY
    age 1m 10d, d. 7 Sep 1900
KLINE, Clara A. d/o Isaac & Susan L. KLINE age 4m 1d,
    d. 11 Jul 1871
KLINE, Ellen V. d/o Isaac & Susan L. KLINE age 1m 29d,
    d. 22 Oct 1870
KLINE, Lewis Howard s/o Isaac & Susan L. KLINE
    age 4m 20d, d. 17 Aug 1864
KLINE, Annie V. d/o Isaac & Susan L. KLINE
    age 19y 6m 7d, d. 21 Dec 1898
KLINE, Isaac age 55y 10m 5d, d. 23 May 1895
KLINE, Susan L. w/o Isaac KLINE age 61y 5m 5d,
    d. 21 Feb 1901

KLINE, Mary S. d/o Isaac & Susan L. KLINE
age 25y 3m 17d, d. 8 Jan 1887
BENY, Frank Lake s/o Elder Jesse H. & E. M. BENY
age 8wks 2d, d. 31 Jul 1869
THOMAS, Alven Edwin s/o Solomon & Elizabeth
THOMAS age 10m 16d, d. 23 Sep 1869
THOMAS, Solomon S. b. 18 Feb 1831 d. 18 Jun 1910
THOMAS, Elizabeth w/o Solomon S. THOMAS
b. 1 Feb 1833 d. 12 Aug 1919
THOMAS, Guy Raymond b. 10 Feb 1888 d. 25 Feb 1921
THOMAS, George H. b. 25 Oct 1861 d. (n.d.)
THOMAS, Ada M. b. 23 Jun 1862 d. 19 Mar 1926
MOTTER, Ruan w/o George H. MOTTER b. 9 Oct 1831
d. 9 Jun 1870
MOTTER, George E. s/o George H. & Ruan MOTTER
b. 2 Jun 1870 d. 8 Jul 1870
MOTTER, Emma Catharine d/o George H. & Ruan
MOTTER age 2y 9m 27d, d. 28 Jul 1866
MOTTER, Minnie C., Twin d/o George H. & Ruan
MOTTER age 3m 15d, d. 11 Nov 1876
MOTTER, Ninnie C., Twin d/o George H. & Ruan
MOTTER age 1d, d. 20 Jul 1876
MOTTER, Eleanora M. age 5y 9m 7d, d. 19 Mar 1879
HUFFER, John b. 16 Mar 1806 d. 3 Dec 1868
HUFFER, Calvin Qunicy s/o Alfred C. & Sarah A.
HUFFER age 1y 3m 23d, d. 18 Feb 1873
HUFFER, Alfred C. age 71y 11m 13d, d. 12 Sep 1908
TOMS, Sarah Ann b. 18 Mar 1840 d. 22 Apr 1899
HUFFER, Katie May w/o Charles H. BOVEY
b. 17 Jun 1867 d. 25 Nov 1898
HAMMOND, Jacob age about 73y, d. 29 May 1845
HAMMOND, Mary w/o Jacob HAMMOND
age 79y 6m 29d, d. 17 Jun 1875
HAMMOND, Abraham age 66y 1m 7d, d. 24 Jan 1895
HAMMOND, Elizabeth w/o Abraham HAMMOND
age 75y 11m 24d, d. 1 Dec 1908
DOUB, Samuel age 66y 5m 16d, d. 2 Aug 1872
DOUB, Lydia w/o Samuel DOUB age 55y 7m 29d,
d. 24 Dec 1863
DOUB, Frisby b. 1 Jan 1844 d. 9 Dec 1915
SIMS, Susan M. b. 1841 d. 1930
WEAST, J. Horine b. 27 Jun 1837 d. 31 Oct 1880
WEAST, Hiram age 39y 1m 11d, d. 17 Dec 1854
WEAST, Susan Maria b. 1815 d. 1910
HORINE, Samuel age 55y 21d, d. 4 Dec 1863
HORINE, Henry age 53y 2m 11d, d. 30 Jan 1864
NYMAN, Louis B. b. 7 Mar 1824 d. 4 Aug 1878
NYMAN, Katharine Theresa b. 1838 d. 1912
NYMAN, Eugenia Theresa d/o Lewis B. & Kate NYMAN
b. 6 Apr 1867 d. 23 Jul 1867
SNYDER, Susan b. 1 Jan 1820 d. 20 Nov 1887
SNYDER, Nancy A. b. 29 Oct 1823 d. 8 May 1908
SNYDER, Mary Virginia b. 23 Oct 1864 d. 20 Jun 1888
SNYDER, Simon P. b. 7 Feb 1831 d. 10 Nov 1868
SNYDER, Ruann N. w/o Simon P. SNYDER b. 9 Jan 1830
d. 14 Feb 1887
SNYDER, Laura S. b. 10 Mar 1858 d. 24 Apr 1858

SNYDER, Infant s/o Simon SNYDER b. (n.d.)
d. 20 Dec 1862
BLECKER, Catharine E. d/o Daniel H. & Mary C.
BLECKER age 1y 27d, d. 23 Jan 1871
BLECKER, Jane C. b. 1886 d. 1918
BLECKER, Josiah b. 3 Jun 1849 d. 14 Aug 1913
BLECKER, Mary E. w/o Josiah BLECKER b. 13 Jun 1855
d. 24 Aug 1929
BLECKER, Jacob b. 5 Jun 1807 d. 29 Nov 1871
BLECKER, Barbara A. w/o Jacob BLECKER
b. 12 Apr 1811 d. 5 May 1889
BLECKER, Jacob B. b. 30 Mar 1838 d. 15 Jul 1895
BLECKER, Alice V. w/o Jacob B. BLECKER b. 5 Jul 1847
d. 14 Jul 1889
BLECKER, Mary Catherine w/o Daniel H. BLECKER
age 29y 2m 12, d. 21 Dec 1871
HUFFER, Jacob W. b. 21 Jul 1838 d. 12 Oct 1917
HUFFER, Sarah A. E. w/o Jacob W. HUFFER
b. 3 Jul 1838 d. 6 Sep 1909
LIZER, Emma J. b. 9 Sep 1867 d. 16 Jul 1884
HUFFER, Jacob C. b. 28 Jul 1870 d. 29 Jul 1870
HUFFER, Ada N. C. b. 18 Mar 1872 d. 22 Jul 1872
HUFFER, Lula A. b. 20 Apr 1873 d. 9 Aug 1873
HUFFER, Leah A. b. 15 Feb 1878 d. 16 Feb 1878
HUFFER, Harry J. b. 4 Oct 1876 d. 2 Mar 1890
All above ch/o J. W. & Sarah A. E. HUFFER (e.n.
assumed Jacob C.-Harry J.)
PALMER, Emma J. d. (n.o.i.)
Three graves, no stones
FAGUE, John age 74y 9m 7d, d. 1 Oct 1886
BOONE, Catherine w/o John FAGUE age 88y 4m 22d,
d. 30 Sep 1902
FAGUE, William B. s/o John & Catherine FAGUE
age 27y, d. 7 Jul 1876
FAGUE, Theodore age 6y 5m 1d, d. 5 Apr 1851
FAGUE, Millard F. s/o John & Catherine FAGUE
age 8y 14d, d. 5 aug 1864
FAGUE, Edward E. s/o John & Catherine FAGUE
age 24y 4m 26d, d. 14 Aug 1871
FAGUE, Theodore F. age 29y 3m 11d, d. 5 Apr 1882
THOMPSON, Conrod age 80y 7m 13d, d. 22 Mar 1873
THOMPSON, Mary w/o Conrod THOMPSON age 41y,
d. 5 Dec 1831
BIRELY, Margaret R. w/o Ezra BIRELY b. 24 May 1820
d. 23 Oct 1878
HARPER, Jacob F. age 76y 9m 23d, d. 30 Apr 1886
LEGGETT, Elizabeth w/o Jacob F. HARPER
b. 15 Oct 1812 d. 21 Jan 1906
SPEAKER, Elenora w/o Frederick SPEAKER
b. 1 Dec 1840 d. 19 Apr 1864
HARPER, Sarah J. d/o Jacob & Elizabeth HARPER
age 8m 25d, d. 23 Jun 1849
HOFFMAN, Paul Hodges b. 1911 d. 1917
DE HOFF, J. B. b. 1843 d. 1872
DE HOFF, I. B. b. 1848 d. 1909
DE HOFF, J. E. b. 1871 d. 1871
HOFFMAN, H. b. 1869 d. (n.d.)

HOFFMAN, B. D. b. 1873 d. 1934
KNOX, Joseph age 77y 11m 9d, Master Mason,
  d. 2 Aug 1871
KNOX, Nancy w/o Joseph KNOX age 59y 9m 28d,
  d. 21 Oct 1872
KNOX, Eleanora Virginia d/o Joseph & Nancy KNOX
  age 1y 3m 24d, d. 30 Nov 1851
DAVIS, Henry b. 1851 d. 1910
DAVIS, Florence O. w/o Henry DAVIS b. 1859 d. 1921
SMITH, Henry b. 1831 d. 1910
SMITH, Lucinda Watson b. 1836 d. 1917
WATSON, Noah s/o Lewis & Elizabeth WATSON
  b. 18 Mar 1833 d. 30 Jun 1854
WATSON, Lewis age 60y 7m 26d, d. 25 Mar 1869
WATSON, Elizabeth w/o Lewis WATSON b. 15 Jun 1812
  d. 1 Jun 1893
GAINES, Helen Jeannette w/o Dr. J. M. GAINES
  b. 19 Jul 1839 d. 22 Dec 1868
TROUPE, Dr. Samuel C. age 26y 2m, d. 17 Mar 1872
TROUPE, Mary Eugenia w/o Dr. Samuel C. TROUPE
  age 28y, d. 22 Aug 1876
TROUPE, Harry s/o Dr. Samuel C. & Mary Eugenia
  TROUPE age 3y, d. 18 Apr 1873
SMITH, Otho B. b. 5 Jan 1838 d. 15 Nov 1899
SMITH, Annie C. b. 1838 d. 1917
SMITH, Dr. E. T. b. 1860 d. 1923
SMITH, Dr. O. J. b. 13 Jan 1810 d. 14 Jun 1868
SMITH, Jeannette Y. w/o Dr. O. J. SMITH age 24y 8m 7d,
  d. 27 Jun 1842
SMITH, Dr. F. J. b. 13 Sep 1841 d. 7 Jul 1867
MORELAND, Miss Margaret C. age 63y 8m 29d,
  d. 21 Aug 1884
SNYDER, George N. age 69y 8m 1d, d. 30 Jun 1875
SNYDER, Sarah w/o George N. SNYDER
  age 72y 4m 18d, d. 6 Apr 1895
SNYDER, Jeanette age 26y 11m 17d, d. 24 Nov 1883
SNYDER, John Manadore s/o George N. & Sarah
  SNYDER age 20y 10m 20d, d. 27 Oct 1872
HICKMAN, Elmer C. s/o C. G. & M. E. HICKMAN age 35y,
  d. 6 Jun 1896
HICKMAN, Cyrus G. b. 10 Mar 1839 d. 9 Mar 1908
HICKMAN, Mary E. w/o Curus G. HICKMAN b. 1841
  d. 1916
HICKMAN, Harry L. s/o Cyrus G. & Mary E. HICKMAN
  b. 21 Jul 1869 d. 28 Apr 1904
HICKMAN, Walter A. s/o Cyrus G. & Mary E. HICKMAN
  age 3y 8m 25d, d. 5 May 1870
HICKMAN, William H. s/o Cryus G. & Mary E. HICKMAN
  age 3y 8m 25d, d. 4 Aug 1864
HICKMAN, Dora C. d/o Cyrus G. & Mary E. HICKMAN
  age 7m 26d, d. 22 Aug 1868
WHEELLER, Otho J. age 21y 5m 27d, d. 17 Oct 1872
WHEELLER, Susan M. age 35y 9m 16d, d. 28 Mar 1880
WHEELER, William b. 1840 d. 1924
WHEELER, Lauretta w/o William WHEELER b. 1860
  d. 1912

WHEELER, Lavina w/o Joseph WHEELER
  age 71y 5m 13d, d. 27 Aug 1884
WHEELER, Joseph s/o Joseph & Lavina WHEELER
  age 1y 3m 28d, d. 15 Jan 1843
HORINE, George W. age 43y 1m 17d, d. 9 Apr 1885
HORINE, One grave, no stone
KNODE, Samuel C. b. 1838 d. 1923
KNODE, Mary K. b. 1841 d. 1919
KNODE, Edgar L. b. 1863 d. (n.d.)
KNODE, Charles L. b. 1866 d. 1866
KNODE, M. Estelle b. 1873 d. 1932
FORD, Melvin b. 1876 d. 1876
FORD, William E. age 40y 3m 2d, d. 14 Jun 1906
FORD, Ettia N. w/o William E. FORD age 31y 3m 28d,
  d. 2 Nov 1905
FORD, Rosa Ellen w/o William E. FORD age 20y 8m 24d,
  d. 20 Jun 1889
YOUNG, Infant s/o J. D. & J. R. d. (n.o.i.)
SNYDER, Ezra A. age 77y 7m 2d, d. 2 Aug 1892
SNYDER, Nancy w/o Ezra A. SNYDER b. 2 Jan 1820
  d. 9 May 1842 d/o John & Elizabeth HUTZEL
SNYDER, J. Miller age 24y 1m 27d, d. 7 Dec 1873
SNYDER, one grave, no stone
MCPHERSON, Virginia C. b. 1 Sep 1855 d. 9 Jun 1883
ST. CLAIR, Martha E. w/o Henry ST. CLAIR
  age 36y 10m 5d, d. 8 Aug 1880
ST. CLAIR, David V. s/o Henry & Martha ST. CLAIR
  age 7m, d. Mar 1880
Four graves, no stones
ZITTLE, Elizabeth b. 1 Apr 1831 d. 8 Dec 1885 w/o John
  H. ZITTLE
ZITTLE, Bessy, infant d. (n.o.i.)
SNIVELY, Hiram B. age 66y 2m 1d, d. 14 Dec 1900
SNIVELY, Barbara A. w/o Hiram B. SNIVELY
  age 70y 6m 13d, d. 11 Nov 1908
SNIVELY, Howard W. s/o Hiram B. & Barbara A. SNIVELY
  age 31y 4m 13d, d. 30 Apr 1893
SNIVELY, Howard W. b. 1895 d. 1931
FRITZ, John age 82y 5m 21d, d. 5 Nov 1889
FRITZ, Catharine w/o John FRITZ age 81y 9m 4d,
  d. 6 Nov 1887
One grave, no stone
FRITZ, Barbara Ann w/o George S. FRITZ b. 11 Mar 1840
  d. 17 Jun 1872
CLELAND, Thomas W. age 33y 15d, d. 10 Nov 1864
CLELAND, Malinda w/o Thomas W. CLELAND
  b. 23 Oct 1829 d. 2 Dec 1915
FRITZ, Columbus C. s/o George & Barbara FRITZ
  age 5m, d. 28 Mar 1864
FRITZ, Howard B. s/o George & Barbara FRITZ
  age 2y 3m 9d, d. 25 Feb 1864
MUMMA, Kenneth M. b. 23 Sep 1892 d. 30 Sep 1892
MUMMA, Floy M. b. 21 Jan 1894 d. 13 Jun 1908
Above ch/o Charles T. & S. B. MUMMA (e.n. assumed
  Kenneth-Floy)
MUMMA, Henry S. b. 1871 d. 1873
MUMMA, Willie W. b. 1876 d. 1878

MUMMA, Nathaniel b. 1833 d. 1907
MUMMA, Elizabeth w/o Nathaniel MUMMA b. 1839
    d. 1921
WILSON, Scott Kennedy, N.D.(?) b. 1859 d. 1927
WILSON, Cora Virginia b. 1860 d. 1932
WILSON, Ethel May b. 1884 d. 1885
HORINE, John age 76y 1m, d. 13 Jul 1862
HORINE, Barbary age 40y 9m 26d, d. 17 Apr 1825
HORINE, Nancy w/o John HORINE b. 23 Dec 1799
    d. 14 Nov 1858
DAVIS, John R. b. 3 May 1874 d. 15 Jul 193_(?)
DAVIS, Bessie L. b. 27 Aug 1882 d. 11 Feb 1928
FLOOK, J. Howard b. 22 Feb 1863 d. 12 Dec 1934
FLOOK, Cora E. w/o J. Howard FLOOK b. 10 Sep 1871
    d. 20 Jul 1923
THOMAS, John L. b. 8 Nov 1857 d. 11 Mar 1927
THOMAS, Ella V. w/o John L. THOMAS b. 14 May 1859
    d. 18 Sep 1922
SUMMERS, Isaiah E. b. 12 Jun 1857 d. 5 Jan 1910
SUMMERS, Cecelia A. w/o Isaiah E. SUMMERS
    b. 9 Nov 1862 d. 8 May 1934
SUMMERS, Harry L. s/o Isiah & Cecilia SUMMERS
    b. 1 Mar 1893 d. 3 May 1899
WADE, Emory W. age 61y 3m 4d, d. 15 May 1934
WADE, Ida S. w/o Emory W. WADE age 43y 6m 22d,
    d. 11 Dec 1918
WADE, John W. s/o Emory & Ida WADE age 1y 2m 16d,
    d. 28 Mar 1897
Two graves, infants
WILSON, Dr. Henry B. age 52y 8m 8d, d. 25 Mar 1883
WILSON, E. Ellen K. w/o Dr. Henry B. WILSON
    b. 1 Apr 1835 d. 3 Aug 1911
WILSON, Ellen Kennedy d/o Dr. Henry B. & Ellen K.
    WILSON b. 27 Aug 1861 d. 3 Aug 1862
WILSON, Elizabeth Van d/o Dr. Henry B. & Ellen K.
    WILSON age 5m 3wks 1d, d. 13 Mar 1867
KENNEDY, Van S. age 13y 6m 21d, d. 12 Jun 1850
KENNEDY, George Scott age 78y 3m 1d, d. 2 Apr 1878
KENNEDY, Rebecca L. w/o George Scott KENNEDY
    age 69y 6m 28d, d. 1 Dec 1880
HIBBERT, Eleanor w/o Bartholomew HIBBERT age 73y,
    d. 24 Mar 1843
HIBBERT, Bartholemew age 69y, d. 10 mar 1838
WEAVER, Harry M. b. 27 Sep 1870 d. 19 Nov 1898
LYNCH, Hillary P. b. 22 Nov 1852 d. 5 Dec 1929
LYNCH, Mary C. w/o Hillary P. LYNCH b. 30 Jan 1851
    d. 17 Jan 1932
LYNCH, Lucy M. age 14d, d. 22 Dec 1881
WEAVER, Infant w/o Harry L. & Mary E. WEAVER
    d. (n.o.i.)
SMITH, Franklin P. age 22y 3m 11d, d. 4 Feb 1876
ITNYRE, Otho J. b. 19 Aug 1849 d. (n.d.)
ITNYRE, Mary E. w/o Otho J. ITNYRE b. 8 Aug 1852
    d. 27 Mar 1918
SMITH, Lula M. w/o Charles SMITH b. 5 Aug 1885
    d. 15 Apr 1907
Three graves, infants, d.

BALL, Frances A. G. only d/o J. N. & M. C. BALL
    age 33y 1m 4d, d. 24 Mar 1899
BALL, Joseph N. age 79y 11m 2d, d. 26 Dec 1899
FURRY, John E. age 67y 1m 24d, d. 1 May 1902
Two graves, no stones
CARSON, Cora M. w/o Otho E. CARSON age 41y 27d,
    d. 9 Jul 1922
COST, Thomas Eugene b. 1875 d. 1934
CARSON, George W. age 71y 9m 22d, d. 30 Jan 1895
CARSON, Susan w/o George W. CARSON age 83y,
    d. 21 Jan 1923
CARSON, Cora E. d/o Otho E. CARSON & Cora M.
    CARSON age 1y 6m, d. 13 Mar 1912
BYERS, Ralph Steinman b. 6 Dec 1903 d. 4 Jun 1934
STOTTLEMYER, Murl W. b. 18 May 1900
    killed 25 Jul 1925
STOTTLEMYER, W. Webster b. 14 Feb 1878 d. (n.d.)
STOTTLEMYER, Lora E. w/o W. Webster STOTTLEMYER
    b. 19 Feb 1876 d. (n.d.)
GREENAWALT, Otho J. b. 4 May 1860 d. 30 May 1922
GREENAWALT, Angieline w/o Otho J. GREENAWALT
    b. 3 Oct 1862 d. 8 Apr 1925
MOTTER, Hiram W. age 34y 11m 9d, d. 27 Feb 1862
MOTTER, William b. 22 Oct 1796 d. 17 Jul 1836
MOTTER, Elizabeth Ann w/o William MOTTER
    b. 16 Mar 1801 d. 29 Sep 1856
One grave, no stone
MOTTER, Ann C. S. C. d/o William & Elizabeth MOTTER
    b. 11 Aug 1832 d. 27 Jul 1834
MOTTER, John V. M. N. s/o William & Elizabeth MOTTER
    age 10m 11d, d. 16 Oct 1855
MOTTER, Benjamin C. s/o Hiram W. & Sophia MOTTER
    age 4y 6m 23d, d. 11 Aug 1863
MOTTER, Mary B. d/o Hiram & Sophia MOTTER
    age 3y 1m 28d, d. 16 Dec 1863
Two graves, no stones
One grave, no stone, infant
Three graves, no stones
SMITH, John W. b. 6 Jan 1834 d. 29 May 1925
SMITH, Elizabeth w/o John W. SMITH b. 28 Nov 1836
    d. 23 Feb 1909
ZIGLER, Elizabeth w/o Abraham ZIGLER age 82y 2m 4d,
    d. 15 Jan 1879
SMITH, Lawson O. age 62y 11m 14d, d. 11 Mar 1901
SMITH, Catharine w/o Lawson O. SMITH
    age 73y 6m 14d, d. 24 Oct 1908
One grave, infant d. 192(?) (n.o.i.)
SMITH, George W. s/o Lawson O. & Catharine SMITH
    b. 19 Jun 1858 d. 23 Oct 1872
BARKMAN, Davie W. b. 1857 d. 1922
BARKMAN, Charles H. age 7y 5m 27d, d. 5 May 1863 s/o
    David & Mary BARKMAN
BARKMAN, Thomas C. s/o David & Mary BARKMAN
    age 3y 1m, d. 6 Apr 1862
STINE, Emma J. w/o John M. STINE age 29y 1m 10d,
    d. 11 Sep 1885 s/o David & Mary A. BARKMAN
BARKMAN, David b. 1823, age 80y 7d, d. 1903

BARKMAN, Mary A. w/o David BARKMAN
　　age 88y 1m 5d, d. 1824 d. 1912
BARKMAN, Henry age 56y 10m 26, d. 26 Oct 1850
BARKMAN, Margarett w/o Henry BARKMAN
　　age 87y 4m 13d, d. 12 Jun 1887
GALLAHER, John Henry b. 5 Feb 1830 d. 8 Mar 1900
GALLAHER, Eliza Ellen b. 20 Mar 1825 d. 15 Oct 1872
GALLAHER, Josephine b. 13 Oct 1857 d. 12 May 1889
GALLAHER, infants, three graves, no stones
SUMAN, Mary Ann b. 27 Mar 1865 d. 29 Apr 1897
SUMAN, Harvey S. b. 21 Feb 1863 d. 19 Feb 1895
SUMAN, Ruann w/o Samuel SUMAN age 41y 10m 16d,
　　d. 12 Sep 1872
SUMAN, Samuel b. 8 Feb 1827 d. 8 Apr 1897
SUMAN, Sarah Jane w/o Samuel SUMAN b. 27 Apr 1834
　　d. 1 Sep 1897
CHAPMAN, Henry Nyman s/o Ezra D. & Mary E.
　　CHAPMAN b. 1911 d. 1930
SMITH, Samuel H. age 65y, d. 8 Apr 1876
NYMAN, Elizabeth w/o Samuel H. SMITH
　　age 82y 10m 20d, d. 26 Feb 1896
SMITH, J. Harlan b. 1852 d. 1919
SMITH, Carrie M. w/o J. Harlan SMITH b. 1863 d. 1923
CHAPMAN, Robert Vernon s/o Ezra D. & Mary E.
　　CHAPMAN b. 1 Mar 1927 d. 23 Jun 1927
SMITH, Jacob b. 21 Sep 1805 d. 2 Aug 1886
DAVIS, Fietta w/o Jacob SMITH b. 15 Jun 1810
　　d. 30 Nov 1885
SMITH, Rachael F. b. (n.d.) d. 6 Jan 1917
SMITH, Amelia K. b. (n.d.) d. 15 Aug 1927
SMITH, Jeanette R. b. 21 Aug 1836 d. 4 Dec 1876
HUFFER, Jacob C. age 34y 7m 16d, d. 31 Oct 1878
HUFFER, Helen M., Mother, age 37y 4m 23d,
　　d. 8 May 1885
HUFFER, John Edgar b. 29 Jun 1871 d. 21 Mar 1893
WELK, John age 69y 1m, d. 12 Jan 1871
HUFFER, three graves, no stones
NICODEMUS, Conrod, Brother, age 72y 11m 27d,
　　d. 7 Dec 1887
NICODEMUS, Susan, Sister, age 67y 4m 7d,
　　d. 18 Mar 1885 d/o Conrod & Sophia
　　NICODEMUS
CLARK, Mary A. d/o Conrod & Sophia NICODEMUS
　　age 72y 6m 5d, d. 14 Jul 1871
NICODEMUS, Michael b. 5 Jan 1815 d. 24 Jan 1834
NICODEMUS, Conrod b. 10 Jan 1777 d. 27 Mar 1834
NICODEMUS, Sophia w/o Conrod NICODEMUS
　　b. 22 Oct 1779 d. 16 Jan 1859
NICODEMUS, Rhodella, Sister, age 68y 1m 9d,
　　d. 29 Dec 1891
THOMAS, Michael b. 5 May 1749 d. 23 Jan 1834
THOMAS, Elizabeth w/o Michael THOMAS
　　b. 25 Nov 1756 d. 22 Sep 1823
One grave, no stone
NICODEMUS, John age 70y 4m 27d, d. 15 Mar 1889
NICODEMUS, Elizabeth w/o John NICODEMUS b. 1826
　　d. 1915

NICODEMUS, B. s/o Conrod R. NICODEMUS
　　b. 20 Feb 1880 d. 20 Feb 1880
NICODEMUS, Charles R. age 1y 28d, d. 9 May 1882
NICODEMUS, Conrod R. age 32y, d. 15 Mar 1883
NICODEMUS, Delie d/o John & Elizabeth NICODEMUS
　　age 7m 5d, d. 3 Jan 1866
NICODEMUS, Franklin s/o John & Elizabeth
　　NICODEMUS age 4y 5d, d. 10 Apr 1864
NICODEMUS, John Calvin s/o John & Elizabeth
　　MICODEMUS age 4y 5d, d. 10 Apr 1864
HUFFER, Josiah B. b. 5 Mar 1841 d. 16 Sep 1896
HUFFER, Rilie Whitter w/o Josiah B. HUFFER
　　b. 29 Jun 1843 d. 4 Oct 1899
HUFFER, Sophia d/o Josiah & Rilie HUFFER
　　b. 11 Sep 1882 d. 1882
WHITTER, Sophia N. w/o Thomas E. SMITH
　　b. 23 Jul 1837 d. 21 Aug 1880
WHITTER, Sophia d/o Benjamin & Sophia WHITTER
　　b. 29 Nov 1807 d. 11 Oct 1893
EAVEY, Solomon age 77y 8m 20d, d. 26 Oct 1879
EAVEY, Mary Ann w/o Solomon EAVEY b. 27 Oct 1813
　　d. 24 Nov 1850
Two graves, no stones
EAVEY, Susan E. d/o Solomon & Mary A. EAVEY
　　age 18y 6m, d. 5 Dec 1851
EAVEY, Mary E. age 52y 6m, d. (n.d.)
DAGENHART, Aaron b. 1849 d. 1923
HUTZEL, Hallie Mabel d/o Elias & Elizabeth M. HUTSEL
　　age 8m 14d, d. 24 Mar 1871
WILSON, Henrietta V., Mother, age 73y, d. 18 Feb 1860
LINE, John b. 6 Dec 1824 d. 20 Jun 1907
LINE, Annie Rebecca w/o John LINE b. 10 Dec 1829
　　d. 16 Dec 1903
LINE, Jonas W. Scott, s/o John & Annie R. LINE
　　age 4y 6m 22d, d. 27 Dec 1860
LINE, Clara C. d/o John & Annie R. LINE age 16d,
　　d. 14 Jul 1854
LINE, F. S. b. 1863 d. 1934
BETEBENNER, Ezra age 84y 3m 21d, d. 5 Jul 1904
BETEBENNER, Mary E. w/o Ezra BETEBENNER
　　age 47y 3m 11d, d. 27 Jan 1881
BETEBENNER, Charles E. age 5y 3m 9d, d. 10 Dec 1862
BETEBENNER, Thomas V. age 7m 11d, d. 19 Jun 1859
All above ch/o Ezra & Mary E. BETEBENNER (e.n.
　　assumed Charles-Thomas)
BRISH, Susan w/o David W. BRISH age 89y 6m 23d,
　　d. 22 Jan 1901
One grave, no stone
BETEBENNER, Daniel, d. (n.o.i.)
EASTERDAY, Jacob age 92y, d. 30 Aug 1896
EASTERDAY, Elizabeth w/o Jacob EASTERDAY
　　age 72y 27d, d. 4 Apr 1873
EASTERDAY, Mary M. w/o Michael EASERDAY Jr.
　　age 89y 17d, d. 3 Apr 1874
CLINK, John age 69y 7m 2d, d. 3 Oct 1884
CLINK, Tracy w/o John CLINK age 79y 9m 19d,
　　d. 13 Apr 1887

EASTERDAY, Mary w/o Jacob EASTERDAY age 82y,
  d. 19 Jun 1891
POFFENBERGER, Samuel b. 14 Dec 1835
  d. 25 Jan 1917
POFFENBERGER, Catharine w/o Samuel
  POFFENBERGER b. 28 Sep 1838 d. 9 Jun 1897
POFFENBERGER, Kimphrey B. s/o Samuel & Catharine
  POFFENBERGER b. 1 Oct 1868 d. 14 Aug 1869
POFFENBERGER, William Albertis s/o Samuel &
  Catharine POFFENBERGER b. 27 Jul 1871
  d. 6 Jul 1872
POFFENBERGER, Zula E. d/o Samuel & Catharine
  POFFENBERGER b. 20 Feb 1882 d. 28 Jul 1901
POFFENBERGER, Ida M. b. 14 Feb 1870 d. 30 Nov 1918
POFFENBERGER, Henry A. age 72y 6m 9d,
  d. 15 Sep 1901
POFFENBERGER, Martha J. w/o Henry A.
  POFFENBERGER age 67y 7m 29d,
  d. 12 Aug 1900
POFFENBERGER, Harvey S. age 63y 19d,
  d. 19 Dec 1926
POFFENBERGER, Martin Henry s/o Harvey S. & Sallie B.
  POFFENBERGER b. 4 Nov 1906 d. 14 Mar 1910
POFFENBERGER, Mary Magdalene d/o Harvey S. &
  Sallie E. POFFENBERGER age 4m 18d,
  d. 23 Jan 1899
KNODE, Robert C. age 23y 3m 5d, d. 31 Jan 1849
KNODE, Jacob age 67y 2m 23d, d. 6 Mar 1855
KNODE, Mary B. w/o Jacob KNODE age 86y 6m 20d,
  d. 26 Feb 1882
CHENEY, Elizabeth b. 7 Jul 1797 d. 8y 26d
CHENEY, Caroline Matilda b. 17 Sep 1821 d. age 9m 9d
CHENEY, Jely d. (n.o.i.)
CHENEY, William b. 9 Nov 1791 d. 17 Apr 1828
CHENEY, Nancy w/o William CHENEY b. 17 Dec 1794,
  d/o Samuel & Elizabeth NEWCOMMER,
  d. 6 Dec 1827
CHENEY, Albinda b. 14 Feb 1815 d. age 11y 7m 18d
CHENEY, Jeremiah b. 2 Nov 1799 d. 22 May 1828
CHENEY, Clarissa b. 19 Jan 1806 d. 17y 9m 10d
CHENEY, Robert Jr. b. 13 Oct 1804 d. 25 Jan 1831
CHENEY, Robert Sr. b. 8 Mar 1767 d. 21 Aug 1830
CHENEY, Jely w/o Robert CHENEY Sr., age 85y 4m 15d,
  d. 15 May 1855
KNODE, Jacob age 67y 7m 6d, d. 12 Mar 1906
BLACK, William C. s/o W. D. & Malinda BLACK
  age 2y 6m 19d, d. 8 Nov 1881
HEISTER, John D. age 32y 8m 23, d. 20 Jul 1841
HEISTER, Matilda C. w/o John D. HEISTER
  age 40y 7m 13d, d. 18 Apr 1851
FUNK, Michael b. 18 Sep 1787 d. 5 Feb 1834
FUNK, Naomy b. 25 Jun 1790 d. 5 Feb 1834
HEISTER, William Cheney s/o John D. & Matilda
  HEISTER b. 2 Sep 1838 d. 31 Dec 1838
HIESTER, Caroline Eugenia d/o John D. & Matilda
  HIESTER age 3m 26d, d. 11 Apr 1836

HIESTER, Samuel Vernon d/o John D. & Matilda
  HIESTER age 1y 8m 5d, d. 13 Nov 1841
R. C. marked on one grave stone
FUNK, Sadie M., infant, d. (n.o.i.)
FUNK, George W., infant, d. (n.o.i.)
STRAUSE, George b. 12 Oct 1800 d. 5 Mar 1860,
  Master Mason
Four graves, no stones
One grave, no stone, infant
DAGENHART, Infant s/o Emanuel & Lucy DAGENHART
  age 20 min., d. 25 Nov 1847
DAGENHART, Ama E. d/o Joseph & Eliza DAGENHART
  age 17d, d. 15 Jun 1877
DAGENHART, Joseph S. age 61y 4m 9d, d. 19 Sep 1901
DAGENHART, Eliza Ann w/o Joseph S. DAGENHART
  age 61y 6m 15d, d. 3 Nov 1904
DAGENHART, Lucy w/o Emanuel age 76y 10m 19d,
  d. 6 Jun 1897
One grave, no stone
DAGENHART, Bradley Winton s/o William M. & Kate V.
  DAGENHART age 2m 19d, , 28 Feb 1871
DAGENHART, Ursula E. d/o William M. & Kate V.
  DAGENHART age 9y 1m 12d. d. 2 Mar 1881
DAGENHART, Kate V. w/o William M. DAGENHART
  age 37y 10m 9d, d. 29 Nov 1881
DAGENHART, Homer Melvin s/o Joseph S. & Eliza A.
  DAGENHART age 6y 10m 27d, d. 22 Oct 1888
DAGENHART, Elmer Elsworth s/o Joseph S. & Eliza A.
  DAGENHART age 13y 8m 10d, d. 16 Mar 1878
KIPERD, Josiah age 17y 6m 2d, d. 7 Sep 1863
One grave, no stone
MCDOWELL, George W. b. 4 Oct 1864 d. 23 Feb 1924
MCDOWELL, Saide B. w/o George W. MCDOWELL
  b. 14 Feb 1869 d. 11 Jan 1919
MCDOWELL, Charles Edgar s/o George W. & Sadie B.
  MCDOWELL age 30d, d. 26 Jan 1891
MCDOWELL, Maud age 17y 9m 4d, d. 2 Jul 1908
SPIELMAN, Ezra age 79y 11m 15d, d. 16 Nov 1915
SPIELMAN, Mary Elizabeth w/o Ezra SPIELMAN
  age 69y 11m 14d, d. 17 Oct 1902
SPIELMAN, Mary M. w/o John SPIELMAN
  age 80y 9m 21d, d. 11 Dec 1874
One grave, no stone
COST, Elias b. 1839 d. 1924
MILLER, Susannah J. w/o Elias COST b. 1834 d. 1904
COST, William S. b. 1865 d. 1937
COST, Emma K., Sister, b. 1867 d. 1938
COST, Fay d/o Elias & Susannah COST age 20d,
  d. 6 Aug 1875
COST, Florence May d/o Elias & Susannah COST
  age 2m 2d, d. 20 Aug 1874
COST, Walter w/o Elias & Susannah COST age 4m,
  d. 9 Aug 1873
BETZ, William b. 1817 d. 1883
BETZ, Mary A. w/o William BETZ b. 1822 d. 1890
BETZ, David P. (n.o.i.)
BETZ, Georgeann M. (n.o.i.)

BETZ, Emma C. (n.o.i.)
REEDER, Isaac d. (n.o.i.)
REEDER, John d. (n.o.i.)
REEDER, ____ d. (n.o.i.)
REEDER, ____ w/o ____ REEDER d. (n.o.i.)
REEDER, Ella d. (n.o.i.)
LINE, Reuben H. b. 17 Oct 1830 d. 16 Jan 1913
LINE, Margaret R. w/o Reuben H. LINE b. 29 May 1834
    d. 5 Sep 1917
LINE, Emma A. b. 14 Nov 1868 d. 13 Jan 1908
LINE, Clara b. 13 May 1872 d. 29 Jul 1872
LINE, Edgar E. b. 9 Jul 1876 d. 10 Oct 1876
DAVIS, Elias b. 30 Mar 1832 d. 26 Aug 1912
DAVIS, Maggie B. w/o Elias DAVIS b. 3 Sep 1839
    d. 30 Oct 1883
LINE, Margaret d. 193_, one grave no stone
DAVIS, Frankie Edgar s/o Elias & Maggie DAVIS
    age 6w 2d, d. 13 Aug 1879
SEIBERT, Major Peter b. 11 Nov 1773 d. 27 Dec 1838
SEIBERT, Margaret age 57y 2m 3d, d. 19 Jun 1835
SEIBERT, Catharine Eliza d/o Peter & Margaret SEIBERT
    b. 15 Feb 1808 d. 28 Apr 1822
NEWCOMER, Elizabeth b. 1864 d. (n.d.)
NEWCOMER, Peter S. b. 1829 d. 1902
NEWCOMER, Mary F. w/o Peter S. NEWCOMER b. 1828
    d. 1893
MEWCOMER, Frank E. b. 1864 d. 1931
NEWCOMER, Emma T. b. 1868 d. 1892
NEWCOMER, Annie d/o Peter S. & Mary F. NEWCOMER
    age 3y 3d, d. (n.d.)
WELCK, V. H. b. 1851 d. 1923
WELCK, Anna V. w/o V. H. WELCK b. 1870 d. (n.d.)
WELCK, Robert E. b. 1891 d. 18913
WELCK, L. D. age 49y 2m 28d, d. 20 Aug 1857
WELCK, Julia A. b. 1818 d. 1869
DEANER, Christian b. 21 Jun 1794 d. 11 Jan 1869,
    (Charter Member of Redemtion Lodge #IOF of
    G. T. Keedysville, MD)
DEANER, Emory B. b. 1 Jan 1835 d. 18 Apr 1863
DEANER, Elizabeth w/o Christian DEANER b. 1 Feb 1805
    d. 23 Nov 1827 d/o H. SHRAUDER
GEETING, Elizabeth 2nd. w/o Christian DEANER
    age 21y 1m 2d, d. 12 Oct 1831
DEANER, Mary Ellen W. d/o Christian & Elizabeth
    DEANER age 3y 6m 11d, d. 17 Jul 1836
DEANER, Otho J. s/o Christian & Elizabeth DEANER
    age 2y 7m 29d. d. 30 Aug 1848
SHAW, Isabella w/o Mathias SHAW age 81y,
    d. 14 Jan 1875
DEANER, A. M. V. B. b. 23 Apr 1837 d. 11 May 1920
DEANER, Margaret F. w/o A. M. V. B. DEANER
    b. 17 Apr 1840 d. 16 Nov 1922
MONROE, Ann E. b. 1827 d. 1902
MONROE, Elizabeth Towner d/o J. W. & Maria MONROE
    age 11y 7m 22d, d. 2 Apr 1864
MONROE, Rev. William b. 8 Sep 1783 d. 29 May 1871

TOLBOT, Mary w/o Rev. William MONROE
    age 71y 9m 1d, d. 5 Dec 1863
DAY, Margaret Ellen w/o F. B. DAY age 39y 6m 5d,
    d. 25 Aug 1873
MONROE, Robert N. age 35y 6m 7d, d. 29 Mar 1891
MONROE, Sarah E. w/o Robert N. MONROE
    b. 3 Apr 1851 d. 1 Aug 1903
MONROE, William H. s/o J. W. & Maria MONROE
    age 4y 6m 8d, d. 19 Apr 1855
MONROE, James William only s/o Rev. William MONROE
    age 36y 5m 4d, d. 14 Feb 1859
MONROE, Maria w/o Rev. William MONROE
    age 31y 10m 28d, d. Jan 6 1858
MONROE, Anna Mary d/o J. W. & Maria MONROE
    age 19d, d. 6 Jan 1858
NYMAN, Michael age 74y 3m 13d, d. 29 Jun 1882
NYMAN, Mary Catharine w/o Michael NYMAN
    age 59y 8m 24d, d. 8 Jul 1896
STEPHENS, William age 49y 8m 22d, d. 30 Jan 1867
STEPHENS, Elizabeth A. w/o William STEPHENS
    age 40y 7m 18d, d. 12 Aug 1860
STEPHENS, Septimus b. 11 Mar 1786 d. 17 Mar 1855
STEPHENS, Amilia age 79y 2m 15d, d. 21 Mar 1862
HUTZEL, Willie E. s/o John H. & Laura E. HUTZEL
    age 2y 3m 26d, d. 5 May 1868
STEPHENS, Ann Lucinda d/o Septimus & Amilia
    STEPHENS b. 26 Dec 1810 d. 15 Mar 1815
One grave, no stone
IRVIN, John Philip s/o F. G. & E. IRVIN b. 26 Nov 1862
    d. 2 Mar 1915
FORD, one grave stone marked "FORD" infant d. (n.d.i.)
IRWIN, Fonrose H. b. 22 Feb 1837 d. 10 Apr 1878
RICKARD, Elizabeth w/o Fonrose H. IRWIN age 83y 28d,
    d. 14 Nov 1918
CHAMBERS, Ella F. w/o F. J. EVERITT d. 8 May 1889
CHAMBERS, James age 76y 3m 19d, d. 18 May 1875
CHAMBERS, Johanna w/o James CHAMBERS
    age 65y 7m, d. 7 Feb 1886
CHAMBERS, Mary w/o James CHAMBERS age 53y 2m,
    d. 1 Jun 1847
CHAMBERS, Mary Young age 73y 10m 7d,
    d. 11 Mar 1850
CHAMBERS, Benjamin F. b. 23 Aug 1830 d. 27 Oct 1884
CHAMBERS, James H. b. 10 Aug 1834 d. 23 Jun 1897
CHAMBERS, Charles E. s/o James & Johanna
    CHAMBERS age 4y 7m 26d, d. 6 Jul 1867
IRWIN, William L. b. 16 Jun 1865 d. 22 Oct 1898
RICHARD, Philip J. age 76y 9m 19d, d. 15 Apr 1874
RICKARD, Catharine w/o Philip J. RICHARD
    age 64y 4m 22d, d. 2 Jan 1863
RICKARD, John P. age 30y, d. 13 Dec 1854
RICKARD, Morgan age 9y, d. 19 oct 1835
RICKARD, Benjamin F. age 10y, d. 2 Feb 1839
RICKARD, David age 3m 12d, d. 2 Jan 1831
RICKARD, Joseph age 3m 5d, d. 12 Feb 1832
MILLER, Adam J. b. 31 Aug 1840 d. 8 Jan 1910

MILLER, Mary E. w/o Adam J. MILLER b. 6 Jun 1838
    d. 13 Apr 1900
MILLER, Martha V. d/o George & Caroline MILLER
    age 5m 15d, d. 2 Jun 1874
NYMAN, Catherine E. b. 1840 d. 1927
GABE, Charles A. age 60y 11m 9d, d. 25 Mar 1875
GABE, Mary S. w/o Charles A. GABE age 71y 6m 12d,
    d. 3 Apr 1887
SUMAN, William age 38y 4m 1d, d. 6 Oct 1862
SUMAN, Lavina age 85y 4m 1d, d. 15 Jul 1912
ALBERT, Henry b. 4 Aug 1800 d. 12 Jul 1890
ALBERT, Mary w/o Henry ALBERT age 68y 5m 27d,
    d. 31 Oct 1870
DINSMORE, James Garfield b. 25 Sep 1881
    d. 26 Feb 1902
SUMAN, William Emory s/o William & Lavina SUMAN
    age 1y 2d, d. 9 Feb 1857
PHILHOWER, Abraham W. b. 6 Jun 1841 d. 26 Aug 1912
PHILHOWER, Matilda M. w/o Abraham W. PHILHOWER
    b. 7 Mar 1848 d. 12 Aug 1926
PHILHOWER, W. M. (n.o.i.)
PHILHOWER, Katie w/o W. M. PHILHOWER
    b. 22 Aug 1864 d. 8 Jun 1926
PHILHOWER, Mary B. d/o Abraham W. & Matilda M.
    PHILHOWER age 5y 19d, d. 10 Apr 1876
KEEDY, David H. age 71y 5m 2d, d. 17 Feb 1867
KEEDY, Jelis w/o David H. KEEDY age 81y 10m 5d,
    d. 11 Dec 1885
O'NEAL, Joseph age 76y, d. 4 Dec 1878
O'NEAL, Jelis Clarinda w/o Joseph O'NEAL
    b. 28 Apr 1842 d. 24 Oct 1896
O'NEAL, Joseph B. b. 31 Oct 1872 d. 6 Mar 1921
O'NEAL, Edmund D. s/o Joseph & Clar O'NEAL
    age 7y 3m 14d, d. 4 Jul 1881
One grave, no stone
NYMAN, Robert V. b. 18 Jul 1838 d. 26 May 1911
NYMAN, Vienna w/o Robert V. NYMAN age 38y 16d,
    d. 3 May 1880
NYMAN, Frances A. w/o Robert V. NYMAN
    age 22y 9m 17d, d. 24 Sep 1860
NYMAN, Robert V. s/o Robert V. & Vienna NYMAN
    age 11m 20d, d. 4 Jul 1879
NYMAN, Annie Viola d/o Robert V. & Vienna NYMAN
    age 4m 16d, d. 3 Mar 1873
SMITH, Georgeanna w/o William E. KNODE
    b. 4 Oct 1852 d. 22 Jul 1879
KNODE, Mary Elizabeth d/o Oliver & Mary KNODE
    age 7y 20d, d. 10 May 1851
NYMAN, John age 71y 8m 25d, d. 22 May 1881
NYMAN, Susanna b. 14 Nov 1827 d. 29 Jul 1899
NYMAN, Henry Jr., Brother, b. 5 Aug 1811 d. 11 Dec 1860
NYMAN, Michael b. (n.d.) d. 15 Aug ____ (no year)
NYMAN, Lavina age 9y 2m, d. 1 Dec 1829
NYMAN, Elizabeth w/o Michael NYMAN b. 18 Oct 1814
    d. 14 Feb 1853
NYMAN, Joseph Louis s/o Michael & Elizabeth NYMAN
    b. 10 Feb 1842 d. 23 Sep 1852

NYMAN, Henry Sr. age 94y 1m, d. 16 Apr 1876
NYMAN, Susannah w/o Henry NYMAN Sr.
    age 48y 1m 10d, d. 20 Apr 1836
NYMAN, Boteler B. b. 4 May 1854 d. 17 dec 1900
NYMAN, Mary w/o George W. NYMAN b. 6 Feb 1824
    d. 21 Mar 1867
NYMAN, Sue M. age 34y, d. 3 May 1878
THUMB, M. Kate w/o B. F. THUMB age 37y 5m 3d,
    d. 29 Dec 1883
THUMB, B. F. b. 1835 d. 1916
NYMAN, Lillian b. 1856 d. 1931
NYMAN, John Luther s/o George & Mary NYMAN
    age 9m 14d, d. (n.d.)
WADE, Eli b. 11 Dec 1831 d. 8 Dec 1904
WADE, Frances A. w/o Eli WADE b. 5 Dec 1836
    d. 28 Aug 1903
WADE, Dr. Harry McGill s/o Eli & F. A. WADE
    b. 4 Jan 1860 d. 26 Mar 1895
WADE, Dr. Webster w/o Eli & F. A. WADE b. 2 Dec 1875
    d. 13 Nov 1921
SMITH, Frank M. age 24y 3m 12d, d. 2 Jun 1893
WILLIAMS, Phinenas age 58y 11m 13d, d. 3 Nov 1850
WILLIAMS, Ann age 74y 10m 1d, d. 8 Jul 1874
MILLER, Henry age 70y 11m, d. 6 Feb 1843
MILLER, Susannah w/o Henry MILLER age 71y 1m 27d,
    d. 22 Apr 1851
MILLER, Marry w/o George MILLER age 73y,
    d. 30 Mar 1845
SCHLOSSER, Emma J. R. d/o Samuel & Martha
    SCHLOSSER age 1y 3m 11d, d. 10 Oct 1865
SCHLOSSER, Samuel b. 1822 d. 1885
SCHLOSSER, Martha E. w/o Samuel SCHLOSSER
    b. 1828 d. 1917
SCHLOSSER, H. Ann b. 1867 d. (n.d.)
LAKIN, Cordelia S. b. 1853 d. (n.d.)
SIGLER, Nora R. b. 1879 d. 1902
Three graves, no stones
WECKLER, Willie F. G. only s/o Frederick & Susan
    WECKLER b. 27 Oct 1848 d. 8 May 1868
WECKLER, Two infant sons
WECKLER, One infant dau.
Above ch/o Frederick & Susan WECKLER (e.n. assumed
    3 infants)
WECKLER, Frederick b. Wertemburg, Germany,
    6 Mar 1818 d. 29 Jun 1871
WECKLER, Susan w/o Frederick WECKLER
    b. 20 Jan 1809 d. 16 Jan 1884
ALBAUGH, George F. age 63y 4m, d. 25 Aug 1899
ALBAUGH, Victoria w/o George F. ALBAUGH d. (n.o.i.)
ALBAUGH, Georgie F. s/o George & Victoria ALBAUGH
    age 14y 4m 1d, d. 9 Apr 1898
ALBAUGH, Willie W. s/o George & Victoria ALBAUGH
    age 14y 9m 4d, d. 7 Jul 1893
ALBAUGH, Susan W. d/o George & Victoria ALBAUGH
    age 1y 17d, d. 7 Jan 1873
ALBAUGH, Frederick C. b. 5 Mar 1874 d. 26 Apr 1928
RINGER, Peter Jr. b. 19 Aug 1817 d. 8 Nov 1860

RINGER, Almira w/o Peter RINGER Jr. age 37y 2m 7d, d. 6 Nov 1854
DERR, Orinda w/o Jacob DERR age 74y 11m, d. 30 Jul 1898
RINGER, Ellen Amelia d/o Peter Jr. & Almira RINGER age 1y 9m 12d, d. 24 Feb 1853
RINGER, Mary Catharine d/o Peter Jr. & Almira RINGER age 6m 5d, d. 8 Jun 1846
GREEN, James D. s/o Josiah H. & Nancy A. GREEN age 1m 29d, d. 16 Jun 1868
GREEN, Mary A. C. d/o Josiah H. & Nancy A. GREEN age 1m 29d, d. 16 Jun 1868
GREEN, Peter Mathias s/o Josiah & Nancy A. GREEN age 11d, d. 29 Nov 1865
GREEN, Mathias age 46y 3m 13d, d. 10 Jul 1861
GREEN, Barbara Ann w/o Mathias GREEN age 63y 6m 18d, d. 3 Apr 1873
GREEN, Catharine M. age 5y 6m 6d, d. 5 Jan 1843
GREEN, Mathias H. age 2y 9m 25d, d. 7 jan 1843
GREEN, Anna A. d/o Daniel P. & Mary A. GREEN age 16d, d. 26 Jul 1879
JONES, Mary E. b. (n.d.) d. 30 Oct 1911
JONES, Thelma T. b. (n.d.) d. 17 May 1914
Above ch/o H. E. & M. A. JONES (e.n. assumed Mary-Thelma)
SUMMERS, Simon P. age 37y 5m 19d, d. 27 Apr 1879
SUMMERS, Emma w/o Simon P. SUMMERS age 81y 2m 7d, d. 5 Jul 1919
ZITTLE, Michael age 78y 9m 7d, d. 12 Jul 1877
ZITTLE, Catharine w/o Michael ZITTLE b. 11 Dec 1798 d. 9 Oct 1872
MERTZ, Catharine w/o John MERTZ b. 11 Jun 1786 d. 18 Jan 1874
One grave, no stone
SUMMERS, John N. b. 1 Mar 1875 d. 4 Sep 1875
SUMMERS, Susan R. b. 29 Oct 1849 d. 27 Jul 1875
MOORE, George W. age 89y 5m 22d, d. 30 Sep 1927
MOORE, Elizabeth C. w/o George W. MOORE age 64y 8m 2d, d. 2 Apr 1906
MOORE, John D. age 84y 1m 6d, d. 14 Apr 1874
MOORE, Sarah A. age 85y 3m 4d, d. 9 Jul 1884
MOORE, Agnes L. d/o G. W. & E. C. MOORE age 4d, d. 28 Mar 1877
MEREDITH, Frank b. 22 Sep 1845 d. 1 May 1922
MEREDITH, Ruth H. age 83y 2m 24d, d. 24 Dec 1838
MEREDITH, Lydia A. age 96y 2m 8d, d. 6 Dec 1898
MEREDITH, Mrs. Elizabeth age 85y 6m 1d, d. 16 Aug 1860
MEREDITH, Bettie H. b. 5 Aug 1848 d. 23 Feb 1881
MEREDITH, Levi d. (n.o.i.)
SHAFFNER, Charles M. age 36y 7m 10d, d. 6 Sep 1873
MEREDITH, Sargent age 21y 11m 17d, d. 25 Sep 1873
MEREDITH, Samuel age 61y 2m 17d, d. 13 Apr 1868
MEREDITH, Catharine w/o Samuel MEREDITH age 71y, d. 1 Aug 1880
LOPP, George age 54y 11m 10d, d. 11 Jan 1883

LOPP, Malinda C. w/o George LOPP age 60y 9m 1d, d. 27 Feb 1907
One grave, no stone
ORDNER, Magdalena age 82y 13d, d. 6 Dec 1860
ORDER(?), Peter b. (n.d.) d. 22 Jan 1882
ORDNER, Ann Rebecca w/o Peter ORDNER age 72y 1m 4d, d. 15 Jan 1877
LYNCH, Thomas J. age 48y 7m 13d, d. 6 Dec 1866
LYNCH, Mary A. age 51y 11m 25d, d. 8 Feb 1872
LYNCH, George Washington s/o Thomas & Mary LYNCH age 1y 2m 29d, d. 24 Nov 1849
LYNCH, Frances Eugen d/o Thomas & Mary LYNCH b. 22 Jan 1851 d. 15 Apr 1857
LYNCH, Mary Ellen d/o Thomas & Mary LYNCH b. 15 Apr 1847 d. 28 Apr 1857
LYNCH, Martha Catharine d/o Thomas & Mary LYNCH b. 24 Jun 1854 d. 8 Apr 1855
LYNCH, George W. s/o Thomas & Mary LYNCH age 1y 3m 23d, d. 27 Feb 1860
LYNCH, Frances E. d/o Thomas & Mary LYNCH age 2y 7m 1d, d. 10 Jan 1863
Two graves, no stones
HERR, Luther age 21y 9m 16d, d. 14 Mar 1853, s/o Emanuel & Catharine HERR
HERR, Emanuel age 51y 10m 6d, d. 30 Dec 1856
HERR, Catharine w/o Emanuel HERR age 77y 15d, d. 30 Mar 1883
HERR, Ann Matilda d/o Emanuel & Catharine HERR b. 4 Mar 1835 d. 12 Nov 1867
HERR, Prudence b. 28 May 1847 d. 6 Apr 1913
Two graves, no stones, infants, d.
EASTERDAY, Ellen D. w/o Lawrence EASTERDAY b. 1 Feb 1840 d. 28 Aug 1911
HERR, Van S. b. 1837 d. 1905
DAVIS, Elias age 71y, d. 17 Aug 1870
DAVIS, Margaret A. w/o Elias DAVIS age 72y, d. 16 Jan 1895
DAVIS, Amelia w/o John C. BOWMAN b. 15 Jan 1856 d. 25 Mar 1928
DAVIS, George A. b. 11 Jul 1853 d. 22 Oct 1916
DAVIS, William E. b. 4 Dec 1866 d. 2 Feb 1901
DAVIS, Amelia w/o Elias DAVIS b. 4 Dec 1802 d. 16 May 1848
DAVIS, Dr. William E. b. 9 Dec 1829 d. 14 Dec 1858
BURKART, Theodore L. b. 21 Nov 1824 d. 27 Jan 1860
DAVIS, Margaret Amelia b. 24 Jan 1846 d. 8 Mar 1850
DAVIS, Margaret Amelia b. 27 Nov 1835 d. 10 Oct 1836
DAVIS, Lemuel b. 24 Oct 1840 d. 14 Jul 1851
DAVIS, Joseph Frisby b. 2 Oct 1834 d. 13 Jan 1835
GELWICKS, Jonathan S. b. 19 Dec 1819 d. 21 Aug 1884
GELWICKS, Mary Ellen w/o Jonathan S. GELWICKS b. 31 Mar 1823 d. 7 Aug 1896
DAVIS, Joseph F. b. 27 Feb 1826 d. 3 Oct 1879
DAVIS, Angela K. b. 26 May 1827 d. 25 Mar 1919
DAVIS, Ephriam b. 26 Dec 1771 d. 11 May 1847
DAVIS, Elizabeth B. w/o Ephriam DAVIS b. 29 Jun 1792 d. 11 May 1848

DAVIS, Frisby b. 10 Jun 1816 d. 5 Nov 1879
DAVIS, William b. 7 Dec 1802 d. 31 Mar 1845
DAVIS, Lloyd s/o E. & E. DAVIS age 53y, d. Toledo, OH
    d. 8 Jan 1875
MILLER, William b. 25 Dec 1818 d. 27 Jul 1889
MILLER, Louisa b. 14 Feb 1822 d. 10 Dec 1904
HADENHAUSER, Lucinda age 36y 2m 26d,
    d. 11 Oct 1869
MILLER, Emilea d/o William & Louisa MILLER
    age 9y 2m 8d, d. 5 Apr 1863
MILLER, Infant s/o John L. & Clar. MILLER age 2d,
    d. 13 Feb 1878
MILLER, Mary E. d/o William & Louisa MILLER
    age 7y 3m 14d, d. 18 Apr 1851
MILLER, William H. s/o William & Louisa MILLER
    age 11y 6m 20d, d. 29 Nov 1857
MILLER, Charles W. d/o William & Louisa MILLER
    age 6m 9d, d. 26 Mar 1869
MILLER, Lewis E. s/o William & Louisa MILLER
    b. 22 Feb 1850 d. 15 Oct 1865
KAUFFMAN, Infant d/o M. & Mar. A. KAUFFMAN b. (n.d.)
    d. 31 Jan 1894
RINGER, Samuel Jr. age 64y 10m 11d, d. 26 Sep 1909
RINGER, Eveann w/o Samuel RINGER Sr.
    age 64y 8m 8d, d. 17 Dec 1879
RINGER, Mary w/o Samuel RINGER Jr. age 56y 8m 12d,
    d. 4 Jul 1907
RINGER, Samuel Sr. age 87y 9m 11d, d. 18 Jan 1897
BEARD, Annie d/o Henry BEARD age about 16y,
    d. (n.o.i.)
BEARD, Henry d. (n.o.i.)
BEARD, ___ w/o Henry BEARD d. (n.o.i.)
BEARD, Elizabeth, Mother, age 66y 8m 24d,
    d. 25 Sep 1872
DALBY, A. S. b. 1846 d. 1 May 1912
DALBY, Eliza R. w/o A. S. DALBY b. 27 Nov 1842
    d. 11 Oct 1911
STOTLER, Elizabeth b. 1 Nov 1823 d. 3 May 1880
KEAFAUVER, George W. age 73y 5m 26d,
    d. 26 Feb 1897
KEAFAUVER, Anna w/o George W. KEAFAUVER
    b. 15 Mar 1825 d. 27 May 1900
KEAFAUVER, Minnie b. 1859 d. 1921
KEAFAUVER, Otho James age 24y 4m 16d,
    d. 19 Dec 1875 s/o George W. & Anna
    KEAFAUVER
DIGGS, Elizabeth w/o Perry DIGGS age 86y 10m 15d,
    d. 24 Aug 1912
STOTTLER, Anna Louisa, Aunt, b. 3 Aug 1798
    d. 9 Oct 1883
WOXMOOD, August b. 21 Apr 1818 d. 17 Sep 1894
WOXMOOD, Mary B. w/o August WOXMOOD
    b. 29 Jan 1817 d. 11 Apr 1886
HAGENBERGER, Arthur C. b. 10 Oct 1844 d. 21 Apr 1884
CHAMBERLAIN, Margaret A. b. 11 Nov 1839
    d. 18 Apr 1895
Two graves, no stones

SMITH, Israel age 75y 3m 24d, d. 10 May 1885
MORRISON, Jesse age 67y 5m 15d, d. 27 Oct 1874
MORRISON, Mary E. age 37y 11m 19d, d. 26 Dec 1902
One grave, no stone
MORRISON, Lewis Scott s/o Jesse & C. M. MORRISON
    age 2y 30d, d. 2 Jan 1852
MORRISON, Louisa C. d/o Jesse & Catharine M.
    MORRISON age 1y 8m, d. 21 Jan 1849
MORRISON, Emma V. s/o Jesse & Catharine M.
    MORRISON age 1y 6m 21d, d. 13 Feb 1869
MORRISON, G. B. McClellan s/o Jesse & Catharine M.
    MORRISON age 2y 6d, d. 4 Sep 1864
LINE, Joseph Allen b. 10 Nov 1837 d. 4 Apr 1925
LINE, Annie Catharine w/o Joseph Allen LINE
    b. 22 Dec 1850 d. 16 Nov 1916
LINE, One grave, no stone
ALBAUGH, John A. age 72y 8m 7d, d. 4 Apr 1899
ALBAUGH, Lydia w/o John A. ALBAUGH
    age 72y 3m 12d, d. 24 Jul 1896
RENNER, Paul E. s/o Richard & Emma E. RENNER
    age 1m 28d, d. 29 Apr 1904
WELTY, Emma Gertrude d/o J. E. & Emma E. WELTY
    age 6m 20d, d. 15 Aug 1871
MARTIN, Daniel W. b. 29 May 1866 d. 2 Dec 1929
MARTIN, John T. s/o D. W. & Dora MARTIN age 8m 17d,
    d. 7 Mar 1904
MARTIN, George W. s/o D. W. & Dora MARTIN
    age 7m 29d, d. 28 Sep 1901
BRENGLE, Sarah Ann w/o Charles BRENGLE
    age 69y 10d, d. 8 Feb 1870
KIDWELL, Benjamin F. age 39y 8m, d. 16 Jul 1869
REMSBURG, James W. age 70y 9m 27d, d. 26 Nov 1904
REMSBURG, Annie C. w/o James W. REMSBURG
    age 61y, d. 13 May 1894
HAMMOND, Alexander s/o John & Elizabeth HAMMOND
    b. 19 Jan 1835 d. 10 Jan 1916
HAMMOND, John age 78y, d. 15 Jan 1886
O'NEAL, Elizabeth w/o John HAMMOND age 86y 6m 6d,
    d. 18 Jul 1894
HAMMOND, Elizabeth V. d/o John & Elizabeth
    HAMMOND b. 2 Aug 1846 d. 24 Dec 1922
HAMMOND, David age 83y 3m 18d, d. 29 Jan 1882
HAMMOND, Anna N. w/o David HAMMOND age 84y,
    d. 18 Mar 1892
NICODEMUS, Eveline C. w/o John L. NICODEMUS
    b. 5 Dec 1830 d. 26 Apr 1891
NICODEMUS, Luther Edgar s/o John L. & Eveline
    NICODEMUS b. 13 Nov 1862 d. 29 Jul 1864
NICODEMUS, Two infants, ch/o John L. & Eveline C.
    NICODEMUS d. (n.o.i.)
NICODEMUS, Henry Valentine s/o John & Ann Maria
    NICODEMUS b. 13 Jan 1838 d. 25 Sep 1839
NICODEMUS, Maria b. 1793 d. 26 Apr 1802
NICODEMUS, Anna Margaret b. 30 Jan 1798
    d. 25 Dec 1818
NICODEMUS, Elizabeth b. 8 Nov 1795 d. 26 Dec 1820
NICODEMUS, Anna M. b. 1 Dec 1767 d. 28 Feb 1826

NICODEMUS, Valentine b. 21 Nov 1763 d. 2 Nov 1835
MOTTER, Henry age 79y, d. 27 Oct 1830
MOTTER, Catherine b. 28 Apr 1776 d. 26 Jan 1828
NICODEMUS, John b. 14 Nov 1800 d. 29 Aug 1879
NICODEMUS, Ann Maria w/o John NICODEMUS
    b. 8 Mar 1805 d. 8 Feb 1850
NICODEMUS, Mary Ellen d/o John & Ann Maria
    NICODEMUS b. 30 Apr 1827 d. 3 Nov 1845
NICODEMUS, Cassandra d/o John & Ann Maria
    NICODEMUS b. 5 Oct 1834 d. 6 Feb 1879
ATWOOD, Georgianna F. M. w/o A. T. ATWOOD
    age 23y 18d, d. 18 Jan 1866 d/o John & Ann
    Maria NICODEMUS
NICODEMUS, Rufus M. b. 3 Jun 1830 d. 24 Aug 1852
NICODEMUS, Allen b. 14 Nov 1832 d. 25 Jul 1852
MONTEBAUGH, Sarah age 78y 8m 12d, d. 1 Feb 1870
ORRICK, George W. age 68y 23d, d. 11 Oct 1895
ORRICK, Mary A. w/o George W. ORRICK b. 27 Feb 1835
    d. 21 Jan 1861
ORRICK, Amelia G. w/o George W. ORRICK
    age 72y 9m 10d, d. 17 May 1912
ORRICK, George B. s/o George W. & Amelia C. ORRICK
    age 17y 6m 21d, d. 5 Oct 1885
ORRICK, Ida Kate d/o George W. & Amelia C. ORRICK
    age 32y 8m 16d, d. 14 Dec 1886
YOUNGLOVE, Lydia w/o William M. YOUNGLOVE
    b. 26 May 1836 d. 2 Sep 1872
OSBORNE, Nellie d/o Rev. William M. & V. L.
    YOUNGLOVE b. 27 Nov 1861 d. 27 Jul 1871
One grave, no stone
COURSEY, Rev. W. R. age 78y 15d, of Rock River
    Conference of U. B. Church, d. 1 Jul 1881
BOVEY, Infant s/o Rev. H. A. & Mary E. BOVEY d. (n.o.i.)
BOVEY, Ella Alvina d/o Rev. Henry A. & Mary E. BOVEY
    age 4m 16d, d. 6 Apr 1871
BOVEY, Daniel Arthur s/o Rev. Henry A. & Mary E.
    BOVEY age 2y 27d, d. 6 Apr 1871
HIX, Mary Ann w/o William HIX age 84y 10m 20d,
    d. 3 Apr 1882
DETRICK, Henry b. 11 Oct 1811 d. 20 May 1870
MULLEN, Mordecai H. b. 30 Jul 1813 d. 22 Jul 1890
MULLEN, Eliza A. w/o Mordecai H. MULLEN
    b. 10 Feb 1822 d. 26 Dec 1884
ITNYRE, Amanda age 35y 10m 21d, d. 22 Feb 1872
FASNACHT, Joseph age 64y 11m 14d, d. 24 Mar 1875
KNOTT, Henry b. 1829 d. 1903
KNOTT, Charles H. b. 1868 d. 1871
BUTZEL, Sarah b. 1813 d. 1870
MILLER, Christian age 87y, d. 13 May 1921
MILLER, Elizabeth C. w/o Christian MILLER
    age 38y 3m 13d, d. 22 Mar 1878
MILLER, Elizabeth age 78y, d. 11 Mar 1923
WALLICH, William age 31y 8m 18d, d. 19 Jun 1863
WALLICH, Elizabeth C. b. 4 Apr 1825 d. 2 Jul 1877
KNOTT, Malinda w/o Henry KNOTT b. 1836 d. 1906
RICE, Daniel age 55y, d. 15 Jun 1863
WALLICK, Alice S. b. 1860 d. 1902

WALLICK, Luther C. b. 1858 d. 1936
WALLICK, Annie E. b. 1857 d. 1933
NEWCOMER, Hubert s/o J. R. & Clara NEWCOMER
    b. 10 Feb 1893 d. 7 Sep 1893
SUMAN, John A. age 52y, d. 27 Jul 1885
SUMAN, Elizabeth C. w/o John A. SUMAN age 51y 24d,
    d. 26 Jun 1888
SUMAN, Eliza b. (n.d.) d. 1 Mar 1902
SUMAN, Harry s/o John A. & E. C. SUMAN
    age 13y 5m 9d, d. 19 Nov 1877
SUMAN, Missouri d/o J. A. & E. C. SUMAN
    age 14y 3m 9d, d. 19 Nov 1888
SMITH, Lewis H. age 59y 5m 25d, d. 6 Nov 1878
SMITH, Georgeanna w/o Lewis H. SMITH age 65y 7m 3d,
    d. 13 Jan 1891
SMITH, Clemintine M. b. 1866 d. 1916
SMITH, Emma S. age 40y 9d, d. 15 May 1900
BAKER, Sophia age 62y 8m 29d, d. 20 Jul 1862
HOFFMAN, Michael age 77y 5m 13d, d. 19 Apr 1879
HOFFMAN, Mary w/o Michael HOFFMAN age 74y 3m 2d,
    d. 25 Mar 1881
HOFFMAN, John M. age 69y 7m 17d, d. 20 Sep 1914
HOFFMAN, Sarah M. w/o John M. HOFFMAN
    age 47y 1m 21d, d. 20 Jun 1891
NORRIS, Frisby F. b. 20 Feb 1843 d. (n.d.)
NORRIS, Nancy Ann w/o Frisby F. NORRIS
    b. 15 Dec 1837 d. 15 Feb 1909
NORRIS, Sophia b. 12 Jan 1800 d. 12 Jan 1878
FLETCHER, John R. b. 1848 d. 1935
FLETCHER, Anna E. K. b. 1853 d. 1912
KREBS, Delilah b. 1837 d. 1903
FLETCHER, Edwin L. b. (n.d.) d. 1880
FLETCHER, Anna I. b. 1883 d. 1885
HOUPT, David, Brother, age 66y 7m 3d, d. 8 Dec 1889
HOUPT, William age 73y 3m 13d, d. 26 Dec 1898
HOUPT, Susan w/o William HOUPT b. 1841 d. 1924
HOUPT, one grave, no stone
HOUPT, John P. b. 15 Feb 1830 d. 17 Dec 1909
HOUPT, Rachel w/o John O. HOUPT b. 19 Feb 1834
    d. 31 May 1909
HOUPT, Ezra age 59y 6m 21d, d. 16 Aug 1880
NYMAN, George W. age 73y 8d, d. 27 Jun 1895
NYMAN, Sarah J. b. 29 Oct 1848 d. 4 May 1915
LINE, Thomas F. age 52y 2m 2d, d. 22 Jul 1892
LINE, Malinda C. age 68y 9m 28d, d. 29 May 1918
LINE, Clara V. age 51y 2m 11d, d. 8 Nov 1927
LINE, Ida E. age 51y 10m 29d, d. 19 Sep 1926
LINE, Dana d/o J. & L. LINE age 1d, d. 30 Sep 1823
LINE, Sophia P. b. 3 Dec 1832 d. 13 Dec 1913
LINE, Jacob age 83y 4m, d. 29 Apr 1879
LINE, Leah w/o Jacob LINE age 49y 27d, d. 1 Feb 1852
LINE, Margaret age 68y, d. 18 May 1863
LINE, Jacob E., Brother, age 60y, d. 18 Feb 1895
LINE, Samuel George s/o Jacob & Leah LINE
    b. 16 Aug 1828 d. 4 Sep 1843
FLOOK, Jonas T. age 64y 8m 20d, d. 12 Nov 1903

FLOOK, Annie M. w/o Jonas T. FLOOK b. 26 Mar 1848
    d. 15 Dec 1925
FLOOK, Carrie B. b. 24 Aug 1881 d. 9 Nov 1930
FLOOK, Sadie E. age 4m 28d, d. 7 Apr 1876
FLOOK, Annie L. age 1y 2m 4d, d. 7 Jul 1878
FLOOK, Lesley F. age 4y 2m 10d, d. 7 Dec 1882
All above ch/o Jonas T. & Annie M. FLOOK (e.n.
    assumed Carrie-Lesley)
FOLTZ, Daniel Webster b. 3 Jan 1840 d. 29 Feb 1924
TOMS, Lydia A. C. w/o Daniel Webster FOLTZ
    b. 27 Aug 1848 d. 3 May 1916
FOLTZ, Emma E. d/o Daniel Webster & Lydia A. C.
    FOLTZ b. 29 Sep 1863 d. 1 Dec 1878
FOLTZ, Valley Woodward s/o Daniel Webster & Lydia A.
    C. FOLTZ age 2m 22d, d. 12 Apr 1876
FOLTZ, Infant d/o Daniel Webster & Lydia A. C. FOLTZ
    b. (n.d.) d. 13 Jan 1876
REAPSOMER, John M. age 71y 15d, d. 31 Mar 1917
REAPSOMER, Laura E. w/o John M. REAPSOMER
    age 44y 6m 14d, d. 31 May 1901
REAPSOMER, John M. age 56y 11m 29d, d. 4 Jun 1858
REAPSOMER, Christiana w/o John M. REAPSOMER
    age 77y 7m 3d, d. 6 Feb 1885
REAPSOMER, Frederick C. age 24y 4m 21d,
    d. 25 Oct 1862
REAPSOMER, Dany E. d/o Frederick C. & Mary C.
    REAPSOMER age 11m 4d, d. 9 Aug 1863
DOUB, Ezra age 78y 6m 16d, d. 12 Jul 1892
DOUB, Margaret A. w/o Ezra DOUB age 65y 6m,
    d. 2 Jul 1881
DOUB, Ann C. d/o Ezra & Margaret A. DOUB
    age 10y 8m 12d, d. 17 Sep 1864
DOUB, George W. s/o Ezra & Margaret A. DOUB
    age 4y 5m 29d, d. 8 Nov 1856
DOUB, Francis M. b. 13 Jun 1849 d. 22 Nov 1933
DOUB, David C. b. 22 Mar 1854 d. 23 Feb 1908
DOUB, Alice S. b. 31 Jan 1855 d. 13 Jul 1918
DOUB, Icy D. b. 25 Jun 1880 d. 5 Aug 1881
DOUB, Moss F. b. 22 Aug 1881 d. 12 Sep 1882
DOUB, A. Earl b. 9 Oct 1884 d. 3 Jan 1934
NICODEMUS, Thomas age 72y, d. 19 Dec 1882
NICODEMUS, Elizabeth age 81y 6m 10d, d. 1 Mar 1899
KEEDY, Amanda w/o Harry J. KEEDY age 39y 7m,
    d. 22 Jun 1889
KEEDY, Bessie Gertrude d/o Harry J. & Amanda KEEDY
    b. 3 Jan 1886 d. 2 Sep 1886
SMITH, Hellen G. d/o O. F. & Elizabeth SMITH
    age 8m 9d, d. 30 Nov 1869
SMITH, Oscar F. age 51y 3m, d. 27 Feb 1892
SMITH, Elizabeth b. 1841 d. 1935
ITNYRE, Daniel age 67y, d. 21 Oct 1880
ITNYRE, Susan w/o Daniel ITNYRE age 81y 20d,
    d. 24 Apr 1901
ITNYRE, Lawson b. 1854 d. 1935
ITNYRE, J. Polk b. 1852 d. 1930
ITNYRE, John H. b. 1845 d. 1922

ROWE, Percy E. s/o Samuel A. & Emma B. ROWE
    age 2y 21d, d. 3 Nov 1880
ROWE, Daniel E. w/o Samuel A. & Emma B. ROWE
    age 7m 12d, d. 7 Jan 1884
ROWE, Wreathie Irene b. 15 Nov 1884 d. 22 Aug 1889
ROWE, Samuel A. d. (n.o.i.)
ROWE, Emma Ellen b. 24 Dec 1855 d. 16 Oct 1908
WARRENFELTZ, Otho J. age 24y 3m, d. 7 Apr 1883
WARRENFELTZ, Soloman age 40y 10m 14d,
    d. 15 Feb 1863
KREPS, Tracy A. age 70y 5m 25d, d. 26 Aug 1908
KREPS, George W. age 59y, d. 13 Sep 1889
One grave, infant, no stone
SMITH, Caroline A. b. 25 May 1850 d. 4 Dec 1928
SMITH, William F. b. 2 Oct 1820 d. 29 May 1902
SLIFER, Susan w/o William F. SMITH b. 1 Jan 1828
    d. 30 Jan 1892
SMITH, Fannie M. d/o William F. & Susan SMITH
    b. 4 Oct 1865 d. 14 Feb 1898
BELL, Frankie V. s/o Emory & Annie F. BELL
    age 1m 20d, d. 2 Jan 1878
Two graves, infants, no stones
STORM, Hattie d/o F. E. & Matie STORM age 6m,
    d. 17 Sep 1882
Two graves, no stones
MURDOCK, John age 76y 9m 23d, d. 23 May 1896
MURDOCK, Harriet C. b. 13 Aug 1823 d. 6 May 1904
WHITTER, Virginia V. b. 30 Jul 1860 d. 15 Apr 1919
WHITTER, J. L. age 30y 5m 28d, d. 27 Feb 1894
WHITTER, Amanda S. w/o Jacob B. WHITTER
    b. 2 Oct 1835 d. 14 Nov 1882
WHITTER, Sarah Frances b. 20 Jan 1862 d. 29 Mar 1927
MURRAY, John age 72y 4m 17d, d. 25 Dec 1868
MURRAY, Elizabeth w/o John MURRAY age 76y 6m 29d,
    d. 23 Oct 1882
WILLIAMS, Mary E. Dagenhart d/o John & Elizabeth
    MURRAY b. (n.d.) d. 3 Nov 1907
DAGENHART, William M. s/o Emanuel & Lucy
    DAGENHART b. (n.d.) d. 15 Jan 1892
STINE, George W. b. 28 Nov 1837 d. 3 Aug 1918
STINE, Eliza J. b. 13 Nov 1845 d. 15 Mar 1931
HOOVER, Christian age 76y 8m 26d, d. 1 Oct 1884
HOOVER, Elizabeth w/o Christian HOOVER
    age 83y 2m 20d, d. 28 Apr 1895
HOOVER, John W. s/o Christian & Elizabeth HOOVER
    age 24y 11m 17d, d. 11 Dec 1867
KELLER, Charles S. b. 18(5?)4 d. 1926
TRACEY, John W. age 64y 4d, d. 26 May 1896
TRACEY, Eliza w/o John W. TRACEY age 56y 9m 26d,
    d. 15 Oct 1890
ZITTLE, Samuel H. b. 2 Feb 1863 d. 10 Oct 1924
Four graves, no stones
STONE, Benjamin age 61y 5m 7d, d. 20 Mar 1878
EAKLE, Dellah d/o Absalom & Catharine EAKLE
    age 7y 1m 19d, d. 4 May 1878
STONE, Leah w/o Benjamin STONE age 84y 4m 23d,
    d. 27 Apr 1903

STONE, Willie H. s/o Allen M. & Sidney V. STONE
    age 1y 4m 18d, d. 20 Jul 1891
HOFFMAN, Susan w/o J. M. HOFFMAN b. 17 Feb 1845
    d. 24 Mar 1920
STONE, William H. age 47y 11m 2d, d. 4 Sep 1888
STRAUSE, Charles E. s/o G. R. & M. E. STRAUSE
    age 15y 10m 20d, b. 1859 d. 8 Nov 1874
STRAUSE, George W. b. (n.d.) d. 1850
STRAUSE, George R. age 54y 8m 24d, d. 21 Jun 1877
STRAUSE, Mary E. w/o George R. STRAUSE
    age 48y 10m 28d, d. 1 Aug 1882
STRAUSE, Charles b. 1875 d. 1923
KENNEDY, Katie R. b. 1855 d. 1932
STRAUSE, Margaret, infant, d. (n.o.i.)
STRAUSE, Fannie, infant, d. (n.o.i.)
LAKING, William T. b. 1862 d. 1934
LAKING, Fairfax S. b. 1877 d. 1921
LAKIN, Dr. A. W. b. 27 Jan 1836 d. 8 Jun 1912
TROUP, Josephine E. w/o Dr. A. W. LAKIN
    b. 18 May 1838 d. 19 Sep 1911
TROUP, John T. b. 6 Nov 1826 d. 19 Mar 1880
LAKIN, Arthur D. b. 1870 d. 1922
One grave, infant, no stone
BRINING, George W. b. 25 Dec 1849 d. 10 Jul 1926
BRINING, Alice I. w/o George W. BRINING age 37y 15d,
    d. 3 Jun 1897
BRINING, Ella b. 9 Nov 1846 d. 19 Jan 1921
BRINING, John C. b. 26 Sep 1851 d. 5 Sep 1908
BRINING, John C. Sr. age 71y 1m 14d, d. 22 Sep 1881
BRINING, Katherine b. 13 Dec 1813 d. 29 Mar 1900
BRINING, Emma C. w/o D. H. HEISEY b. 25 Oct 1852
    d. 23 Jul 1920
One grave, no stone
One grave, infant, no stone
MURPHY, John age 23 Aug 1837 d. 10 Jul 1882
BRINING, Clara J. w/o John MURPHY b. 19 Jul 1848
    d. 25 Jan 1912
SMITH, Charles C. b. 1855 d. 1912
Two graves, no stones
SNYDER, Martin H. age 64y 8m 19d, d. 16 Jul 1899
SNYDER, Louisa M. w/o Martin H. SNYDER
    age 66y 3m 1d, d. 7 Feb 1901
SNYDER, Harlan S. age 38y 21d, d. 24 Mar 1900
SNYDER, Annie M. d/o Martin H. & Louisa M. SNYDER
    age 18y 2m 13d., d. 25 Mar 1883
SNYDER, Claud Edward s/o Harlan S. & Cora A.
    SNYDER b. 7 Oct 1896 d. 1 Mar 1897
SHIFLER, Samuel b. 23 Feb 1813 d. 27 Mar 1886
MILLER, Joshua C. b. 25 Dec 1837 d. 25 Apr 1916
SHIFLER, Amanda E. w/o Joshua C. MILLER
    b. 30 Oct 1838 d. 5 Feb 1922
MILLER, Otho J. b. 1856 d. 1920
BISER, Florence E. w/o Otho J. MILLER b. 1858 d. 1931
One grave, no stone b. (n.d.) d. 1936
MILLER, John S. age 89y 5d, d. 17 Feb 1919
MILLER, Catharine A. w/o John S. MILLER
    age 60y 9m 22d, d. 11 Oct 1899

MILLER, Jacob age 75y 3m 29d, d. 27 Feb 1882
MILLER, Elizabeth age 79y 2m 4d, d. 12 Oct 1888
MILLER, John Orris s/o Otho J. & Florence E. MILLER
    age 9y 5m 23d, d. 23 Apr 1901
HUFFER, Jonas Q. age 55y 8m 19d, d. 1 Mar 1896
HUFFER, Mary E. w/o Jonas Q. HUFFER age 31y 18d,
    d. 1 Apr 1884
One grave, infant, no stone
SHIFLER, Infant s/o Walter E. & Alice E. SHIFLER
    d. (n.o.i.)
SHIFLER, Mary C. d/o Walter E. & Alice E. SHIFLER
    age 10m, d. 11 Jan 1905
SHIFLER, Daniel S. b. 9 Oct 1842 d. 16 Jan 1923
SHIFLER, Maria w/o Daniel S. SHIFLER b. 10 Jun 1844
    d. 22 Jan 1897
DOUB, Sarah Ann b. 29 Feb 1836 d. 23 May 1919
DOUB, Susanna age 66y, d. 18 Jun 1831
DOUB, David b. 30 May 1843 d. 16 Feb 1921
YESSLER, Joseph H. b. 2(6?) 1827 d. 19 Nov 1876
STORM, Philip b. 23 Aug 1812 d. 9 May 1885
SHANK, Catharine w/o Philip STORM b. 6 Oct 1822
    d. 10 Sep 1901
STORM, Mary Ellen d/o Philip & Catherine STORM
    age 12y 5m 18d, d. 1 Sep 1858
One grave, no stone
YOUNG, Greenberry age 72y 1m 1d, d. 22 Oct 1893
YOUNG, Sarah w/o Greenberry YOUNG age 75y 2m 12d,
    d. 30 Jun 1901
YOUNG, Sarah Jane d/o Greenberry & Sarah YOUNG
    age 3y 10m 5d, d. 26 Jul 1857
YOUNG, Charles J. b. 1851 d. 1936
YOUNG, Florence R. b. 1851 d. 1923
YOUNG, Infant s/o Charles J. & Florence YOUNG
    d. (n.o.i.)
YOUNG, Flora d/o Charles J. & Florence YOUNG
    age 8m 10d, d. 21 Oct 1886
YOUNG, Silas b. 22 Sep 1846 d. 19 Jan 1914
YOUNG, Mary C. w/o Silas YOUNG b. 20 Apr 1846
    d. 3 Mar 1898
ANDERS, Charles H. age 31y, d. 11 Dec 1891
MILES, Charles P. b. 12 Jan 1832 d. 23 Nov 1901
MILES, Sarah w/o Charles P. MILES b. 3 Nov 1831
    d. 5 Oct 1907
MAIDLOW, Clara age 72y, d. 1 Jun 1936
ANDERS, Charles Preston age 6m 27d, d. (n.d.)
ANDERS, Ralph Shepherd age 7m 24d, d. (n.d.)
NYMAN, Adron, infant d. (n.o.i.)
NYMAN, William H. age 28y, d. 21 Feb 1879
NYMAN, Daniel G. age 79y, d. 14 Mar 1893
STEPHENS, Wilhelmina w/o Daniel G. NYMAN age 79y,
    d. 25 Jan 1894
ROBISON, A. L. age 31y, d. at Montpelier, ID,
    on 16 May 1882
WELTY, Simon P. b. 13 Sep 1838 d. 27 Jun 1906
WELTY, Lucy C. w/o Simon P. WELTY b. (n.d.)
    d. 14 Jan 1921
O'BRIEN, Thomas J. b. (n.d.) d. 7 Apr 1927

FISH, Robert M. d. (n.o.i.)
FISH, Elizabeth A. w/o Robert M. FISH d. (n.o.i.)
WELTY, Everett s/o Simon P. & Lucy C. WELTY,
    age 15y 8m 15d, d. at Cumberland, MD
    26 Oct 1877
POFFINBERGER, Andrew b. 31 May 1834 d. 12 Jan 1883
Two graves, no stones
SCHAEFFER, Howard J. age 27y 11m 11d,
    d. 12 Sep 1883
One grave, no stone
LOVELL, Albert G. b. 1839 d. 1934
LOVELL, Susan M. b. 1844 d. 1929
LOVELL, George A. b. 1870 d. 1870
WHEELER, W. B., M.D., b. 1839 Surg. 8 MD V.I. 5 Corp
    U.S.A., d. 1929
WHEELER, E. B. w/o W. B. WHEELER b. 1840 d. 1909
O'BRIEN, Mary d/o Matthew & Julia O'BRIEN
    b. 4 Feb 1883 d. 9 Mar 1883
FORD, James P. b. 1845 d. 1915
FORD, Malinda C. b. 1845 d. 1930
FORD, Lillian M. b. 1885 d. 1909
BORD, Luther B. b. 1874 d. 1932
MANYETT, James B. b. 1857 d. 1933
COLEMAN, Laura V. w/o James B. MANYETT b. 1859
    d. 1927
MANYETT, Charles C. s/o James B. & Laura V.
    MANYETT b. 1890 d. (n.d.)
COLEMAN, George W. b. 1831 d. 1881
COLEMAN, Catharine A. w/o George W. COLEMAN
    b. 1838 d. 1911
One grave, infant, no stone
RINGER, Elizabeth C. age 52y 7m 20d, d. 7 Mar 1901
RINGER, Clara V. d/o John H. & Barbara RINGER
    age 27y 8m 12d, d. 10 Jan 1879
SHOEMAKER, Rosey E. d/o George W. & M. C.
    SHOEMAKER age 5m 10d, d. 1 Jun 1895
SHOEMAKER George W. b. 21 Jan 1862 d. 19 Mar 1933
SHOEMAKER, Daniel N. b. 1829 d. 1906
SHOEMAKER, Elizabeth A. w/o Daniel N. SHOEMAKER
    b. 1832 d. 1918
SUMMERS, Catharine age 71y 10m 15d, d. 3 Feb 1879
CASTLE, John age 69y 4m 15d, d. 7 Apr 1877
ITNYRE, Katherine L. b. 6 Apr 1873 d. 27 Jun 1931
ITNYRE, Jacob age 81y 11m 12d, d. 16 Sep 1900
ITNYRE, Catharine A. b. 1 Mar 1835 d. 7 Dec 1916
DAVIS, Frisby J. age 71y, d. 11 Jul 1909
BRANTNER, Harriet w/o Frisby J. DAVIS age 68y,
    d. 3 Jul 1912
DAVIS, Lemuel w/o Frisby & Harriet DAVIS b. 4 Sep 1861
    d. 10 Mar 1864
DAVIS, Dr. William E. b. 10 Apr 1858 d. 6 Oct 1917
DAVIS, Caroline R. w/o Dr. William E. DAVIS
    b. 21 Jul 1863 d. 3 Mar 1934
LANKAN, Hellen E. b. 1898 d. 1919
DAVIS, Paul B. age 34y 7m 8d, d. 20 Jan 1905
WEAST, Henry b. 19 Apr 1797 d. 7 Dec 1880

WEAST, Lucinda w/o Henry WEAST age 80y 7m 2d,
    d. 20 May 1896
GABE, Charles A. b. 2 Nov 1847 d. 5 Oct 1931
GABE, Lucinda w/o Charles A. GABE b. 11 Apr 1851
    d. 10 Mar 1928
GABE, Grover C. s/o Charles A. & Lucinda GABE
    age 9m 6d, d. 20 Jul 1887
SMITH, Jacob E. age 72y 2d, d. 21 Apr 1883
SMITH, John E. age 69y, d. 17 Apr 1912
SMITH, Mary w/o Jacob E. SMITH b. 15 Apr 1808
    d. 9 Mar 1888
DANNER, William O. b. (n.d.) d. 3 Jul 1926
DANNER, Georgeanna w/o William O. DANNER age 65y,
    d. 7 Mar 1921
DANNER, Joseph b. 3 Jan 1822 d. 19 Apr 1910
DANNER, Elmira w/o Joseph DANNER b. 29 Oct 1828
    d. 30 Nov 1896
DANNER, Thornton W. b. 31 Jan 1845 d. 1 Jun 1847
SMELTZER, Clara L. w/o Eugene P. SMELTZER
    b. 13 Aug 1859 d. 19 Feb 1915
LIGHTER, Henry Carlton s/o J. H. & S. T. LIGHTER
    age 1m, d. 31 Jul 1866
LIGHTER, Emory K. s/o John H. & Sophia T. LIGHTER
    age 2y 10m 6d, d. 30 Dec 1882
LIGHTER, John H. b. 13 Oct 1835 d. 4 Mar 1910
SHIFFLER, Sophia T. w/o John H. LIGHTER
    b. 9 Sep 1841 d. 9 Oct 1926
BROWN, John age 70y 11m 28d, d. 31 Mar 1899
Three graves
Two graves, infants
SMITH, Arbelen E. b. 16 Oct 1852 d. 1 Oct 1917
SMITH, Samuel b. 1 Aug 1815 d. 18 Aug 1884
SMITH, Rebecca b. 4 Dec 1820 d. 3 Nov 1897
SMITH, Carrie C. age 41y 10m 28d, d. 3 Nov 1900
SMITH, George W. b. 1859 d. 1835
SMITH, Florence R. b. 27 Feb 1854 d. 31 Jan 1887
SMITH, Laura V. b. 1858 d. (n.d.)
SMITH, Annie, infant, b. (n.d.) d. 19 Jul 1891
SMITH, Daniel b. 22 Aug 1826 d. 19 Nov 1883
SMITH, Lydia A. b. 23 Jun 1828 d. 9 Mar 1909
ROHRER, David S. age 38y 2m 6d, d. 13 Mar 1884
STINE, Rebecca J. Rohrer age 84y 8m 7d, d. 2 Mar 1931
HUTZELL, Samuel J. age 70y 10m 20d, d. 2 Jan 1913
HUTZELL, John age 76y 2m 16d, d. 7 Aug 1886
HUTZELL, Elizabeth w/o John HUTZELL age 80y 7m 3d,
    d. 18 Sep 1894
CARNES, Deliah E. b. 3 Oct 1822 d. 20 May 1899
MUMMA, Ann Catharine w/o Samuel MUMMA age 23y,
    d. 25 Oct 1848
MUMMA, Amelia w/o Samuel MUMMA b. 20 Aug 1820
    d. 11 Mar 1899
MUMMA, Samuel b. 24 Jul 1824 d. 27 Mar 1895
MUMMA, John E. b. 14 Apr 1856 d. 21 May 1919
MUMMA, Willie Yessler s/o John E. & Arbelen N.
    MUMMA age 3y 1m 20d, d. 9 Apr 1883
SCHLOSSER, Joseph, Father, b. 12 Apr 1836
    d. 14 Feb 1898

One grave, no stone
MEREDITH, Scott b. 27 Feb 1857 d. 3 Nov 1934
MEREDITH, Helen E. w/o Scott MEREDITH b. 1 Jul 1858
    d. 10 Jul 1926
MEREDITH, Eliza age 62y 3m 9d, d. 21 Feb 1904
THOMAS, Joel age 72y 6m 6d, d. 29 May 1881
THOMAS, Mary w/o Joel THOMAS age 39y 2m 2d,
    d. 19 Mar 1855
THOMAS, Mary V. b. 29 Jul 1852 d. 29 Jun 1921
THOMAS, Susan C. b. 17 Oct 1850 d. 12 Dec 1924
THOMAS, David H. age 63y 3d, d. 22 Feb 1910
DAVIS, Jonas age 69y, d. 23 Apr 1883
DAVIS, Mary w/o Jonas DAVIS age 52y, d. 23 Jun 1875
DAVIS, John age 72y 9d, d. 28 Sep 1890
DAVIS, Ann Maria w/o John DAVIS age 32y 3m 3d,
    d. 13 Mar 1851
BANKS, William H. age 73y 6m 22d, d. 4 Feb 1917
BANKS, Clarinda E. age 70y 27d, d. 23 Jun 1915
MOSER, Orvey O. age 55y, d. 11 Jul 1925
STONESIFER, Jacob G. b. 11 Feb 1841 d. 18 Jun 1864
STONESIFER, John age 71y 4m 26d, d. 11 Jan 1881
STONESIFER, Mary w/o Jonn STONESIFER
    age 81y 5m 2d, d. 1 Mar 1901
STONESIFER, Laura Maria d/o John & Mary
    STONESIFER age 9y 7m 20d, d. 10 Jan 1859
STONESIFER, Edwin Finley s/o John & Mary
    STONESIFER age 8m 11d, d. 11 Mar 1853
STONESIFER, John Rubush s/o John & Mary
    STONESIFER b. 4 Mar 1843 d. 26 Feb 1845
STONESIFER, Lucinda d/o John & Mary STONESIFER
    b. 6 Mar 1837 d. 26 May 1837
KNODLE, Josiah b. 20 Jul 1822 d. 12 Aug 1900
KNODLE, Mansella w/o Josiah KNODLE b. 21 Jul 1835
    d. 4 Aug 1899
Five graves, no stones
WELTY, Theodore F. b. 1845 d. 1917
WELTY, Emma K. b. 1858 d. 1921
JOHNSON, Lewis age 74y, d. 3 May 1886
JOHNSON, Annie E. w/o Lewis JOHNSON age 69y,
    d. 12 Oct 1888
JOHNSON, James E. age 54y, d. 8 Apr 1884
BETTS, Oliver age 41y 9m 26d, d. 3 Nov 1872
BETTS, Sarah A. w/o Oliver BETTS age 59y 8m 21d,
    d. 2 Jan 1892
BETTS, Otho S. b. 1858 d. 1924
BETTS, Clemmie Y. b. 1860 d. 1925
NAZARENE, Etta M. w/o J. H. NAZARENE b. 9 Jun 1852
    d. 6 May 1900
One grave, no stone
BETZ, Mary Ellen b. 1849 d. 1924
Six graves, no stones
SMITH, Jonas D. b. 23 Jun 1850 d. 24 Oct 1931
SMITH, Harriet A. w/o Jonas D. SMITH b. 23 Dec 1854
    d. 27 Nov 1933
SMITH, Emma A. b. 1880 d. 1881
SMITH, Bessie b. 1884 d. 1885
SMITH, George J. b. 27 Aug 1820 d. 5 Nov 1891

SMITH, Annie B. 1 Jan 1820 d. 29 Dec 1906
ZITTLE, Sarah C. d. (n.o.i.)
ZITTLE, John, on grave, no stone (n.o.i.)
One grave, infant
RIFFELL, Mollie w/o Samuel P. RIFFELL b. 4 Apr 1853
    d. 14 Feb 1878
GILBERT, William H. b. 3 May 1827 d. 1 Oct 1877,
    Master Mason
GILBERT, Frank C. b. 1858 d. 1912
GILBERT, Mary J. b. 1833 d. 1907
GILBERT, George W. b. 8 Feb 1840 d. 10 Nov 1919
GILBERT, Mary K. b. 15 Aug 1851 d. 17 Feb 1921
One grave, no stone
BEACHLEY, Daniel age 71y 10m 22d, d. 8 Feb 1908
BEACHLEY, Sarah A. w/o Daniel BEACHLEY age 78y,
    d. 14 Oct 1913
BEACHLEY, John Newton s/o Daniel & Sarah
    BEACHLEY age 13y 10m 20d, d. 29 Oct 1876
One grave, no stone
KEEDY, Daniel age 76y 8m 20d, d. 13 Aug 1876
KEEDY, Sophia w/o Daniel KEEDY age 70y 11m 17d,
    d. 15 Nov 1880
KEEDY, Joseph E. age 76y 10m 7d, d. 1 May 1909
KEEDY, Sophia C. w/o Joseph E. KEEDY
    age 72y 7m 10d, d. 3 Jul 1903
WARRENFELTZ, Luther M. b. 1853 d. 1926
WARRENFELTZ, Annie E. w/o Luther M. WARRENFELTZ
    b. 1866 d. (n.d.)
LYNCH, John W. b. 4 Dec 1842, Co. A. 13 MD Inf.,
    d. 10 Sep 1915
LYNCH, Jane R. w/o John W. LYNCH b. 22 Nov 1837
    d. 31 Dec 1906
LYNCH, Mary Ellen b. 22 Oct 1866 d. 4 Feb 1873
EMERSON, Mary w/o U. S. EMERSON age 68y,
    d. 4 Jun 1898
Three graves, no stones
SUMAN, Benjamin S. b. 7 Jul 1852 d. 23 Jun 1924
SUMAN, Sarah A. w/o Benjamin S. SUMAN
    b. 8 Sep 1852 d. 31 Mar 1926
EASTERDAY, Daniel b. 20 Jul 1819 d. 7 Feb 1892
EASTERDAY, Mary M. w/o Daniel EASTERDAY
    b. 6 Sep 1822 d. 31 Mar 1896
MOSER, Lewis M. b. 1857 d. 1935
MOSER, Mary E. w/o Lewis M. MOSER b. 1861 d. 1933
MOSER, Ezra C. age 69y 19m 27d, d. 10 Aug 1900
MOSER, Susan Ann age 78y 8m 14d, d. 12 May 1913
MOSER, Sarah A. C. d/o Ezra C. & Susan MOSER
    age 20y 11m 20d, d. 23 Feb 1889
MOSER, Naoma M. d/o H. C. & E. F. MOSER
    b. 23 Oct 1900 d. 2 Nov 1900
EASTERDAY, Margaret w/o John EASTERDAY
    age 52y 8m 11d, d. 31 Jul 1890
Two graves, no stones
NYMAN, G. Webster b. 21 Jun 1881 d. 30 Nov 1912
NYMAN, Thomas E. b. 17 May 1849 d. 1 Jan 1923
NYMAN, Mary E. w/o Thomas E. NYMAN b. 4 Jul 1855
    d. 23 Feb 1916

NYMAN, T. Ellsworth b. 2 Dec 18(?)7 d. 31 Aug 1888
INGRAHAM, Elizabeth, Mother, b. 1815 d. 1893
INGRAHAM, Joseph b. 1832 d. 1890
INGRAHAM, Ellen K. b. 1835 d. 1913
BEACHLEY, Annie R. d/o W. W. & Annie M. BEACHLEY
    b. 27 Nov 1900 d. 7 Dec 1900
KITZMILLER, John H., Father, b. 1873 d. 1932
KITZMILLER, Charles H. J. s/o John H. & Annie M.
    KITZMILLER b. 28 May 1896 d. 3 Sep 1906
NIKIRK, John W. age 39y 3m 22d, d. 24 Jun 1898
STOTLER, Howard Nikirk s/o Jacob & Ella M. STOTLER
    age 10y 7m 7d, d. 13 May 1894
STOTLER, Jacob age 45y 7m 3d, d. 28 Mar 1898
STOTLER, Mary E. w/o Jacob STOTLER b. 16 Dec 1854
    d. 13 May 1928
NEEDY, Maude V. w/o Clarence E. NEEDY
    age 26y 7m 6d, d. 6 Apr 1907
NEEDY, Infant s/o Clarence E. & Maude V. NEEDY
    age 12d, d. 30 Mar 1907
NIKIRK, Solomon age 64y 11m 6d, d. 12 Jun 1897
NIKIRK, Elizabeth A. age 74y 11m 8d, d. 6 Mar 1911
Four graves, no stones
ROHR, Philip T. b. 25 Dec 1820 d. 14 Oct 1890
ROHR, Matilda w/o Philip T. ROHR b. 1827 d. 1922
ROHR, Albertis b. 1850 d. 1922
ROHR, Julia C. b. 1861 d. 1926
SANDERS, Charles D. b. 1846 d. 1906
SANDERS, Mary S. b. 1848 d. 1922
SMITH, Henry R. b. 10 Aug 1819 d. 2 Dec 1887
SMITH, Susan w/o Henry R. SMITH b. 3 May 1826
    d. 26 Oct 1913
One grave, no stone
THOMAS, Benjamin, 1st. MD Cav. Co. H., b. 23 Feb 1836
    d. (n.d.)
THOMAS, Mary E. w/o Benjamin THOMAS
    b. 16 Apr 1841 d. 4 Jul 1904
BOLINGER, David C. Y. b. 12 Jun 1852 d. 13 Mar 1934,
    Master Mason
BOLINGER, Almira C. b. 8 Jun 1861 d. 17 Dec 1926
BOLINGER, Maude E. d/o David & Almira BOLINGER
    b. 23 Jun 1881 d. 13 Jan 1885
One grave, infant, d. (n.o.i.)
WEIMER, Margaret E. w/o Louis J. WEIMER b. 1844
    d. 1915
RIDENOUR, Charles E. b. 28 Aug 1858 d. 6 Jul 1916
RIDENOUR, Ellen N. w/o Charles E. RIDENOUR
    age 30y 6m 13d, d. 10 Jul 1888 d/o John &
    Mahala GAYLOR
RIDENOUR, John H. age 54y 3m 14d, d. 12 May 1906
RIDENOUR, Jacob age 89y 1m 7d, d. 25 Dec 1917
RIDENOUR, Susannah w/o Jacob RIDENOUR
    age 75y 4m 10d, d. 25 Feb 1900
IFERT, Mary age 69y 1m 18d, d. 7 Oct 1891
SHIFLER, George b. 7 Feb 1824 d. 26 Feb 1889
SHIFLER, Catharine w/o George SHIFLER
    age 74y 6m 1d, d. 28 Aug 1895

POFFENBERGER, Albert H. b. 18 Oct 1899
    d. 26 Feb 1917 s/o Jirome & Emma V.
    POFFENBERGER
POFFENBERGER, David L. s/o Jirome & S. E.
    POFFENBERGER age 10m 28d, d. 18 May 1894
POFFENBERGER, David age 66y 6m 15d,
    d. 22 Nov 1898
POFFENBERGER, Catharine w/o David
    POFFENBERGER age 76y 4m 20d,
    d. 14 Jul 1900
POFFENBERGER, Sarah E. w/o Jirome
    POFFENBERGER age 22y 11m 16d,
    d. 30 May 1895
GILBERT, Roy C. b. 1878 d. 1928
One grave, no stone
SMITH, L. F. age 36y 3m 29d, d. 5 Mar 1895
SMITH, Mary C. b. 12 Feb 1861 d. 22 May 1920
BEACHLEY, John H. b. 28 Oct 1870 d. 6 Apr 1930
BEACHLEY, Emma C. w/o John H. BEACHLEY
    b. 25 Oct 1878 d. (n.d.)
BEACHLEY, John H. age 66y 1m 21d, d. 31 Dec 1893
BEACHLEY, Eliza w/o John H. BEACHLEY age 86y 10m,
    d. 2 Jan 1922
NIKIRK, Otho E. b. 30 Mar 1874 d. (n.d.)
NIKIRK, Edith P. w/o Otho E. NIKIRK b. 9 Nov 1878
    d. (n.d.)
NIKIRK, Leo M. b. 21 Jun 1899 d. 6 Oct 1920
MCCARTIN, Sarah A. age 24y 11m 5d, d. 13 Aug 1896
GANTZ, Annie V. w/o J. Beny GANTZ b. 20 Oct 1871
    d. 17 Jan 1925
Two graves, infants
GANTZ, Joseph b. 24 Dec 1829 d. 31 May 1895
GANTZ, Amelia Antoinette w/o Joseph GANTZ
    b. 13 Dec 1835 d. 28 Nov 1923
HUFFER, Silas M. age 59y 1m 23d, d. 26 Apr 1896
HUFFER, Barbara A. w/o Silas M. HUFFER
    age 33y 8m 18d, d. 28 Sep 1874
One grave, no stone
NYMAN, William Miller s/o Joseph & Jane R. NYMAN
    age 49y 6m 22d, d. at Chevy Chase, MD
    10 May 1895
NYMAN, Joseph age 72y 3m 28d, d. at Washington, D.C.,
    8 Dec 1888
NYMAN, Jane Rebecca w/o Joseph NYMAN
    b. 16 Dec 1816 d. at Washington, D.C.,
    4 Jul 1908
MILLER, Henrietta age 81y, d. at Chevy Chase, MD,
    21 May 1894
SANDERS, George A. b. 8 Apr 1856 d. 20 Oct 1909
SANDERS, Mary M. w/o George A. SANDERS
    b. 5 Aug 1866 d. 2 Feb 1920
SANDERS, George R. b. 4 Feb 1886 d. 7 Mar 1892
SANDERS, Nora S. b. 10 Sep 1895 d. 5 Jan 1896
SANDERS, Emery P. b. 5 Feb 1897 d. 27 Apr 1900
Above ch/o George A. & Mary M. SANDERS (e.n.
    assumed Nora-Emery)
NUNAMAKER, Charles H. b. 1866 d. (n.d.)

NUMNMAKER, Mary E. b. 1860 w/o Charles H. NUNAMAKER (n.o.i.)
STEM, William H. b. 1842 d. 1926
STEM, Annie M. w/o William H. STEM b. 1849 d. 1885
STEM, Elmer E. s/o W. H. & Annie STEM b. 1867 d. 1890
R. L. R., marked on one grave stone
RUCH, Daniel age 58y 8m 4d, d. 25 Sep 1900
One grave, no stone
BISHOP, Jacob age 80y 9m 8d, d. 4 Sep 1899
BISHOP, Sophia w/o Jacob BISHOP age 64y 11d, d. 22 Mar 1888
Two graves, no stones
LAKIN, John H. b. 19 Jan 1822 d. 16 Mar 1891
LAKIN, Ann R. w/o John H. LAKIN b. 22 Jan 1822 d. 5 Nov 1903
DUNN, Nettie L. b. 3 Apr 1865 d. 3 Jan 1906
Two graves, no stones
LAPOLE, Martha E. b. 16 Mar 1855
HAUPT, Charles E. b. 9 Mar 1868 d. 21 Mar 1924
LAPOLE, Cora w/o Charles E. HAUPT b. 26 Jul 1878 d. 15 Apr 1929
Two graves, no stones
DIGGS, Isaac M. age 74y, d. 25 Mar 1901
DIGGS, Sarah w/o Isaac M. DIGGS b. 3 Oct 1851 d. 22 Jul 1911
DRILL, Joh_(?) H. b. 28 Sep 1834 d. 30 Jun 1909
DRILL, Elizabeth w/o Joh H. DRILL b. 11 Oct 1823 d. 19 Jan 1896
DRILL, William H. age 70y 8m 22d, d. 9 May 1933
WALLICK, John W. b. 1887 d. (n.d.)
WALLICK, Maude C. b. 1888 d. 1931
SHIFLER, Samuel E. b. 1857 d. (n.d.)
SHIFLER, Martha E. b. 1859 d. 14 Jan 1938
DERR, Jacob age 78y 9m 2d, d. 4 Jan 1899
DERR, Sophia w/o Jacob DERR b. 4 Nov 1821 d. 15 Apr 1860
DERR, Amanda M. w/o Jacob DERR b. 14 Apr 1853 d. 10 Mar 1917
DERR, Mary A. M. d/o Jacob & Sophia DERR age 18y 4m 15d, d. 2 Jan 1862
HUTZELL, William H. age 59y, d. 1 Oct 1924
ROHR, Fannie M. w/o William H. HUTZELL age 52y, d. 9 Jul 1919
Two graves, no stones
SMITH, John E. b. 1832 d. 1897
SMITH, Kate E. b. 1830 d. 1904
SHAFFER, Annie M. b. 1850 d. 1894
REIGART, John Franklin of Lancaster, PA b. 1813 d. 1884
REIGART, Caroline Amelia of Lancaster, PA b. 1815 d. 1891
REIGART, Daniel b. 1851 d. 1923
CARTER, Elizabeth E. w/o Daniel REIGART b. 1850 d. 1922
SNYDER, Rev. George W., Pastor of Trinity Reformed Church 1891-1902, b. 1841 d. 1913
REIGART, Clara Sydney w/o Rev. George W. SNYDER b. (n.d.) d. 27 Mar 1912

KNODE, Jeremiah b. 29 Mar 1827 d. 21 Sep 1890
KNODE, Luke b. 15 Jun 1830 d. 24 Nov 1892
FAULDER, Matilda C. age 66y 25d, d. 25 Dec 1901
LONG, Charles age 81y 1m 8d, d. 11 Jun 1902
LONG, Margaret w/o Charles LONG b. 5 Sep 1828 d. 12 Jan 1890
SARGES, Frederick M. b. 6 Nov 1817, in Wetzlar, Prussia, Germany d. 26 Aug 1888
HOFFMAN, Margartha H. w/o Frederick M. SARGES b. 8 Sep 1819 d. 1 Jan 1896
STORM, Martin L. b. 20 May 1850 d. 27 Aug 1925
STORM, Elizabeth L. w/o Martin L. STORM b. 8 Apr 1845 d. 2 May 1919
SARGES, Catherine C. b. 24 Feb 1847 d. 27 Jul 1926
STORM, Katie M. d/o Martin L. & Elizabeth L. STORM b. 1 Jul 1885 d. 2 Mar 1886
STEPHENS, Milton S. age 59y 8m 6d, d. 12 Feb 1885
ROUTZAHN, Viola M. b. 16 Oct 1900 d. 3 Dec 1900
HUNTZBERY, John age 81y 10m 6d, d. 14 Jun 1906
HUNTZBERY, Anna C. age 70y 5m 23d, d. 8 Mar 1906
HUNTZBERY, Albert Verner s/o John & Anna HUNTZBERY b. 5 Oct 1872 d. 2 Oct 1893
HUNTZBERY, Catharine w/o Henry HUNTZBERY age 83y 4m 7d, d. 8 Feb 1885
FORD, Henry C. b. 2 Jul 1849 d. 21 Apr 1930
FORD, Janette C. w/o Henry C. FORD b. 15 Oct 1849 d. 4 May 1929
ZITTLE, Peter H. b. 7 Dec 1809 d. 16 Apr 1885
ZITTLE, Catharine b. 18 Feb 1817 d. (n.d.)
ZITTLE, Edward T. b. 4 Aug 1847 d. (n.d.)
Three graves, no stones
Four graves, infants
RENT, Daniel age 83y 7m 2d, d. 29 Apr 1888
One grave, no stone
THOMAS, Jonathan age 85y 11m 24d, d. 6 Jan 1892
THOMAS, Rosanna w/o Jonathan THOMAS age 77y 5m 22d, d. 31 Aug 1890
THOMAS, Alice d. (n.o.i.)
HECK, John R. b. 31 Jan 1833 d. 31 Mar 1911
HECK, Antellus w/o John R. HECK b. 9 Feb 1843 d. 12 Nov 1918
HECK, A. d. (n.o.i.)
NEIKIRK, Ernest, Father, b. 24 Oct 1868 d. 21 Sep 1922
NEIKIRK, Joseph b. 18 Jan 1826 d. 17 Aug 1897
FAGUE, Ellen w/o Joseph NEIKIRK b. 27 Apr 1840 d. 26 Apr 1928
BROMETT, Noah age 86y 10m 13d, d. 2 Jan 1897
WAGNER, Edwin Leroy b. 24 Sep 1907 d. 3 Sep 1909
BAKER, George L. s/o G. D. & E. S. BAKER b. (n.d.) d. 24 Jan 1924
FLOOK, Bessie M. b. 24 Feb 1879 d. 18 Oct 1918
FLOOK, Mamie C. age 34y, d. (n.d.)
FLOOK, Laura E. w/o Martin L. FLOOK b. 17 Feb 1856 d. 14 Dec 1905
FLOOK, Infant d/o Martin L. & Laura E. FLOOK d. (n.o.i.)
WISE, Ann E. age 62y 2m 20d, d. 25 Aug 1888
Two graves, no stones

One grave, no stone
HECKER, Charles d. (n.o.i.)
HECKER, _____ w/o of HECKER d. (n.o.i.)
MUMFORD, Martin J. age 27y 8m 17d, d. 9 Nov 1887
MUMFORD, Laura E. w/o James M. MUMFORD
  age 33y 5m 30d, d. 15 Jul 1894
MUMFORD, Jacob F. s/o Martin J. & Laura E.
  MUMFORD age 29d, d. 17 Nov 1885
FAHRNEY, Samuel D., Brother, age 75y 7m 9d,
  d. 25 Apr 1882
ALBAUGH, Daniel b. 29 May 1803 d. 2 Mar 1890
ALBAUGH, Catharine A. w/o Daniel ALBAUGH
  age 56y 4m 24d, d. 3 Oct 1858
ALBAUGH, Catharine A. w/o Daniel ALBAUGH
  age 72y 4m 21d, d. 21 Feb 1888
FETTERHOFF, Maggie M. w/o A. H. FETTERHOFF
  age 39y 6m 28d, d. 9 Apr 1887
FETTERHOFF, A. H. age 67y 6m 9d, d. 17 Feb 1910
FETTERHOFF, Annie E. w/o A. H. FETTERHOFF
  age 84y 5m 2d, d. 15 Feb 1934
GREEN, Jacob M. b. 21 Aug 1850 d. (n.d.)
GREEN, Mary E. w/o Jacob M. GREEN b. 28 Jan 1858
  d. (n.d.)
LAPOLE, Philip b. 29 May 1822 d. 31 Jul 1885
LAPOLE, Mary A. b. 6 May 1830 d. 15 Sep 1884
STONE, Elizabeth b. 15 Nov 1823 d. 26 Jul 1903
GREEN, Willie H. b. 10 Oct 1893 d. 31 Mar 1897
LYNCH, Infant d/o George T. & Vernie M. LYNCH
  d. (n.o.i.)
FLOOK, Joshua age 83y 20d, d. 21 Mar 1910
FLOOK, Elizabeth w/o Joshua FLOOK age 80y 4d,
  d. 21 Feb 1913
FLOOK, Charles W. s/o Joshua & Elizabeth FLOOK
  age 26y 7m 6d, d. 8 Jun 1885
HUFFER, Sarah N. age 74y 8m 25d, d. 21 Jan 1889
SNYDER, Joseph H. age 68y 8m 20d, d. 19 Aug 1885
SNYDER, Sophia w/o Joseph H. SNYDER b. 2 Apr 1828
  d. 28 Jun 1901
EASTERDAY, Daniel C. b. 13 Jun 1869 d. 23 Nov 1924
EASTERDAY, _____ w/o Daniel C. EASTERDAY d. (n.o.i.)
MARTZ, Clayton B. b. 20 Oct 1863 d. 9 Oct 1931
MARTZ, Fannie M. w/o Clayton B. MARTZ b. 11 Sep 1865
  d. (n.d.)
MARTZ, David H. b. Apr 1824 d. Oct 1890
REEDER, Mahala b. 10 Jun 1830 d. 4 Nov 1905
MARTZ, Samuel T. b. 20 Oct 1865 d. 22 Dec 1886
MARTZ, Ellenora b. 4 Apr 1867 d. 30 Aug 1887
STOUFFER, Edward E. b. 12 Oct 1849 d. 30 Apr 1923
STOUFFER, Laura E. b. 14 Sep 1858 d. 13 Oct 1935
STOUFFER, Sibert R. b. 3 Dec 1885 d. 10 Feb 1886
LINE, G. Dale b. 8 Apr 1912 d. 22 Feb 1933
LINE, Clarence F. b. 5 Dec 1889 d. (n.d.)
LINE, Helen G. w/o Clarence F. LINE b. 9 Nov 1890
MILLER, George M. age 43y 5m 6d, d. 10 Dec 1901
MILLER, Emma C. w/o George M. MILLER
  age 43y 1m 10d, d. 15 Jan 1903
KEADLE, John G. b. 28 Aug 1833 d. 11 Sep 1915

KEADLE, Hellen F. w/o John G. KEADLE b. 22 Oct 1838
  d. 25 Mar 1906
KEADLE, Fannie May d/o John & Hellen KEADLE
  age 27y 2m, d. 3 Jun 1894
KEADLE, Laurah Virginia d/o John & Hellen KEADLE
  age 27y 2m, d. 3 Jun 1894
CASTLE, William K. age 66y 2m 2d, d. 7 Aug 1894
CASTLE, Margaret Ann w/o William K. CASTLE
  age 57y 2m 12d, d. 20 May 1888
CASTLE, Edward E. b. 1870 d. 1929
GRUBER, Hubert Garfield s/o Jacob M. & Emma E.
  GRUBER age 28y 5m, d. 7 Jun 1911
GRUBER, Jacob M. b. 14 Mar 1849 d. 19 May 1930
GRUBER, Emma E. age 71y, d. 12 May 1927
KEADLE, Abram L. age 79y 6m 10d, d. 9 Aug 1886
KEADLE, Elizabeth w/o Abram KEADLE b. 29 Jan 1806
  d. 4 Feb 1890
KEADLE, George b. 12 Mar 1837 d. 31 Oct 1897
KEADLE, Christiana b. 7 Feb 1839 d. 13 Mar 1916
FORD, Dallas b. 6 Sep 1847 d. 11 Jul 1901
FORD, Prudence E. w/o Dallas FORD age 35y 7m 19d,
  d. 7 Jun 1886
SCHLOSSER, Enos b. 27 Jun 1838 d. 11 Mar 1912
SCHLOSSER, Mollie E. w/o Enos SCHLOSSER
  age 39y 2m 24d, d. 13 May 1884 d/o Simeon &
  Susan HOOVER
HOOVER, Simeon b. 19 Oct 1818 d. 17 Mar 1895
HOOVER, Susan w/o Simeon HOOVER b. 8 Mar 1824
  d. 26 Dec 1903
SCHLOSSER, Bessie E. w/o E. Thomas SCHLOSSER
  b. 21 Jan 1869 d. 18 Sep 1904
LIGGETT, Thomas H. age 47y, d. 18 Jun 1884
LIGGETT, Ellen b. (n.d.) d. 10 Mar 1904
LIGGETT, M. M. d. (n.o.i.)
ITNYRE, Mary A. d/o W. A. & E. M. ITNYRE
  age 1y 11m 2d, d. 3 Jan 1895
ITNYRE, Nina Ruth d/o W. A. & E. M. ITNYRE
  age 1y 11m 2d, d. 3 Jan 1895
ITNYRE, Joseph E. b. 22 Sep 1888 d. 17 Jan 1933
ITNYRE, Fannie M. w/o William A. ITNYRE b. 5 Aug 1863
  d. 5 Feb 1930
ITNYRE, William A. b. 5 Aug 1863 d. 5 Feb 1930
THUM, B. R. b. 1858 d. 1927
THUM, M. E. w/o B. R. THUM b. 1856 d. 1927
THUM, Harry s/o B. R. & M. E. THUM age 4y 10m 13d,
  d. 23 Jul 1885
ITNYER, B. F. b. 1853 d. 1892
ITNYER, Father, b. 1818 d. 1892
ITNYER, Mother, b. 1816 d. 1907
ITNYER, Anna M. b. 23 Jan 1852 d. 24 May 1930
One grave, no stone
ITNYER, Rosa Belva w/o George M. ITNYRE
  b. 5 Mar 1878 d. 25 Dec 1900
J. B. K. b. 1850 d. 1907
M. A. K. w/o J. B. K. b. 1851 d. 1918
E. C. N. (b.?) 1858 d. 1904
FORD, Joshua b. 14 Apr 1843 d. 29 Feb 1928

FORD, Mary V. w/o Joshua FORD b. 11 Oct 1846
    d. 18 May 1913
FORD, Clara V. w/o Frank L. GROSS b. 17 Oct 1866
    d. 17 May 1899
MARTZ, Maude M. d/o C. L. & M. M. MARTZ
    age 5y 2m 4d, d. 8 Jan 1892
STAUB, Nina M. d/o C. L. & M. M. MARTZ
    age 23y 4m 19d, d. 23 Jul 1916
One grave, infant, d. (n.o.i.)
FORD, Vada R. b. 10 Feb 1893 d. 1 May 1912
FORD, Emma F. b. 13 Aug 1856 d. 7 Jan 1935
FORD, Clyde E. b. 29 May 1896 d. 4 Jun 1896
FORD, Almira F. b. 4 Nov 1878 d. 8 Mar 1909
FORD, Annie age 12y 11m 9d, d. 15 May 1864
FORD, Price b. 1 May 1809 d. 16 Mar 1874
FORD, Mary w/o Price FORD b. 15 Sep 1814
    d. 21 Aug 1887
SMITH, Robert age 54y 24d, d. 2 Oct 1863
SMITH, Rebecca w/o Robert SMITH age 75y 3m,
    d. 16 Jan 1895
HINES, Calvin E. s/o G. W. & P. E. HINES b. 17 Mar 1876
    d. 1 Feb 1908
HINES, George E. b. 18 May 1847 d. 12 Jan 1930
HINES, Prudence E. w/o George W. HINES
    b. 17 Dec 1853 d. 19 Mar 1912
HINES, Elizabeth w/o Urias HINES b. 15 Oct 1821
    d. 3 Dec 1904
Two graves, no stones
HUTZELL, Martin L. b. 1855 d. 1916
HUTZELL, Sarah C. b. 1857 d. (n.d.)
HUTZELL, Samuel L., infant, d. (n.d.)
HARRELL, Harrison S. b. 1852 d. 1926
HARRELL, Maggie w/o Harrison S. HARRELL
    b. 2 Jul 1857 d. 15 Jul 1886
HARRELL, Alice D. b. 1892 d. 1892
NEBINGER, Robert E. b. 1852 d. 1925
NEBINGER, Aletha b. 1851 d. 1930
DEWAR, Isabelle b. 1855 d. 1929
JONES, Florence C. d/o H. H. & Mary A. JONES
    age 5y 7m 12d, d. 7 Oct 1892
JONES, William H. b. 1819 d. 1905
BEACHLEY, Catharine w/o William H. JONES b. 1821
    d. 1885
JONES, Jenetta Catharine b. 1854 d. 1929
JONES, John age 24y 10m 20d, d. 25 Sep 1901
Two graves, no stones
GREENAWALT, Rosa M. b. 25 May 1894 d. 29 Dec 1914
GREENAWALT, Ray Griffith s/o Rosa M. GREENAWALT
    b. 4 Jun 1911 d. 16 Jun 1911
WISEMAN, Peter b. 13 May 1815 d. 26 Mar 1878
WISEMAN, Christine w/o Peter WISEMAN b. 1828 d. 1901
GREENAWALT, Freddie s/o Charles & Annie
    GREENAWALT b. 1903 d. 1904
Two graves, no stones
GREENWALT, Martin J. s/o James A. & Angeline O. E.
    GREENWALT age 2m 13d, d. 1 Jan 1888
SMITH, Clayton E. b. 15 Oct 1863 d. 19 Dec 1915
SMITH, Fannie E. w/o Clayton E. SMITH b. 6 May 1868
    d. (n.d.)
GREEN, Harry N. b. 1883 d. 1928
GRIFFITH, Jenetta R. b. 24 May 1868 d. 14 May 1933
GRIFFITH, F. J. b. 4 Sep 1869 d. (n.d.)
KEADLE, _____ d. (n.o.i.)
CLINE, Anna Catheryn b. 1904 d. 1932
CLINE, Elizabeth Virginia b. 3 Oct 1931 d. 3 Dec 1931
HUTZELL, Clemmie L. b. 1 Nov 1883 d. 17 Apr 1934
HIMES, Everett W. b. 26 Sep 1860 d. 23 Oct 1930
HIMES, Myrtle b. 7 May 1881 d. (n.d.)
LIGHTER, Mary Lee d/o J. J. & A. M. LIGHER b. 1926
    d. 1927
LIGHTER, Alice R., Mother, b. (n.d.) d. 1 Jan 1933
MOSER, Daniel J. b. 1855 d. 1935
MOSER, Florence A. w/o Daniel J. MOSER b. 1864
    d. (n.d.)
LEMON, Charles Mc b. 1865 d. 1935
LYNCH, Willie Woodrow b. 24 Jul 1916 d. 4 Mar 1934
PRINTZ, Grover C. b. 29 Jan 1893 d. 10 Sep 1935
FORD, Gladys F. b. 12 Jun 1918 d. 11 Jan 1936
YOST, Ira R. (n.o.i.)
YOST, Jennie V. b. 1865 d. 1935
ROUTZAHN, Harlan G. b. 25 Aug 1866 d. 24 Jun 1932
ROUTZAHN, Anna M. w/o Harlan G. ROUTZAHN (n.o.i.)
SPESSARD, Charles C. b. 1853 d. 1927
SUMAN, Cora A. w/o Charles C. SPESSARD b. 1856
    d. (n.d.)
One infant, no stone
One grave, no stone
WYAND, Harry H. b. 1871 d. (n.d.)
LIGHTER, Flora M. w/o Harry H. WYAND b. 1868 d. 1936
WYAND, Denver G. b. 1901 d. (n.d.)
CLIPP, Edna E. V. w/o Denver G. WYAND b. 1905
    d. (n.d.)
One grave, no stone
SULLIVAN, Charles L. b. 1871 d. 1932
SULLIVAN, Emma w/o Charles L. SULLIVAN (n.o.i.)
MEREDITH, Samuel Elwood b. 1897 d. 1934
MCCAULEY, Irene w/o Samuel Elwood MEREDITH
    b. 1904 d. (n.d.)
HURLEY, W. Clarence b. 1854 d. 1933
HURLEY, Minnie I. w/o W. Clarence HURLEY b. 1864
    d. (n.d.)
STEPHEY, David b. 15 Oct 1854 d. 22 Oct 1929
STEPHEY, Alice G. w/o David STEPHEY b. 7 Oct 1858
    d. 1 Mar 1927
EVANS, Hannah b. 1 Jun 1837 d. 19 Nov 1922
EVANS, Frank b. 10 Apr 1880 d. 30 Dec 1929
One grave, no stone
Three graves, infants
JONES, Ronald Eugene age 3d, d. 13 apr 1936
HAHN, Carlton Franklin age 21y 24d, d. 15 Apr 1936
LEGGETT, William H. age 52y 10m 18d, d. 1 Mar 1899
WOLF, George W. age 35y 7m 27d, d. 19 Nov 1881
One grave, no stone
Three graves, infants

DANNER, Andrew age 82y 1m 19d, d. 5 Oct 1904
DANNER, Susana w/o Andrew DANNER age 77y 9m 13d,
    d. 4 Jul 1910
DANNER, Elsie M. b. 1901 d. 1902
STOUFFER, Alburtus b. 1850 d. 1926
STOUFFER, Martha A. w/o Alburtus STOUFFER
    b. 1857 d. (n.d.)
MUMMA, Abraham H. age 66y 10m 22d, d. 31 Jul 1894
MUMMA, Catharine w/o Abraham H. MUMMA
    age 72y 7m 5d, d. 6 Mar 1901
HUFFER, Rose Lee w/o George H. HUFFER
    age 58y 5m 22d, d. 15 Nov 1925
MUMMA, Garland E. s/o Abraham H. & Catharine
    MUMMA age 53y 8m 9d, d. 16 Nov 1905
GREEN, Daniel P. b. 1853 d. 1934
GREEN, Mary A. w/o Daniel P. GREEN b. 1855 d. 1933
MARKER, Ezra V. age 70y 4m 5d, d. 19 Jan 1899
MARKER, Ann Elizabeth w/o Ezra V. MARKER
    age 68y 1m 8d, d. 21 Jan 1903
One grave, no stone
BURTNER, Ezra b. 25 Aug 1828 d. 16 Sep 1898
BURTNER, Sarah E. w/o Ezra BURTNER b. 10 May 1841
    d. 21 Feb 1932
MONGAN, David. S. age 56y 4m 2d, d. 1 Aug 1898
MONGAN, Ann Elizabeth w/o David S. MONGAN b. (n.d.)
    d. 31 Jan 1901
HOFFMAN, George d. (n.o.i.)
HOFFMAN, Melissa d. (n.o.i.)
LYNCH, Thomas E. Co. D. 13 MD, b. 3 Jan 1846
    d. 27 Mar 1913
LYNCH, Sarah w/o Thomas E. LYNCH b. 27 Feb 1848
    d. 12 Jan 1910
LYNCH, Frank s/o Thomas E. & Sarah LYNCH
    b. 18 Jul 1872 d. 21 Mar 1903
MONGAN, William E. age 24y 6m 16d, d. 29 Mar 1903
One grave, no stone
KEFAUVER, Ralph A. b. 21 Jun 1901 d. 20 Feb 1931
KEFAUVER, Frank b. age 37y 2m 9d, d. 8 Jan 1904
(spelled KEYFAUVER in the entry)
Four graves, infants
LAMAR, Robert b. 5 Dec 1845 d. 13 Mar 1905
LAMAR, Nellie w/o Robert LAMAR b. 6 Feb 1855
    d. 6 Nov 1933
LIGHTER, Denver G. b. 17 Nov 1867 d. (n.d.)
LIGHTER, Effie A. M. w/o Denver G. LIGHTER
    b. 11 Sep 1872 d. (n.d.)
BRANDENBURG, Peter J. b. 6 Jun 1839 d. 29 Jun 1917
BRANDENBURG, Catharine b. 7 May 1834 d. 9 Feb 1913
    w/o Peter J. BRANDENBURG
KEPLER, Harry E. b. 9 Sep 1873 d. 30 Nov 1932
KEPLER, Clemmie M. w/o Harry E. KEPLER
    b. 26 Aug 1869 d. 11 Apr 1915
NEWCOMER, Sallie C. w/o D. W. NEWCOMER
    age 32y 3m 9d, d. 16 Jan 1905
ITNYRE, Fannie May w/o Charles E. ITNYRE
    age 23y 3m 10d, d. 26 May 1906
ITNYRE, Charles E. (n.o.i.)

ITNYRE, William C. b. 1 Nov 1916 d. 13 Dec 1916
LAMAR, Bruce S., Brother, age 24y 10d, d. 13 Aug 1905
LAMAR, Dr. Lewis b. 1838 d. 1908
LAMAR, Susan C. b. 1849 d. 1915
LAMAR, Angie V., Sister, B. 10 Feb 1870 d. 10 Oct 1927
HORINE, George W. b. 1825 d. 1909
HORINE, Adaline w/o George W. HORINE b. 1827
    d. 1910
EAKLE, William H. b. 14 Feb 1864 d. 19 Dec 1926
EAKLE, Mary C. w/o William H. EAKLE b. 10 Sep 1858
    d. 6 Nov 1904
EAKLE, William C. b. 2 Jun 1887 d. 16 Aug 1932
EAKLE, Infant s/o A. C. & Clara M. EAKLE b. (n.d.)
    d. 22 Jan 1913
MOSER, Samuel E. b. (n.d.) d. 6 Oct 1913
MOSER, Mary E. w/o Samuel E. MOSER (n.o.i.)
MOSER, Harvie C. s/o Samuel E. & Mary E. MOSER
    age 11y 5m 6d, d. 23 Dec 1906
One grave, no stone
DUTROW, Elizabeth w/o Daniel DUTROW b. 1832 d. 1914
One grave, no stone
BEARD, John G. b. 27 Jun 1841 d. 12 Aug 1920
BEARD, Lucinda J. w/o John G. BEARD b. 15 Aug 1853
    d. 6 Nov 1927
BEARD, Earnest E. b. 13 May 1877 d. 8 Apr 1908
FORD, James H. b. 14 Feb 1910 d. 4 Jan 1929
FORD, Thomas L. s/o Otho J. & Etta F. FORD
    age 29y 2d, d. 14 May 1919
One grave, infant, no stone
FORD, Harry C. s/o Otho J. & Ettie F. FORD
    d. 2 Feb 1907 age 22y 6m 7d
MARTZ, Betty L. b. 1927 d. 1929
One grave, no stone
One grave, infant
One grave, infant
BURTNER, J. Henry b. 1918 d. 1926
CLINE, Lewis E. b. 18 Jan 1869 d. (n.d.)
CLINE, Mary E. b. 21 Jan 1874 d. 16 Apr 1920
CLINE, Hazel C. b. 11 Jun 1904 d. 6 Jul 1911
ALBRIGHT, William d. (n.o.i.)
One grave, no stone
FLETCHER, Eliza w/o William J. FLETCHER
    b. 13 Feb 1820 d. 14 Sep 1851
One grave, no stone
FLETCHER, Lewis, adopted s/o Thomas & Elizabeth
    FLETCHER age 10y 5m 10d, d. 5 Apr 1857
WOLF, Jacob age 57y 10m 18d, d. 23 Dec 1880
WOLF, Mary E. w/o Jacob WOLF age 35y 2m 2d,
    d. 6 Feb 1863
HOUPT, George W. b. 1838 d. 1916
HOUPT, Effie J. b. 1847 d. 1923
FLOOK, Elmer S. b. 1872 d. 1923
FLOOK, Addie E. w/o Elmer S. FLOOK b. 1875 d. 1927
Three graves, infants, no stones
SHANEBERGER, L. R. b. 1847 d. 1907
FOX, Mary A. w/o L. R. SHANEBERGER b. 1856 d. 1914
One grave, no stone

REEDER, J. F. b. 11 Oct 1879 d. 10 Nov 1909
REEDER, Paul E. s/o J. F. & Nellie M. REEDER
    b. 15 Dec 1907 d. 7 Feb 1908
REEDER, Mary Lillian d/o J. F. & Nellie M. REEDER
    age 1m 16d, d. 19 Jun 1910
DAGENHART, Lawson d. (n.o.i.)
DAGENHART, Margaret b. 1845 d. 1924
GROSS, Jonas b. 2 Dec 1857 d. 1 Nov 1933
GROSS, Jennie M. b. 8 Jan 1859 d. (n.d.)
MCCREA, Thomas E. b. 20 Aug 1875 d. 26 Jun 1924
MCCREA, Gertrude S. w/o Thomas E. MCCREA
    b. 21 Feb 1878 d. (n.d.)
One grave, infant, no stone
NICODEMUS, W. Grant b. 27 Aug 1869 d. 27 Nov 1928
SPRINGER, John M., Co. A 5 MD Inf., b. 7 Oct 1846
    d. 31 Oct 1918
SPRINGER, Mary V. w/o John M. SPRINGER
    b. 13 Sep 1852 d. 11 Jan 1924
NICODEMUS, Jacob E. b. 9 Jan 1873 d. 3 Dec 1931
One grave, no stone
BEAUCHAMP, Reginald M. b. 24 Dec 1880
    d. 11 Dec 1933
BEAUCHAMP, Jere W. b. 12 Jul 1918 d. 28 Mar 1924
LEE, Annette Zook b. 1 Nov 1848 d. 26 Jan 1929
EASTERDAY, Frisby E. b. 15 Aug 1849 d. 21 Dec 1925
Three graves, no stones
KEPHART, Carlton E. b. 1865 d. (n.d.)
KEPHART, Mary E. b. 1858 d. (n.d.)
FLETCHER, Jeneva M. b. 29 Aug 1857 d. (n.d.)
SHAFFER, Mary E. b. 5 Oct 1895 d. 6 Jul 1925
One grave, no stone
BARR, Frank I. (n.o.i.)
BARR, Nora A. w/o Frank I. BARR (n.o.i.)
BARR, Donald F., Son, b. 2 Jul 1902 d. 2 Feb 1921
Three graves, infants, no stones
MERTZ, Bertha M. d/o Albert & Emma MERTZ
    age 15y 3m, d. 21 Feb 1912
One grave, no stone
SUMMERS, William D. b. 31 Mar 1925 d. 5 Apr 1925
SUMMERS, James, Father, one grave, no stone (n.o.i.)
One grave, infant
MOSER, William C. age 55y 6m 6d, d. 31 Mar 1927
One grave, no stone
One grave, infant
One grave, no stone
MOSER, Ezra J. b. 1877 d. (n.d.)
MOSER, Carrie E. b. 1883 d. (n.d.)
MOSER, Floyd E. b. 1906 d. 1933
DUBEL, Charles E. b. 1878 d. (n.d.)
DUBEL, L. Gertrude b. 1874 d. 1932
One grave, infant
One grave, infant
MOATS, Albert E. Jr. b. 23 Aug 1928 d. 10 Jun 1929
HIGHBARGER, George W. b. 1856 d. 1932
WOLFE, Catherine w/o George W. HIGHBARGER
    b. 1861 d. 1926

KLINE, Samuel G. s/o Seibert D. & Florence V. KLINE
    b. 13 Jul 1908 d. 16 Jan 1931
One grave, infant
One grave, no stone
One grave, no stone
JONES, Wilbur C. b. 3 Feb 1886 d. 24 Aug 1935
JONES, Frances b. 1909 d. 1910
JONES, Carroll b. 1912 d. 1912
JONES, Isiah age 49y, d. 9 Jan 1899
One grave, no stone
SMITH, Arthur M. b. 1902 d. 1936
SMITH, Ruth E. w/o Arthur M. SMITH b. 1909
One grave, no stone
KLINE, John C. b. 4 Jul 1878 d. 26 Feb 1936
Two graves, no stone d. 1936 (n.o.i.)
Two graves, no stones
POFFENBERGER, Harman b. 1877 d. 1932
POFFENBERGER, Mary S. b. 1880 d. (n.d.)
One grave, infant, no stone
HUTZELL, Bessie M. b. 23 Jun 1881 d. 27 May 1931
One grave, Father, no stone d. 1936 (n.o.i.)
MORRISON, L. Jane b. 25 Nov 1924 d. 22 Oct 1931
MORRISON, John T. b. 14 June 1862 d. 14 May 1931
MORRISON, Mary E. b. 3 Jun 1866 d. (n.d.)
MORRISON, Clyde b. 1897 d. (n.d.)
MORRISON, Anna M. w/o Clyde MORRISON b. 1894
    d. (n.d.)
One grave, infant, no stone
SMITH, Clifford D. s/o C. D. & M. E. SMITH b. 5 Jun 1926
    d. 20 Apr 1931
ITNYRE, Daniel H. b. 1875 d. 1932
ITNYRE, Sadie C. w/o Daniel H. ITNYRE b. 1875 d. (n.d.)
One grave, infant, no stone
JONES, William A. b. 1865 d. (n.d.)
JONES, Annie M. w/o William A. JONES b. 1868 d. 1934
JONES, Laura F. w/o William A. JONES b. 1867 d. 1896
JONES, Minnie V. d/o William A. & Laura F. JONES
    b. 1893 d. 1897
JONES, Edgar L. age 27y 3m 11d, d. 25 Dec 1918
WISE, Robert L. b. 6 Jul 1930 d. 19 Jul 1930
KEPHART, Clarence M. b. 1867 d. (n.d.)
KEPHART, Hettie A. w/o Clarence M. KEPHART b. 1869
    d. (n.d)
FERGUSON, Freling Hyson age 57y 6m 5d,
    d. 18 Jul 1932
FERGUSON, Elmer L. b. 13 Feb 1900 d. 28 Aug 1931
One grave, no stone
_____, Mary C. b. 1 Jun 1900 d. 22 Sep 1901
BEACHLEY, Charles E. b. 1 Dec 1864 d. (n.d.)
BEACHLEY, Mary E. w/o Charles E. BEACHLEY
    b. 7 Jan 1866 d. (n.d.)
BEACHLEY, William H. b. 4 Jan 1892 d. (n.d.)
BEACHLEY, Minnie A. w/o William H. BEACHLEY
    b. 12 Sep 1894 d. (n.d.)
BEACHLEY, Earl E. age 10y 4m 12d, d. 4 Aug 1924
BEACHLEY, Charles age 9m, d. 6 Jun 1913

BEACHLEY, Mary C. w/o William BEACHLEY age 22y, d. 26 Jan 1916
BROWN, Daniel W. s/o James & Lydia BROWN age 27y, d. 2 Nov 1871
BROWN, James age 71y, d. 29 May 1877
BROWN, Lydia w/o James age 51y, d. 12 Sep 1860
BROWN, Otho James s/o James & Lydia BROWN age 34y, d. 5 Jun 1863
BROWN, John R. s/o James & Lydia BROWN age 21y, d. 20 Feb 1854
BROWN, Willie H. age 2y 6m, d. 3 Sep 1842
BROWN, Mary E. age 1y 8m, d. 5 Jun 1838
Above were ch/o James & Lydia BROWN (e.n. assumed Otho-Mary)
Two graves, no stones
One grave, no stone
One grave, infant
MYERS, Helen L. b. 10 Jul 1901 d. 21 Feb 1929
MYERS, Gerald Omer s/o O. F. & H. L. MYERS b. 4 Oct 1928 d. 26 Apr 1929
FORD, Samuel L., Father, b. 1852 d. 1931
One grave, no stone
FORD, Maud E. b. 6 May 1882 d. 6 Jun 1927
One grave, infant
One grave, infant
One grave, no stone
REMSBURG, Phyllis Kathryn b. 26 Jul 1926 d. 28 Mar 1927
One grave, no stone
RIDENOUR, Howard H. Jr. s/o Howard H. & Eva M. RIDENOUR b. 23 Jul 1926 d. 9 Aug 1927
CLIPP, Laura J. b. 1871 d. 1928
REEDER, Marion Grant b. 21 Mar 1919 d. 28 May 1930
One grave, no stone
TALBERT, Faye L. b. 6 Apr 1921 d. 25 Jan 1925
TALBERT, Walter b. 31 Jul 1892 d. 27 Mar 1923
SAVILLE, Orpha Talbert b. 6 Dec 1897 d. 14 Mar 1932
GROSS, Elsie J. b. 1900 d. 1930
GROSS, George E. b. 23 Dec 1868 d. (n.d.)
GROSS, Sarah E. w/o George E. GROSS b. 24 May 1872 d. 31 Oct 1923
LAKIN, David O. b. 17 Jan 1869 d. 30 Dec 1926
MARTZ, Linwood N. s/o J. N. & M. E. MART(Y?) b. 1921 d. 1924
REEDER, Samuel V. b. 3 Nov 1875 d. 5 Sep 1925
REEDER, Della M. w/o Samuel V. REEDER b. 2 Aug 1882 d. (n.d.)
REEDER, Melvin W. b. 9 Sep 1902 d. (n.d.)
REEDER, Myree V. w/o Melvin W. REEDER b. 17 Mar 1907 d. (n.d.)
REEDER, Gerald E. b. 23 Oct 1923 d. 23 Dec 1923
One grave, no stone
One grave, no stone
REEDER, Hubert E. b. 9 May 1879 d. 1 Sep 1923
REEDER, Alice R. w/o Hubert E. REEDER b. 8 Mar 1882 d. (n.d.)
SMITH, Genevieve C. b. 8 Nov 1925 d. 5 May 1930
SMITH, Carl E. b. 24 Sep 1895 d. 14 Mar 1926
SMITH, Annie M. b. 21 Oct 1899 d. 21 Nov 1930
BELL, Annie V. b. 1853 d. 1927
One grave, no stone
One grave, no stone
HUTZELL, Alice M. b. 10 Aug 1865 d. 28 Jun 1931
HUTZELL, Gorman J. b. 14 Nov 1891 d. 2 Feb 1931
WOLF, Charles M. b. 1 Jul 1853 d. 9 Nov 1925
WOLF, Annie M. w/o Charles M. WOLF b. 15 Feb 1856 d. (n.d.)
LEGGETT, Earl E., MD Pvt. 154 Depot Brig. World War, b. (n.d.) d. 7 Feb 1935
LEGGETT, Clifton T. b. 25 Jan 1886 d. 9 Jan 1915
LEGGETT, Clarence W., MD Pvt. 2 Cav. World War, b. (n.d.) d. 3 Dec 1931
MOSER, Mamie Priscillia b. 16 Mar 1930 d. 2 Feb 1932
MOSER, Edward J. b. 6 Apr 1860 d. 16 Dec 1935
MOSER, Susan V. w/o Edward J. MOSER b. 10 Jan 1861 d. 3 Sep 1920
One grave, no stone
One grave, infant
HUNTZBERRY, Howard M. b. 1868 d. (n.d.)
HUNTZBERRY, Rachael A. b. 1865 d. 1933
One grave, infant
MOSER, Henry C. b. 15 Nov 1855 d. 25 Oct 1920
MOSER, Emma F. w/o Henry C. MOSER b. 8 Nov 1865 d. (n.d.)
One grave, no stone
One grave, no stone
One grave, infant
SCHILDKNECHT, Josiah M. b. 18 Feb 1857 d. (n.d.)
SCHILDKNECHT, Manzella M. b. 18 Apr 1855 w/o Josiah SCHILDKNECT d. (n.d.)
One grave, infant
Two graves, no stones
KEEDY, Frederick D. b. 8 Mar 1862 d. 29 May 1919, MD Q.M. Sgt. 16 U.S. Inf. World War
Two grave, no stones
One grave, no stone, Civil War
One grave, no stone
DANNER, George L. b. 1852 d. 1917
DANNER, Mary C. w/o George L. DANNER b. 1854 d. 1926
M. K. marked on one grave, infant
P. K. marked on one grave, infant
WOLF, John A. b. 1863 d. 1931
WOLF, Nellie K. b. 1866 d. 1917
WOLFE, Sherman E. b. 31 Jul 1876 d. 14 May 1930
WOLFE, Dollie M. w/o Sherman E. WOLFE b. 8 Oct 1876 d. (n.d.)
WOLFE, Melvin E. b. 5 Mar 1903 d. 19 Aug 1916
MORGAN, Charles E. b. 1884 d. 1935
MORGAN, Bettie V. w/o Charles E. MORGAN b. 1890 d. (n.d.)
SMITH, O. J. b. 4 Feb 1856 d. 23 Feb 1929
SMITH, Florence V. b. 11 Sep 1856 d. 23 Mar 1916
YOUNG, John D. b. 27 Jul 1848 d. 27 Oct 1914

YOUNG, Jane R. w/o John D. YOUNG b. 29 Jan 1848 d. 26 Feb 1923
MARKER, John H. b. 26 Mar 1866 d. (n.d.)
MARKER, Bertha M. w/o John H. MARKER b. 5 May 1874 d. 12 Jul 1934
MARKER, John Cecil s/o John H. & Bertha M. MARKER age 14y 8m 4d, d. 14 Jul 1914
MARKER, William C. b. 15 Oct 1891 d. 12 Jul 1934
EASTERDAY, Jacob M. b. 25 Oct 1879 d. (n.d.)
EASTERDAY, Edna F. w/o Jacob M. EASTERDAY b. 25 Feb 1885 d. (n.d.)
EASTERDAY, Winifred K. b. 27 Apr 1916 d. 8 Aug 1916
REEDER, Sarah C., Mother, b. 18 Feb 1855 d. 25 May 1929
SMITH, Robert E. b. 3 Jan 1855 d. 16 Feb 1922
SMITH, Albert F. b. 4 Nov 1851 d. 17 Jun 1918
SMITH, Tilghman H. b. 4 Dec 1857 d. 15 Dec 1919
Two grave, no stones
HOUSE, Harry E. b. 28 Aug 1889 d. (n.d.)
HOUSE, Emma E. b. 5 May 1892 d. 9 Feb 1921 w/o Harry E. HOUSE
CUNNINGHAM, Albert M. b. 9 Aug 1886 d. (n.d.)
CUNNINGHAM, Bertha O. w/o Albert M. CUNNINGHAM b. 20 Aug 1888 d. (n.d.)
CUNNINGHAM, Helen E. b. 13 Jun 1913 d. 19 Jun 1913
One grave, no stone
One grave, infant
CUNNINGHAM, Wilmer E. b. 27 Mar 1882 d. 14 Mar 1920
DICK, Mazy P. b. 3 Jan 1891 d. 21 Jun 1931
CUNNINGHAM, David C. b. 24 Mar 1857 d. (n.d.)
CUNNINGHAM, Helen V. w/o David C. CUNNINGHAM b. 29 Nov 1862 d. 6 Jun 1908
LAPOLE, David E. b. 21 Oct 1860 d. 14 May 1909
LAPOLE, Laura V. w/o David E. LAPOLE b. 7 Oct 1860 d. 15 Jan 1924
CHRISSINGER, Leo W. b. 8 Mar 1908 d. 6 Nov 1908
HOUPT, Mary E. b. 15 Feb 1846 d. 15 Dec 1919
CHRISSINGER, John W. b. 28 Mar 1910 d. 23 Mar 1930
MARSHALL, Florence w/o J. W. STOVER b. 27 Jun 1881 d. (n.d.)
MARSHALL, Charles C. age 52y 10m 19d, d. 4 Dec 1908
KAUFFMAN, Ellen J. b. 5 Oct 1854 d. (n.d.)
One grave, no stone
Two grave, no stone
EAVEY, James T. b. 10 Nov 1826 d. 23 Jan 1902
EAVEY, Henrietta b. 6 Dec 1833 d. 6 Mar 1911
SMITH, Nellie E. w/o Benjamin C. SMITH b. (n.d.) d. 15 Jan 1932
EAKLE, Absalom age 70y 3m 1d, d. 15 Aug 1907
EAKLE, Amanda C. age 83y 1m 13d, d. 13 Oct 1927 w/o Absalom EAKLE
SHIFLER, John W. age 59y 5m 15d, d. 22 Jun 1907
SHIFLER, Sarah E. w/o John W. SHIFLER age 77y 1m 4d, d. 6 Mar 1928
SCUFFINS, Charles H. age 71y 7m 20d, d. 10 Oct 1900
Three graves, no stones
SINNISEN, Oliver B. b. 1877 d. 1907

NORRIS, Tighman F. b. 1850 d. 1914
NORRIS, Annie R. w/o Tighman F. NORRIS b. 1848 d. 1921
MARTZ, Infant s/o C. L. & B. E. MARTZ b. 5 May 1902 d. 5 May 1902
MARTZ, Calvin L. age 25y 6m 24d, d. 3 Feb 1907
SHUMAKER, Martin L. b. 15 May 1855 d. 31 Dec 1908
SHUMAKER, Annie C. w/o Martin L. SHUMAKER b. 27 Oct 1857 d. (n.d.)
SHUMAKER, Annie L. b. 7 Sep 1916 d. 29 Jul 1918
SHUMAKER, Howell C. b. 7 Dec 1921 d. 24 Jan 1922
POFFENBERGER, Kerlin b. (n.d.) d. 3 Sep 1936
BENDER, Michael b. 1843 d. 1916
BENDER, Mary Brownley w/o Michael BENDER b. 1845 d. 1936 buried in private mausoleum
HAUPT, Harlen L. b. 25 Jun 1879 d. (n.d.)
HAUPT, Lola M. w/o Harlen L. HAUPT b. 20 Oct 1882 d. (n.d.)
HAUPT, Leslie b. 1903 d. 1903
HAUPT, Alice b. 1906 d. 1906
CLINE, Bertha E. w/o Lemuel H. CLINE age 28y 6m 22d, d. 1 Aug 1905
One grave, infant
CLINE, L. H. b. 1873 d. 1933
CLINE, Lillie V. w/o L. H. CLINE b. 1883 d. (n.d.)
FLORA, Alexander H. b. 1837 d. 1916
FLORA, Elizabeth A. b. 1847 d. 1917
One grave, no stone
SMITH, Royal C. b. 26 Dec 1899 d. 22 Aug 1918
One grave, no stone
BOWMAN, John E. age 64y 4m, d. 23 Apr 1906
BOWMAN, Margaret C. w/o John E. BOWMAN age 87y 2m 5d, d. 3 Jun 1927
POOLE, Edgar L. b. 21 Apr 1883 d. 2 Nov 1919
SUMAN, Fenton b. 4 Dec 1858 d. (n.d.)
SUMAN, Ida F. w/o Fenton SUMAN b. 10 May 1861 d. 6 Feb 1936
BARNHART, Anna M., Mother, b. 9 Feb 1835 d. 6 Nov 1918
BARNHART, Charles b. 12 Oct 1963 d. (n.d.)
BARNHART, America w/o Charles BARNHART b. 18 Mar 1860 d. 2 May 1923
SMITH, Omar S. b. 1860 d. (n.d.)
SMITH, Emma F. w/o Omar S. SMITH b. 1868 d. (n.d.)
FISH, Harry M. b. 5 Apr 1871 d. 6 May 1924
FISH, Annie M., Infant, b. (n.d.) d. 4 Feb 1900
FISH, Nettie V., Infant b. (n.d.) d. 5 Jun 1902
FISH, Melvin Leroy age 27y 4m 4d, d. 20 Oct 1934
NORRIS, Carrie K. b. 20 Sep 1910 d. 22 Jul 1929
One grave, infant
SMITH, Jasper A. b. 1897 d. 1931
SMITH, Edith b. 1880 d. 1902
SMITH, Dallas b. 1845 d. 1903
SMITH, Prudence b. 31 Jul 1849 d. 3 Jun 1929
SMITH, Stafford b. 1879 d. 1904
SMITH, Raymond b. 1875 d. 1905
LAPOLE, Lula Smith b. 1881 d. 1903

YOUNG, Jacob C. b. 1856 d. 1912
YOUNG, Annie S. w/o Jacob C. YOUNG b. 1854 d. 1936
JENNINGS, Samuel b. 1849 d. 1925
JENNINGS, Annie M. w/o Samuel J. JENNINGS b. 1854
    d. 1934
HOUPT, Jonas C. b. 1844 d. 1925
HOUPT, Mary E. b. 1848 d. 1923
YOUNG, Emma M. w/o Harvey J. SMITH b. 16 Feb 1871
    d. 31 Oct 1902
SMITH, Luther Lee s/o Harvey J. & Emma M. SMITH
    b. 20 Nov 1891 d. 5 May 1904
SHIFLER, Sara Lou b. 27 Apr 1935 d. 12 Jan 1936
SHIFLER, Elfleta d/o W. L. & A. L. SHIFLER age 1m 17d,
    d. 17 Sep 1895
Three graves, no stones
HUNTSBERRY, Hillary b. 18 Aug 1832 d. 6 Jan 1917
HUNTSBERRY, Amanda S. w/o Hillary HUNTSBERRY
    b. 14 Oct 1838 d. 22 Apr 1924
HUNTSBERRY, Walter age 56y 2m 23d, d. 23 May 1931
KITZMILLER, Samuel b. 2 Jul 1838 d. 25 Sep 1873
KITZMILLER, Rachel A. w/o Samuel KITZMILLER
    b. 14 Jan 1840 d. 29 Dec 1913
KITZMILLER, Otho F. b. 24 Nov 1862 d. (n.d.)
KITZMILLER, Rebecca M. w/o Otho F. KITZMILLER
    b. 5 Jun 1858 d. 17 Jun 1914
KITZMILLER, Charles E. b. 30 May 1885 d. 4 Jul 1933
KITZMILLER, Elva C. w/o Charles E. KITZMILLER
    b. 27 Apr 1886 d. (n.d.)
KITZMILLER, Clara V. d/o Otho F. & Rebecca M.
    KITZMILLER b. 16 Oct 1887 d. 1 Feb 1901
LAKIN, Ruth d/o D. O. & Susan A. LAKIN age 5y 3m 14d,
    d. 12 Feb 1901
GRIFFITH, Annie Pearl w/o David GRIFFITH
    age 19y 1m 1d, d. 23 Nov 1901
One grave, no stone
GRIFFITH, William D. C. b. 14 Mar 1852 d. 22 Jan 1929
GRIFFITH, Georgian b. 23 Apr 1855 d. 30 Dec 1930
HUTZELL, Lavina D. b. 24 Sep 1882 d. 9 Sep 1903
YOUNKIN, Grace I. d/o Emory C. & Jennie L. YOUNKIN
    age 8y 1m 16d, d. 20 Apr 1905
SMITH, Agnes A. b. 24 Jun 1888 d. 19 Dec 1918
Four graves, no stones - I. J. on stone (?)
One grave, infant
MARTZ, Elias b. 1862 d. 1925
MARTZ, Amanda C. w/o Elias E. MARTZ b. 1858 d. 1900
MARTZ, John C. s/o Elias & Amanda MARTZ age 1y 7d,
    d. 23 Apr 1886
STEPHEY, Rosco W. b. 1893 d. 1916
LEMON, Barbara C. d/o Charles M. & M. N. LEMON
    age 5m 24d, d. 28 Feb 1905
CLINE, Hezekiah b. 17 Feb 1837 d. 7 Jul 1912
CLINE, Barbara E. w/o Hezekiah CLINE b. 12 Mar 1838
    d. 2 Feb 1910
SMITH, Harvey M., Father, b. 8 Dec 1885 d. 26 Dec 1918
One grave, infant
CLINE, Charles F. b. 1865 d. (n.d.)
CLINE, Emma F. b. 1865 d. (n.d.)

SMITH, Edward H. b. 10 Nov 1891 d. 20 Apr 1931
BOMBERGER, Moses Benton b. 4 Sep 1829
    d. 25 Jan 1910
BRINING, Laura Virginia w/o Moses Benton
    BOMBERGER b. 15 Jul 1843 d. 16 May 1913
BENDER, Rhoda E. w/o W. R. BENDER b. Jul 1872
    d. May 1902
BENDER, Lewis M. b. Oct 1896 d. Jan 1897
POFFENBARGER, John age 76y 10m 29d, d. 6 Apr 1913
POFFENBARGER, Sarah J. w/o John POFFENBARGER
    age 64y 9m 27d, d. 27 Jun 1898
YOUNG, Otho J. b. 23 Jun 1861 d. 4 Oct 1930
One grave, no stone
Four graves, no stones
POFFENBERGER, L. d. (n.o.i.)
POFFENBERGER, E. d. (n.o.i.)
Two graves, no stones
BARGER, _____ (n.o.i.)
RENNER, Margaret L. w/o Clyde L. RENNER
    b. 11 May 1897 d. 31 May 1918
RENNER, Ada W. w/o Clyde L. RENNER b. 15 Mar 1900
    d. 5 Jan 1926
RENNER, Robert W. b. 5 Feb 1924 d. 19 Jul 1926
JONES, Howard W. b. 1881 d. 1918
JONES, Jonas W. b. 1847 d. 1931
JONES, Mary E. w/o Jonas W. JONES b. 1851 d. (n.d.)
One grave, infant
NYMAN, Arthur M. b. 1 Oct 1877 d. 25 Dec 1931
NYMAN, Charles E. b. 20 Jun 1849 d. 20 Jul 1918
NAZARENE, John H. b. 1849 d. 1924
NAZARENE, Sue E. w/o John H. NAZARENE b. 1862
    d. (n.d.)
One grave, no stone
STOVER, George M. b. 9 Jan 1858 d. 6 Sep 1922
STOVER, Mollie B. w/o George M. STOVER
    b. 3 Jun 1861 d. (n.d.)
HALLER, Charles W. b. 27 May 1865 d. 1 Jun 1925
HALLER, Flora A. w/o Charles W. HALLER b. Feb 1867
    d. (n.d.)
DOWN, Luella A. b. 1854 d. 1916
DECKER, Leonora Downs b. 1880 d. 1920
ROGERS, Maud Downs b. 1885 d. 1926
HECK, Katherine b. 1828 d. 1910
REED, Julia Heck b. 1851 d. 1902
HECK, Loren M. b. 1861 d. 1921
MEREDITH, Samuel b. 1849 d. 1935
MEREDITH, Florinda Frances b. 1856 d. 1934
MARTZ, George H. b. 15 May 1877 d. (n.d.)
_____, Katie D. b. 13 Sep 1878 d. 12 Jan 1920
MARTZ, Letha Catharine, infant, d. (n.o.i.)
One grave, no stone
HUTZELL, Thomas H. b. 15 Feb 1856 d. 19 Feb 1920
FOLTZ, Effie Mae w/o Thomas H. HUTZELL
    b. 28 Nov 1878 d. (n.d.)
HUFFER, George E. b. 13 Aug 1865 d. 20 Nov 1926
HUFFER, Elizabeth E. w/o George E. HUFFER
    b. 9 Dec 1862 d. (n.d.)

EMMERT, Daniel W. b. 1870 d. (n.d.)
FOLTZ, Nettie B. w/o Daniel W. EMMERT b. 1882 d. (n.d.)
One grave, no stone
HOFFMAN, Lewis E. b. 19 Feb 1889 d. (n.d.)
HOFFMAN, Edna C. w/o Lewis E. HOFFMAN
    b. 1 Feb 1894 d. (n.d.)
HOFFMAN, Nellie Irene d/o L. E. & E. C. HOFFMAN
    age 1y 5m 14d, d. 24 Aug 1915
KEADLE, James R. b. 21 Aug 1871 d. (n.d.)
KEADLE, Rosa Myrtle w/o James R. KEADLE
    b. 25 May 1878 d. 14 Sep 1930
SHIFLER, Emmert b. 21 Jun 1877 d. (n.d.)
SHIFLER, Mary A. w/o Emmert SHIFLER b. 4 Mar 1884
    d. (n.d.)
THOMAS, Willoughby b. 31 Jan 1845 d. 12 Feb 1917
THOMAS, Annie E. w/o Willoughby THOMAS
    b. 15 Nov 1854 d. 30 May 1933
NETZ, John L. b. 5 Jun 1849 d. 31 Jan 1917
NETZ, Anna C. w/o John L. NETZ b. 11 Nov 1855
    d. 3 Jul 1930
BOULUS, Frank L. age 38y 1m 10d, d. 21 Feb 1923
JONES, Luther M. b. 4 Mar 1888 d. (n.d.)
ITNYRE, Helen J. w/o Luther M. JONES b. 6 Mar 1893
    d. 9 Sep 1920
KAUFFMAN, William D. b. 4 Oct 1872 d. 29 Dec 1927
KAUFFMAN, Bessie J. w/o William D. KAUFFMAN
    b. 12 Oct 1873 d. 14 Dec 1916
FORD, Marion I. b. 1905 d. 1915
FORD, George H. (n.o.i.)
SNIVELY, John L. b. 1863 d. (n.d.)
COST, Cora E. w/o John L. SNIVELY b. 1863 d. Oct 1937
SHIFLER, John L. b. 12 Dec 1861 d. 14 Oct 1926
SHIFLER, Etta V. w/o John L. SHIFLER b. 1 Jun 1860
    d. (n.d.)
GROSS, Nathaniel b. 5 Sep 1845 d. 29 Jul 1924
GROSS, Manzella w/o Nathaniel GROSS b. 6 Dec 1849
    d. 17 Jan 1916
WILKINSON, Lawson H. b. 9 Aug 1947 d. 13 Mar 1915
WILKINSON, Julia A. w/o Lawson H. WILKINSON
    b. 10 May 1847 d. 8 Jan 1932
ROUDABUSH, George J. b. 1 Dec 1846 d. 17 Dec 1916
ROUDABUSH, Martha E. w/o George J. ROUDABUSH
    b. 15 Jun 1850 d. 23 Jun 1915
VOGLE, Josephine (n.o.i.)
PAXSON, Elizabeth V. b. 1914 d. 1924
SNYDER, Fanny Elizabeth w/o G. E. SNYDER
    b. 2 Aug 1865 d. 22 Jun 1914
MEREDITH, Levi b. 1836 d. 1917
MEREDITH, Elizabeth w/o Levi MEREDITH b. 1871
    d. 1930
Two graves, no stones
FORD, J. Walter b. 1882 d. (n.d.)
FORD, Ethel G. b. 1882 d. 1933
SMITH, Thomas E. b. 1856 d. 1920
SMITH, M. Luella b. 1854 d. 1935
ALEXANDER, Charles E. b. 1862 d. (n.d.)
ALEXANDER, Jula C. b. 1873 d. 1930

KLINE, Daniel L. b. 1867 d. (n.d.)
KLINE, Katherine D. b. 1871 d. (n.d.)
KLINE, Edwin s/o Daniel & Katherine D. KLINE b. (n.d.)
    d. 1913
NICODEMUS, Charles E. b. 1 Aug 1854 d. 14 Apr 1912
FOLTZ, Annie K. w/o Charles E. NICODEMUS
    b. 4 Feb 1869 d. (n.d.)
WARRENFELTZ, Martin T. b. 1855 d. 1933
WARRENFELTZ, Anna M. w/o Martin T. WARRENFELTZ
    b. 1854 d. 1922
FORD, David Ellsworth b. 1869 d. 1936
SUMAN, Gertrude w/o David Ellsworth FORD b. 1873
    d. (n.d.)
WILHIDE, Albert b. 1870 d. (n.d.)
WILHIDE, Florence b. 1869 d. 1913
Three graves, no stones
Two graves, no stones
BAST, four infants, ch/o J. H. & M. E. BAST d. (n.o.i.)
NICODEMUS, Martin R. b. 20 Oct 1851 d. 2 Mar 1931
NICODEMUS, Mary Ellen b. 26 Sep 1851 d. (n.d.)
ZIMMERMAN, Florence M. w/o R. Clinton ZIMMERMAN
    b. 1875 d. 1935
SMITH, Martin L. b. 10 Apr 1858 d. 26 Aug 1932
SMITH, Susan M. w/o Martin L. SMITH b. 20 Oct 1856
    d. 11 Jun 1934
BISER, Joshua F. b. 31 May 1841 d. 10 Jun 1918
BISER, Amanda C. w/o Joshua F. BISER b. 28 Aug 1842
    d. 31 May 1926
DAVIS, Harvey C. b. 1875 d. (n.d.)
DAVIS, Gertie B. b. 1880 d. 1925
GRUBER, Harry R. b. 1877 d. 1926
DAVIS, Lola M. Gruber, w/o Harry R. GRUBER b. 1883
    d. (n.d.)
FORD, Abijah S. d. (n.o.i.)
STOVER, Barbara E. w/o Abijah S. FORD b. (n.d.)
    d. 9 Oct 1910
FORD, Price C.; E. Blanche; Samuel T; Mary H.;
    ch/o Abijah S. & Barbara E. Stover FORD
Two graves, no stones
ASHBY, Eyster Pence b. 13 Jun 1896 d. 8 Jun 1897
ASHBY, Thelma Louise b. 26 Sep 1909 d. 8 May 1911
ASHBY, John Richard b. 30 Jun 1916 d. 24 Jun 1926
ASHBY, Rev. Martin b. 10 Oct 1868 d. (n.d.)
ASHBY, Ida Pence w/o Rev. Martin A. ASHBY
    b. 18 Jan 1876 d. (n.d.)
YOUNG, Samuel E. b. 1856 d. 1926
YOUNG, Ella B. w/o Samuel E. YOUNG b. 1861 d. (n.d.)
REEDER, Mary E. b. 14 Dec 1870 d. 26 Jan 1935
REEDER, Otho J. b. 17 Oct 1867 d. (n.d.)
REEDER, Bettie C. w/o Otho J. REEDER b. 2 Sep 1866
    d. (n.d.)
SMITH, O. J. age 3m, d. (n.o.i.)
REEDER, Jean L. age 5wks, d. (n.o.i.)
REEDER, Harvey D. b. 9 Oct 1873 d. 2 Jul 1921
REEDER, Ettie V. w/o Harvey D. REEDER b. 26 Sep 1879
MERTZ, Cornelius N. b. 1 Nov 1832 d. 31 Dec 1928
MERTZ, Charlotte S. b. 8 Jul 1839 d. 26 May 1912

MYERS, Milbrey Catherine d/o David & Susan F. MYERS
b. 1865 d. 1930
MYERS, Mary A. b. 25 Feb 1880 d. 17 Jan 1934
MYERS, David Wilson b. 11 Feb 1840 d. 1 Feb 1911
MYERS, Sue w/o David Wilson MYERS age 45y 25d,
d. in St. Louis, MO, 27 Feb 1888
MYERS, Ellen Wilson w/o Theodore SCHULTZ b. 1868
d. 1922
HOUSE, Charles E. b. 12 Aug 1862 d. 20 Jul 1922
HOUSE, Katie F. w/o Charles E. HOUSE b. 14 May 1863
d. 8 Jun 1912
HOUSE, Ernest W. b. 11 Apr 1887 d. 25 Aug 1909
HOUSE, William E. b. 13 Oct 1885 d. 15 Mar 1886
Above ch/o Chas. E. & Katie F. HOUSE (e.n. assumed
Ernest-William)
HOUSE, Nellie B. w/o C. E. HOUSE b. 20 Mar 1889
d. 5 Jun 1931
HUNTZBERRY, Mary E. b. 20 Apr 1902 d. 10 May 1920
HUFFER, Cora A. w/o Harry E. KEEDY b. 1878 d. 1910
ADAMS, Joseph C. b. 1853 d. 1923
POFFENBERGER, Samson age 72y 26d, d. 20 Jan 1922
POFFENBERGER, Susan E. w/o Samson
POFFENBERGER age 56y 11m 8d,
d. 13 Sep 1910
HOUSE, Victor A. age 29y 1m 12d, d. 18 Feb 1924
One grave, infant
THOMAS, Wilber C. b. 1895 d. 1934, Master Mason
BRINING, Frank P. b. 22 May 1854 d. 24 Jun 1911
BRINING, Mary C. w/o Frank P. BRINING b. 15 May 1852
d. 15 Mar 1930
FLOOK, Joshua H. age 69y 1d, d. 10 Apr 1910
FLOOK, Lydia A. M. w/o Joshua H. FLOOK
age 82y 10m 2d, d. 30 Jul 1925
MILLER, Silas E. age 55y 5m 14d, d. 4 Feb 1915
SOUTH, Alice V., Sister, b. 3 Apr 1857 d. 28 May 1917
REEDER, John H. b. 15 Feb 1865 d. (n.d.)
REEDER, Florence J. w/o John H. REEDER
b. 29 May 1917 d. (n.d.)
HUTZELL, Otho J. b. 9 Jan 1888 d. (n.d.)
HUTZELL, Alice V. w/o Otho J. HUTZELL b. 25 Feb 1884
d. (n.d.)
MILLER, John L. b. 1 Apr 1852 d. 1 Apr 1934
LEMON, Clarinda w/o John L. MILLER b. 24 Apr 1852
d. 16 Oct 1929
STOUFFER, David H. b. 16 Aug 1855 d. 20 Feb 1933
STOUFFER, Maria E. w/o David H. STOUFFER
b. 17 Apr 1857 d. 16 Oct 1929
One grave, no stone
NYMAN, Howard S. b. 28 Jun 1852 d. 3 Apr 1918
RINGER, Isiah b. 29 Oct 1837 d. 8 Mar 1887
RINGER, Clara C. w/o Isiah RINGER b. 2 Sep 1843
d. 23 Jul 1920
One grave, no stone
FLOOK, Frederick O. b. 30 May 1873 d. 14 Feb 1912
MICHAEL, Daniel W. b. 23 Feb 1873 d. 21 Jul 1933
MERTZ, Hester b. 1 Mar 1830 d. 11 Oct 1913

The following are buried in the Mausoleum

SHAFER, Laura Locher b. 3 Oct 1862 d. 2 Apr 1902
SHAFER, Robert Locher (n.o.i.)
SHAFER, Clarence E. b. 5 May 1856 d. 16 May 1925
CHAMBERS, Ann Rebecca b. 18 Nov 1832 d. 6 Aug 1914
SHAFER, Mary E. w/o Robert J. SHAFER b. 24 May 1829
d. 23 Mar 1899
SHAFER, Robert J. b. 6 Oct 1821 d. 11 Oct 1909
SNIVELY, E. Mae w/o Emory E. LINE b. 1866 d. (n.d.)
LINE, Emory E. b. 1865 d. 1925
SMITH, William G. b. 9 Apr 1866 d. 7 Oct 1919
CLOPPER, Alice V. w/o William G. SMITH b. 12 Aug 1874
d. 1937
DOUB, Winton A. b. 14 Jan 1851 d. 5 May 1926
DOUB, Winnie A. w/o Winton A. DOUB b. 8 Jun 1857
d. 31 Jul 1930
DOUB, Virgie Mae b. 29 May 1892 d. 7 Sep 1920
DOAT, John H. b. 5 Jul 1862 d. (n.d.)
DOAT, Laura W. w/o John H. DOAT b. 12 Jul 1861
d. 16 Apr 1914
DOAT, Edna V. b. 4 Dec 1890 d. (n.d.)
KLINE, Virginia Lee b. 30 Mar 1905 d. 16 Jan 1935
WAGNER, Fred M. b. 17 Jul 1892 d. (n.d.)
WAGNER, Samuel C. b. 25 Feb 1848 d. 22 Jul 1927
ROWE, Thomas b. 18 Feb 1851 d. 19 Nov 1930
HUTZELL, Marietta b. 29 Aug 1865 d. 7 Oct 1929
ROWE, Sarah M. w/o Thomas ROWE b. 10 Aug 1851
d. 31 Jul 1922
WHITE, Elizabeth M. b. 3 Dec 1868 d. 29 Sep 1929
BAST, William Preston b. 24 Apr 1897 d. 10 Oct 1918
BAST, John H. b. 1 Jan 1840 d. 20 Jul 1914
BAST, Margaret E. w/o John H. BAST b. 21 Jan 1841
d. 8 Oct 1927
HENNEBERGER, William A. b. 2 Dec 1860 d. 15 Oct 1928
MCBRIDE, George W. b. 25 Feb 1851 d. 2 Mar 1929
MCBRIDE, Sarah F. w/o George W. MCBRIDE
b. 9 Nov 1850 d. 22 Dec 1931
DAVIS, Dr. S. Seibert b. 28 Feb 1854 d. 3 Aug 1924
NICODEMUS, William Percy b. 1863 d. 1921
CLOPPER, Charles S. b. 1867 d. 1925
CLOPPER, Marietta b. 6 Sep 1840 d. 5 Sep 1929
TOMS, Lemuel V. b. 14 Feb 1870 d. 8 Jun 1934
TOMS, Oscar R. b. 6 Jun 1898 d. 12 Sep 1931
HUNTZBERY, Charles E. b. 18 May 1869, d. (n.d.),
Master Mason
HUNTZBERY, Emma L. w/o Charles E. HUNTZBERY
b. 22 Oct 1875 d. 27 Jan 1933
MARTZ, M. Victoria Hoffman b. 11 Feb 1872
d. 26 Jan 1929
MARTZ, Edna Ruth b. 9 Oct 1903 d. 11 Oct 1903
STONE, Sidney V. w/o Allen STONE b. 16 Oct 1856
d. 28 May 1936
FINK, Oneida Grace b. 9 Sep 1921 d. 2 Mar 1923
FINK, Bessie N. d/o J. A. & Bessie M. FINK b. 8 Feb 1920
d. 11 Feb 1920
HOOVER, Emma E. b. 1865 d. 1935

SNIVELY, Thomas A. b. 1866 d. 1934
SMITH, I. N. s/o Henry & Lavina SMITH b. 10 Mar 1857
    d. 16 Aug 1925
COST, Effie G. w/o Pry COST b. 20 Apr 1860
    d. 22 Jan 1931
BURCH, M. Emily b. 7 Apr 1858 d. 5 Feb 1933 w/o I. N.
    SMITH and d/o J. T. & Mary BURCH
WAGNER, Minnie K w/o Charles B. WAGNER b. 1863
    d. 1936
WAGNER, Charles B. b. 1866 d. 1932
NEWCOMER, J. P. b. 14 Jun 1863 d. 15 Feb 1931
NEWCOMER, Clara w/o J. P. NEWCOMER
    b. 31 Oct 1868 d. 11 Aug 1925
KING, Leona W. b. 16 Sep 1885 d. 18 Apr 1931
SHANK, Otho J. b. 29 Jan 1858 d. 2 Feb 1932
KING, Diamond b. (n.d.) d. Dec 1937

Methodist Churchyard, Boonsboro, MD, where I.O.R.M. Hall is now located.

HUMPHRIES, Jonathan Rumford age 41y 10m 3d,
    d. 23 May 1858
COMBY, William s/o Solomon F. & Elenora COMBY
    age 1m 26d, d. 7 Nov 1866
BLESSING, Hannah w/o Henry BLESSING
    b. 23 Oct 1792 d. 25 Feb 1854
FORREST, Seth age 38y, d. 21 Aug 1835
NORISS, Rolly Morgin age 5y 25d, d. 5 Sep 1837
BEARD, Eliza w/o Michael BEARD age 29y 11m 10d,
    d. 3 Dec 1835
BEARD, Michael age 54y, d. 13 Jun 1857
CARNEY, Parrick b. 17 Mar 1778 d. 5 Aug 1832
SHAW, Mathias age 45y, d. 12 Mar 1833
SHAW, Sophia Elizabeth age 44y 5m 24d, d. 4 Nov 1834
SMITH, Letitia C. age 62y, d. 27 Oct 1868
KEADLE, Mary E. age 54y 5m 27d, d. 31 May 1857
WARE, Mary age 46y 10m 8d, d. 26 Jun 1845
CARNEY, Martha b. 28 Dec 1789, d. 26 Jun 1845
SMITH, Margaret age 29y, d. 4 Jun 1844
R. D. marked on one stone
SKINNER, Caroline M. d/o Peyton & Leander M.
    SKINNER age 4y 5m 12d, d. 27 Oct 1848
BRADS, Mary Caroline d/o James & Eliza J. BRADS
    age 4y 9m 24d, d. 7 Mar 1850
MCANLY, Elizabeth d/o William & Catharine MCANLY
    age 3y, d. 22 Mar 1850
HUMPHRIES, Sarah Ann d/o J. R. & H. J. HUMPHRIES
    b. (n.d.) d. 29 Jun 1850
DYSON, Mary Davis d/o Franklin & Mary A. DYSON
    age 4y 7m, d. 28 Jan 1852
DYSON, Emma R. H. d/o Rev F. & M. DYSON
    age 10m 7d, d. 8 Feb 1859
One grave, plain stone
BUHRMAN, Emma Cora d/o Hiram & Elizabeth
    BUHRMAN b. 9 Aug 1852 d. 17 Aug 1854
KEADLE, Martha w/o Gibson KEADLE age 75y 2m,
    d. 4 May 1850
ZIGLER, John D. age 18y 1m 26d, d. 22 May 1848 s/o
    Jacob & Margaret ZIGLER
JONES, Franklin s/o Eliza JONES b. 18 Jun 1850
    d. 29 Nov 1850
KNOX, Eliza age 70y, d. 2 Aug 1866
M.B. (n.o.i.)
SKINNER, Nancy age 80y 4m 12d, d. 24 Dec 1861
NEBINGER family buried under building of L.O.R.M. Hall
POFFENBERGER woman buried under building of Red
    Men's Hall

Reformed Church Graveyard, Boonsboro, MD

HECK, Sarah age 61y 1m 28d, d. 11 Apr 1889
HECK, Elizabeth w/o Christian HECK age 86y,
    d. 9 Dec 1880
BOON, Sarah age 83y 2m 3d, d. 7 Sep 1874
BOONE, William, founder of Boonsboro 1787 b. (n.d.)
    d. 1798
BOONE, Susanna, Proprietress of Boonsboro
    b. 11 Sep 1755 d. 1 Feb 1844
BOONE, Charlotte w/o Ephriam DAVIS b. Jun 1783
    d. Aug 1806
SLIFER, Herman b. 17 Dec 1811 d. 14 Oct 1815
Three graves, plain stones
HUTZEL, Elias s/o J. & C. HUTZEL age 3m 8d,
    d. Jan 1831
ETENEYER, Sarah d/o John ETENEYER b. 19 Apr 1811
    d. 17 Jun 1812
Three graves, plain stones
HACKIN, Dorothea b. 23 Jun 1760 d. 29 Aug 1817
CLARY, Daniel b. 25 Feb 1768 d. 1 Mar 1817
MYERS, John age 23y, d. 9 Jan 1823
One grave, plain stone
SMITH, Mary s/o Abijah SMITH b. 3 Dec 1804
    d. 30 Dec 1828
BARKMAN, Elizabeth age 23y 6m 12d, d. 22 Apr 1826
GRIMES, Maria age 9m 6d, d. 22 Jun 1826
GRIMES, John Augustus age 6 wks 6d, d. 8 Sep 1829
One grave, plain stone
TOMS, Maria b. 25 Nov 1814 d. 19 Aug 1822
TOMS, Elizabeth w/o John TOMS age 85y,
    d. 10 Sep 1871
PIPER, Eliza age 6y 4m 26d, d. 3 Mar 1822
STRAUSE, George St. John age 1y 2m 4d, d. 3 Mar 1825
    s/o George & Ellen STRAUSE
SMITH, James Edward s/o George & Nancy SMITH
    d. (n.d.)
SMITH, William H. s/o George & Nancy SMITH
    age 9y 8m 22d, d. 2 May 1851
WAGNER, Infant d/o Samuel & Catharine WAGNER
    age 4d, d. 29 Dec 1850
MARTELL, Anna d/o Jacob & Catharine MARTELL
    age 2y 18d, d. 13 Jun 1850

SLIFER, Miriam Amelia Catharine d/o Ann Rebecca
    SLIFER age 1y 6m 8d, d. 2 Dec 1850
SPEILMAN, John H. age 3y 7m 5d, d. 10 Jan 1851 s/o
    Jacob & Sarah SPEILMAN
BRANTNER, William I., s/o William & Elizabeth
    BRANTNER d. (n.o.i.)
KLINE, William Scott s/o George & Nancy KLINE b. (n.d.)
    d. Jul 1852
PALMER, Benjamin T. s/o William & Amanda C. PALMER
    age 1y 4m, d. 15 Jul 1853
SUMAN, Charles Henderson s/o John A. & Elizabeth
    SUMAN age 1y 2m 6d, d. 6 Apr 1857
BOMBARGER, Zora Ida d/o J. L. & A. M. BOMBARGER
    b. 22 Feb 1853 d. 12 Apr 1855
SUMAN, Tilghman Garrett s/o John A. & Elizabeth C.
    SUMAN age 3m 11d, d. 20 May 1855
KRIEG, George s/o Jacob & Catharine KRIEG
    b. 7 Jun 1856 d. 23 Aug 1857
NORRIS, William E. s/o Jacob & Rebecca NORRIS
    age 2y 17d, d. 8 May 1863
EAVEY, Mary K. d/o Jacob D. & Margaret EAVEY
    b. 16 Mar 1851 d. 21 Jul 1856
EAVEY, Lilly d/o Jacob D. & Margaret EAVEY
    b. 9 Aug 1854 d. 11 Jun 1856
BEAR, Carlton Alexander s/o George & Elizabeth BEAR
    b. 2 Feb 1827 d. 14 Apr 1828
EAVEY, Thomas B. s/o Jacob & Margaret EAVEY
    b. 13 Sep 1852 d. (n.d.)
SHAW, M. ____, d. (n.o.i.)
SHAW, Thomas age 65y 1m 12d, d. 16 Aug 1853
SHAW, Elizabeth b. 10 Apr 1788 d. 19 Oct 1865
One grave, plain stone
RINGER, John of R., d. 17 Sep 1795 d. 22 Dec 1860
RINGER, Robert W. age 34y 7m 1d, d. 12 Jul 1858
RINGER, Margaret Elizabeth d/o Robert W. & Catharine
    E. RINGER b. 18 Aug 1854 d. 19 Sep 1855
MYERS, John H. s/o Jacob & Elizabeth MYERS age 3y,
    d. 11 Apr 1836
GROVE, Daniel A. age 2y 7m, d. 16 Mar 1854
RINGER, Mary w/o John RINGER of R., age 43y 4m,
    d. 14 Mar 1848
One grave, stone lost
SHAFER, Susan w/o Jonathan SHAFER age 26y 10m 2d,
    d. 23 Sep 1826
Two grave, plain stones
SHAFER, Jonathan b. 14 Apr 1794 d. 8 Apr 1885
RINGER, Robert b. 12 Aug 1762 d. 18 Jan 1833
RINGER, Julian w/o Robert RINGER b. 21 Sep 1772
    d. 12 Jan 1827
FRITZ, Ann Maria b. 18 Jun 1767 d. 28 Jun 1824
    age 57y 11d
SPIELMAN, Rosanna b. 19 Mar 1790 d. 31 May 1824
One grave, plain stone
One grave, plain stone
Three graves, plain stones
RITZ, Mary w/o Solomon RITZ b. 13 Aug 1786
    d. 22 Feb 1819

SLIFER, Dr. Ezra age 44y 10m 21d, d. 5 Oct 1831
SLIFER, Catherine w/o Dr. Ezra SLIFER age 54y 6m 15d,
    d. 5 Mar 1844
SLIFER, Infromberger b. 24 Feb 1810 d. 5 Nov 1815
LUDI, Johannes b. 24 Nov 1771 d. 23 Feb 1813
HECK, Peter age 62y 7m 12d, d. 2 Oct 1854
HECK, Rebecca w/o Peter HECK age 76y 1m 16d,
    d. 2 Nov 1869
HECK, Charlotte d/o Rebecca & Peter HECK
    b. 11 Feb 1819 d. 30 Jan 1860
One grave, plain stone
SCHOTT, Jacob s/o John Von George SCHOTT
    b. 20 Aug 1813 d. 8 Sep 1817
One grave, plain stone
WENTLINGE, Susan age 27y 6m, d. 14 Jan 1824
One grave, plain stone
BUCK, John H. b. 13 Nov 1835 d. 9 Apr 1837
____, Maria Magdalena (in German) b. 28 Jan 1778
    d. (n.d.)
One grave, stone bad, in German
BRANDER, John b. 9 Feb 1761 d. 28 Aug 1818 (e.n.
    probably BRANDNER)
BRANDNER, Susanna b. 7 May 1767, age 62y 8m 16d,
    d. 25 Jan 1830
SONN, Peter b. 24 Aug 1758 d. 24 Mar 1820
One grave, plain stone
FUNK, Susana b. 8 Feb 1753 d. 22 Sep 1830
GRIMES, Mary b. (n.d.) d. 30 Jul 1829
STONEBREAKER, Ann Maria age 71y 1m 23d,
    d. 11 Jul 1823
STONEBREAKER, Michael age 41y, d. 25 Jan 1826
HUTZEL, Jacob age 70y 3m 6d, d. 17 Jan 1857
SPIELMAN, John Calvin age 11y 6m 29d, d. 15 Aug 1852
    s/o John & Sophia SPIELMAN
HOFFMAN, Jacob b. in Lancaster, PA 3 Jul 1760,
    formerly of Balitmore, d. 26 Mar 1832
HOFFMAN, Mary Barbara w/o Jacob HOFFMAN
    b. in Shaferstown, PA 23 Oct 1763
    d. 14 Aug 1834
SUMMERS, Jacob Jr., b. 29 Jul 1805 d. 21 Aug 1831
SUMMERS, Ann Mary b. 8 Oct 1768 d. 13 Feb 1833
One grave, plain stone
SUMMERS, John b. 24 Oct 1813 d. 3 Sep 1824
CARPENTER, Maria d/o Jacob & Catharine SHANK
    age 23y 4m 16d, d. 12 Mar 1835
CARPENTER, Mary w/o Stephen CARPENTER
    b. 23 Sep 1803 d. 4 Nov 1829 d/o Jacob &
    Elizabeth SUMMERS
WELTY, Hiram s/o J. B. & C. WELTY age 2y 25d,
    d. 15 Sep 1829
WELTY, Ann Catharine age 9m 13d, d. 11 Sep 1823
WELTY, Elizabeth d/o J. & C. WELTY b. 2 Dec 1824
    d. 30 Aug 1827
HUTZEL, Jacob L. s/o Jacob & Ann E. HUTZEL
    age 1y 9m 8d, d. 22 Nov 1865
HUTZEL, Daniel s/o John & Elizabeth HUTZEL
    b. 31 Oct 1808 d. 10 Jun 1826

HUTZEL, Daniel s/o J. & C. HUTZEL age 11y 7m 21d,
    d. 7 Jul 1827
GELWICKS, John C. b. 19 Jul 1812 d. 24 Jul 1828
SHRIVER, Catharine age 46y 6m 14d, d. 18 Mar 1829
SHRIVER, Elizabeth d/o Henry & Catharine SHRIVER
    age 21y 10m 2d, d. 23 Jul 1830
One grave, plain stone
CHRISTIAN, Jacob b. 16 Sep 1786 d. 15 Nov 1831
WEAST, Joseph Sr., b. 24 Jan 1794 d. 16 Mar 1843
WEAST, Susan b. 2 Sep 1793 d. 4 Feb 1880
WEAST, Joseph G. age 22y 2m 10d, d. 4 Jan 1845
BRANDNER, Michael age 61y 1m 28d, d. 14 Mar 1851
AVEY, Ida May d/o Joseph & Maria AVEY age 5d,
    d. 25 Oct 1867
SUMMERS, Martin L. age 25y 6m 3d, d. 1 Mar 1864
GILBERT, David age 66y 1m 11d, d. 4 May 1864
FASNACHT, Urias b. 1 Oct 1832 d. 2 Aug 1863
One grave, Eddie on stone
AVEY, Eleanora R. w/o Elijah AVEY age 22y 2m 28d,
    d. 7 Sep 1862
NIKIRK, Ann Mary w/o George NIKIRK age 63y 10m 28d,
    d. 21 Nov 1861
WOLF, William C. s/o Simon & Elizabeth WOLF
    age 7y 19d, d. 1 Apr 1865
GILBERT, Sarah w/o David GILBERT age 61y 10m 18d,
    d. 10 May 1863
KITZMILLER, Margaret w/o Jacob KITZMILLER
    age 59y 4m 11d, d. 23 Apr 1863
STOPS, Jacob b. 3 Jul 1779 d. 27 May 1862
ITNYRE, Eliza Ada d/o Jacob & Catharine ITNYRE
    age 23d, d. (n.d.)
HUDSON, Thomas b. 20 Jan 1769 d. 30 May 1859
ORDNER, Charles D., Co. A. 2nd. MD Reg. 2 Brigade,
    3 Div. 9th. Corp., age 27y 3m 10d,
    d. 20 Aug 1864
HUDSON, Sarah H. b. 15 Jun 1782 d. 26 Jan 1869
PIPER, David b. 14 Dec 1809 d. 8 Jun 1875
PIPER, Maria w/o David PIPER age 65y 8m 20d,
    d. 22 Feb 1882
RUDISILL, Michael age 89y 4m 15d, d. 19 Oct 1859
STRAUSE, Hiram A. age 46y 9m 13d, d. 31 Jul 1857
ZIGLER, Abraham b. 12 Feb 1797 d. 14 Dec 1857
WOLF, Frederick age 77y 5m, d. 6 Aug 1853
WELTY, Catharine w/o John B. WELTY age 52y 10m 6d,
    d. 4 Oct 1854
SCHOLOSSER, Elizabeth w/o John SCHLOSSER
    age 71y 9m 28d. d. 19 Jul 1855
SCHLOSSER, John age 80y 4m 18d, d. 20 Aug 1862
BRANTNER, Jacob b. 2 Jan 1802 d. 2 Nov 1866
BRANTNER, Rebecca w/o Jacob BRANTNER
    age 81y 6m 16d, d. 17 Nov 1885
BRANTNER, Ann Rebecca d/o Jacob & Ann Rebecca
    BRANTNER age 17y 9m 28d, d. 8 Jun 1853
BRANDNER, William Edward s/o Jacob & Rebecca
    BRANDNER age 1y 9m 15d, d. 10 Feb 1849
BRANTNER, Caroline d/o Jacob & Rebecca BRANTNER
    age 20y 10m 13d, d. 30 Oct 1846

SUMMERS, Jacob b. 22 Feb 1779 d. 24 Jul 1838
SUMMERS, Elizabeth w/o Jacob SUMMERS
    b. 4 Apr 1777 d. 17 Apr 1853
MILLER, John b. 11 Feb 1762 d. 28 Sep 1837
MILLER, Barbara age 78y 9m 15d, d. 26 Feb 1847
BRANDNER, Catharine E. d/o Jacob & Rebecca
    BRANDNER age 2y, d. 10 May 1834
SHRIVER, Henry age 53y 11d, d. 12 Jan 1834
BRANDNER, Mary w/o Michael BRANDNER
    b. 16 Dec 1792 d. 2 Mar 1831
BRANDNER, John s/o Michael & Mary BRANDNER
    b. 29 Oct 1822 d. 14 Dec 1834
One grave, stone broken off, name, Mary ____
HUTZEL, Catharine w/o Jacob HUTZEL age 42y 2m 6d,
    d. 16 Jan 1831
HUTZELL, Delilah 2nd. w/o Jacob HUTZELL Sr.,
    age ca. 38y, d. 20 Jul 1845
WALKER, Rachel b. 21 Apr 1756 d. 6 May 1829
MAYSILLES, Catharine w/o John MAYSILLES Jr.,
    b. 14 May 1806 d. 24 Jul 1831
MAYSILLES, Daniel age 3y 7m 15d, d. 25 Jul 1834
SNIDER, John age 43y 7m 22d, d. 28 Aug 1832
FOUTZ, Jacob age 69y, d. 26 Apr 1832
FOUTZ, Elizabeth b. 25 Oct 1766 d. 13 Apr 1836
WAGONER, Elonaro w/o John A. WAGONER
    b. 17 Nov 1802 d. 2 Apr 1835
HAMMOND, Susan M. d/o John & Elizabeth HAMMOND
    age 6y 11m, d. 1 Nov 1846
HAMMOND, John Sr., b. 27 May 1774 d. 22 Feb 1849
HAMMOND, Catharine w/o John HAMMOND Sr.,
    b. 17 Dec 1770 d. 8 Dec 1866
FASNACHT, Eddie Lee s/o Urias & Lauretta FASNACHT
    age 11m 10d, d. 11 Aug 1863
BYERS, William M. s/o Jacob C. & Mary A. BYERS
    age 3y 5m 11d, d. 1 Jul 1863
KNOTT, James Edward s/o Henry & Melinda KNOTT
    b. 3 Apr 1854 d. 10 Sep 1863
WOLF, Simon age 50y 1m 20d, d. 26 Feb 1870
WOLF, Elizabeth w/o Simon WOLF age 50y 5m 7d,
    d. 29 Aug 1872
MOWREY, John age 75y 6m 5d, d. 11 Feb 1852
MOWREY, Elizabeth w/o John MOWREY age 69y 7m,
    d. 8 Oct 1851
J.R.B. (n.o.i.)
STAUBS, Mary w/o George STAUBS age 64y 10m 8d,
    d. 29 Aug 1859
CLINE, John H. b. 20 Dec 1855 d. 5 Aug 1856
CLINE, Susanna d/o John MONTEBAUGH
    age 30y 1m 27d, d. 27 Dec 1855 w/o George H.
    CLINE
KITZMILLER, Elizabeth age 81y 8m 1d, d. 20 Oct 1878
MONTEBAUGH, John age 75y 9m 3d, d. 17 Nov 1865
MONTEBAUGH, Susan w/o John MONTEBAUGH
    b. 2 Jul 1784 d. 2 Jun 1849
MONTEBAUGH, Jacob b. 1 Mar 1817 d. 26 Aug 1848
MONTEBAUGH, Eliza d/o John & Susan MONTEBAUGH
    b. 11 Oct 1818 d. 25 Jul 1847

ITNEYER, George age 65y 4m 15d, d. 16 Jul 1852
ITNEYER, Elizabeth w/o George ITNEYER
    age 55y 8m 19d, d. 6 Feb 1847
ITNYRE, Ruann d/o George & Elizabeth ITNYRE
    age 45y 5m 3d, d. 16 Sep 1859
SCHECHTER, Wendel b. Dec 1754 d. 29 Jan 1845
HUTZEL, Jacob age 29y 2m 28d, d. 27 Feb 1843
WELTY, Mary Ann d/o John B. & Catharine WELTY
    age 22y 11m 7d, d. 26 Jun 1843
WELTY, John B. b. 2 Apr 1792 d. 13 Dec 1844
WELTY, Crena Martha d/o John B. & Catharine WELTY
    b. 8 Sep 1830 d. 12 Jul 1841
HUTZELL, John s/o John & Elizabeth HUTZELL
    b. 29 Oct 1817 d. 1 Nov 1839
HUTZELL, Elizabeth d/o Jacob & Catharine HUTZELL
    b. 1 Mar 1824 d. 4 May 1839
CRADDOCK, Margaret w/o John CRADDOCK & d/o
    Jacob & Barbara MONG age 39y 2m 12d,
    d. 17 May 1838
KNOTT, James age 40y 2m 12d, d. 13 Oct 1837
GELWICKS, John b. 6 May 1786 d. 13 Apr 1836
GELWICKS, Margaret w/o John GELWICKS
    age 80y 6m 20d, d. 30 Jul 1860
GELWICKS, David C. b. 7 Nov 1817 d. 25 Dec 1844
CLINGAN, William, D.D., b. 14 Dec 1753 d. 28 Oct 1833
EDMONDS, John H. b. 24 Feb 1822 d. 27 Mar 1864
KEEDY, John b. 14 Aug 1768 d. 7 Apr 1839
FORRIE, Martha w/o John KEEDY age 60y 8m 15d,
    d. 4 Feb 1833
SCHLOSSER, Elizabeth w/o Simon SCHLOSSER
    age 23y, d. 17 Dec 1832
TRINE, Margaret Ann d/o Christian TRINE age 11m 19d,
    d. 5 Feb 1834
POLLOCK, John, a native of Lancaster Co., PA
    age 22y 11m 7d, d. 10 Sep 1833
YONTZ, Sarah Ann M. b. 9 Oct 1830 d. 11 Jun 1835
YONTZ, Isral Ann L. b. 24 Sep 1832 d. 25 May 1835
FASNACHT, Elizabeth age 40y 3m 11d, d. 9 Aug 1836
THOMAS, Mary Ann d/o Daniel & Margaret THOMAS
    b. 1 Mar 1819 d. 27 Aug 1836
THOMAS, Daniel age 80y 6m, d. 1 Jul 1861
THOMAS, Margaret w/o Daniel THOMAS age 69y 9d,
    d. 2 Aug 1866
SCHLOSSER, Mary Catharine b. 13 Feb 1839 d. (n.d.)
    s/o Daniel & Elizabeth SCHLOSSER
L. A. D.
POWELL, Catharine d/o Samuel & Sarah POWELL
    age 7y 29d, d. 12 Apr 1836
FRITZ, S. V., age 3y 9m 13d, d. 6 Feb 1834
SCHLOSSER, Susan d/o Daniel & Elizabeth
    SCHLOSSER b. 29 Sep 1830 d. 31 Dec 1838
WELCK, Elias b. 15 Jan 1805 d. 26 Dec 1839
SHEETS, Milton Henry age 5y 11m 3wk, d. 12 Nov 1838
HARR, Sophia w/o Samuel C. HARR b. 9 May 1813
    d. 18 May 1842
BAIR, John age 25y 2m 2d, d. 6 May 1843

HUTZEL, Josiah s/o Jacob & Sarah HUTZEL
    age 19y 5m 24d, d. 28 Oct 1848
One grave, plain stone
SPEALMAN, Jacob b. 13 Nov 1805 d. 1 Sep 1847
WAGONER, John A. age 52y 10m, d. 8 Nov 1850
HECK, Elizabeth w/o Peter HECK b. 18 Jun 1780
    d. 26 Jan 1853
BOWERS, Jacob b. 15 Jul 1790 d. 15 Aug 1857
MUMERT, Elizabeth w/o William MUMERT
    age 86y 3m 4d, d. 26 Jun 1859
LEWIS, Susan w/o William LEWIS age 71y 2m 29d,
    d. 20 Dec 1871
PIPER, Jacob s/o David & Maria PIPER age 3y 3m 20d,
    d. 28 Feb 1843
PIPER, A. M., infant d. (n.o.i.)
ITNYER, Henry s/o Joshua & Susan ITNYER
    age 2y 5m 13d, d. 24 Feb 1848
SNYDER, John age 20y 7m 10d, d. 27 May 1857
H. C. d. (n.o.i.)
DAVIS, Nancy w/o Wilson DAVIS age 50y 3m 8d,
    d. 7 Aug 1864
LEWIS, William age 63y 11m 22d, d. 4 Apr 1861
STRAUSE, Ellen C. age 24y 6m 13d, d. 17 Dec 1862
SCHLOSSER, James Alfred s/o Henry E. & Anna D.
    SCHLOSSER age 4y 8m, d. 23 Feb 1862
NIKIRK, Susan K. d/o Solomon & Ann Elizabeth NIKIRK
    age 2y 17d, d. 19 mar 1861
CASTLE, Elizabeth w/o Thomas CASTLE, d. (n.o.i.)
NIKIRK, Anna age 10y 9m 28d, d. 24 Feb 1851
HUTZEL, John b. 6 Feb 1780 d. 22 Feb 1855
HUTZELL, Elizabeth w/o John HUTZELL age 65y,
    d. 27 Aug 1848
ITNEYER, Eliza Ann d/o Samuel & Catharine ITNEYER
    b. 3 Nov 1847 d. 16 Jul 1848
BLECKER, William s/o Jacob & Barbara BLECKER
    age 1y 5m 2d, d. 23 Feb 1848
SUMMERS, J. P. age 2m 3wk 3d, d. 13 Feb 1841
MARTILL, Caroline b. 17 Oct 1846 d. 25 Jun 1847
BLECKER, George Dallas s/o Jacob & Barbara
    BLECKER age 1y 2m 24d, d. 19 Mar 1846
BYERLEY, George s/o Jacob & Amelia BYERLEY
    age 1y 1m 2d, d. 31 Oct 1845
WOLF, Daniel Frederic s/o Simon & Elizabeth WOLF
    b. 24 Jul 1844 d. 15 Sep 1845
LAKIN, E. T. John s/o J. H. & A. R. LAKIN b. 14 Feb 1848
    d. 14 Mar 1848
LAKIN, James I. s/o J. H. & A. R. LAKIN age 2m 22d,
    d. 2 Mar 1845
SMITH, Elizabeth age 80y 10m 17d, d. 23 Mmar 1848
ITNEYER, Anna w/o Henry ITNEYER age 63y 3m 7d,
    d. 22 Jan 1848
ITNEYER, Henry age ca. 80y, d. 11 Nov 1863
LOPP, Sarah w/o John LOPP age 47y 3m 12d,
    d. 23 Feb 1846
FASNACHT, Henry age 77y 5m 24d, d. 27 Dec 1874
FASNACHT, Margaret w/o Henry FASNACHT
    age 35y 7m 6d, d. 20 Oct 1849

SHIFLER, Magdelen age 64y 3m 20d, d. 7 Oct 1850
TWIG, Mrs. Hannah d. 11 Jan 1851 d. (n.d.)
WELTY, Maria Louisa age 10y 1m 26d, d. 22 Jul 1858 d/o
    George & Fanny WELTY
BARNETT, Jacob b. 4 Oct 1781 d. 2 Feb 1850
BARNETT, Elizabeth w/o Jacob BARNETT
    age 63y 6m 24d, d. 26 Jan 1851
BARNETT, William b. 25 May 1818 d. 23 May 1848
FASNACHT, Jacob age 64y 5m 11d, d. 29 May 1847
SKILES, John C. age 56y, d. 4 Nov 1845
BAKER, Peter age 81y 9m 13d, d. 30 Jul 1844
BAKER, Barbara age 75y 7m 28d, d. 16 Sep 1847
KITZMILLER, Lydia d/o Jacob & Margaret KITZMILLER
    age 14y 4m 23d, d. 15 Oct 1850
YOUNG, George age 75y, d. 16 Mar 1849
FASNACHT, Cornelius age 27y 10m 25d, d. 29 May 1848
STOPS, Elizabeth w/o Jacob STOPS b. 13 Mar 1791
    d. 3 Apr 1813
Lot of graves, on stones
One grave, plain stone
SANNER, James, Master Mason, age 61y 7m 1d,
    d. 17 Oct 1852
KITZMILLER, Jacob age 82y 5m 8d, d. 18 Nov 1852
SMITH, Abijah, soldier of 1812, age 82y 2m,
    d. 24 May 1878
SMITH, Mary w/o Abijah SMITH age 64y, d. 20 Nov 1858
HORINE, John age 16y, d. 13 Jul 1862

Zittlestown Church, east of Boonsboro, MD

SMITH, Harvey C. b. 7 Aug 1889 d. 21 Feb 1920
SMITH, Ada S. b. 14 Aug 1895 w/o Harvey C. SMITH
    d. (n.d.)
HUTZELL, Samuel E. age 73y 25d, d. 27 Apr 1911
HUTZELL, Elizabeth C. w/o Samuel E. HUTZELL
    age 58y 8m 11d, d. 28 Apr 1905
PALMER, Samuel b. 17 Feb 1824 d. 21 Dec 1897
PALMER, Ann C. b. 8 May 1827 d. 15 Feb 1901
Five graves, no stones
GRIFFIN, Mary Ellen w/o Emanuel GRIFFIN
    age 46y 3m 16d, d. 10 Oct 1886
KAUFFMAN, James W. age 77y, d. 21 Mar 1891
KAUFFMAN, Mary age 82y, d. 6 May 1896
EMERSON, Susan V. age 25y 5m 4d, d. 17 Sep 1878
EMERSON, Charles E. age 3y 10m, d. 23 Sep 1876
EMERSON, Walter H. age 1y 1m 14d, d. 2 Oct 1876
KAUFFMAN, Ada E. age 1y 7m 14d. d. 4 Jul 1883
KAUFFMAN, Alice L. d/o William & Annie KAUFFMAN
    age 1y 4m 19d, d. 1 Jan 1886
KAUFFMAN, William b. 19 Aug 1846 d. 30 Aug 1930
KAUFFMAN, Annie b. 5 May 1850 d. 26 Aug 1919
KAUFFMAN, Daniel b. (n.d.) d. 4 Aug 1870
KAUFFMAN, Elmer C. b. (n.d.) d. 26 Aug 1888
KAUFFMAN, Harvey C. age 4m 10d, d. 5 Dec 1892
ch/o William & Annie KAUFFMAN (e.n. assumed
    Annie-Harvey)
Five graves, no stones

SHANK, Mary Beachley age 17y 1m 20d, d. 27 Nov 1933
YOUNKINS, Delbert Earl age 6m 2d, d. 3 Mar 1936
Two graves, infants, no stones
HOUSE, Gladys b. (n.d.) d. 21 Mar 1923
One grave, no stone
SMITH, Samuel J. b. 13 Oct 1861 d. (n.d.)
SMITH, Mollie E. w/o Samuel J. SMITH b. 4 Nov 1868
    d. 20 Jun 1931
BROWN, John H. b. 28 Jun 1854 d. (n.d.)
BROWN, Ida V. w/o John H. BROWN b. 11 Sep 1860
    d. 1 Jul 1924
BROWN, Ettie E. S. b. (n.d.) d. 17 Nov 1880
BROWN, Harry W. b. (n.d.) d. 26 Aug 1895
BROWN, Hubert E. b. (n.d.) d. 7 Jul 1905
JONES, Lewis E. age 78y 8m 5d, d. 17 Feb 1920
JONES, Mary C. w/o Lewis E. JONES age 87y 2m 13d,
    d. 5 Jan 1930
PALMER, Thomas age 71y 23d, d. 30 Mar 1906
PALMER, Sarah A. E. w/o Thomas PALMER
    age 58y 1m 2d, d. 22 Dec 1890
PALMER, William C. age 28y 5m 28d, d. 20 Sep 1900
Three graves, infants, no stones
KLINE, Clarence W. age 4y 5m 29d, d. 10 Apr 1915 s/o
    Seibert D. & Florence V. KLINE
KLINE, Seibert C. s/o S. D. & Florence KLINE
    age 10m 21d, d. 29 Jan 1917
Two graves, no stones
HUTZEL, John Rebo age 74y 10m 26d, d. 30 Jun 1934
One grave, no stone
WAGAMAN, Emanuel C. age 73y, d. 18 May 1929
WAGAMAN, Amanda Jane age 79y 10m 23d,
    d. 20 Jun 1934
One grave, no stone
NETZ, John E. b. 18 Aug 1885 d. (n.d.)
NETZ, Ruth M. w/o John E. NETZ b. 17 Mar 1902
    d. 8 Feb 1922
Two graves, no stones
ZITTLE, Amanda C. age 72y 7m 2d, d. 7 Sep 1935
FORD, Thomas H. age 80y 5m 17d, d. 2 Mar 1887
FORD, Ann S. w/o Thomas H. FORD age 68y 6m 3d,
    d. 8 May 1896
KAUFFMAN, Roy E. s/o Samuel L. & Florence K.
    KAUFFMAN age 19y 8m 7d, d. 18 Oct 1902
KAUFFMAN, Mary d/o S. L. & F. K. KAUFFMAN
    b. 14 Jun 1886 d. 14 Jun 1886

Graveyard at United Brethern Church, Boonsboro, MD

EASTERDAY, Samuel age ca. 62y, d. 1864
WITTER, Otho W. Otterbine s/o Emanuel & Samuel
    WITTER b. 4 Mar 1852 d. 7 Apr 1853
STEMER, Susan d/o Joseph & Margaret J. STEMER
    age 2y 1m 29d, d. 19 Apr 1865
EASTERDAY, Sarah A. age 5y 4m 13d, d. 7 Jan 1843
DAGENHART, Joseph s/o A. & M. DAGENHART
    age 3y 3m 22d, d. 2 Jan 1839

KAPP, Theodore F. s/o Michael & Mary KAPP
age 1y 6m 7d, d. 24 May 1847
NETZ, Mary Etta d/o John & Margaret NETZ age 2m,
d. 24 Jun 1854
HOUSE, Samuel b. 2 Aug 1840 d. 7 May 1842
HIMES, Mary Kate d/o J. Peter & Mary E. HIMES
age 2y 10m 16d, d. 16 Oct 1863
PALMER, Jonathan E. s/o William & Amanda C. PALMER
age 8y 4m 17d, d. 13 Oct 1862
EASTERDAY, Caroline age 3y 1m 18d, d. 23 Dec 1872
KREBS, Catharine w/o George KREBS age 65y,
d. 20 Mar 1863
HOUSE, William Harrison b. 3 Mar 1837 d. 2 Oct 1839
____, Elizabeth d/o Esther DAGENHART d. (n.o.i.)
DAGENHART, Esther age 69y 11m 7d, d. 8 Mar 1864
WELTY, Susan d/o John & Elizabeth WELTY b. (n.d.)
d. 25 Feb 1844
WELTY, Isaac s/o John & Elizabeth WELTY age 11m 5d,
d. 21 Oct 1843
KEAFAUVER, Francis Marion s/o G. W. & Anna
KEAFAUVER b. (n.d.) d. 12 Apr 1862
STOTLER, Elizabeth b. 13 Apr 1802 d. 22 Jan 1846
HOUSE, Anna Maria w/o John W. HOUSE age 29y 29d,
d. 6 Jun 1848
MILES, Sarah w/o J. W. MILES b. 22 Nov 1817
d. 28 Aug 1847
HOUSE, Joseph Edward b. 15 Sep 1835 d. 30 Jan 1858
SMITH, Susan Maria d/o Levi & Mary Ann SMITH
age 17y 1m 4d, d. 6 Jan 1863
BARTGIS, Andrew age 26y 7m 16d, d. 10 Jun 1854
DAGENHART, Christian b. 18 Oct 1794 d. 1 May 1869
WAKENIGHT, Mary w/o Jacob WAKENIGHT
b. 12 Feb 1823 d. 29 Jan 1843
DAGENHART, Conrad b. 4 Feb 1798 d. 23 Apr 1848
HAYES, Catharine b. 4 Jul 1785 d. 3 Aug 1854
BARGES, Ann Maria d/o S. & M. DAGENHART
age 23y 5m 14d, d. 12 Dec 1853
HILL, Cornelia age 29y 10m 27d, d. 22 Apr 1857
BETTS, Frederick, Father, age 81y 20d, d. 28 Mar 1873
CARSON, Lanah w/o George W. CARSON
age 40y 2m 11d, d. 27 Mar 1866
DAGENHART, John age 37y 5m 27d d. 25 Mar 1862
BETTS, Anna Barbara w/o Frederick BETTS
age 81y 3m 20d, d. 12 Jul 1872
EAVEY, Catharine age 73y 24d, d. 25 Jul 1872 w/o
Solomon EAVEY
EASTERDAY, Mary Ellen d/o Daniel & Magdalena
EASTERDAY age 5y, d. 1 Aug 1851
FORD, Joshua J. age 54y 9m 24d, d. 2 Jan 1864
RUBSAMEN, Kezia b. (n.d.) d. 24 Jun 1889
DUSING, Marcella s/o Jacob & Malinda DUSING
age 2y 10m 15d, d. 8 Sep 186(3?)
PRICE, Eleanor age 65y 8m 19d, d. 30 Sep 1843
EASTERDAY, Lovia w/o Samuel EASTERDAY,
d. (n.o.i.)
WATSON, Otho Williams s/o Joseph & Elizabeth
WATSON age 1y 2m, d. 4 Mar 1844

RICHARDS, John W. s/o John & Margaret RICHARDS
b. 24 May 1844 d. 1 Oct 1845
STEMER, Mary E. d/o Joseph & Margaret J. STEMER
age 3y 1m 20d, d. 17 Dec 1863
HILL, William A. s/o Cornelius & Elizabeth HILL
age 1y 6m 4d, d. 4 Jan 1854
MCGINLY, Daniel G. age 6(6?)y 10m 22d, d. 11 Jan 1868
FORD, Margaret w/o Joseph J. FORD age 50y 4m 13d,
d. 14 Feb 1864
DUTRO, John s/o Jacob & Elizabeth DUTRO
age 15y 4m 19d, d. 8 Jan 1843
DUSING, Infant d/o Jacob & Malinda DUSING
b. 18 Mar 1864 d. 1864
DUSING, Infant s/o Jacob & Malinda DUSING
b. 18 Mar 1864 d. 1864
DAN____, Ruan w/o Andrew DAN____ b. 7 Mar 1827
d. 25 May 1856
KEAFAUVER, Jacob Markwood s/o G. W. & Ann
KEAFAUFER age 1y 10m, d. 23 Apr 1859
TITLOW, Sarah Alice d/o Emanuel & Elizabeth TITLOW
age 7y 8m 15d, d. 16 Sep 1866
C. E. (n.o.i.)
O. W. W. (n.o.i.)
BETZ, Sarah Ann age 1y, d. 2 Jan 1840
J. D. (n.o.i.)
HOUSE, Mary b. 8 Aug 1838 d. 3 Jun 1839
W. H. H. (n.o.i.)
L. E. (n.o.i.)
J. D. (n.o.i.)
C. E. F. (n.o.i.)
S. M. (n.o.i.)
E. S. (n.o.i.)
M. W. (n.o.i.)

Benevola U. B. Church Graveyard, Benevola

GRUBER, Vemie Bell d/o S. S. & S. C. GRUBER
age 2y 8m 8d, d. 19 May 1882
BAKER, Infant of Otto M. & Ellen BAKER b. (n.d.)
d. 17 Feb 1878
WISSINGER, Catharine age 86y 11m 30d, d. 25 Jan 1871
WISSINGER, Daniel s/o Solomon & Elizabeth
WISSINGER age 3y 5m 7d, d. 17 Sep 1866
NEFF, Andrew age 85y 8m 2d, d. 12 Feb 1863
JESTER, Mary w/o John JESTER & d/o Jacob & Jane
ZILLHART b. 18 Mar 1815 d. 25 May 1841
EVEY, Christian age 75y 2m 24d, d. 17 Mar 1837
Four graves, plain stones
Two graves, no stones
WARRENFELTZ, Orpha L. b. 1880 d. 1900
MCCOY, Rebecca age 71y, d. 23 May 1880
DUSANG, Peter age 75y, d. 11 Aug 1880
RODES, Daniel age 45y 3m 20d, d. 8 Sep 1863
KEPLINGER, Emma C. age 13y 3m 15d, d. 25 Jun 1863
KEPLINGER, Sophia w/o Nicholas KEPLINGER
age 81y 7m 3d, d. 24 Nov 1901
Two graves, no stones

MILLER, Richard Alvey s/o Barbara MILLER age 1y 8m 29d, d. 30 Jan 1861
FOREST, Ida Catharine d/o Malon & Elizabeth FOREST age 2y 5m 8d, d. 27 Feb 1861
MCNAMEE, George W. age 4m 2d, d. 6 Sep 1861
MILLER, David K. s/o John H. & Sarah MILLER age 1y 7m 14d, d. 10 May 1862
MARTIN, Mathias s/o H. B. & Bethia MARTIN age 7y 8m 5d, d. 21 Dec 1871
DUNCAN, Lavinia s/o James DUNCAN age 79y 2m 16d, d. 2 Apr 1877
ROHRER, Lydia A. w/o David ROHRER age 22y 5m 7d, d. 2 Dec 1871
One grave, plain stone
One grave, plain stone
Twelve graves, no stones
ROWE, Claude C. s/o Isaiah & Josephine ROWE age 1y 5m 29d, d. 14 Apr 1877
JAMES, Isaac T. s/o Isaac N. & Amanda C. JAMES age 3y 11m 7d, d. 3 May 1876
JAMES, Virginia C. d/o Isaac N. & Amanda C. JAMES age 2y 10d, d. 25 Apr 1876
JAMES, Charles E. s/o Isaac N. & Amanda C. JAMES age 5y 8m 26d, d. 9 Apr 1876
JAMES, Susan E. d/o I. N. & A. C. JAMES age 7y 6m 24d, d. 3 Apr 1876
One grave, plain stones
POFFENBERGER, Elizabeth Ann d/o Daniel & Barbara POFFENBERGER age 16y 27d, d. 27 Dec 1860
One grave, plain stone
HARP, Fayette R. b. 19 Dec 1891 d. (n.d.)
HARP, Bessie L. w/o Fayette R. HARP b. 22 Apr 1899 d. 3 Mar 1929
One grave, no stone, infant
One grave, no stone
NEWCOMER, David Harbaugh s/o Fred. & Mabell NEWCOMER b. 17 Sep 1908 d. 19 Oct 1910
BAKER, Albert infant s/o Charles & Drusa BAKER b. (n.d.) d. May 1860
BAKER, Lena R. d/o Charles & Drusa BAKER b. 5 Mar 1889 d. 4 Mar 1891
BAKER, Myrtle d/o Charles & D. BAKER age 1y 1m, d. 31 Aug 1891
BAKER, Willis R. s/o C. & D. E. BAKER, infant, b. (n.d.) d. 17 Aug 1902
CHANEY, Ezekiel b. 1853 d. 1910
CHANEY, Laura C. b. 1854 d. 1926
NEWCOMER, Henry b. 30 Dec 1842 d. 14 Dec 1922
NEWCOMER, Louisa J. w/o Henry NEWCOMER b. 7 Sep 1851 d. 1 Sep 1927
NEWCOMER, Dr. Elmer b. 8 Feb 1889 d. 11 Mar 1917
HOFFMAN, Martin E. s/o Lewis & Elizabeth HOFFMAN age 5m 25d, d. 8 Feb 1859
BOWMAN, Amos s/o Emanuel & Sarah BOWMAN age 1y 4m 18d, d. 24 Aug 1860
HOFFMAN, Samuel E. s/o Lewis & Elizabeth HOFFMAN age 2y 6m 28d, d. 28 Jan 1864

HOFFMAN, Martha J. d/o Lewis & Elizabeth HOFFMAN age 4m 13d, d. 1 Mar 1864
HOFFMAN, Lewis age 27y 20d, d. 5 Aug 1864
ZAHN, Alva Newton s/o William & Elizabeth ZAHN age 6y 2m, d. 22 Dec 1874
ZAHN, Mary Lizzie d/o William & Elizabeth ZAHN age 3y 11m 16d, d. 17 Dec 1875
ZAHN, Emmie C. d/o W. C. & E. ZAHN age 7y 11m 9d, d. 14 Mar 1890
SMITH, Elizabeth E. d/o Amos & Mary Ellen SMITH age 2y 8m 18d, d. 31 Jan 1859
SMITH, Susan M. d/o Amos & M. E. SMITH age 9m 29d, d. 17 Aug 1859
One grave, plain stone
FLOOK, Henry Locher s/o Daniel & Caroline E. FLOOK age 8y 7m 12d, d. 3 Aug 1859
FLOOK, Caroline E. w/o Daniel FLOOK age 41y 4m 4d, d. 1 Mar 1862
One grave, plain stone
HUNTSBERY, Sarah C. d/o Henry & Amy HUNTSBERY age 7m 18d, d. 24 Nov 1860
HUNTSBERY, Mary E. d/o Henry & Amy HUNTSBERY age 5y 3m 3d, d. 11 Jun 1862
HUNTSBERY, Ida F. d/o Henry & Amy HUNTSBERY age 1y 29d, d. 15 Jul 1866
HUNTSBERY, Annie S. age 1y 22d, d. 6 Aug 1869
HUNTSBERY, Joseph Martin age 19y 5m 5d, d. 15 Nov 1871
One grave, plain stone
BAKER, John age ca. 80y, d. 23 May 1875
BAKER, Mary w/o John BAKER b. 27 Jun 1793 d. 21 Dec 1871
HARP, John D. b. 16 Feb 1853 D. 19 Oct 1917
HARP, Mary E. d/o J. D. & L. A. HARP age 12y 2m 18d, d. 8 Mar 1906
HARP, I. Homer s/o J. D. & L. A. HARP age 18y 6m 26d, d. 26 Mar 1906
HARP, Oren R. d/o J. D. & Lydia A. HARP age 8d, d. 6 Nov 1886
JOHNSTON, Mary Ann w/o William H. JOHNSTON age 72y 2m 19d, d. 15 Jan 1904
BAKER, Levi age 65y 5m 8d, d. 4 Jul 1895
BAKER, Barbara w/o levi BAKER age 69y 1m 16d, d. 2 Mar 1896
HARP, Julia A. b. 16 Apr 1838 d. 17 May 1922
HARP, Joshua age 79y 5m 20d, d. 19 Feb 1905
HARP, Magdalene w/o Joshua HARP age 30y 9m 5d, d. 3 Jul 1865
HARP, Amy C. d/o Joshua & M. HARP age 3m 2d, d. 2 Aug 1862
NEWCOMER, Howard s/o Henry & Louisa J. NEWCOMER age 6m 4d, d. 21 Oct 1881
HAMMOND, Infant s/o David & M. R. HAMMOND b. 14 Jan 1865 d. 14 Jan 1865
One grave, plain stone, infant
HAMMOND, Walter s/o David & M. R. HAMMOND age 6wk, d. 25 Sep 1875

JACKSON, Rosie E. d/o John & Emma O. Jackson
b. 22 May 1888 d. 22 May 1888
JACKSON, Myrtle F. d/o John & E. O. Jackson
b. 13 Feb 1887 d. 6 Apr 1887
JACKSON, Annie E. d/o J. & E. O. JACKSON age 26d,
d. 20 May 1866
JACKSON, Eavey s/o J. & E. O. JACKSON b. 13 Jul 1880
d. 2 Jan 1882
JACKSON, Lilly M. d/o J. & E. O. JACKSON
b. 24 Apr 1866 d. 9 Feb 1882
JACKSON, Minnie E. d/o John & Emma O. JACKSON
b. 9 Jul 1885 d. 15 Jul 1885
JACKSON, Harry H. s/o John & Emma O. JACKSON
b. 16 Aug 1878 d. 8 Sep 1885
MAYSILLES, Carrie May d/o Martin L. & Kate M.
MAYSILLES age 1m 25d, d. 20 Jul 1873
THAYER, Beulah V. b. 6 Jan 1890 d. 11 Dec 1918
One grave, no stone
HARP, Katherine L. d/o W. P. & P. S. HARP
b. 4 Nov 1918 d. 19 Feb 1919
SINNISEN, Emma E. b. 23 Mar 1848 d. 28 Jan 1930
One grave, no stone
One grave, no stone
BRANE, Rev. C. I., D.D., b. 1849 d. 1920
BRANE, Clara M. b. 1856 d. 1923
BOWERS, Albert Lee (n.o.i.)
BOWERS, Florence Lily w/o Albert Lee BOWERS
b. 8 Sep 1880 d. 16 May 1924
One grave, no stone
HARP, Cyrus Daniel b. 8 Feb 1858 d. 28 Jun 1923
Three graves, no stones
One grave, no stone, marked L.
WEIDLER, Rev. Z. A., b. 1859 d. (n.d.)
HARP, L. Alice w/o Rev. Z. A. WEIDLER b. 1861 d. 1925
BAKER, Howard b. 2 Nov 1869 d. 27 May 1932
BOWERS, Susan A. b. 1852 d. (n.d.)
BOWERS, Guy B. b. 1893 d. 1932
One grave, no stone
J. M. d. 1935 (n.o.i.)
Two grave, no stone

Catholic Church of Dahlgren, Route 40

In the vaults in the basement of the Church on South Mountain

PIERCE, Vinton Ulric Dahlgren b. 18 Apr 1896
d. 13 Mar 1923
GODDARD, Vinton Augustine b. 16 Feb 1850
d. 2 Mar 1877
PIERCE, Ulrica Dahlgren b. 15 Sep 1866 d. 1 Nov 1924
DAHLGREN, Madeleine Vinton b. 13 Jul 1825
d. 28 May 1898
DAHLGREN, Eric Bernard (n.o.i.)
PIERCE, Josiah b. 30 Jan 1861 d. 30 Jul 1902
GODDARD, Daniel Covers b. 15 May 1822
d. 10 Nov 1852

Shang Graveyard near Boonsboro, MD.
First Church located here.
Called Adam or George KEALHOFER Farm

SCHUPP, Dorothea age 65y 8m, d. 17 Nov 1805
One grave, plain stone
HOFMAN, Joseph b. 25 Aug 1801 d. 24 Sep 1801
SHANG, Peter b. Junius 4 1726 d. 4 Dec 1801.
On stone 'Hatim estand gelebet 43 jahr 7 monst
4 tag im derzeit im 12 kinderGaboren. Wroen
woven nocht 9 A.M. Leben Meinesgotes
Handhatin ich sebstgesegt in Diesenatand.'
SHANG, Sophia b. 17 Aug 1736 d. 26 Dec 1797
SHANG, Daniel b. 10 Apr 1769 d. 23 Nov 1804
Six graves, plain stone
THOMAS, Gabriel b. 28 Mar 1785 d. 10 Oct 1823
Two graves, plain stones
BEELER, Sarah w/o David BEELER age 31y 5m 13d,
d. 8 Feb 1834
One grave, plain stone
WEAST, Leonard, stone broken off (n.o.i.)
WEAST, Elizabeth w/o Leonard WEAST b. 20 Feb 1770
d. 22 Apr 1838
WEAST, Susan w/o Henry WEAST age 30y 3m 5d,
d. 2 Dec 1832
Four graves, plain stones
Two graves, no markers
PETRE, Ludwick b. 13 Jan 1765 d. 15 Apr 1811
PETRE, Elizabeth b. 22 Nov 1775 d. 16 Dec 1812
(p.n. These two graves (above) moved to Dunkard
Church, Beaver Creek)
One grave, plain stone
HOFMAN, Rahel b. Apr 1771, age 34y 9m 10d.
d. 11 ienner(?) 1806
EVEY, Elizabeth b. 3 Feb 1798 d. 1 Feb 1818
SHOUPE, John b. 2 Jan 1773 d. 18 Jan 1818
SHUPE, Adam b. 24 Jan 1744 d. 2 Jun 1820
One grave, plain stone
One stone marked D. S.
One grave, plain stone
SCHECHTER, Daniel b. 12 Nov 1798 d. 14 Sep 1824
SCHECHTER, Judith b. 22 Jul 1756 d. 15 Feb 1823
SCHECHTER, Infant s/o Jacob & Lydia SCHECHTER,
age 24d, d. 11 Dec 1816
SCHECHTER, John Wendel s/o Jacob & Lydia
SCHECHTER b. 25 Aug 1828 d. 3 Aug 1832
SCHECHTER, Saryan d/o Jacob & Lydia SCHECHTER
b. 17 Apr 1822 d. 12 May 1829
Two graves, plain stones
Twelve graves, plain stones
SPILMENIN, Eva 93y, d. (n.o.i.)
Nine graves, plain stones
One stone marked P. B.
BOMBERGER, Uries b. 30 Mar 1827 d. 28 Aug 1828
KNOCHELSINGIBO, Fredrick b. 1722 d. 12 Sep 1788
KNOCHELSINGEBO, Evalisabeth b. 1762 d. 27 Oct 1779
SCHAL, Cathareine, __p__a(?) b. 1762 d. 1787

_____, Maria Elisabetakun b. 1779 d. 1783, dinbor
    WEET(?) (e.n. not sure if there is a surname
    here)
ABEL, Margret b. 1760 d. 22 May 1795
NICODEMUS, Henry W. b. 29 Sep 1827 d. 29 Dec 1829
NICODEMUS, David Franklin s/o Jacob & Rouena
    NICODEMUS b. 29 Mar 1829 d. 17 Aug 1836
NICODEMUS, Sophrona b. 24 Dec 1836 d. 8 Dec 1837
NICODEMUS, Joseph Sherrick s/o Jacob & Rowena
    NICODEMUS b. 16 Oct 1833 d. 14 Aug 1839
THOMSON, Mary b. 12 Dec 1769 d. 24 May 1832
Twelve graves, plain stones
STINGER, Sarah age 21y 9m 14d, d. 15 May 1836
BLECHER, Tracy w/o Jacob BLECHER b. 28 Sep 1811
    d. 14 Oct 1840
WOLF, Magdalene w/o Frederick WOLF b. 6 Jun 1784
    d. 9 Feb 1844, was married 43y 8d.
NIKIRK, George age 63y 2d, d. 5 Jul 1844
NEUKERCH, Margaret w/o George NEUKERCH
    age 33y 7m 2d, d. 9 Dec 1816
NEUKERCH, Catharine d/o George & Margaret
    NEUKERCH age 3y 5m 12d, d. 30 Jul 1817
One grave, plain stone
NIKIRK, Henry s/o George & Mary NIKIRK age 2m 20d,
    d. 23 Apr 1820
NIKIRK, Daniel s/o George & Mary NIKIRK b. 6 Sep 1827
    d. 12 Dec 1829
NIKIRK, Samuel s/o George & Margeret NIKIRK
    b. 5 Sep 1806 d. 2 Apr 1837
SCHINDEL, George s/o John & Margaret SCHINDEL
    b. 24 Jan 1838 d. 1 Sep 1839
HAYNES, Martin L. s/o John & Sarah HAYNES
    age 1y 4m 26d, d. 26 Apr 1847
Nine graves, plain stones
NETZ, Mary w/o John NETZ b. 20 Nov 1812
    d. 31 Dec 1843
BEARD, Michael age 53y 1m, d. 16 Dec 1810
BEARD, Elizabeth age 62y 7m 5d, d. 23 Oct 1826
EASTERDAY, Michael age 93y, d. 23 Aug 1837
DAGENHART, Ann Mary age 59y, d. 1825
DAGENHART, Rebecca b. 1822 d. (n.d.)
Lot of other graves, no markers

Graveyard on George THOMAS Farm near Boonsboro, on Monroe Road going to Antietam Creek

WAGNER, John age 77y, d. 5 Feb 1837
WAGNER, Elizabeth w/o John WAGNER age 73y,
    d. 30 Dec 1836
WAGNER, Elizabeth b. 12 Jan 1820 d. 27 Mar 1838
One grave, plain stone

Graveyard on Elmer THOMAS Farm near Antietam Creek, Iron Bridge, near Monroe

LANGE, George Henrich b. 30 Apr 1790 d. 20 Oct 1790
One grave, plain stone
One grave, plain stone
RINGER, John age 73y 4m 12d, d. 7 Aug 1853
RINGER, Elizabeth w/o John RINGER age 69y 11m 14d,
    d. 7 Jul 1865
RINGER, Peter Sr., age 75y 4m 27d, d. 15 Sep 1850
RINGER, Joseph s/o Peter & Mary RINGER
    age 38y 1m 15d, d. 5 Dec 1857
RINGER, M. _____, d. (n.o.i.)
KITZMILLER, Infant s/o Samuel & Rachel KITZMILLER
    age 5d, d. 26 May 1863
RINGER, Elizabeth d/o Peter & Mary RINGER
    age 18y 13d, d. 3 Mar 1846
NETZ, John Peter age 78y 8m 17d, d. 26 Jun 1850
NETZ, Ellender w/o John Peter NETZ age 71y 4m 18d,
    d. 30 Sep 1859
RINGER, Barbara w/o John H. RINGER age 32y 7d,
    d. 18 Sep 1854
KEPLINGER, Elizabeth age 84y 11m 18d, d. (n.d.)
KRETZINGER, Jacob age 73y 7m 15d, d. (n.d.)
PALMER, Susan w/o John PALMER b. 2 Sep 1816
    d. 25 Dec 1845
RINGER, Winfield S. s/o John H. & Barbara RINGER
    age 3y 4m 18d, d. 1 May 1851
CROSS, John b. 8 Aug 1806 d. 20 Jan 1830
One grave, plain stone
About a dozen graves, plain stones

Graveyard on Edward HUTZEL Farm near Keedysville. This was plowed over in 1890 by Adam HUTZEL

The first LYON, LINE family of Washington County was
    buried there.
GLAZE, Catherine age 69y, d. 19 Oct 1801
LINE, Martin b. 1712 d. 1804 (p.n. stones moved to
    Shepherdstown, WV, churchyard in iron fence)
LINE, Catharine w/o Martin LINE b. (n.d.) d. 1806
Several other graves were moved to other cemeteries.

Graveyard rear of BAST & Co., Undertakers, Boonsboro, MD

LEMASTER, Abraham b. 10 Feb 1742 d. 13 May 1820

SHIFFLER Place, on Dog St., near Keedysville, MD, now owned by Elmer ROHRER
(p.p. Elva SHANK 1971)

CHAPLINE, Moses (n.o.i.) (p.p. d. Aug 1762, his will in
    Frederick Co., MD)
CATON, Janette w/o Moses CHAPLINE (n.o.i.)
CHAPLINE, Josiah s/o Moses & Janette CHAPLINE
    (n.o.i.)
SCHUEY, Johannes b. 10 Dec 1752 d. 22 Nov 1811
SCHUEY, Christena H. b. 9 Jan 1752 d. 19 May 1827
SCHRADER, Christina b. 7 Feb 1778 d. 4 Aug 1811

Benevola Farm of D. W. FOLTZ, several were moved in 1926

CHENEY, Luke b. 28 Jul 1793 age 32y 5m 21d
J. B. (n.o.i.)
One grave, stone worn off
PERRY family were buried here

On William KRETZER, or Marble Quarry Farm, east of Benevola, on Route 40

EAVEY, I. b. (n.d.) d. 1769

African American Graveyard on Lawrence HENNEBERGER Farm, Short Hill, Boonsboro

WASHINGTON, Elias b. 11 Dec 1802 d. 12 Jul 1867
WASHINGTON, Samuel s/o Elias & Ann R.
    WASHINGTON b. 20 May 1841 d. 7 Feb 1864
Lot of graves, no stones

INDEX

Numbers following names are page numbers on which the name is found. Numbers after slashes indicate how many times the name appears on the page whose number precedes the slash. Some grave markers contain only initials or single names. In this index, initials are found in the section "init" and single names are listed under "single name."

ABEL, Margret 92
ADAMS, Amos 12
ADAMS, Christina 38
ADAMS, James B. 38
ADAMS, Joseph C. 83
AIRES, Catharine 7
AIRES, George 7
AKERS, Henrietta 3
AKERS, J. 3
AKERS, Joseph Benson 3
ALBAUGH, Catharine A. 75/2
ALBAUGH, Daniel 75/3
ALBAUGH, Frederick C. 65
ALBAUGH, George 65/2
ALBAUGH, George F. 65/3
ALBAUGH, Georgie F. 65
ALBAUGH, John A. 67/2
ALBAUGH, Lydia 67
ALBAUGH, Susan W. 65
ALBAUGH, Victoria 65/3
ALBAUGH, Willie W. 65
ALBERT, Henry 65/2
ALBERT, Mary 65
ALBRIGHT, William 77
ALEXANDER, Charles E. 82
ALEXANDER, Jula C. 82
ALEXANDER, W. L. 30
ANDERS, Charles H. 70
ANDERS, Charles Preston 70
ANDERS, Ralph Shepherd 70
ANDERSON, Ann P. 14/2
ANDERSON, Catharine V. 23
ANDERSON, Clarence Breathed 20
ANDERSON, Ella Barton 20
ANDERSON, Harry W. 14
ANDERSON, John 4/2
ANDERSON, John Henry 20
ANDERSON, John W. 14
ANDERSON, Joseph 14/3
ANDERSON, Joseph H. 14
ANDERSON, Mary 20
ANDERSON, Mary Ellen 20
ANDERSON, Moses 23
ANDERSON, Priscille 23
ANDERSON, Raymond Henry 20
ANDERSON, Sallie 4
ANDERSON, Sarah 11
ANDERSON, Wade Hampton 20
ANDREWS, Benjamin 51
ANDREWS, M. 51
ANDREWS, Nicholas 7

ANDREWS, Wm. 51/2
ANTHONY, Hester M. 39
ANTHONY, Joseph P. 39/2
ARMSTRONG, Gertrude L. 36
ARMSTRONG, Robert 36
ASH, Jacob 19/2
ASH, Jesse 51
ASH, Mary E. 19
ASHBY, Eyster Pence 82
ASHBY, Ida Pence 82
ASHBY, John Richard 82
ASHBY, Martin 82
ASHBY, Thelma Louise 82
ATHEY 34
ATHEY, Cora H. 34
ATHEY, Emanuel 34/3
ATHEY, Emma 34
ATHEY, Emma L. 34
ATHEY, Isiella G. 34
ATKINSON, Charles J. 40
ATKINSON, Mary E. 40
ATWOOD, A. T. 68
ATWOOD, Georgianna F. M. 68
AVEY, Eleanora R. 86
AVEY, Elijah 86
AVEY, Ida May 86
AVEY, Joseph 86
AVEY, Maria 86
BACHTELL, Catharine M. 46
BACHTELL, Martin Luther 46/2
BAILEY, Anna 53
BAILEY, Elias 51
BAILEY, Elizabeth 51
BAILEY, Jennie 56
BAILEY, John T. 53
BAILEY, Mary A. 53
BAIN, Francis M. 18
BAIN, Louisa M. 18
BAIR, John 87
BAIR, Leona 1
BAIR, Ralph E. 1
BAIR, Theodore 1
BAKER, Albert 90
BAKER, Barbara 88, 90
BAKER, C. 90
BAKER, Carlton Eugene 58
BAKER, Charity A. 28
BAKER, Charles 90/3
BAKER, D. 90
BAKER, D. E. 90
BAKER, Drusa 90/2

BAKER, E. S. 74
BAKER, Ellen 89
BAKER, Emauel Co. 22
BAKER, Fillard M. 58
BAKER, G. D. 74
BAKER, George L. 74
BAKER, Guy E. 45
BAKER, H. 39
BAKER, Harold Clevenger 45
BAKER, Howard 91
BAKER, Infant 89
BAKER, J. W. 28/2
BAKER, Jennie E. 58
BAKER, John 5, 90/2
BAKER, Josie N. 28
BAKER, L. 39
BAKER, Lena R. 90
BAKER, Levi 90/2
BAKER, Lillian C. E. 45
BAKER, Mary 90
BAKER, Mehitable B. 39
BAKER, Myrtle 90
BAKER, N. 28/2
BAKER, Otto M. 89
BAKER, Peter 88
BAKER, Sophia 68
BAKER, Willis R. 90
BAKRER, T. T. 37/2
BALL, Frances A. G. 61
BALL, J. N. 61
BALL, Joseph N. 61
BALL, M. C. 61
BANE, Harry 24
BANKS, Clarinda E. 72
BANKS, William H. 72
BARE, Isaac 6
BARGER, _____ 81
BARGER, Harriet A. 3
BARGER, Mary Jane 3
BARGER, Nelson 3
BARGER, Obediah 3/2
BARGER, Rachel 3
BARGER, Rachel A. 3
BARGER, Vioal 3
BARGES, Ann Maria 89
BARISTER, A. 29
BARKER, Bernard L. 37
BARKER, C. V. 37/2
BARKER, Myrtle N. 37
BARKER, Thomas T. 37
BARKMAN, Catherine 5

94

BARKMAN, Charles H. 61
BARKMAN, David 61/4
BARKMAN, Davie W. 61
BARKMAN, Elizabeth 84
BARKMAN, Eve 12
BARKMAN, Henry 62/2
BARKMAN, Jacob 5
BARKMAN, Margarett 62
BARKMAN, Mary 61/3
BARKMAN, Mary A. 62
BARKMAN, Thomas C. 61
BARNES 22
BARNES, Catherine V. A. 4
BARNES, Clara Agnes 45
BARNES, Tolden 45
BARNETT, Ann 26
BARNETT, C. 43
BARNETT, Catharine 41
BARNETT, Clarence Charles 43
BARNETT, David 26/2, 27
BARNETT, David Albert 43
BARNETT, Elizabeth 88
BARNETT, George W. 26
BARNETT, Henry S. 41/3
BARNETT, Jacob 88/2
BARNETT, Larun C. 37
BARNETT, M. 43
BARNETT, Mary E. 27, 41
BARNETT, Sarah J. 37/3
BARNETT, Theophilus 37/3
BARNETT, William 88
BARNHARD, Margaret 49
BARNHARD, Otho 49/2
BARNHARD, Palmer 56
BARNHARD, William E. 49
BARNHARDT, Caroline 36
BARNHART, Alberta M. 56
BARNHART, America 80
BARNHART, Anna M. 80
BARNHART, C. 46/3
BARNHART, Charles 80/2
BARNHART, Florence 46
BARNHART, Harry 46
BARNHART, I. 46/3
BARNHART, Isaac 46
BARNHART, Jacob 46
BARNHART, James 45
BARNHART, James M.(?) 45
BARNHART, Madeline 56
BARNHART, Neal 46
BARNHART, Ross 56
BARR, Donald F. 78
BARR, Frank I. 78/2
BARR, Jacob 5
BARR, Nora A. 78
BARTGIS, Andrew 89
BARTLE, Alexander 9

BARTLE, Elenora 9
BARTLE, Ellie 9
BARTLE, Harry R. 9
BARTLE, John 22
BARTLE, Samuel C. 22
BARTLE, William 9/4
BARTLES, Emma K. 9
BARTLES, Henry 22
BARTLES, Henry Elwood 22
BARTLES, Henry H. 22/4
BARTLES, Luther C. 9
BARTLES, Sarah J. H. 22
BARTLES, Susan E. 9
BARTLETT, Annie R. 35
BARTLETT, R. G. 35
BARTMESS, John 49
BARTON, Agnes I. 42
BARTON, Benjamin B. 26
BARTON, Charles Lewis 39
BARTON, Charles W. 33
BARTON, E. 42
BARTON, Eleanor O. 33
BARTON, Francis 26
BARTON, Lillian G. 42
BARTON, Lloyd 26
BARTON, Lloyd H. 26
BARTON, Mary M. 33
BARTON, Sarah Elizabeth 45
BARTON, W. H. 42
BARTON, Wason Hamilton 45
BAST & Co. 92
BAST, Infants 82
BAST, J. H. 82
BAST, John H. 83/2
BAST, M. E. 82
BAST, Margaret E. 83
BAST, William Preston 83
BAXTER, ____ 44
BAXTER, A. J. 44/4
BAXTER, D. T. 41
BAXTER, Daniel 41
BAXTER, James W. 41
BAXTER, Jane 37
BAXTER, Joanna V. 41
BAXTER, Mary E. 41
BAXTER, Virginia E. 41
BAYNE, Clarissa Bayne 32
BAYNE, Isaac N. 32/2
BEACHLEY, Annie M. 73
BEACHLEY, Annie R. 73
BEACHLEY, Catharine 76
BEACHLEY, Charles 78
BEACHLEY, Charles E. 78/2
BEACHLEY, Daniel 72/3
BEACHLEY, Earl E. 78
BEACHLEY, Eliza 73
BEACHLEY, Emma C. 73

BEACHLEY, John H. 73/2
BEACHLEY, John Newton 72
BEACHLEY, Mary C. 79
BEACHLEY, Mary E. 78
BEACHLEY, Minnie A. 78
BEACHLEY, Sarah 72
BEACHLEY, Sarah A. 72
BEACHLEY, W. W. 73
BEACHLEY, William 79
BEACHLEY, William H. 78/2
BEALL, Annette Josephine 29
BEALL, Charlott R. 30
BEALL, Clara 30
BEALL, Josephine L. 30
BEALL, Josephua 30/2
BEALL, Lavenia R. 29
BEALL, Mehetable 30/2
BEAN, Benjamin 30
BEAN, Catherine E. 5
BEAN, Charles F. 30
BEAN, Hopewell 26
BEAN, Minerva 30
BEAN, Sophia 26
BEAR, Carlton Alexander 85
BEAR, Elizabeth 85
BEAR, George 85
BEARD, ____ 67
BEARD, Anne E. 27
BEARD, Annie 67
BEARD, Clara 36
BEARD, Clara B. 36
BEARD, D. Louis 35
BEARD, Earnest E. 77
BEARD, Eliza 84
BEARD, Elizabeth 67
BEARD, Elizabeth 92
BEARD, Fannie E. 35
BEARD, Henry 67
BEARD, Jane 27
BEARD, Jane E. 27/3
BEARD, John G. 77/2
BEARD, John H. 27
BEARD, Louis 27/5, 35
BEARD, Lucinda J. 77
BEARD, Mary J. 35
BEARD, Mattie C. 27
BEARD, Michael 84/2, 92
BEARD, Ruth 35
BEARD, W. H. 36
BEARD, William H. 36/2
BEARD, Willie T. 36
BEATTY, Ann Maria 5
BEATTY, Augustus Jewell 5
BEATTY, J. J. 5/2
BEATTY, S. A. 5/2
BEAUCHAMP, Jere W. 78
BEAUCHAMP, Reginald M. 78

BECHTOL, Lew 29
BECHTOL, Rachael 29
BECHTOL, William E. 29
BECKLEY, Elizabeth 24
BEECHER, Maria 5/2
BEECHER, Mary Elizabeth 5
BEECHER, Samuel Guthrie 5
BEECHER, Wm. W. 5/2
BEELER, David 91
BEELER, Sarah 91
BELL, Anna 21, 45
BELL, Annie F. 69
BELL, Annie V. 79
BELL, Emory 69
BELL, Frankie V. 69
BELL, Louise 24
BELT, Mary Skinner 15
BENDER, Lewis M. 81
BENDER, Mary Brownley 80
BENDER, Michael 80/2
BENDER, Rebecca 8
BENDER, Rhoda E. 81
BENDER, W. R. 81
BENNETT, Agnes 26
BENNETT, Robert 26
BENY, E. M. 59
BENY, Frank Lake 59
BENY, Jesse H. 59
BERAD, Birdie R. 35
BERGDOLL, Gertrude 46
BERGDOLL, Infant 46
BERGDOLL, W. T. 46
BERNHARD, Infant 53
BERNHARD, Margaret 53
BERNHARD, Otho 53
BERNHEARD, Joseph 51
BERNHEARD, Mary 51
BETEBENNER, Charles E. 62
BETEBENNER, Daniel 62
BETEBENNER, Ezra 62/2
BETEBENNER, Mary E. 62/2
BETEBENNER, Thomas V. 62
BETTS, Anna Barbara 89
BETTS, Clemmie Y. 72
BETTS, Frederick 89
BETTS, Oliver 72/2
BETTS, Otho S. 72
BETTS, Sarah A. 72
BETZ, David P. 63
BETZ, Emma C. 64
BETZ, Georgeann M. 63
BETZ, Mary A. 63
BETZ, Mary Ellen 72
BETZ, Sarah Ann 89
BETZ, William 63/2
BEVANS, Dorsey J. 40
BEVANS, Elizabeth 40/2

BEVANS, Page 40
BEVANS, Rose 40
BEVANS, Thomas 40/3
BEVENS, Ann 43
BEVENS, Betty 43
BEVENS, Henry 41
BEVENS, Henry A. 41
BEVENS, Infants 43
BEVENS, Rose A. 41
BEVENS, Thomas 43
BEYARD, Infant 13
BEYARD, M. E. 13/2
BEYARD, Mary E. 13
BEYARD, Myrtie E. 13
BEYARD, S. M. 13
BEYARD, Samuel 13
BEYARD, Samuel M. 13/2
BIESTLINE, Annie Virginia 13
BIESTLINE, Martha J. 13
BIESTLINE, Michael 13
BIRELY, Ezra 59
BIRELY, Margaret R. 59
BISER, Amanda C. 82
BISER, Florence E. 70/2
BISER, Joshua F. 82/2
BISHOP, ____ 44
BISHOP, Anna 45
BISHOP, Barbara Ann 54
BISHOP, Fillmore 45
BISHOP, George A. 45/2
BISHOP, Harriet R. 54/2
BISHOP, Harry A. 45
BISHOP, Infants 45
BISHOP, Jacob 51, 54, 74/2
BISHOP, John 44
BISHOP, Joseph 45
BISHOP, L. 44
BISHOP, Lawrence M. 44
BISHOP, Lemuel 44
BISHOP, Lemuel C. 44/32
BISHOP, M. 44
BISHOP, Mary 44, 54
BISHOP, Mary Alice 44
BISHOP, Mary J. 54
BISHOP, Millard F. 45/2
BISHOP, Rebecca 45
BISHOP, Rosalie A. 45
BISHOP, Sophia 74
BISHOP, William 54/5
BISHOP, William A. 44
BITNER, E. 38
BITNER, Ervin 38/2
BITNER, Harvey A. 38
BITNER, Howard L. 38
BITNER, I. E. 38
BITNER, Ida E. 38
BITNER, T. W. 38

BIVENS, B. James 47
BIVENS, John W. 47
BIVENS, Mary 47
BLACK, Malinda 63
BLACK, W. D. 63
BLACK, William C. 63
BLACKMAN, Alanson Curtis 32
BLACKWELL, Ann 48
BLACKWELL, David 48
BLACKWELL, William 32/2
BLACKWELL, William Isora 32/2
BLAIR, Andrew 21
BLAIR, Annie 3
BLAIR, Carrie M. 43
BLAIR, Catharine 21
BLAIR, Clarence E. 18
BLAIR, D. C. 21
BLAIR, Ellen 21
BLAIR, Frank A. 43
BLAIR, Hugh B. 3
BLAIR, James 21/3
BLAIR, John Calvin 3
BLAIR, L. 21
BLAIR, L. H. 18/2
BLAIR, M. A. 21
BLAIR, Mammie G. 21
BLAIR, Mary 21/2
BLAIR, Mary A. 21
BLAIR, Mary Ann 3
BLAIR, O. V. 18/2
BLAIR, Philip D. 21
BLAIR, Rachel 51
BLAIR, Silas H. 21
BLECHER, Jacob 92
BLECHER, Tracy 92
BLECKER, Alice V. 59
BLECKER, Barbara 87/2
BLECKER, Barbara A. 59
BLECKER, Catharine E. 59
BLECKER, Daniel H. 59
BLECKER, George Dallas 87
BLECKER, Jacob 59/2, 87
BLECKER, Jacob B. 59/2
BLECKER, Jane C. 59
BLECKER, Josiah 59/2
BLECKER, Mary C. 59
BLECKER, Mary Catherine 59
BLECKER, Mary E. 59
BLECKER, William 87
BLESSING, Hannah 84
BLESSING, Henry 84
BLONDEL, Charles E. 41/2
BLONDEL, Eliza C. 41
BOHRER, Christine 13
BOHRER, Eve C. 6
BOHRER, Jacob 13, 14
BOHRER, Jane 14

BOLINGER, Almira 73
BOLINGER, Almira C. 73
BOLINGER, David 73
BOLINGER, David C. Y. 73
BOLINGER, Maude E. 73
BOMBARGER, A. M. 85
BOMBARGER, Annie 57
BOMBARGER, Annie C. 57
BOMBARGER, J. L. 85
BOMBARGER, Moses 57/2
BOMBARGER, William Edward 57
BOMBARGER, Zora Ida 85
BOMBERGER, Moses Benton 81/2
BOMBERGER, Uries 91
BOON, Sarah 84
BOONE, Catherine 59/4
BOONE, Charlotte 84
BOONE, Susanna 84
BOONE, William 84
BOOTH, Anie 53
BOOTH, D. A. 53
BOOTH, N. 53
BOOTMAN 31
BOOTMAN, Benjamin B. 36/2
BOOTMAN, Benjamin Bradford 36
BOOTMAN, C. M. 36
BOOTMAN, Charles E.
BOOTMAN, Elmira P. 36
BOOTMAN, Emma J. 36
BOOTMAN, J. D. 36
BOOTMAN, Louisa Lee 36
BOOTMAN, Martin J. 36
BOOTMAN, Mary C. 36
BOOTMAN, Mary J. 36/3
BOOTMAN, Raymond Theodore 36
BOOTMAN, W. T. 36/2
BOOTMAN, Walter 36
BOOTMAN, William T. 35
BORD, Luther B. 71
BOSWELL, Annie M. 4
BOSWELL, Annie Maria 4
BOSWELL, Benedict James 4
BOSWELL, Fred. C. 4
BOSWELL, Frederick Charles 4/2
BOTTROFF, Andrew 8
BOTTROFF, Mary 8
BOULES, Nancy 49
BOULUS, Frank L. 82
BOVEY, Daniel Arthur 68
BOVEY, Ella Alvina 68
BOVEY, H. A. 68
BOVEY, Henry A. 68/2
BOVEY, Infant 68
BOVEY, Mary E. 68/3
BOVEY, Mary Jane 4
BOVEY, Otho Keller 4/2
BOWARD, Ida J. 18/2

BOWARD, Infant 18
BOWARD, M. E. 18
BOWARD, Martin E. 18/2
BOWERS, Albert Lee 91/2
BOWERS, Ann Elizabeth 26
BOWERS, Florence Lily 91
BOWERS, Guy B. 91
BOWERS, Jacob 87
BOWERS, Louisana 26/2
BOWERS, Mary V. 26
BOWERS, Sue 26
BOWERS, Susan A. 91
BOWERS, William 26/3
BOWERS, William P. 26
BOWHAY, _____ 30
BOWHAY, Edward 30/2
BOWHAY, Margaret A. 54
BOWHAY, Mary 54
BOWHAY, Mary E. 40
BOWHAY, Thomas C. C. 40
BOWHAY, Thomas P. 40/2
BOWHAY, Wm. 54
BOWLES, A. 32
BOWLES, Amanda 32
BOWLES, Catharine 25
BOWLES, Ellise 35
BOWLES Farm 49
BOWLES, Frank 35
BOWLES, Harry 35
BOWLES, Isora M. 32
BOWLES, J. S. 24
BOWLES, James H. 26/2
BOWLES, James Hamilton 35
BOWLES, John J. 35/2, 49
BOWLES, John S. 24
BOWLES, Lew Wallace 35
BOWLES, Lyman 35
BOWLES, Martha 26
BOWLES, Marthan E. 32
BOWLES, Martin 35
BOWLES, Mary A. 32
BOWLES, Mary Ann 24/2
BOWLES, Oliver 35
BOWLES, Rose 35
BOWLES, S. 32
BOWLES, Samuel 32/2
BOWLES, Teresa McKee 32
BOWLES, William A. 32/2
BOWLES, William August 24
BOWMAN, Amos 90
BOWMAN, Emanuel 90
BOWMAN, Jacob 9
BOWMAN, John C. 66
BOWMAN, John E. 80/2
BOWMAN, Lucy 9
BOWMAN, Margaret C. 80
BOWMAN, Mary Catharine 20

BOWMAN, Sarah 90
BOYD, Catharine 8
BOYD, Charles D. 14
BOYD, Daniel 23
BOYD, Dixen Roman 8
BOYD, G. Joseph 11
BOYD, Hattie 34
BOYD, Hester J. 11
BOYD, M. Maggie 11
BOYD, Margaret 5, 8/2, 10
BOYD, Mary E. 41
BOYD, Mary Louisa 5
BOYD, Samuel 5, 8/4
BOYD, Samuel Kenyon 8
BOYD, Walter 34
BOYD, William 7, 10, 41
BOYD, William J. 41
BOYLES, Ethel W. 32
BRADS, Eliza J. 84
BRADS, James 84
BRADS, Mary Caroline 84
BRADY, Ann 27
BRADY, Catharine 26
BRADY, Charles E. 33
BRADY, Clifford 33
BRADY, David A. 28
BRADY, Edward 27
BRADY, Edward O. 27
BRADY, Ellen 27
BRADY, George 33
BRADY, George W. 33/2
BRADY, John H. 27/2
BRADY, L. Delaplane 33
BRADY, Margaret 33
BRADY, Mary E. 26
BRADY, Mary J. F. 27
BRADY, Mary J. 27
BRADY, Mattie E. 33
BRADY, Minnie O. 28
BRADY, N. Ellen 38
BRADY, Rebecca J. 28
BRADY, William 26/2
BRAGONIER 23
BRAGONIER, Frank 22
BRAHCALL, Alburtis 52
BRAHCALL, John 52
BRAHCALL, Lucinda 52
BRAKEALL 56
BRAKEALL, A. 56
BRAKEALL, Asa 56/2
BRAKEALL, Edward 56
BRAKEALL, Fannie 40
BRAKEALL, George 56/2
BRAKEALL, George F. 40
BRAKEALL, Henry C. 33
BRAKEALL, I. Marchel 56
BRAKEALL, Infant 56

BRAKEALL, John F. 56
BRAKEALL, Mary 56
BRAKEALL, Mary Jane 56
BRAKEALL, S. 56
BRAKEALL, Samuel 40
BRAKEALL, Susie 56
BRAKEWELL, Mary E. 33
BRANDENBURG, Catharine 77
BRANDENBURG, Peter J. 77/2
BRANDER, John 85
BRANDNER, Catharine E. 86
BRANDNER, John 86
BRANDNER, Mary 86/2
BRANDNER, Michael 86/3
BRANDNER, Susanna 85
BRANDNER, William Edward 86
BRANE, Clara M. 91
BRANE, Rev. C. I. 91
BRANT, Benjamin G. 51/2
BRANT, Bessie 51
BRANT, Infant 51
BRANTNER, Ann Rebecca 86/2
BRANTNER, Caroline 86
BRANTNER, Elizabeth 85
BRANTNER, Harriet 71
BRANTNER, Jacob 86/6
BRANTNER, Kate H. 56
BRANTNER, Rebecca 86/4
BRANTNER, Tabitha 56
BRANTNER, Thomas H. 56
BRANTNER, William 85
BRANTNER, William I. 85
BREATHED, Ada Laura 31
BREATHED, E. M. 31/2
BREATHED, Infant 31
BREATHED, Isaac 29
BREATHED, James 29
BREATHED, Kitty 29
BREATHED, Louise 31
BREATHED, Nettie 31/2
BREATHED, Priscilla Williams 34
BREISCH, Catharine 7, 10/2, 11
BREISCH, Frederica 7
BREISCH, Jacob F. 11
BREISCH, John 7, 10/3, 11
BREISH, John 10
BRENGLE, Charles 67
BRENGLE, Sarah Ann 67
BRENNAN, John 42
BRENNAN, Julia 42/2
BRENT, Ann 48
BRENT, Charity 48
BRENT, George 48/4
BRENT, George L. 48
BRENT, Hannah 48
BRENT, James Tidball 48
BRENT, T. C. 48

BRENT, Thomas C. 48
BRESLER, Frank 39/2
BRESLER, Mary 39
BREWER, Amanda F. 52
BREWER, Andrew K. S. 11
BREWER, Ann A. 11
BREWER, Anna 1, 51/2, 52/2
BREWER, Antoinette 17
BREWER, Catherine 51, 52
BREWER, Clarence 56
BREWER, Daniel 12/2
BREWER, Daniel M. L. 11/2
BREWER, Elizabeth 8, 14, 52/2
BREWER, Emmelin 52
BREWER, Frederick D. 11
BREWER, George 50, 52/5
BREWER, George I. 8
BREWER, Georgia 56
BREWER, H. A. 11/2
BREWER, H. H. 52/2
BREWER, Henry 51/3, 52/2
BREWER, Henry H. 52/2
BREWER, Infant 51
BREWER, John 7
BREWER, Joseph 51/3
BREWER, Joseph G. 11/3
BREWER, Josiah 1
BREWER, Josiah B. 1
BREWER, Lewis Miller 12
BREWER, Luther 11
BREWER, M. S. 52/2
BREWER, Margaret 7
BREWER, Mary 51, 52/2
BREWER, Nancy 1
BREWER, Peter S. 1/2
BREWER, Sarah 51
BREWER, Willie Ellsworth 52
BRIDENDOLPH, Anna 21
BRIDENDOLPH, James F. 21
BRIDENDOLPH, P. H. 21
BRIDGES 34
BRIDGES, Eugene Addison 34
BRIDGES, George Lester 34
BRIDGES, Helen Mar 34/2
BRIDGES, Henry 35
BRIDGES, James 34
BRIDGES, John W. Breathed 34
BRIDGES, L. D. 34
BRIDGES, Llewellyn Dupont 34
BRIDGES, Lynn Robinson 34
BRIDGES, N. M. 34
BRIDGES, R. F. 34
BRIDGES, Rebecca 34/3
BRIDGES, Robert 34/2
BRIDGES, Robert F. 34/4
BRIDGES, Robinson McGill 34
BRIDGES, W(?) R. 34

BRIDGES, William 34
BRIGGS, Delbert E. 29
BRIGGS, James E. 29
BRIGGS, John C. 29/2
BRIGGS, John H. 29
BRIGGS, Joseph 29
BRIGGS, Robert E. 29
BRIGGS, S. E. 29
BRIGGS, Sarah E. 29
BRINING, Alice I. 70
BRINING, Clara J. 70
BRINING, Claudia O. 57
BRINING, Ella 70
BRINING, Emma C. 70
BRINING, Frank P. 83/2
BRINING, George W. 70/2
BRINING, John C. 70/2
BRINING, Katherine 70
BRINING, Laura Virginia 81
BRINING, Mary C. 83
BRISH, David W. 62
BRISH, Susan 62
BROCIUS, Daniel 29/2
BROCIUS, Elenor 29
BROIDRICK, Ellen N. 41
BROIDRICK, John T. 41/2
BROIDRICK, Margaret 41
BROIDRICK, Mary E. 41
BROIDRICK, Patrick 41
BROMETT, Noah 74
BROOK, Ada T. 31
BROOK, George H. 31
BROOK, Phoebe L. 31
BROOKE, Ella 31
BROOKE, John 31/2
BROOKE, Phebe 26
BROOKE, Thomas 26
BROOKS, Ellen H. 31
BROOKS, George H. 31
BROSIUS, Agnes 33
BROSIUS, Agnes T. 33
BROSIUS, Ann 25
BROSIUS, B. H. 33
BROSIUS, Daniel 47
BROSIUS, Edward E. 33
BROSIUS, Ellen B. 47
BROSIUS, Evaline 25/2
BROSIUS, Eve 25
BROSIUS, Francis R. 47
BROSIUS, Harry 25
BROSIUS, Henrietta Swindell 33
BROSIUS, Henry 25
BROSIUS, Hewett 25
BROSIUS, J. B. 33
BROSIUS, J. Raymond 33
BROSIUS, Jacob 25/2, 26
BROSIUS, James 37

BROSIUS, John 26, 37
BROSIUS, John B. 33/2
BROSIUS, John J. 25
BROSIUS, Laura S. 33
BROSIUS, Lizzie J. 33
BROSIUS, Magdelena 26
BROSIUS, Mary 25
BROSIUS, Mary J. 25
BROSIUS, Mary Magdalene 37
BROSIUS, Mary V. 25
BROSIUS, Samuel 25/2, 26
BROSIUS, Samuel Glenville 33
BROSIUS, Samuel H. 33/2
BROSIUS, Silas 25
BROSIUS, Sue 25
BROSIUS, Willie 25
BROWN, C. 14
BROWN, Charles 47/2
BROWN, Daniel W. 79
BROWN, Ettie E. S. 88
BROWN, Frances Fay 14
BROWN, Harry W. 88
BROWN, Hubert E. 88
BROWN, Ida V. 88
BROWN, James 79/6
BROWN, John 71
BROWN, John H. 88/2
BROWN, John R. 79
BROWN, K. 12
BROWN, Lydia 79/5
BROWN, Margaret 47
BROWN, Mary E. 79
BROWN, Myrtle 14
BROWN, Otho James 79
BROWN, Robert Bruce 12
BROWN, S. 12
BROWN, Willie H. 79
BRUBAKER, Daniel 2
BRUBAKER, Jacob 2/2
BRUBAKER, Lydia 2/2
BRUBAKER, Samuel H. 2
BRYAN, Richard 27
BRYAN, Susan 27
BUCK, Jane B. 29
BUCK, John H. 85
BUHARP, George E. 18
BUHRMAN, Elizabeth 84
BUHRMAN, Emma Cora 84
BUHRMAN, Hiram 84
BURCH, J. T. 84
BURCH, M. Emily 84
BURCH, Mary 84
BURGAN, Charles E. 36/2
BURGAN, Izora 36
BURGAN, Lloyd 37
BURKART, Theodore L. 66
BURNETT, Frank, Farm 47

BURTNER, Ezra 77/2
BURTNER, J. Henry 77
BURTNER, Sarah E. 7
BUTLER, Annie 4
BUTLER, Gertruce 42
BUTLER, John 4
BUTLER, Mary 4
BUTZEL, Sarah 68
BYAN, Elizabeth 4
BYAN, William 4
BYERLEY, Amelia 87
BYERLEY, George 87
BYERLEY, Jacob 87/2
BYERS, Alfred W. 32
BYERS, C. M. 30
BYERS Charlotte M. W. 32
BYERS, Harriet 30
BYERS, J. A. 30
BYERS, Jacob C. 86
BYERS, James Davis 32
BYERS, John 6
BYERS, John A. 32/2
BYERS, Josephine 32
BYERS, Mary A. 86
BYERS, Ralph Steinman 61
BYERS, William M. 86
BYRNE, Patrick 44
CAIN, _____ 39
CAIN, Thomas I. 39/2
CALLAHAN, H. M. 12
CALLAHAN, John P. 12
CALLAHAN, Wm. 12
CALLAN, Harriett Keef 30
CALLAN, Louisa Annette 30, 37
CALLAN, Maria L. 37
CALLAN, Mary Louisa 30
CALLAN, Thomas 30, 37
CALLEN Mary Lenore 30
CARBAUGH, Jeremiah 22
CARBAUGH, John C. 22
CARBAUGH, John W. 3
CARBAUGH, Mary M. 3
CARBAUGH, R. Mason 21
CARDER, Virginia Blackwell
    Callan 30
CARL, Annie E. 35
CARL, Daniel A. 35
CARL, John T. 35
CARL, Rose E. 35
CARL, Sophie A. 35
CARL, William A. 35
CARNELL, Leonard 49
CARNES, Deliah E. 71
CARNEY, Martha 84
CARNEY, Parrick 84
CAROTHERS, Isaac 31/3
CAROTHERS, Isaac R. 31

CAROTHERS, Margaret E. 31
CARPENTER, _____ 56
CARPENTER, Gilbert B. 56
CARPENTER, Maria 85
CARPENTER, Mary 85
CARPENTER, Stephen 85
CARSON, Cora 61
CARSON, Cora M. 61/2
CARSON, George W. 61/2, 89
CARSON, Lanah 89
CARSON, Otho E. 61/2
CARSON, Susan 61
CARTER, Elizabeth E. 74
CARTER, Elizabeth M. 34
CARTER, Harry 39
CARTER, Katharine Bridges 34
CARTER, Rachel 39
CARTER, Robert Bridges 34
CARTER, Thomas Miles 34
CARTER, William Wade 34
CARTERET, J. E. 33
CASSARD, Mary S. 34
CASSARD, Talbert D. 34/2
CASSIDY, N. C. 46
CASTLE, Edward E. 75
CASTLE, Elizabeth 87
CASTLE, John 71
CASTLE, Margaret 75
CASTLE, Thomas 87
CASTLE, William K. 75/2
CATLETT, Joseph 26
CATON, Janette 92/2
CAUTION, Charity E. 25/3
CAUTION, Elisha 25/2
CAUTION, Elisha A. 25
CAUTION, Julia E. 25
CAUTION, Samuel L. 25/2
CHAMBERLAIN, Margaret A. 67
CHAMBERS, Anastasia 4
CHAMBERS, Ann Rebecca 83
CHAMBERS, Benjamin F. 64
CHAMBERS, Charles E. 64
CHAMBERS, Ella F. 64
CHAMBERS, James 64/4
CHAMBERS, James H. 64
CHAMBERS, Johanna 64/2
CHAMBERS, John 4
CHAMBERS, Mary 64
CHAMBERS, Mary Young 64
CHANEY, Alonza 45/2
CHANEY, Ezekiel 90
CHANEY, Jessie Lorrain 45
CHANEY, John Henry 45
CHANEY, Laura C. 90
CHANEY, Mable Daisy 45
CHANEY, Nettie 45/2
CHAPLINE, Josiah 93

CHAPLINE, Moses 93/3
CHAPMAN, Ezra D. 62/2
CHAPMAN, Henry Nyman 62
CHAPMAN, John T. 3
CHAPMAN, Mary E. 62/2
CHAPMAN, Robert Vernon 62
CHARLES, Amanda 14/2
CHARLES, Anna 24
CHARLES, Benjamin 24
CHARLES, Benjamin F. 14/2
CHARLES, Bertha J. 14
CHARLES, C. E. 14
CHARLES, Frances 24
CHARLES, Frederica 20
CHARLES, Infant 20/2
CHARLES, J. J. 24
CHARLES, Joel 14/3
CHARLES, John 20
CHARLES, John Joseph 24
CHARLES, Joseph 24/3
CHARLES, Lewis 20/3, 24
CHARLES, Lewis H. 24
CHARLES, Martha R. 24
CHARLES, Mary E. 14
CHARLES, Mary F. 14/2
CHARLES, Milton 14/2
CHARLES, Roger D. 14
CHARLES, Samuel 14
CHARLES, Samuel E. 14
CHARLES, Susan 20/2, 24
CHARLES, Thomas P. 14
CHARLTON, Annie 1
CHARLTON, Joe 55
CHARLTON, John 50/2
CHARLTON, Mary C. 55
CHARLTON, Milford B. 1
CHARLTON, Nancy Frances 1
CHARLTON, S. 1
CHASE, Cloey 23
CHENEY, Albinda 63
CHENEY, Caroline Matilda 63
CHENEY, Clarissa 63
CHENEY, Elizabeth 63
CHENEY, Jely 63/2
CHENEY, Jeremiah 63
CHENEY, Luke 93
CHENEY, Nancy 63
CHENEY, Robert 63/2
CHENEY, William 63/2
CHRISSINGER, John W. 80
CHRISSINGER, Leo W. 80
CHRISTIAN, Jacob 86
CLAGETT, Elizabeth 1, 2
CLAGETT, Henry 27/2
CLAGETT, Henry C. 1
CLAGETT, Mary A. 28
CLAGETT, Samuel 1/2, 2

CLAGETT, Samuel H. 2
CLARK, Eleanor 26
CLARK, John 26/2
CLARK, Mary A. 62
CLARK, Peter 52
CLARY, Daniel 84
CLARY, Rachel 47
CLAY, Douglas 40
CLAY, James 40
CLAY, Sarah 40
CLAYBAUGH, John Brent 48
CLAYBAUGH, L. L. 48
CLAYBAUGH, W. H. 48
CLELAND, Malinda 60
CLELAND, Thomas W. 60/2
CLEM, Henry 12
CLEVENGER, A. O. 44
CLEVENGER, B. Stanley 44
CLEVENGER, P. M. 44
CLINE, Anna Catheryn 76
CLINE, Barbara E. 81
CLINE, Bertha E. 80
CLINE, Charles F. 81
CLINE, Elizabeth Virginia 76
CLINE, Emma F. 81
CLINE, George H. 86
CLINE, Hazel C. 77
CLINE, Hezekiah 81/2
CLINE, John H. 86
CLINE, L. H. 80
CLINE, Lemuel H. 80/2
CLINE, Lewis E. 77
CLINE, Lillie V. 80
CLINE, Mary E. 77
CLINE, Susanna 86
CLINGAN, Ann Eugenia 43
CLINGAN, Dorothy 43/2
CLINGAN, William 87
CLINK, John 62/2
CLINK, Tracy 62
CLIPP, Edna E. V. 76
CLIPP, Laura J. 79
CLOPPER, Alice V. 83
CLOPPER, Bessie Louise 21
CLOPPER, Catharine 9
CLOPPER, Charles 22
CLOPPER, Charles S. 83
CLOPPER, David 21
CLOPPER, George D. 21
CLOPPER, J. Franklin 21
CLOPPER, J. Frederick 21/2
CLOPPER, J. H. 22
CLOPPER, Jacob 9/2
CLOPPER, John H. 21/2
CLOPPER, Joseph F. 16
CLOPPER, Julia M. 21
CLOPPER, M. E. 22

CLOPPER, Marietta 83
CLOPPER, Martha E. 21
CLOPPER, Mary E. 16
CLOPPER, Mary M. 21
CLOPPER, Sarah A. 21
CLOPPER, William C. 21
CLUGSTON, Thomas J. 28
COFFMAN, Fannie 28
COFFMAN, Hanna F. 46
COFFMAN, Ida A. 28
COFFMAN, John 28, 46
COFFMAN, John W. 28
COFFMAN, Lester 45
COFFMAN, Lola 45
COFFMAN, M. 28/2
COFFMAN, Rosie P. 28
COFFMAN, Roy T. 45
COFFMAN, W. J. 28/2
COHILL, Anna B. 39
COHILL, Edmund P. 42
COHILL, Leo A. 39
COHILL, Louise Elizabeth 42
COHILL, Margaret Rose 39
COHILL, Marguerite 42
COHILL, Marie Agnes 42
COHILL, Mary 42
COHILL, Mary Rinehart 42
COIL, James 9
COLBERT, Eli 26
COLBERT, Eliza 31
COLBERT, Mary Jane 26
COLE, John A. 16, 17
COLEMAN, Catharine A. 71
COLEMAN, George W. 71/2
COLEMAN, Laura V. 71
COLLENS, Sarah Belle 37
COLLINS, Addison B. 37/2
COLLNS, Harry 37
COMBY, Elenora 84
COMBY, Solomon F. 84
COMBY, William 84
CONNER, Daniel 15
CONNER, Daniel H. 6
CONNER, John D. 6
CONNER, Susan 15
CONNER, Susan 6
CONRAD, Caroline 19/3
CONRAD, Christian 19/2
CONRAD, Eveline 19
CONRAD, Harriet 20
CONRAD, John 19/3
CONRAD, Joseph 20/2
CONRAD, Laura S. 19
CONRAD, Maggie E. 19
CONRAD, Manerva Ann 12
CONRAD, Michael 27
CONRAD, Samuel 12/2

CONRAD, Susie E. 19
CONRADT, John 30
COOK, Alexander Hamilton 54
COOK, Benjamin F. 54
COOK, Christiann E. 7
COOK, Elicabeth 11
COOK, Feorge(?) 7
COOK, Ida 51
COOK, J. 11
COOK, Joafner 51
COOK, John 11, 51/2
COOK, John P. 11
COOK, M. A. 11
COOK, Margaret 11
COOK, Maria 11
COOK, Mary A. 7
COOK, Mary S. 11
COOK, Nora D. 11
COOK, W. S. 11
COOK, William S. 11/2
COOK, Winifred H. 54
COOPER, Alma Frances 45
COOPER, D. W. 45
COOPER, Virginia 45
CORBETT, Annie M. 37
CORBETT, Daisy E. 37
CORBETT, Emmons L. 37
CORBETT, Eva M. 37
CORBETT, G. W. 37
CORBETT, George W. 37
CORBETT, Leland E. 37
CORBETT, Louisiana 16
CORBETT, Thomas 16/2
CORNELIUS, Elizabeh G. 36
CORNELIUS, Ethel Lee 36
CORNELIUS, Mary 36
CORNELIUS, Mary Catharine 36
CORNELIUS, William 36/2
CORNELIUS, William S. 36/2
CORNELL, Lucinda 48
CORNELL, Lurama 48
CORNELL, Michael 48
CORRELL, Caleb 54
CORRELL, Mary Ann 54
COSGROVE, Jesse D. 21/2
COSGROVE, Julia A. 21
COSLEY, Ann Eliza 5
COSLEY, Charles E. 8
COSLEY, Rosana 5
COSLEY, Rose Ann 8/3
COSLEY, Thomas 5
COSLEY, Thomas J. 8/4
COSLEY, Thomas J. 8
COSLEY, William H. 8
COST, Charles 11
COST, Cora E. 82
COST, Effie G. 84

COST, Elias 63/5
COST, Emma K. 63
COST, Fay 63
COST, Florence May 63
COST, Pry 84
COST, Susannah 63/2
COST, Thomas Eugene 61
COST, Walter 63
COST, William S. 63
COUDY, Belle Elliott 30
COUDY, Edward Mealey 30
COUDY, Ellen Mar 30
COUDY, J. 27
COUDY, James 27, 30
COUDY, James Mathew 30
COUDY, John 30
COUDY, Kate 27
COUDY, Mahalah 27/2
COUDY, Mary Caroline 30
COURSEY, W. R. 68
COVALT, Amos 54
COVALT, Bethuel 53
COVALT, Calvin 53
COVALT, David 54
COVALT, E. 53/2, 55
COVALT, Eleanor 53/2, 54/2
COVALT, Elizabeth 53/4
COVALT, Elizabeth J. 53
COVALT, Ephraim 53
COVALT, Ephriam 53/2
COVALT, Isaac 53/11
COVALT, Isaac F. 53, 54/2
COVALT, Isaac M. 53
COVALT, J. 53/3, 55
COVALT, Job 53
COVALT, John 55
COVALT, John S. 53/2
COVALT, Margaret Ellie 55
COVALT, Mary E. 53
COVALT, Mary F. 53
COVALT, Moses 53
COVALT, Rachel 53
COVALT, Sarah 53/6
COVALT, Sarah Ann 53
COVALT, William 53
COWTON, John 20/2
COWTON, John T. 20
COWTON, Margaret A. 20
COWTON, Nancy 20
COWTON, Sarah 20
COWTON, William D. 20/2
COWTON, William F. 20
COX, Levi 10
COX, Rachel 10
CRADDOCK, John 87
CRADDOCK, Margaret 87
CRAIG, Amanda 29

CRAIG, Jacob 37
CRAIG, John M. 29
CRAMER, F. 31
CRAMER, F. S. 31
CRAMER, Lillie Bell M. 31
CREAGER, Alice A. 38
CREAGER, E. K. 32
CREAGER, Eliza 35
CREAGER, Emma R. 32
CREAGER, George Etta 38
CREAGER, H. L. 32
CREAGER, Harriett 38/2
CREAGER, Harriett A. 38
CREAGER, Harry L. 32/2
CREAGER, Infant 35
CREAGER, Isabella 35/2
CREAGER, J. William 32
CREAGER, John 35
CREAGER, Joshua 38/4
CREAGER, Mary 35
CREAGER, Minna May 38
CREAGER, William 35/4
CREEK, Luther K. 37
CRESAP, Frances A. 41
CRESAP, L. M. 41
CRILLY, Ann 19
CRILLY, Elizabeth 9
CRILLY, John 19/2
CRILLY, Margaret 19
CRISWELL, Margaret 22
CROBETT, Francis T. 37/2
CROBETT, Phyllis Vida 37
CROCKETT, Helen I. 27
CROCKETT, J. W. 27/2
CROCKETT, M. E. 27/2
CROCKETT, Willie 27
CROSS, John 92
CROSSMAN, John N. 38
CROWN, Frederick C. 39
CROWN, Samuel C. 39/2
CROWN, William C. 39
CULLEN, James 42/2
CULLEN, Mary E. 42
CUNNINGHAM, Albert M. 80/2
CUNNINGHAM, B. S. 20
CUNNINGHAM, B. Sim 20
CUNNINGHAM, Bertha O. 80
CUNNINGHAM, Daisy 20
CUNNINGHAM, David C. 80/2
CUNNINGHAM, Estelle Gulick 20
CUNNINGHAM, Helen E. 80
CUNNINGHAM, Helen V. 80
CUNNINGHAM, John 33/2
CUNNINGHAM, W. F. 20
CUNNINGHAM, William F. 20/2
CUNNINGHAM, Wilmer E. 80
CUSHWA, Ann 23

CUSHWA, Benjamin 22
CUSHWA, Elizabeth 22
CUSHWA, George Courtney 19
CUSHWA, Harvey 22
CUSHWA, Isaac 23
CUSHWA, J. R. 19
CUSHWA, John 22
CUSHWA, Sarah J. Kroh 19
DAGENGART, Elizabeth 89
DAGENHART, A. 88
DAGENHART, Aaron 62
DAGENHART, Ama E. 63
DAGENHART, Ann Mary 92
DAGENHART, Bradley Winton 63
DAGENHART, Christian 89
DAGENHART, Conrad 89
DAGENHART, Eliza 63
DAGENHART, Eliza A. 63/2
DAGENHART, Eliza Ann 63
DAGENHART, Elmer Elsworth 63
DAGENHART, Emanuel 63/2, 69
DAGENHART, Esther 89
DAGENHART, Homer Melvin 63
DAGENHART, Infant 63
DAGENHART, John 89
DAGENHART, Joseph 63, 88
DAGENHART, Joseph S. 63/4
DAGENHART, Kate V. 63/2
DAGENHART, Lawson 78
DAGENHART, Lucy 63/2, 69
DAGENHART, M. 88, 89
DAGENHART, Margaret 78
DAGENHART, Rebecca 92
DAGENHART, S. 89
DAGENHART, Ursula E. 63
DAGENHART, William M. 63/3, 69
DAHLGREN, Eric Bernard 91
DAHLGREN, Madeleine Vinton 91
DAKE, Catharine 15
DAKE, Frederick 15
DALBEY, Joseph W. 38/2
DALBEY, Lucy 38
DALBEY, Rachel 38
DALBEY, William A. 38
DALBY, A. S. 67
DALBY, Eliza R. 67
DAN____, Andrew 89
DAN____, Ruan 89
DANNER, Andrew 77/2
DANNER, Elmira 71
DANNER, Elsie M. 77
DANNER, George L. 79/2
DANNER, Georgeanna 71
DANNER, Joseph 71/2
DANNER, Mary C. 79
DANNER, Susana 77
DANNER, Thornton W. 71

DANNER, William O. 71/2
DAUGHERTY, Anna A. 58
DAUGHERTY, Elizabeth 58
DAUGHERTY, Jacob 58
DAVIS, Amelia 66/2
DAVIS, Angela K. 66
DAVIS, Ann Maria 72
DAVIS, Anna 29, 30
DAVIS, Annie M. E. 57
DAVIS, Bessie L. 61
DAVIS, Caroline R. 71
DAVIS, Catherine Ann 5
DAVIS, Chalmers N. 18
DAVIS, E. 67/2
DAVIS, Elias 64/3, 66/3
DAVIS, Elizabeth B. 66
DAVIS, Ephriam 66/2, 84
DAVIS, Eve 7
DAVIS, Fietta 62
DAVIS, Florence O. 60
DAVIS, Frankie Edgar 64
DAVIS, Frisby 67, 71
DAVIS, Frisby J. 71/2
DAVIS, George A. 66
DAVIS, Gertie B. 82
DAVIS, Harriet 71
DAVIS, Harvey C. 82
DAVIS, Henry 60
DAVIS, Infant 32/3
DAVIS, James 6
DAVIS, James C. 9
DAVIS, Jeremiah 18
DAVIS, John 29, 30, 57/2, 72/2
DAVIS, John R. 61
DAVIS, Jonas 72/2
DAVIS, Joseph F. 66
DAVIS, Joseph Frisby 66
DAVIS, Lemuel 66, 71
DAVIS, Lloyd 67
DAVIS, Lola M. Gruber 82
DAVIS, Maggie 64
DAVIS, Maggie B. 64
DAVIS, Margaret A. 66
DAVIS, Margaret Amelia 66/2
DAVIS, Mary 57, 72
DAVIS, Mary Elizabeth 57
DAVIS, Mary Neil 32
DAVIS, Nancy 87
DAVIS, Olive Sheridan 32
DAVIS, Paul B. 71
DAVIS, Rachel Lefaune 32
DAVIS, Rosa Bell 32
DAVIS, S. H. 32
DAVIS, S. Seibert 83
DAVIS, Samuel H. 32/4
DAVIS, Sarah Rebecca 32
DAVIS, Sophia 32/2

DAVIS, Sophia Eliza 32
DAVIS, Thomas E. 30
DAVIS, William 67
DAVIS, William E. 66/2, 71/2
DAVIS, Williamina R. 32
DAVIS, Willie 32
DAVIS, Willie Richardson 32
DAVIS, Wilson 87
DAVIS, Zachariah 7, 11
DAWSON, E. J. 28
DAWSON, Emma H. 28
DAWSON, Emma J. 28
DAWSON, P. E. 28
DAWSON, Peter E. 28
DAWSON, Peter E. 35
DAWSON, Rosalie 35
DAWSON, Rose 35
DAWSON, Rose Bowles 35
DAY, F. B. 64
DAY, Margaret Ellen 64
DE HOFF, I. B. 59
DE HOFF, J. B. 59
DE HOFF, J. E. 59
DEANER, A. M. V. B. 64/2
DEANER, Christian 64/5
DEANER, Elizabeth 64/3
DEANER, Emory B. 64
DEANER, Margaret F. 64
DEANER, Mary Ellen W. 64
DEANER, Otho J. 64
DECK, Edward B. 30
DECK, James C. 30
DECK, Mary C. 30
DECKER, Leonora Downs 81
DEEDS, John H. 9
DELAPLANE, Albert Buck 29
DELAPLANE, Annette J. 29
DELAPLANE, Infant 29
DELAPLANE, James B. 29/8
DELAPLANE, Jane B. 29
DELAPLANE, John 29/2
DELAPLANE, Lavenia R. 29/3
DELLINGER, A. E. 15/2
DELLINGER, America J. 15
DELLINGER, Annie E. 15
DELLINGER, Ellie Johnson 15
DELLINGER, Henrietta M. 14
DELLINGER, Henry W. 5, 14
DELLINGER, Henry Williams 14
DELLINGER, J. F. 15/2
DELLINGER, Jacob Henry 5
DELLINGER, John F. 15/2
DELLINGER, Mary M. 5, 14
DELLINGER, Mary W. 14
DELLINGER, T. Johnson 15
DENEEN, Jacob 28
DENEEN, Matilda 28

DENNELL, Lillie 31
DENNELL, Lizzie 31
DENNELL, William 31
DERR, Amanda M. 74
DERR, Jacob 66, 74/4
DERR, Mary A. M. 74
DERR, Orinda 66
DERR, Sophia 74/2
DETRICK, Henry 68
DEWAR, Isabelle 76
DICK, Jeremiah 27
DICK, John 27
DICK, Lafayette 34
DICK, Mazy P. 80
DICK, Susan 27
DICKERHOFF, Mary Ann 7
DICKERHOOF, Alice Jane 33
DICKERHOOF, Frank W. 34
DICKERHOOF, Geroge 7
DICKERHOOF, Mary M. 34
DICKERHOOF, Savilla 7
DIFENBAUGH, Barbara 24
DIFENBAUGH, John 24
DIGGS, Elizabeth 67
DIGGS, Isaac M. 74/2
DIGGS, Perry 67
DIGGS, Sarah 74
DIGNAN, Mary E. 38
DIGNAN, S. P. 38
DILLON, R. S., Packing House 48
DILLON, R. S., Farm 48
DINSMORE, James Garfield 65
DITTMAN, Elizabeth 47
DITTMAN, J. George 47
DITTMAN, John J. 47/2
DITTO, Elizabeth 30
DITTO, Forence 30
DITTO, Infant 20
DITTO, James B. 30/2
DITTO, James W. 30
DITTO, M. G. 20
DITTO, Oliver 27
DITTO, Oliver, Farm 23
DITTO, Sarah A. 30
DITTO, W. S. 20
DOAT, Edna V. 83
DOAT, John H. 83/2
DOAT, Laura W. 83
DOCHENNEY, Bridget 43
DOCHENNEY, Harriet 42
DOCHENNEY, James 43
DOCHENNEY, Patrick 42
DODD, Catharine 8
DODD, Samuel 8/2
DODSON, Minnie A. 35
DODSON, W. H. 35/2
DOLAN, Christopher 41

DORIER, Henry, Farm 47
DORMER, Annie 40
DORMER, James 40
DORMER, Maggie 40
DOUB, A. Earl 69
DOUB, Alice S. 69
DOUB, Ann C. 69
DOUB, David 70
DOUB, David C. 69
DOUB, Ezra 69/4
DOUB, Francis M. 69
DOUB, Frisby 59
DOUB, George W. 69
DOUB, Icy D. 69
DOUB, Lydia 59
DOUB, Margaret 69/3A.
DOUB, Moss F. 69
DOUB, Samuel 59/2
DOUB, Sarah Ann 70
DOUB, Susanna 70
DOUB, Virgie Mae 83/2
DOUB, Winnie A. 83
DOUB, Winton A. 83/2
DOUGHERTY, Patrick 44/2
DOWLER, James C. 15
DOWLER, Phebe Robinson 15
DOWN, Luella A. 81
DOWNEY, Anna M. C. 4
DOWNEY, Anna Maria 4
DOWNEY, Samuel J. 4/2
DOYLE, John R. 39
DOYLE, Laura C. 39
DOYLE, Martha 10
DOYLE, Mary C. 10
DOYLE, Thomas 10
DRAPER, A. B. 2
DRAPER, Ann B. 8
DRAPER, E. D. 2
DRAPER, Eliza 11, 12
DRAPER, Elizabeth 8
DRAPER, Henrietta 8
DRAPER, J. 2
DRAPER, J. T. 2/2
DRAPER, J. Thomas 2
DRAPER, James T. 2, 18
DRAPER, John 11/2, 12
DRAPER, Lucy Gray 12
DRAPER, Maria R. 2/3
DRAPER, Mary 8
DRAPER, Mary C. 2
DRAPER, Thomas 8/2
DREWRY, Anna 22
DREWRY, Ellen 22
DREWRY, Elnor Prudence 22
DREWRY, Florena F. 22
DREWRY, Ignatius 22/2
DREWRY, James F. 22

DREWRY, Joseph C. 22
DREWRY, Mary M. 22
DREWRY, Matilda 22/4
DRILL, Elizabeth 74
DRILL, Joh_(?) H. 74/2
DRILL, William H. 74
DRINNEN, Catherine 4
DRUM, Jacob 6
DRURY 22
DUBAN, Edward 46
DUBEL, Charles E. 78
DUBEL, L. Gertrude 78
DUGAN, ____ 46
DUGAN, Annie M. 46
DUGAN, L. Gertrude 46
DUGAN, W. E. 46
DUGAN, William Edward 46
DUNCAN, James 90
DUNCAN, Lavinia 90
DUNKINS, Mahala 23
DUNN, Jane 25/2
DUNN, Louisa 25
DUNN, Nettie L. 74
DUNN, Richard 25
DUSANG, Peter 89
DUSING, Infants 89
DUSING, Jacob 89/2
DUSING, Malinda 89/2
DUSING, Marcella 89
DUTRO, Elizabeth 89
DUTRO, Jacob 89
DUTRO, John 89
DUTROW, Daniel 77
DUTROW, Elizabeth 77
DUTTON, John D. 22
DYER, B. L. 29/3
DYER, Caroline 35
DYER, Charles 29
DYER, Elizabeth 29/2
DYER, Elliott Bruce 44
DYSON, Emma R. H. 84
DYSON, F. 84
DYSON, Franklin 84
DYSON, M. 84
DYSON, Mary A. 84
DYSON, Mary Davis 84
EAKLE, A. C. 77
EAKLE, Absalom 69, 80/2
EAKLE, Amanda C. 80
EAKLE, Catharine 69
EAKLE, Clara M. 77
EAKLE, Dellah 69
EAKLE, Infant 77
EAKLE, Mary C. 77
EAKLE, William C. 77
EAKLE, William H. 77/2
EASTBURN, Edwin S. 29

EASTBURN, Mary Ellen 29
EASTBURN, Mary Jane 29
EASTERDAY, _____ 75
EASTERDAY, Albert C. 58
EASTERDAY, Caroline 89
EASTERDAY, Daniel 58, 72/2, 75/2, 89
EASTERDAY, Edna F. 80
EASTERDAY, Elizabeth 62
EASTERDAY, Ellen D. 66
EASTERDAY, Frisby E. 78
EASTERDAY, Jacob 62/2, 63
EASTERDAY, Jacob M. 80/2
EASTERDAY, John 72
EASTERDAY, Katie C. 58
EASTERDAY, Lawrence 66
EASTERDAY, Lovia 89
EASTERDAY, Magdalena 89
EASTERDAY, Margaret 72
EASTERDAY, Mary 63
EASTERDAY, Mary Ellen 89
EASTERDAY, Mary M. 62, 72
EASTERDAY, Michael 62, 92
EASTERDAY, Samuel 88, 89
EASTERDAY, Sarah A. 88
EASTERDAY, Winifred K. 80
EASTON, Andrew J. 39
EASTON, Annie C. 39
EAVEY, Catharine 89
EAVEY, Henrietta 80
EAVEY, I. 93
EAVEY, Jacob 85
EAVEY, Jacob D. 85/2
EAVEY, James T. 80
EAVEY, Lilly 85
EAVEY, Margaret 85/3
EAVEY, Mary A. 62
EAVEY, Mary Ann 62
EAVEY, Mary E. 62
EAVEY, Mary K. 85
EAVEY, Solomon 62/2, 89
EAVEY, Susan E. 62
EAVEY, Thomas B. 85
EBERSOLE, Abraham 2
EBERSOLE, Abraham S. 1
EBERSOLE, Alice 1/3
EBERSOLE, Andrew L. 1
EBERSOLE, Annie May 1
EBERSOLE, Daniel S. 1
EBERSOLE, David 1/3
EBERSOLE, Fannie 2
EBERSOLE, Henry 1/4
EBERSOLE, John S. 1
EBERSOLE, Martha Alice 2
EBERSOLE, Mary A. 1/4
EBERSOLE, Mary Alice 1
EBERSOLE, Samuel 2

EBERSOLE, William Albert 1
EBY, E. H. 1
EBY, Fannie Ada 1
EBY, Isaac W. 1
EBY, John M. 1
EBY, Mary H. 1
EBY, T. R. 1
EDDY, I. S. 30
EDDY, J. M. 30
EDDY, M. 30
EDELEN, Charles 13/2
EDELEN, Charles C. 8
EDELEN, Denton J. 13
EDELEN, Eliza 13
EDELEN, John S. 14
EDELEN, R. 14
EDELEN, Sarah 20
EDMISTON, William Thomas 27
EDMONDS, John H. 87
EDWARDS 2
EDWARDS, J. D. 2
EDWARDS, Robert 49
EDWARDS, Sarah 49
EFFLAND, George Leslie 46
EFFLAND, George W. 46/2
EFFLAND, J. Tolbert 46
EFFLAND, Sarah M. 46
EGAN, Edward 44
EGAN, H. 44
EGAN, Hugh 43
EGAN, M. 44
EGAN, Mary 43/2
EGAN, Michael 43
EICHELBERGER, Cook Albert 21
EICHELBERGER, Harriett A. 21
EICHELBERGER, Helen 35
EICHELBERGER, Isabella 39
EICHELBERGER, Jennie 31
EICHELBERGER, Job D. 35/2
EICHELBERGER, John D. 21/2
EICHELBERGER, Lafayette 39/2
EICHELBERGER, Maria H. 35
EICHELBERGER, Nannie 31
EIKELBARNER, John L. 8
EIKELBARNER, Mary Ann 8
EIKELBERNER, John 15
ELKINS, Annie 39
ELKINS, Jesse R. 39
ELKINS, Martina S. 39
ELKINS, William 39/2
ELLINE, Marguerite G. 42
ELY, Ella 35
ELY, Elmer W. H. 35
ELY, William 35
EMERSON, Charles E. 88
EMERSON, Mary 72
EMERSON, Susan V. 88

EMERSON, U. S. 72
EMERSON, Walter H. 88
EMMERT, Daniel W. 82/2
ENGLISH, Charles 41
ENGLISH, Infant 41
ENGLISH, James D. 41
ENGLISH, Julia 41
ENGLISH, Mary 41
ENGLISH, Mary E. 41
ENGLISH, Paul 41
ENGLISH, W. T. 41
ENGLISH, William 41
ENGLISH, William T. 41/2
ERNST, Adeline 11
ERNST, Anna Catharine 11
ERNST, George W. 13
ERNST, J. G. 13
ERNST, John 11/2
ERNST, John G. 13/2
ERNST, John J. 6
ERNST, Joseph 14/2
ERNST, Julian 13/2
ERNST, Mary C. 14
ERNST, Myrtle May 14
ESSINGER, H. H. 44
ESSINGER, Lizzie E. 44
ETENEYER, John 84
ETENEYER, Sarah 84
EVANS, D. 51/2
EVANS, Dorothy 51
EVANS, Evan 50/2
EVANS, Frances 51
EVANS, Frank 77
EVANS, Hannah 76
EVANS, Martin 38
EVANS, N. H. 51/3
EVANS, Rhoda H. 51
EVANS, Sabina 50
EVANS, Simon C. 38
EVANS, Susannah 38
EVANS, William 56
EVERITT, F. J. 64
EVERTS, Catherine 54
EVEY, Christian 89
EVEY, Elizabeth 91
EXLINE 34
EXLINE, A. M. 42/2
EXLINE, Agnes G. 42
EXLINE, Austin 42
EXLINE, Azarias 37/2
EXLINE, B. H. 37
EXLINE, B. Hayes 37
EXLINE, Charles W. 45
EXLINE, E. E. 37
EXLINE, Emma F. 37
EXLINE, Evelyn G. 37
EXLINE, Florence Belle 37

EXLINE, Floyd 45
EXLINE, Floyd E. 45
EXLINE, Floyd Oliver 45
EXLINE, Georgeanna 37
EXLINE, Howard A. 42
EXLINE, Infant 40, 42
EXLINE, J. H. 42/2
EXLINE, James G. 42
EXLINE, Joanna 37
EXLINE, John W. 37
EXLINE, Lillian 45
EXLINE, Mercy R. 40
EXLINE, Mollie E. 42
EXLINE, Sarah Ann 45
EXLINE, Solomon 27
EXLINE, William H. 45/2
EYERLY, Mary Ann 22
EYERLY, Samuel 22
FAGUE, Edward E. 59
FAGUE, Ellen 74
FAGUE, John 59/5
FAGUE, Millard F. 59
FAGUE, Theodore 59
FAGUE, Theodore F. 59
FAGUE, William B. 59
FAHRNEY, Samuel D. 75
FAITH, _____ 40
FAITH, Adam 4
FAITH, Alice R. 40
FAITH, Alma May 19
FAITH, Cornelia 19
FAITH, E. B. 41
FAITH, E. R. 41/2
FAITH, Earl 19
FAITH, Ellie 48
FAITH, Emma 40
FAITH, Emma B. 41
FAITH, Emma C. 40
FAITH, Frances I. 40
FAITH, Francis 41
FAITH, James 22
FAITH, James H. 40
FAITH, James L. 40
FAITH, John F. 19/2
FAITH, Joseph 40/2, 41
FAITH, Joseph I. 40
FAITH, Lucy 40
FAITH, Mable 19
FAITH, Mary E. 40
FAITH, Mary J. 4, 40
FAITH, Samuel E. 40
FAITH, W. J. 41/2
FAITH, William 41/2
FAITH, William M. 40
FARROW, Helen Annabelle 16
FARROW, John R. 16
FARROW, John W. 16

FARROW, Lusetta E. 9
FARROW, Lydia I. 16
FARROW, Nathan M. 9
FARROW, Samuel H. 16/3
FASNACHT, Abraham 4
FASNACHT, Barbara 4
FASNACHT, Cornelius 88
FASNACHT, Eddie Lee 86
FASNACHT, Elizabeth 87
FASNACHT, Henry 87
FASNACHT, Jacob 88
FASNACHT, Joseph 68
FASNACHT, Lauretta 86
FASNACHT, Margaret 87
FASNACHT, Urias 86/2
FAULDER, Matilda C. 74
FAULKWELL, Catharine 8
FAULKWELL, Elenora Preston 23
FAULKWELL, George 23/4
FAULKWELL, Henry Clay 7
FAULKWELL, Henry W. 23
FAULKWELL, Margaret 7
FAULKWELL, Margaret 8
FAULKWELL, Margaret M. 11
FAULKWELL, Mary E. 8
FAULKWELL, Rebecca 23/4
FAULKWELL, Samuel R. Prather 23
FAULKWELL, Wesley 8
FAULKWELL, Wesley W. 11
FAULKWELL, William 7
FAY, Maria 43
FAY, Mary 43/2
FAY, Patrick 43/2
FEIDT, _____ 14
FEIDT 14
FEIDT, Alburtus J. 13
FEIDT, Catherine 5, 13
FEIDT, Eliza Virdinia 5
FEIDT, George 5/2, 13/2
FEIDT, George L. 13
FEIDT, Infants 5
FEIDT, John 13/2
FEIDT, John 5/3
FEIDT, John D. 13
FEIDT, Lancelot Jacques 14/2
FEIDT, Mary Magdalen 5
FEIDT, Samuel H. 5
FEIDT, Sophia 5/2, 13
FEIDT, William H. 13
FELLINGER, Frederick 4/2
FELLINGER, J. 4
FELLINGER, J. P. 4
FELLINGER, L. 4
FELLINGER, Rosalia 4
FELTNER, Elbert 35/2
FELTNER, Nellie 35
FERGUSON, Elmer L. 78

FERGUSON, Freling Hyson 78
FERNSNER, Fannie A. 15
FERNSNER, Lewis 14, 15
FERNSNER, Martha S. 15
FERNSNER, Martha Susan 15
FETTERHOFF, A. H. 75/2
FETTERHOFF, Annie E. 75
FETTERHOFF, Maggie M. 75
FETZER, Harry C. 39
FETZER, Laura B. 39
FIELDS, _____ 31
FIELDS, George W. 31
FIELDS, J. F. 31
FIELDS, Jacob Frank 31/2
FINK, Alice 39
FINK, Bessie M. 83
FINK, Bessie N. 83
FINK, J. A. 83
FINK, J. E. 39
FINK, Oneida Grace 83
FINK, Raymond F. 39
FISH, Annie M. 80
FISH, Elizabeth A. 71
FISH, Harry M. 80
FISH, Melvin Leroy 80
FISH, Nettie V. 80
FISH, Robert M. 71/2
FISHER, A. 53
FISHER, Amos 53/2
FISHER, Ann E. 53
FISHER, Elizabeth 52, 53
FISHER, Ezra 50
FISHER, Florence V. 53
FISHER, Infant 53
FISHER, J. 53
FISHER, J. J. 52
FISHER, Jacob 49/2
FISHER, Jane 53
FISHER, John 50/2, 52
FISHER, Joseph 49/2
FISHER, M. 52
FISHER, Malinda 53/5
FISHER, Margaret 50/2, 52
FISHER, Mary 49
FISHER, Mary E. 53
FISHER, Mary M. 49
FISHER, Paul 53/7
FISHER, Sarah J. A. 53
FISHER, William 53
FISHER, William A. 53
FLEMING, Emily 11
FLEMING, John 11
FLETCHER, Anna E. K. 68
FLETCHER, Anna I. 68
FLETCHER, Edwin L. 68
FLETCHER, Eliza 77
FLETCHER, Elizabeth 77

FLETCHER, Jeneva M. 78
FLETCHER, John R. 68
FLETCHER, Lewis 77
FLETCHER, Thomas 77
FLETCHER, William J. 77
FLICK, Anna 52
FLICK, Henry B. 52
FLICK, Jacob 52/2
FLICK, John H. 52
FLICK, Rachel 52
FLOOK, Addie E. 77
FLOOK, Annie L. 69
FLOOK, Annie M. 69/2
FLOOK, Bessie M. 74
FLOOK, Caroline E. 90
FLOOK, Carrie B. 69
FLOOK, Charles W. 75
FLOOK, Cora E. 61
FLOOK, Daniel 90
FLOOK, Elizabeth 75/2
FLOOK, Elmer S. 77/2
FLOOK, Frederick O. 83
FLOOK, Henry Locher 90
FLOOK, Infant 74
FLOOK, J. Howard 61/2
FLOOK, Jonas T. 68, 69/2
FLOOK, Joshua 75/3
FLOOK, Joshua H. 83/2
FLOOK, Laura E. 74/2
FLOOK, Lesley F. 69
FLOOK, Lydia A. 83
FLOOK, Mamie C. 74
FLOOK, Martin L. 74/2
FLOOK, Sadie E. 69
FLORA, Alexander H. 80
FLORA, Elizabeth A. 80
FLORY, A. M. 13/2
FLORY, Alexander M. 13/2, 14/2
FLORY, Amanda 13
FLORY, Amelia 13
FLORY, C. A. 7
FLORY, Catharine A. 13
FLORY, D. 7
FLORY, D. H. 13/3
FLORY, D. W. 7
FLORY, Daniel 13/3
FLORY, David H. 13
FLORY, Denton J. 14
FLORY, Grant 13
FLORY, H. M. 13/2
FLORY, Mary E. 13/2
FLORY, Mercer 13/2
FLORY, Murphy E. 13
FLORY, Rose Leon 13
FLOWERS, Jessie T. 45
FLOWERS, Leonard William 45
FLOWERS, William 45

FLYNN, Aloysius M. 4
FLYNN, James A. 4
FLYNN, James E. 4
FLYNN, Mary E. 4
FOLTZ, Annie K. 82
FOLTZ, D. W. 93
FOLTZ, Daniel Webster 69/5
FOLTZ, Effie Mae 81
FOLTZ, Emma E. 69
FOLTZ, Infant 69
FOLTZ, Nettie B. 82
FOLTZ, Valley Woodward 69
FOORD, William 6
FORD, Abijah S. 82/3
FORD, Almira F. 76
FORD, Ann S. 88
FORD, Annie 76
FORD, Barbara E. Stover 82
FORD, Catherine A. 16
FORD, Clara V. 76
FORD, Clyde E. 76
FORD, Dallas 75/2
FORD, David Ellsworth 82/2
FORD, E. Blanche 82
FORD, Emma F. 76
FORD, Ethel G. 82
FORD, Etta F. 77
FORD, Ettia N. 60
FORD, George H. 82
FORD, Gladys F. 76
FORD, Harry C. 74/2, 77
FORD, Infant 64
FORD, J. Walter 82
FORD, James H. 77
FORD, James P. 71
FORD, Janette C. 74
FORD, John W. 16/2
FORD, Joseph J. 89
FORD, Joshua 75, 76
FORD, Joshua J. 89
FORD, Lillian M. 71
FORD, Malinda C. 71
FORD, Margaret 89
FORD, Marion I. 82
FORD, Mary 76
FORD, Mary E. 10
FORD, Mary H. 82
FORD, Mary V. 76
FORD, Maud E. 79
FORD, Melvin 60
FORD, Otho J. 77
FORD, Price 76/2
FORD, Price C. 82
FORD, Prudence E. 75
FORD, Rosa Ellen 60
FORD, Samuel L. 79
FORD, Samuel T. 82

FORD, Thomas H. 88/2
FORD, Thomas L. 77
FORD, Vada R. 76
FORD, William 6/2
FORD, William E. 60/3
FOREST, Elizabeth 90
FOREST, Ida Catharine 90
FOREST, Malon 90
FORNER, Benjamin 51
FORNER, Elmira 51
FORNER, William Allen 51
FORNER, William H. 51
FORREST, Seth 84
FORRIE, Martha 87
FORSYTH, Daniel A. 8
FORSYTH, Henry 8/5
FORSYTH, Henry S. 8
FORSYTH, Mary A. 8/4
FORSYTH, Mary S. 8
FORSYTHE, Amanda E. 10/2
FORSYTHE, Augustus Boose
   Snyder 10
FORSYTHE, Augustus F. 10
FORSYTHE, Infant 10
FORSYTHE, J. 10
FORSYTHE, John 10/2
FORSYTHE, Lincoln 10
FORSYTHE, S. 10
FORSYTHE, Susanna 10/2
FORTNEY, Samuel 27/3
FORTNEY, Susan 27/2
FORTNEY, Willie 27
FOSTER, George 30
FOUTZ, Ann Maria 7
FOUTZ, Elizabeth 86
FOUTZ, Henry 7/2
FOUTZ, Jacob 86
FOUTZ, Marion 3
FOUTZ, Sarah 7
FOX, Mary A. 77
FRANTZ, Anna 7
FRANTZ, Anna Virginia 19
FRANTZ, Catherine 6
FRANTZ, E. H. 19/2
FRANTZ, Henry 7
FRANTZ, M. A. 19
FRANTZ, Mary A. P. 19
FRENCH, Elmer A. 18/2
FRENCH, Infant 18
FRENCH, Mary C. 18
FREY, Barbara 30/2
FREY, Catharine 30
FREY, Catharine Amanda 30
FREY, David S. 36
FREY, Ella V. 36
FREY, George A. 36
FREY, Jacob 30/5

FREY, Lucy Ann 36
FREY, Pleasant B. 36
FRIEND, Gettie 24
FRITZ, Ann Maria 85
FRITZ, Barbara 60/2
FRITZ, Barbara Ann 60
FRITZ, Catharine 60
FRITZ, Columbus C. 60
FRITZ, George 60/2
FRITZ, George S. 60
FRITZ, Howard B. 60
FRITZ, John 60/2
FRITZ, S. V. 87
FRUSH, John D. 10
FRUSH, Mary Ann 10
FUNK, C. L. 51
FUNK, E. 51
FUNK, Eliza 51
FUNK, George W. 63
FUNK, Mary C. 51
FUNK, Michael 63
FUNK, Naomy 63
FUNK, Sadie M. 63
FUNK, Susana 85
FUNK, William 51/3
FUNKHOUSER, Godfrey 16/2
FUNKHOUSER, Lucy E. 16
FUNKHOUSER, Mary C. 16
FUNKHOUSER, Mary Jane 16
FUNKHOUSER, W. E. 16
FUNKHOUSER, W. S. 16
FURRY, Elizabeth 39
FURRY, John 19
FURRY, John E. 61
FURRY, William 39/2
GABE, Charles A. 65/2, 71/3
GABE, Grover C. 71
GABE, Lucinda 71/2
GABE, Mary S. 65
GAINES, Helen Jeannette 60
GAINES, J. M. 60
GALE, Mary 55
GALLAHER, Eliza Ellen 62
GALLAHER, infants 62
GALLAHER, John Henry 62
GALLAHER, Josephine 62
GANNON, E. S. 43
GANNON, E. V. 43
GANNON, Edward A. 43
GANNON, Edward P. 43
GANNON, Edward V. 43/2
GANNON, Elizabeth S. 43
GANNON, Francis 43
GANNON, James R. 43
GANNON, John 43
GANNON, Joseph 43
GANNON, Thomas 43

GANO, John 26
GANO, Nancy 26
GANO, Ruth 26
GANTZ, Amelia Antoinette 73
GANTZ, Annie V. 73
GANTZ, J. Beny 73
GANTZ, Joseph 73/2
GARDNER, Elizabeth 14
GARDNER, Mary C. 15
GARDNER, Nettie Estelle 14
GARDNER, Scott H. 15
GARDNER, William 14/2
GARDNER, William C. 14
GARLICK, B. A. 44
GARLICK, Charles A. 44
GARLICK, Dolly F. 44
GARLICK, J. 44
GARLICK, Lewis 44
GARLICK, Susie 44
GARNER, Margaret 58
GARRAGHTY, Catharine 26
GARRAGHTY, James 26
GARRAHAN, Michael 44
GARRY, Michael 43
GARRY, Rosanna 43
GARTNER, George 39
GARTNER, Mary 39
GARTNER, Michael 39
GARVER, Harvey E. 13
GARVER, J. M. 13
GARVER, Joseph M. 13
GARVER, M. A. 13/2
GATTON, Annie P. 42
GATTON, Ellen J. 42/2
GATTON, Myrtle P. 42
GATTON, Zach 42/2
GAY, Annie E. 39
GAY, Catharine B. 39
GAY, Isaac A. 39
GAY, Laura 39
GAY, Mary C. 39
GAY, Pleasant V. 39
GAY, Susie 34
GAY, Willie A. 39
GAYLE, ____ 32
GAYLE, Virginus W. 32
GAYLOR, John 73
GAYLOR, Mahala 73
GEETING, Elizabeth 64
GEHR, ____ 36
GEHR, Alonzo 15
GEHR, Anna V. 36
GEHR, Annie 15
GEHR, Daniel 10/3
GEHR, Daniel Vinton 10
GEHR, Denton 36
GEHR, Ella 10

GEHR, Ella Steele 10
GEHR, Infant 7
GEHR, Joseph M. 15/2
GEHR, Leander C. 36
GEHR, Leland A. 15
GEHR, Louisa 16
GEHR, Olive M. 10
GEHR, Sophia 16/2
GEHR, Sophia 7
GEHR, Urilla F. 15
GEHR, William 7, 16, 19
GEHR, William M. 16/2
GELWICKS, David C. 87
GELWICKS, John 87/2
GELWICKS, John C. 86
GELWICKS, Jonathan S. 66/2
GELWICKS, Margaret 87
GELWICKS, Mary Ellen 66
GEORGE, ____ 58
GEORGE, E. E. 58
GEORGE, Infant 58
GEORGE, W. H. 58
GEORGE, Wilson H. 58
GETZENDANNER, A. E. 54
GETZENDANNER, Amanda E. 37/2
GETZENDANNER, Charles M. 37
GETZENDANNER, Franklin G. 54
GETZENDANNER, J. A. J. 54
GETZENDANNER, Jacob 37
GETZENDANNER, Jacob A. 37/2
GETZENDANNER, John 55/2
GEYER, George Oliver 11
GEYER, Henry 11/2
GEYER, Rebecca 11
GIBBS, Edward Allen 27
GIBBS, Elizabeth 27/2
GIBBS, John Harpin 27
GILBERT, David 86/2
GILBERT, Frank C. 72
GILBERT, George W. 72
GILBERT, Mary J. 72
GILBERT, Mary K. 72
GILBERT, Roy C. 73
GILBERT, Sarah 86
GILBERT, William H. 72
GILLEECE, ____ 42
GILLEECE, Ann 42
GILLEECE, C. 43
GILLEECE, Catharine 43
GILLEECE, Mary Ann 43
GILLEECE, Patrick 43
GILLEECE, Thomas 42/2
GILLEECE, Thomas 43/2
GILLEECE, William F. 43
GLADHILL, George W. 46/2
GLADHILL, Martha J. 46
GLAZE, Catherine 92

GODDARD, Daniel Covers 91
GODDARD, Vinton Augustine 91
GODWIN, Mary 7
GODWIN, Samuel Hackett 7
GODWIN, William 7
GOEINS, D. 23
GOEINS, John 23
GOETZ, Anna F. 2
GOETZ, Edna G. 2
GOETZ, Edward L. 2
GOETZ, Raymond 2
GOETZ, Robert R. 2
GOLDEN, J. A. 45
GOLDEN, Minnie 45
GOODING, C. W. 42
GOODING, George H. 42
GOODING, M. J. 42
GOODRICH, Abigail P. 20
GOODRICH, Carrie 20
GOODRICH, Charles 17
GOODRICH, Clarence S. 17/2
GOODRICH, Mary 17
GOODRICH, Sallie 20
GOODRICH, William 20/3
GORDON, Bertha 38
GORDON, C. 53/2
GORDON, Chalde C. 22
GORDON, Charles B. 56/2
GORDON, Ethel 53
GORDON, Hurbert 38
GORDON, Irene 53
GORDON, James 53
GORDON, Jane 55
GORDON, Jane C. 53
GORDON, L. 53/2
GORDON, Lemuel 53/2
GORDON, M. 53/4
GORDON, Mamie B. 38
GORDON, Martha 53
GORDON, Mary 52, 55
GORDON, Mary M. 56
GORDON, Moses 52/2
GORDON, Philip 52, 53, 55
GORDON, Rebecca A. 55
GORDON, William P. 55/2
GORE, J. 3
GORE, John Marshall 3
GORE, M. D. L. 3
GORMAN, Bernard 44/2
GORMAN, Catherine 44
GORMAN, John 44
GOSS, Jane 37
GRAHAM, ____ 50
GRAHAM, Clay 46
GRAHAM, Elizabeth 50
GRAHAM, John 46
GRAHAM, Josephine 46

GRAHAM, Moses 50/2
GRAHAM, Ollie 55
GRAHAM, Phebe 50/2
GRAVES, Catharine 36
GRAVES, Clarence R. 37
GRAVES, Edward 33/2
GRAVES, Elizabeth 50
GRAVES, Enoch 55/2
GRAVES, Infant 33/4
GRAVES, J. F. 37
GRAVES, John T. 37/2
GRAVES, Joseph 36, 50/2
GRAVES, L. 37
GRAVES, L. S. 36
GRAVES, Laura S. 36
GRAVES, Lillian B. 36
GRAVES, Lucinda 37
GRAVES, Obadiah S. 52
GRAVES, Obediah 52
GRAVES, Ralph C. 36/3
GRAVES, Rebecca 28
GRAVES, Rosa 33/2
GRAVES, Sarah Rebecca 33
GRAVES, Susan 52
GRAVES, Wilbur B. 33
GRAYBILL, Annie 15
GRAYBILL, Flora Virginia 15
GRAYBILL, J. M. 15/2
GRAYBILL, Mary A. 15
GRAYBILL, Samuel J. 15
GREEN, Anna A. 66
GREEN, Barbara Ann 66
GREEN, Catharine M. 66
GREEN, Daniel P. 66, 77/2
GREEN, Ellen Nora 38
GREEN, Harry N. 76
GREEN, Henry 38/2
GREEN, Jacob M. 75/2
GREEN, James D. 66
GREEN, Josiah 66
GREEN, Josiah H. 66/2
GREEN, Mary A. C. 66
GREEN, Mary A. 66, 77
GREEN, Mary E. 75
GREEN, Mathias 66/2
GREEN, Mathias H. 66
GREEN, Nancy A. 66/2
GREEN, Peter Mathias 66
GREEN, Willie H. 75
GREENAWALT, Angieline 61
GREENAWALT, Annie 76
GREENAWALT, Charles 76
GREENAWALT, Freddie 76
GREENAWALT, Otho J. 61
GREENAWALT, Ray Griffith 76
GREENAWALT, Rosa M. 76/2
GREENWALT, Angeline O. E. 76

GREENWALT, James A. 76
GREENWALT, Martin J. 76
GREER, B. W. 18
GREER, Jacob 3
GREER, James D. Beatty 3
GREER, John Wesley 3
GREER, Jonathan Clary 3
GREER, L. C. 18
GREER, Mary 3
GREER, Mary B. 18
GREER, Robert W. 18
GREER, Robert Ward 18/2
GREER, Sarah Ellen M. C. 3
GREER, Solomon McKee 18
GREER, Susannah 3
GREGORY, Ann 30/3
GREGORY, Ann Lou 30/2
GREGORY, Arthur Logan 30
GREGORY, E. N. 25
GREGORY, Eugene Richmond 30
GREGORY Julian Snively 30
GREGORY, L. R. 30/2
GREGORY, Lavina Richmond 30
GREGORY, Loulie Eugenia 30
GREGORY, Malcolm 30
GREGORY, Mary 55
GREGORY, Polly 25
GREGORY, R. 30/4
GREGORY, Rachael 31
GREGORY, Richard 30/2
GREGORY, S. J. 30
GREGORY, Samuel 30
GREGORY, Samuel J. 25, 30/2
GRIFFIN, Emanuel 88/2
GRIFFIN, Mary Ellen 88
GRIFFITH, Annie Pearl 81
GRIFFITH, David 81
GRIFFITH, F. J. 76
GRIFFITH, Georgian 81
GRIFFITH, Jenetta R. 76
GRIFFITH, William D. 81
GRIMES, Elizabeth Ann 5
GRIMES, John Augustus 84
GRIMES, Maria 84
GRIMES, Mary 85
GRIMES, Susan 5
GRIMES, W. H. 5
GROSH, Alice M. 12/2
GROSH, Andrew 7/2, 18
GROSH, Ann Maria 7
GROSH, C. 19
GROSH, Catharine S. 20
GROSH, Catherine 3
GROSH, Catherine E. 3
GROSH, Charles C. 12
GROSH, D. Luther 17
GROSH, Elizabeth 18

GROSH, George W. 3/3
GROSH, Infant 12, 17
GROSH, J. K. 17/4
GROSH, John 12/2, 19/2
GROSH, John G. 9
GROSH, John K. 17/2
GROSH, Joseph 6
GROSH, L. W. 19
GROSH, Lizzie 3
GROSH, M. V. 17/4
GROSH, Mable H. 12
GROSH, Mariah 12
GROSH, Mary 9, 19
GROSH, Mary Ann 12
GROSH, Mary D. 19
GROSH, Mary M. 20
GROSH, Mary R. 12
GROSH, Mollie V. 17
GROSH, Otes S. 3
GROSH, Raleigh 9
GROSH, S. Rolla 17
GROSH, Sarah 12
GROSH, T. W. 12
GROSH, Thomas 20/3
GROSH, W. Freeland 17
GROSH, William 12/2
GROSH, William B. 3
GROSS, Elsie J. 79
GROSS, Frank L. 76
GROSS, George E. 79/2
GROSS, Jennie M. 78
GROSS, Jonas 78
GROSS, Manzella 82
GROSS, Nathaniel 82/2
GROSS, Sarah E. 79
GROVE, Abram 31/5
GROVE, Adam 23/2
GROVE, Barbara 23/2
GROVE, Barbara Ann 23
GROVE, C. 7
GROVE, Catharine E. 23
GROVE, D. 23/3
GROVE, Daniel 23
GROVE, Daniel A. 85
GROVE, Daniel D. 1
GROVE, Daniel J. 7
GROVE, David 23
GROVE, E. 23/3
GROVE, Ellen Jane 31
GROVE, Fanney 23
GROVE, George 23
GROVE, Georgianna 18
GROVE, Hannah 7
GROVE, Harriet 31/4
GROVE, Henry 1
GROVE, Ira R. 18
GROVE, John 23/2

GROVE, John A. 31
GROVE, John B. 31
GROVE, John C. 23
GROVE, Matilda 1
GROVE, Samuel R. 18
GROVE, Susan 23
GRUBER, Annie L. 1
GRUBER, Catharine 1/3
GRUBER, Charles E. 1
GRUBER, Clyde A. 1
GRUBER, Dortha 1
GRUBER, Elizabeth 1, 2
GRUBER, Emma E. 75/2
GRUBER, Gertruce Cole 17
GRUBER, Harry R. 82/2
GRUBER, Hubert Garfield 75
GRUBER, Jacob 1/2
GRUBER, Jacob M. 75
GRUBER, Loyd D. 1
GRUBER, S. C. 89
GRUBER, S. S. 89
GRUBER, Samuel 1/4, 2
GRUBER, Vemie Bell 89
GRUBER, William E. 1
GSELL, Almeda 2
GSELL, Andrew H. 2
GSELL, Anna B. 1
GSELL, David H. 2/6
GSELL, David S. 2
GSELL, F. Almeda 2
GSELL, Joseph 2
GSELL, Mary E. 2/6
GSELL, Mary S. 2
GSELL, Ruth 2
GUESSFORD, Catharine 21
GUNNELLS 33
GUNNELLS, Anna V. 38
GUNNELLS, D. V. 33
GUNNELLS, Henry Clay 38/2
GUNNELLS, Infant 33
GUNNELLS, J. Estelle 38
GUNNELLS, John W. 33/2
GUNNELLS, Margaret A. 33
GUNNELLS, Sidney Jane 38
GYER (GEYER) 11
HACKIN, Dorothea 84
HADENHAUSER, Lucinda 67
HAGENBERGER, Arthur C. 67
HAHN, Carlton Franklin 76
HAINES, Herman Jacques 20
HAINES, J. R. 20
HAINES, Joseph Roman 20/2
HAINES, Jospeh R. 20
HAINES, Leila A. 18
HAINES, Libbie M. 20
HAINES, M. E. 20
HAINES, Mary E. 20

HAINES, Merritt S. 18/2
HAINES, Mmalcolm Paige 20
HALBACH, Daniel C. 6
HALBACH, Elizabeth A. 6
HALBACH, Susan 6/2
HALBACH, Thomas 6/2
HALL, David 9
HALL, Elenora 9
HALL, James W. 9
HALL, John 10/2
HALL, Nancy 10
HALLER, Charles W. 81/2
HALLER, Flora A. 81
HALLEY, Laura Kershner 7
HALLEY, Mary 7
HALLEY, Taatus N. 7
HAMILL 40
HAMMETT, Mary 8
HAMMETT, Mary Jane 8
HAMMETT, Wilfred 8
HAMMOND, Abraham 59/2
HAMMOND, Alexander 67
HAMMOND, Anna N. 67
HAMMOND, Catharine 86
HAMMOND, David 67/2, 90/2
HAMMOND, E. 3/2
HAMMOND, Elizabeth 59, 67/2, 86
HAMMOND, Elizabeth V. 67
HAMMOND, Emity 3
HAMMOND, Grace Amelia 3
HAMMOND, Infant 90
HAMMOND, Jacob 59/2
HAMMOND, James C. 3
HAMMOND, John 67/4, 86/3
HAMMOND, M. R. 90/2
HAMMOND, Malinda 23
HAMMOND, Mary 59
HAMMOND, O. J. 3/2
HAMMOND, Otho J. 3
HAMMOND, Robert 23
HAMMOND, Susan M. 86
HAMMOND, Walter 90
HAMMOND, William Edward 3
HANNA, James 42/2
HANNA, James W. 42
HANNA, John D. 42
HANNA, Mary 42/2
HARBINE, Daniel 8
HARBINE, Elizabeth 8
HARIS, J. H. 23
HARIS, P. E. 23
HARIS, Samuel C. 23
HARMISON, Ruth 20
HARMISON, William 20
HARNISH, Sarah J. 22
HARP, Amy C. 90
HARP, Bessie L. 90

HARP, Cyrus Daniel 91
HARP, Fayette R. 90/2
HARP, I. Homer 90
HARP, J. D. 90/3
HARP, John D. 90
HARP, Joshua 90/3
HARP, Julia A. 90
HARP, Katherine L. 91
HARP, L. A. 90/2
HARP, L. Alice 91
HARP, Lydia A. 90
HARP, M. 90
HARP, Magdalene 90
HARP, Mary E. 90
HARP, Oren R. 90
HARP, P. S. 19
HARP, W. P. 91
HARPER, Elizabeth 59
HARPER, Jacob 59
HARPER, Jacob F. 59/2
HARPER, Sarah J. 59
HARR, D. Herman 17
HARR, David 17/2
HARR, Earnest Claton 17
HARR, Effie May 18
HARR, Florence Amelia 17
HARR, Frederick Emerson 17
HARR, J. L. 18
HARR, Lucy Anna 17
HARR, Magdalen 24
HARR, Nancy 24
HARR, Rudolph 24/3
HARR, Samuel C. 87
HARR, Sophia 87
HARRELL, Alice D. 76
HARRELL, Harrison S. 76/2
HARRELL, Maggie 76
HARRISON, Joseph 36
HARRISON, William H. 36
HART, Anna M. 18
HART, Anna Mary 50
HART, C. 50/4
HART, Catherine 49
HART, E. 50/4
HART, Elizabeth 26, 49/2, 50
HART, Enoch 49
HART, Fred D. 18/2
HART, Infant 50
HART, John 49, 50/2
HART, John Albert 50
HART, John D. 26
HART, John DeWitt 52
HART, John H. 17/2
HART, Malinda 50/2
HART, Mary 11, 50/4
HART, Mary E. 17
HART, Menervy 50

HART, Nathaniel 49, 50
HART, Rhoda 49
HART, Sebela 50
HART, W. Frank 49
HART, Willamina V. 9
HART, William 50/4
HARTLEY, Leah W. 35
HARTMAN, David 9
HARVEY, Bernard S. 40
HARVEY, Charles 41
HARVEY, Clara A. 40
HARVEY, Daniel 17
HARVEY, George 48
HARVEY, Henry 17
HARVEY, J. Edward 40
HARVEY, John A. 40
HARVEY, Maria A. 41
HARVEY, Mary 17
HARVEY, Sarah I. R. 41
HASSETT, Carrie V. 9
HASSETT, Charles E. 20
HASSETT, E. 9
HASSETT, Eleanor 10, 20
HASSETT, John C. 20/2
HASSETT, John Cowton 20
HASSETT, Libbie J. 20
HASSETT, Lida Bell 10
HASSETT, Mary A. 14
HASSETT, S. Amelia 20
HASSETT, Sallie J. 20
HASSETT, T. 9, 20
HASSETT, Thomas 10/2
HASSETT, William T. 20/2
HASTINGS 4
HASTINGS, Lucinda 21
HASTINGS, Margaret 9
HASTINGS, Martha Jane 4
HASTINGS, Thomas 21/2
HATFIELD, Hyatt Williard 56/2
HATTON, Catharine J. 25
HATTON, David 25
HATTON, Mary E. 25
HAUPT, Alice 80
HAUPT, Charles E. 74
HAUPT, Harlen L. 80/2
HAUPT, Leslie 80
HAUPT, Lola M. 80
HAWBAKER, Annia M. 15
HAWBAKER, Annie C. 22
HAWBAKER, C. 22/2
HAWBAKER, Christian 21, 22/2
HAWBAKER, Daniel N. 15
HAWBAKER, David 22
HAWBAKER, E. A. 22/2
HAWBAKER, Ellen A. 22
HAWBAKER, Infant 22
HAWBAKER, Mary Ann 22

HAWBAKER, Susan B. 22
HAWK, Elizabeth 5
HAWK, Jacob 5
HAWKINS, Henrietta 28
HAYES, Catharine 89
HAYNES, John 92
HAYNES, Martin L. 92
HAYNES, Sarah 92
HAYS, May Creager 38
HAYS, Walter 38
HAYS, Walter S. 38
HAYWORD, Charles W. 39
HAYWORD, J. H. 39
HEART, William 49
HECK, A. 74
HECK, Antellus 74
HECK, Charlotte 85
HECK, Christian 84
HECK, Elizabeth 84, 87
HECK, John R. 74/2
HECK, Katherine 81
HECK, Loren M. 81
HECK, Peter 85/3, 87
HECK, Rebecca 85/2
HECK, Sarah 84
HECKER, ____ 75
HECKER, Charles 75
HEDDING, Elizabeth 29/2
HEDDING, Hannah 29
HEDDING, J. S. 26/3
HEDDING, John M. 29/2
HEDDING, Myrtie 26
HEDDING, Pleasant A. 29
HEDDING, R. A. 26/3
HEDDING, Rachael V. 26
HEDDING, Twin 26
HEFS, Margaret 49
HEFS, William 49
HEGE, E. C. 1
HEGE, Elizabeth C. 1
HEGE, John G. 1/3
HEGE, Sarah Frances 1
HEISEY, D. H. 70
HEISTER, John D. 63/5
HEISTER, Matilda 63/3
HEISTER, Matilda C. 63
HEISTER, William Cheney 63
HELGOTH, Elizabeth 27
HELGOTH, George 27
HELGOTH, James 27
HELLER, Daniel 35/2
HELLER, David 7
HELLER, George 11
HELLER, Iva 19
HELLER, Mary 7, 12
HELLER, Mary Ann 7
HELLER, Mary C. 7

HELLER, Mary Eva 15
HELLER, Mary S. 19
HELLER, Nettie 15
HELLER, P. N. 19
HELLER, Philip N. 19
HELLER, R. S. 15
HELLER, Sarah 11
HELLER, Sarah R. 35
HENDEROSN, Martha Virginia
    Harris 32
HENDERSON 32
HENDERSON, Charles W. 32/2
HENDERSON, Daisy Willams 32
HENDERSON, Jane C. 32
HENLINE, C. 46
HENLINE, Edna S. 44
HENLINE, George 46
HENLINE, J. 46
HENLINE, John 44/2, 46
HENLINE, Rollinson Edward 44
HENNEBERGER, Lawrence, Farm 93
HENNEBERGER, William A. 83
HENRETTY, A. J. 37
HENRETTY, Frances L. 37
HENRETTY, J. A. 37
HENRY, Charles David 34
HENRY, James 31/2
HENRY, Nannie B. 18
HENRY, Sarah 31
HENRY, William L. 31
HERBERT, Billy 19
HERBERT, Mary C. 19
HERGESHEIMER, David J. 26
HERGESHEIMER, Frances A. 26
HERGESHEIMER, Sallie L. 26
HERR, Ann Matilda 66
HERR, B. F. 24
HERR, Catharine 66/3
HERR, Charles D. 24
HERR, E. M. 24
HERR, Elizabeth 17, 24/3
HERR, Emanuel 66/4
HERR, Emma 24
HERR, Jacob 24
HERR, John I. H. 24
HERR, Joseph 24
HERR, Lewis 18
HERR, Lewis E. 17
HERR, Luther 66
HERR, Prudence 66
HERR, R. 24/3
HERR, Rudolph 17
HERR, Rudolph R. 17
HERR, Samuel 18, 24
HERR, Susan 18, 24
HERR, Van S. 66
HERSHEY, Andrew 58

HERSHEY, Margaret A. 17
HERTMAN, David 16/3
HERTMAN, Jacob 16
HERTMAN, John 16
HERTMAN, Margaret 16/3
HESS, A. E. 50/2
HESS, Abner 54
HESS, Amanda 54
HESS, Amanda J. 50
HESS, Asenath 54
HESS, B. F. 54/4
HESS, Banner 45
HESS, Catherine Edith 54
HESS, Charles M. 36
HESS, David F. 53
HESS, E. J. 54/2
HESS, Eleanor J. 54
HESS, Elizabeth 56
HESS, Fanny 53
HESS, Frank J. 50
HESS, G. W. 50/2
HESS, Gilbert Oscar 54
HESS, Harry C. 36
HESS, James 50
HESS, John 56/2
HESS, Lillian 54
HESS, Mary A. 45
HESS, Stillwell 54/2
HESS, William 53, 54
HESS, William Allen 54
HIBBERT, Bartholemew 61/2
HIBBERT, Eleanor 61
HICKMAN, C. G. 60
HICKMAN, Cyrus G. 60/6
HICKMAN, Dora C. 60
HICKMAN, Elmer C. 60
HICKMAN, Harry L. 60
HICKMAN, M. E. 60
HICKMAN, Mary E. 60/6
HICKMAN, Walter A. 60
HICKMAN, William H. 60
HIESTER, Caroline Eugenia 63
HIESTER, Samuel Vernon 63
HIGGANS, Ann Louisa 5
HIGGENS, Emma C. 16
HIGGENS, Mary J. 16
HIGGINS, Cora Lee 26
HIGGINS, E. 27
HIGGINS, H. 27
HIGGINS, James Leopard 26
HIGGINS, John Smallwood 26
HIGGINS, M. P. 26/2
HIGGINS, Martin L. 16/4
HIGGINS, Mary Jane 16/2
HIGGINS, S. J. 26/2
HIGGINS, Sallie Bettie 26
HIGGS 30

HIGGS, Alice 30
HIGGS, Henry 30
HIGGS, Susan 30
HIGHBARGER, George W. 78/2
HILES, Almeda 39
HILES, Edward 39
HILES, Roy Elmer 39
HILL, Cornelia 89
HILL, Cornelius 89
HILL, Denver C. 55
HILL, Dorothy J. 55
HILL, E. J. 55
HILL, Edgar G. 55
HILL, Eliza J. 55
HILL, Elizabeth 89
HILL, Maggie M. 55
HILL, T. J. 55
HILL, Thomas E. 55
HILL, Thomas J. 55/2
HILL, William A. 89
HIMES, Everett W. 76
HIMES, J. Peter 89
HIMES, Mary E. 89
HIMES, Mary Kate 89
HIMES, Myrtle 76
HINES, Calvin E. 76
HINES, Elizabeth 76
HINES, G. W. 76
HINES, George E. 76
HINES, George W. 76
HINES, P. E. 76
HINES, Prudence E. 76
HINES, Urias 76
HITT, B. 58
HITT, Barbara Ellen 58
HITT, S. M. 58
HIX, Mary Ann 68
HIX, William 68
HIXON, Anna 53
HIXON, E. 53
HIXON, E. T. 38
HIXON, Eliza A. 35
HIXON, Elizabeth 53
HIXON, Eveyln M. 38
HIXON, Huber G. 38
HIXON, I. 53
HIXON, Infant 38
HIXON, Isaiah 53/2
HIXON, John 35/2
HIXON, Joseph F. 38/2
HIXON, M. R. 38
HIXON, Margaret 36
HIXON, Rollison W. 35
HOCH, Lydia 14
HOFFMAN, B. D. 60
HOFFMAN, E. C. 82
HOFFMAN, Edna C. 82

HOFFMAN, Elizabeth 90/3
HOFFMAN, George 77
HOFFMAN, H. 59
HOFFMAN, J. M. 70
HOFFMAN, Jacob 85/2
HOFFMAN, John M. 47/2, 68/2
HOFFMAN, L. E. 82
HOFFMAN, Lewis 90/4
HOFFMAN, Lewis E. 82/2
HOFFMAN, Margartha H. 74
HOFFMAN, Martha J. 90
HOFFMAN, Martin E. 90
HOFFMAN, Mary 68
HOFFMAN, Mary Barbara 85
HOFFMAN, Melissa 77
HOFFMAN, Michael 68/2
HOFFMAN, Nellie Irene 82
HOFFMAN, Paul Hodges 59
HOFFMAN, Samuel E. 90
HOFFMAN, Sarah M. 68
HOFFMAN Sophia 47
HOFFMAN, Susan 70
HOFMAN, Joseph 91
HOFMAN, Rahel 91
HOLBERT, James 9
HOLLAND, John W. 12
HOLMES, Elizabeth 7/3
HOLMES, Jacob 8
HOLMES, John 7/3
HOOD, Effie V. Shives 34
HOOK, Belle 41
HOOK, Charles McGill 41/2
HOOK, Faney 41
HOOK, J. D. 41
HOOK, James 41
HOOK, James D. 41/4
HOOK, James P. 41
HOOK, Jane McGill 41
HOOK, Mary 41/4
HOOVER, A. 43
HOOVER, Christian 69/3
HOOVER, Elizabeth 69/2
HOOVER, Emma E. 83
HOOVER, J. 43
HOOVER, Jennette 43
HOOVER, John W. 69
HOOVER, Simeon 75/2
HOOVER, Susan 75
HOPPENGARDNER, Elizabeth 43
HOPPENGARDNER, John 43
HORINE 60
HORINE, Adaline 77
HORINE, Barbary 61
HORINE, George W. 60, 77/2
HORINE, Henry 59
HORINE, John 61/2, 88
HORINE, Nancy 61

HORINE, Samuel 59
HORNBAKER, John Henry 21
HORST, Abram 1/3
HORST, Abram E. 1
HORST, Emma S. 1
HORST, Ephraim S. 1
HORST, Fannie 1
HORST, Fannie Cath. 1
HORST, Grace 1
HORST, Henry 1
HORST, Samuel S. 1
HOSS, Lydia E. 45
HOUCK, David L. 4
HOUCK, Elizabeth 4, 34
HOUCK, Jacob 14/3
HOUCK, Jane 6
HOUCK, John D. 14
HOUCK, John L. 31
HOUCK, Maria 14/2
HOUCK, Martha J. 19
HOUCK, Mary 6
HOUCK, Samuel 6/2
HOUCK, Willie E. 31
HOUPT 68
HOUPT, David 68
HOUPT, Effie J. 77
HOUPT, Eliza Ann 57
HOUPT, Elizabeth 57/2
HOUPT, Ezra 68
HOUPT, George W. 77
HOUPT, Jacob 57/4
HOUPT, John O. 68
HOUPT, John P. 68
HOUPT, Jonas C. 81
HOUPT, Louis 57
HOUPT, Mary E. 80, 81
HOUPT, Rachel 68
HOUPT, Susan 68
HOUPT, William 68/2
HOUSE, Anna Maria 89
HOUSE, C. E. 83
HOUSE, Charles E. 83/3
HOUSE, Emma E. 80
HOUSE, Ernest W. 83
HOUSE, Gladys 88
HOUSE, Harry E. 80/2
HOUSE, John W. 89
HOUSE, Joseph Edward 89
HOUSE, Katie F. 82/2
HOUSE, Mary 89
HOUSE, Nellie B. 83
HOUSE, Samuel 89
HOUSE, Victor A. 83
HOUSE, William E. 83
HOUSE, William Harrison 89
HOUSEHOULDER, Simon 49
HOWARD, Elizabeth 25

HOWER, Elizabeth M. 8
HOWER, J. A. C. 4
HOWER, Jonathan 4/3
HOWER, Louisa Amelia 4
HOWER, Lydia 4/2
HUDSON, Sarah H. 86
HUDSON, Thomas 86
HUFF, P. W. 20
HUFFER 62
HUFFER, Ada N. C. 59
HUFFER, Alfred C. 59/2
HUFFER, Barbara A. 73
HUFFER, Calvin Qunicy 59
HUFFER, Charles H. 59
HUFFER, Cora A. 83
HUFFER, Dora May 57
HUFFER, Elizabeth E. 81
HUFFER, George E. 81/2
HUFFER, George H. 77
HUFFER, Harry E. 83
HUFFER, Harry J. 59
HUFFER, Helen M. 62
HUFFER, J. D. 57
HUFFER, J. W. 59
HUFFER, Jacob C. 59, 62
HUFFER, Jacob W. 59
HUFFER, John 59
HUFFER, John Edgar 62
HUFFER, Jonas Q. 70/2
HUFFER, Josiah 62
HUFFER, Josiah B. 62/2
HUFFER, Katie May 59
HUFFER, Laura 57
HUFFER, Leah A. 59
HUFFER, Lula A. 59
HUFFER, M. E. 57
HUFFER, Mary E. 70
HUFFER, Rilie 62
HUFFER, Rilie Whitter 62
HUFFER, Rose Lee 77
HUFFER, Sarah A. E. 59/2
HUFFER, Sarah A. 59
HUFFER, Sarah N. 75
HUFFER, Silas M. 73/2
HUFFER, Sophia 62
HUFFMAN, Amanda 52
HUFFMAN, J. C. 52
HUGHES, John 8
HUGHES, Mary A. 13
HUGHES, Mary J. 32
HUGHES, Nathalie 32
HUGHES, Rose Ann 2
HUGHES, Susan 8
HUGHES, T. Sargent 13/2
HUGHES, Thomas C. 31, 32
HULL, Anna Maria 16
HULL, Catharine 18

HULL, Charles 16
HULL, David 18/2
HULL, Elizabeth 18
HULL, Ernest E. 20
HULL, Francis P. 18
HULL, George 21
HULL, Grace Mertle 18
HULL, Henry 16/2
HULL, J. Marshall 18
HULL, James H. 16
HULL, Jas. 16
HULL, Jennie 16
HULL, Julia 20
HULL, Mary Ann 21
HULL, Sallie M. 20
HULL, Susan D. 16
HULL, William B. 18/2
HULL, William T. 20/2
HUMPHRIES, H. J. 84
HUMPHRIES, J. R. 84
HUMPHRIES, Jonathan Rumford 84
HUMPHRIES, Sarah Ann 84
HUNT, Amanda 7
HUNT, David 7
HUNT, John 6/2
HUNT, Susan 7
HUNT, Susannah 6
HUNTER, Elizabeth 31
HUNTSBERRY, Amanda S. 81
HUNTSBERRY, Hillary 81/2
HUNTSBERRY, Walter 81
HUNTSBERY, Amy 90/3
HUNTSBERY, Annie S. 90
HUNTSBERY, Henry 90/3
HUNTSBERY, Ida F. 90
HUNTSBERY, Joseph Martin 90
HUNTSBERY, Mary E. 90
HUNTSBERY, Sarah C. 90
HUNTZBERRY, Alice A. 58
HUNTZBERRY, Howard M. 79
HUNTZBERRY, John W. 58
HUNTZBERRY, Mary E. 83
HUNTZBERRY, Rachael A. 79
HUNTZBERY, Albert Verner 74
HUNTZBERY, Anna 74
HUNTZBERY, Anna C. 74
HUNTZBERY, Catharine 74
HUNTZBERY, Charles E. 83/2
HUNTZBERY, Emma L. 83
HUNTZBERY, Henry 74
HUNTZBERY, John 74/2
HURD, A. E. S. 16
HURD, G. W. 16
HURD, George W. 16
HURD, Little M. J. 16
HURLEY, Minnie I. 76
HURLEY, W. Clarence 76/2

HURST, Eliza 27
HURST, Joseph 27
HUTCHINSON, John 51
HUTZEL, Adam, Farm 92
HUTZEL, Ann E. 85
HUTZEL, C. 84, 86
HUTZEL, Catharine 86
HUTZEL, Daniel 85/2, 86
HUTZEL, Edward, Farm 92
HUTZEL, Elias 62, 84
HUTZEL, Elizabeth 60, 85
HUTZEL, Elizabeth M. 62
HUTZEL, Hallie Mabel 62
HUTZEL, J. 84
HUTZEL, J. 86
HUTZEL, Jacob 85/2, 86/2, 87/2
HUTZEL, Jacob L. 85
HUTZEL, John 60, 85, 87/2
HUTZEL, John H. 64
HUTZEL, John Rebo 88
HUTZEL, Josiah 87
HUTZEL, Laura E. 64
HUTZEL, Sarah 87
HUTZEL, Willie E. 64
HUTZELL, Alice M. 79
HUTZELL, Alice V. 83
HUTZELL, Bessie M. 78
HUTZELL, Catharine 87
HUTZELL, Clemmie L. 76
HUTZELL, Delilah 86
HUTZELL, Elizabeth 71, 87/3
HUTZELL, Elizabeth C. 88
HUTZELL, Gorman J. 79
HUTZELL, Jacob 87
HUTZELL, John 71/2, 87/2
HUTZELL, Lavina D. 81
HUTZELL, Marietta 83
HUTZELL, Martin L. 76
HUTZELL, Otho J. 83/2
HUTZELL, Samuel E. 88/2
HUTZELL, Samuel J. 71
HUTZELL, Samuel L. 76
HUTZELL, Sarah C. 76
HUTZELL, Thomas H. 81/2
HUTZELL, William H. 74/2
HYSINGER, Christian 12
IFERT, Mary 73
INGRAHAM, Elizabeth 73
INGRAHAM, Ellen K. 73
INGRAHAM, Joseph 73
INGRAM, _____ 39
INGRAM, C. 41
INGRAM, Francis P. 41
INGRAM, infant 39
INGRAM, James 41
INGRAM, Joseph G. 41
INGRAM, M. 41

INGRAM, Margaret C. 41
INGRAM, Mary Ellen 41
INGRAM, Rusel A. 39
init: A. P. 6
init: C 49
init: C. E. 89
init: C. E. F. 89
init: D. S. 91
init: E. A. S. 5
init: E. C. N. 75
init: E. S. 89
init: G. 15
init: H. 33, 37
init: H. C. 87
init: I. J. 81
init: J. B. K. 75
init: J. B. 93
init: J. D. 89/2
init: J. F. H. 31
init: J. H. H. 39
init: J. M. 91
init: J. R. B. 86
init: K. B. 9
init: L. 91
init: L. A. D. 87
init: L. B. K 22
init: L. E. 89
init: M. 35, 37
init: M. A. K. 75
init: M. E. E. 27
init: M. K. 79
init: M. W. 89
init: M. B. 84
init: O. W. W. 89
init: P. B. 91
init: P. K. 79
init: R. C. 63
init: R. D. 84
init: R. L. R. 74
init: S. 39
init: S. J. G. 26
init: S. J. M. 34
init: S. M. 89
init: T. 17
init: W. 30
init: W. H. H. 89
Init: C. 45
Init: J. L. 49
Init: J. S. 42
Init: M. H. 41
IRVIN, E. 64
IRVIN, F. G. 64
IRVIN, John Philip 64
IRWIN, A.(?) 37
IRWIN, Andrew 19
IRWIN, Effie V. 37
IRWIN, Fonrose H. 64/2

IRWIN, Infant 19
IRWIN, John N. 19/4
IRWIN, Mary A. 19/3
IRWIN, T. 37
IRWIN, William L. 64
ISTGESTOR, Meri Hucel 5
ITNEYER, Absalom 58
ITNEYER, Amanda C. 58
ITNEYER, Anna 87
ITNEYER, Catharine 87
ITNEYER, Catharine Ann 58
ITNEYER, Eliza Ann 87
ITNEYER, Elizabeth 87/2
ITNEYER, Elmer A. 58
ITNEYER, George 87/3
ITNEYER, Henry 87
ITNEYER, Jacob Howard 58
ITNEYER, Samuel 87
ITNEYER, William 58/4
ITNYER, Anna M. 75
ITNYER, B. F. 75
ITNYER, Father 75
ITNYER, George M. 75
ITNYER, Henry 87
ITNYER, Joshua 87
ITNYER, Mother 75
ITNYER, Rosa Belva 75
ITNYER, Susan 87
ITNYRE 58
ITNYRE, Amanda 68
ITNYRE, Catharine 86
ITNYRE, Catharine A. 58, 71
ITNYRE, Charles E. 77/2
ITNYRE, Daniel 69/2
ITNYRE, Daniel H. 78/2
ITNYRE, E. M. 75/2
ITNYRE, Eliza Ada 86
ITNYRE, Fannie 77
ITNYRE, Fannie M. 75
ITNYRE, Helen J. 82
ITNYRE, J. Polk 69
ITNYRE, Jacob 71, 86
ITNYRE, John H. 69
ITNYRE, Joseph E. 75
ITNYRE, Katherine L. 71
ITNYRE, Lawson 69
ITNYRE, Mary A. 75
ITNYRE, Mary E. 61
ITNYRE, Nina Ruth 75
ITNYRE, Otho J. 61/2
ITNYRE, Ruann 87
ITNYRE, Sadie C. 78
ITNYRE, Susan 69
ITNYRE, W. A. 75/2
ITNYRE, William A. 75/2
ITNYRE, William C. 77
JACKSON, Annie E. 91

JACKSON, Bessie 39
JACKSON, E. O. 91/4
JACKSON, Eavey 91
JACKSON, Emma O. 91/4
JACKSON, Harry H. 91
JACKSON, J. 91/2
JACKSON, John 91/5
JACKSON, Lilly M. 91
JACKSON, Minnie E. 91
JACKSON, Myrtle F. 91
JACKSON, Rosie E. 91
JACQUES, Denton 13/2
JACQUES, Sarah A. 13
JAMES, A. C. 90
JAMES, Amanda C. 90
JAMES, Charles E. 90
JAMES, I. N. 90
JAMES, Isaac N. 90/3
JAMES, Isaac T. 90/3
JAMES, Susan E. 90
JAMES, Virginia C. 90
JAMIESON, Anna M. 25
JENKINS 32
JENKINS, Ann C. 33
JENKINS, Asa 29
JENKINS, David 51
JENKINS, Dennis 51
JENKINS, Denton 51
JENKINS, Gilbert W. 32
JENKINS, Harry Ernst 33
JENKINS, Helen M. 32/2
JENKINS, Infant 32
JENKINS, M. E. M. 32
JENKINS, Margaret 51
JENKINS, Maria C. 51
JENKINS, Martin 33/2
JENKINS, Martin T. 32
JENKINS, S. 32/2
JENKINS, S. P. 32
JENKINS, Sarah 32
JENKINS, Solomon 32/2
JENKINS, W. L. 32
JENKINS, W. W. 32
JENKINS, William 51
JENNINGS, Annie M. 81
JENNINGS, Samuel 81
JENNINGS, Samuel J. 81
JESTER, John 89
JESTER, Mary 89
JOBES, Jane C. 28
JOBES, Richard 28
JOBES, Sophia 28
JOHNSON, Annie E. 72
JOHNSON, Benjamin 15
JOHNSON, Charles 14/2
JOHNSON, D. 55
JOHNSON, David 51, 55

JOHNSON, Elizabeth 27/2
JOHNSON, Ellen Mary 15
JOHNSON, Harold Joseph 45
JOHNSON, Infant 14
JOHNSON, Irwin G. 27
JOHNSON, James E. 72
JOHNSON, John 25
JOHNSON, Joseph P. 15
JOHNSON, Joshua 27, 47
JOHNSON, Joshua F. 27
JOHNSON, Keller H. 45
JOHNSON, Leven West 15
JOHNSON, Lewis 72/2
JOHNSON, Louisa 49
JOHNSON, Maggie E. 45
JOHNSON, Margaret 49
JOHNSON, Mary Katharine 15
JOHNSON, Milli 14
JOHNSON, Nancy 54
JOHNSON, Nancy A. F. 55
JOHNSON, R. 15
JOHNSON, Robert 15
JOHNSON, Ruhamae B. 51
JOHNSON, Ruth 15/3
JOHNSON, S. A. 55
JOHNSON, Susan 55
JOHNSON, Susan A. 51
JOHNSON, T. 15
JOHNSON, Thomas 15
JOHNSON, Thomas, Farm 23
JOHNSON, Tobias 15/4
JOHNSON, Tobias Belt 15
JOHNSTON, Christopher 29
JOHNSTON, Henry 29
JOHNSTON, John 49
JOHNSTON, Mary Ann 90
JOHNSTON, William H. 90
JOHNSTONE, William Webster 38
JONES, Annie M. 78
JONES, Carroll 78
JONES, Edgar L. 78
JONES, Eliza 84
JONES, Florence C. 76
JONES, Frances 78
JONES, Franklin 84
JONES, H. B. 38
JONES, H. E. 66
JONES, H. H. 76
JONES, Henry 27
JONES, Howard W. 81
JONES, Isiah 78
JONES, Jenetta Catharine 76
JONES, John 76
JONES, Jonas W. 81/2
JONES, Laura F. 78/2
JONES, Lewis E. 88/2
JONES, Luther M. 82/2

JONES, M. A. 66
JONES, Mary 39
JONES, Mary A. 76
JONES, Mary C. 88
JONES, Mary E. 66, 81
JONES, Minnie V. 78
JONES, Ronald Eugene 76
JONES, Thelma T. 66
JONES, Wilbur C. 78
JONES, William A. 78/4
JONES, William H. 76/2
JOSLYN, Barbara Cook 11
JOSLYN, W. H. 11
KAPP, Mary 89
KAPP, Michael 89
KAPP, Theodore F. 89
KAUFFMAN, Ada E. 88
KAUFFMAN, Alice L. 88
KAUFFMAN, Annie 88/3
KAUFFMAN, Bessie J. 82
KAUFFMAN, Daniel 88
KAUFFMAN, Ellen J. 80
KAUFFMAN, Elmer C. 88
KAUFFMAN, F. K. 88
KAUFFMAN, Florence K. 88
KAUFFMAN, Harvey C. 88
KAUFFMAN, Infant 67
KAUFFMAN, James W. 88
KAUFFMAN, M. 67
KAUFFMAN, Mar. A. 67
KAUFFMAN, Mary 88/2
KAUFFMAN, Rebecca 9
KAUFFMAN, Roy E. 88
KAUFFMAN, S. L. 88
KAUFFMAN, Samuel L. 88
KAUFFMAN, William 88/3
KAUFFMAN, William D. 82/2
KAUFFMAN, Wm. H. 9
KEADLE, _____ 76
KEADLE, Abram 75
KEADLE, Abram L. 75
KEADLE, Christiana 75
KEADLE, Elizabeth 75
KEADLE, Fannie May 75
KEADLE, George 75
KEADLE, Gibson 84
KEADLE, Hellen 75/2
KEADLE, Hellen F. 75
KEADLE, James R. 82/2
KEADLE, John 75/2
KEADLE, John G. 75/2
KEADLE, Laurah Virginia 75
KEADLE, Martha 84
KEADLE, Mary E. 84
KEADLE, Rosa Myrtle 82
KEAFAUVER, Ann 89
KEAFAUVER, Anna 67/2, 89

KEAFAUVER, Francis Marion 89
KEAFAUVER, G. W. 89/2
KEAFAUVER, George W. 67/3
KEAFAUVER, Jacob Markwood 89
KEAFAUVER, Minnie 67
KEAFAUVER, Otho James 67
KEALHOFER, Adam, Farm 91
KEALHOFER, George, Farm 91
KEEDY, Amanda 69/2
KEEDY, Bessie Gertrude 69
KEEDY, Daniel 72/2
KEEDY, David H. 65/2
KEEDY, Edward 57
KEEDY, Elizabeth 57
KEEDY, Frederick D. 79
KEEDY, Harry J. 69/2
KEEDY, Jacob E. 57
KEEDY, Jelis 65
KEEDY, John 87/2
KEEDY, Jonas 57
KEEDY, Joseph E. 72/2
KEEDY, Sophia 72
KEEDY, Sophia C. 72
KEEFER, Bessie M. 21
KEEFER, James E. 7
KEFAUVER, Frank 77
KEFAUVER, Ralph A. 77
KELLER, Charles S. 69
KELLER, Henry Frank 35
KELLEY, Patrica Jane 46
KELLY, Patrick 44
KENDALL, Anna Bowles 35
KENDALL, H. E. 2
KENDALL, R. A. 2
KENDALL, Robert S. 2
KENNEDY, George Scott 61/2
KENNEDY, Katie R. 70
KENNEDY, Rebecca L. 61
KENNEDY, Van S. 61
KEPHART, Carlton E. 78
KEPHART, Clarence M. 78/2
KEPHART, Hettie A. 78
KEPHART, Mary E. 78
KEPLER, Clemmie M. 77
KEPLER, Harry E. 77/2
KEPLINGER, Elizabeth 92
KEPLINGER, Emma C. 89
KEPLINGER, Nicholas 89
KEPLINGER, Sophia 89
KERNS, Fronie 32
KERNS, Infant 32
KERNS, James H. 32
KERNS, Jessie M. 45
KERNS, Robert A. 33
KERNS, Robert E. 45/2
KERNS, Sagle 32
KERNS, Sarah E. 32

KERNS, W. H. 33
KERNS, Wilbut R. 32
KERR, James H. 10/3
KERR, Jennie 10
KERR, Mary A. 10/2
KERSHNER, Catharine 7
KERSHNER, George 5, 7
KERSHNER, Harrison 7
KERSHNER, Ida Phoebe 7
KERSHNER, Isabella 7
KERSHNER, James J. 7
KERSHNER, Jonathan 7
KEYFAUVER 77
KEYSER, Lavina 57
KEYSER, Thomas 21
KIDWELL, Benjamin F. 67
KIDWELL, Cecil Glenn 32
KIDWELL, Harriet 8
KIDWELL, Hezekiah 8
KIDWELL, Infant 32
KIDWELL, J. W. 32/3
KIDWELL, Jemima 8
KIDWELL, John W. 32/2
KIDWELL, M. E. 32/2
KIDWELL, Mary 32
KIDWELL, Mary E. 32
KIDWELL, Ray Reno 32
KIDWELL, Sallie 27
KINEAR, Elizabeth 34
KINEAR, Sarah Jane 34
KING, Diamond 84
KING, Leona W. 84
KING, Samuel 21/2
KING, Susann 21
KINSEL, Louis J. 28
KINSELL, Freddie Lee 10
KINSELL, Joseph 8, 10
KINSELL, Sarah A. 8
KIPERD, Josiah 63
KIRK, Elizabeth 53, 55
KIRK, James S. 53, 55
KIRK, Moses 53
KIRK, Sarah Candace 55
KIRK, Stillwell 55
KIRLINGHAN, James 43
Kitty L. D. 38
KITZMILLER, Annie M. 73
KITZMILLER, Ara Ardella 58
KITZMILLER, Charles E. 58, 81/2
KITZMILLER, Charles H. J. 73
KITZMILLER, Clara V. 81
KITZMILLER, Daniel 57/3
KITZMILLER, Effie May 58
KITZMILLER, Elizabeth 58/6, 86
KITZMILLER, Elizabeth 86
KITZMILLER, Elva C. 81
KITZMILLER, Ida C. 57

KITZMILLER, Infant 92
KITZMILLER, Jacob 57/2, 58/7, 86, 88/2
KITZMILLER, John H. 73/2
KITZMILLER, Lydia 88
KITZMILLER, Margaret 86, 88
KITZMILLER, Margaret C. 58
KITZMILLER, Mary 57/2
KITZMILLER, Otho F. 81/3
KITZMILLER, Rachel 92
KITZMILLER, Rachel A. 81
KITZMILLER, Rebecca M. 81/2
KITZMILLER, Samuel 81/2, 92
KITZMILLER, William H. 58
KLINE, Andrew 23
KLINE, Annie V. 58
KLINE, Clara 58
KLINE, Clarence W. 88
KLINE, Daniel 82
KLINE, Daniel L. 82
KLINE, Edwin 82
KLINE, Ellen V. 58
KLINE, Florence 88
KLINE, Florence V. 78, 88
KLINE, George 57, 85
KLINE, George W. 57
KLINE, Isaac 58/5, 59
KLINE, John C. 78
KLINE, Katherine D. 82/2
KLINE, Lewis Howard 58
KLINE, Mary S. 59
KLINE, Nancy 57, 85
KLINE, Ruann 57
KLINE, S. D. 88
KLINE, Samuel G. 78
KLINE, Seibert C. 88
KLINE, Seibert D. 78, 88
KLINE, Susan L. 58/5, 59
KLINE, Virginia Lee 83
KLINE, William Scott 85
KNABLE, Boyd T. 40
KNABLE, Helen E. 40
KNABLE, Mary Hilda 40
KNEPPER, _____ 14
KNEPPER, Emily 11
KNEPPER, Emily Louisa 11
KNEPPER, Emily Rebecca 5
KNEPPER, George 11
KNEPPER, Henrietta R. 5
KNEPPER, Katharine E. 14
KNEPPER, Lewis F. 11/3
KNEPPER, Margaret A. 14
KNEPPER, S. Alice 14
KNEPPER, William 14
KNEPPER, Wm. 5
KNOCHELSINGEBO, Evalisabeth 91
KNOCHELSINGIBO, Fredrick 91

KNODE, Catharine I. 11
KNODE, Charles L. 60
KNODE, Edgar L. 60
KNODE, Ellen E. 57/2
KNODE, Jacob 63/3
KNODE, Jeremiah 74
KNODE, Julia Ray 57
KNODE, L. Augustus 11
KNODE, Luke 74
KNODE, M. Estelle 60
KNODE, Mary 65
KNODE, Mary B. 63
KNODE, Mary Elizabeth 65
KNODE, Mary K. 60
KNODE, Mary S. 57
KNODE, Oliver 65
KNODE, Robert C. 63
KNODE, Samuel C. 60
KNODE, William E. 65
KNODE, Wm. H. 57/2
KNODLE, H. 15
KNODLE, Josiah 72/2
KNODLE, Mansella 72
KNODLE, Susan 15
KNOTT, Charles H. 68
KNOTT, Henry 68/2, 86
KNOTT, James 87
KNOTT, James Edward 86
KNOTT, Malinda 68, 86
KNOX, Eleanora Virginia 60
KNOX, Eliza 84
KNOX, Joseph 60/3
KNOX, Nancy 60/3
KOCH, Barbara 7
KOCH, Peter 7/2
KONKADE, Alexander 5
KONKADE, Frances 5
KONKADE, Robert J. 5
KRATZ, Anna E. 14
KREBS, Catharine 89
KREBS, Delilah 68
KREBS, George 89
KREPS, Ann 25
KREPS, Ann Lydia 8
KREPS, Elizabeth 17/3, 25
KREPS, Fanny 2
KREPS, Frances 2
KREPS, George W. 69
KREPS, Henry 12
KREPS, J. Daniel 20/2
KREPS, Jacob 8/2
KREPS, John 2/4
KREPS, John J. 17
KREPS, John M. 12, 18/2
KREPS, Lydia E. 20
KREPS, Margaret 6
KREPS, Martha M. 12

KREPS, Mary E. 14
KREPS, Mary Pansy 13
KREPS, Michael T. 25
KREPS, Roudolph 17/3
KREPS, Sarah 8
KREPS, Susan 12, 18
KREPS, Susan F. 12
KREPS, Tracy A. 69
KRETZER, William 93
KRETZINGER, Jacob 92
KRIEG, Catharine 85
KRIEG, George 85
KRIEG, Jacob 85
KRINER, Adam 17
KRINER, Malinda M. 17
KRINER, Welty 17
KUHN, Abraham 17
KUHN, Anna Amelia 12
KUHN, Clarence E. 17
KUHN, Frank 17
KUHN, Jacob 17/2
KUHN, Jacob H. 12
KUHN, Joel 17
KUHN, John 12/2, 17/3
KUHN, John H. 17/2
KUHN, John Joseph 17
KUHN, Mahala 12/2, 17/2
KUHN, Mary A. 12
KUHN, Nancy 17
KUHN, Susan C. 17
KUHN, Willie 17
LAKE, Charity 53
LAKE, Daniel 49
LAKE, Elizabeth 49
LAKE, John 50, 53
LAKIN, A. R. 87/2
LAKIN, A. W. 70/2
LAKIN, Ann R. 74
LAKIN, Arthur D. 70
LAKIN, Cordelia S. 65
LAKIN, D. O. 81
LAKIN, David O. 79
LAKIN, E. T. John 87
LAKIN, J. H. 87/2
LAKIN, James I. 87
LAKIN, John H. 74/2
LAKIN, Ruth 81
LAKIN, Susan A. 81
LAKING, Fairfax S. 70
LAKING, William T. 70
LAMAR, Angie V. 77
LAMAR, Bruce S. 77
LAMAR, Lewis 77
LAMAR, Nellie 77
LAMAR, Robert 77/2
LAMAR, Susan C. 77
LAMBERSON, Abigail 50

LAMBERSON, Andrew L. 50
LAMBERT, Annie J. 27
LAMBERT, Catharine 27
LAMBERT, Daniel 27
LANDER, Joseph 31/2
LANDER, Mary W. 31
LANGE, George Henrich 92
LANKAN, Hellen E. 71
LANTZ, Ann E. C. 6
LANTZ, Christian 6
LANTZ, Susan 6
LAPOLE, Cora 74
LAPOLE, David E. 80/2
LAPOLE, John L. 58/2
LAPOLE, Laura V. 80
LAPOLE, Lula Smith 80
LAPOLE, Martha E. 74
LAPOLE, Mary 58
LAPOLE, Mary A. 75
LAPOLE, Philip 75
LAPOLE, William Edward 58
LASHLEY, Henry Clay 36
LASHLEY, Humphrey D. L. 36
LASHLEY, J. R. 36
LASHLEY, Roberta 36
LASHLEY, Roberta G. 36
LASHLEY, Tobitha 36/2
LAYMAN, Daniel 5
LAYMAN, Jonas J. E. 5
LAYMAN, Susannah 5
LEASURE, Anthony 41
LEASURE, C. 41
LEASURE, Charles O. 41
LEASURE, Harry T. 20
LEASURE, M. E. 41
LEASURE, Mary A. 41
LEATHERWOOD, Prissilla 3
LEE, Annette Zook 78
LEEVY, Daniel 22
LEEVY, Margaret 22
LEGGETT, Clarence W. 79
LEGGETT, Clifton T. 79
LEGGETT, Earl E. 79
LEGGETT, Elizabeth 59
LEGGETT, William H. 76
LEHMAN, Louise B. 33
LEIGH 9
LEMASTER, Abraham 92
LEMON, Barbara C. 81
LEMON, Charles M. 81
LEMON, Charles Mc 76
LEMON, Clarinda 83
LEMON, M. N. 81
LEOPARD, Delilah 28
LEOPARD, Delilah S. 27
LEOPARD, Jacob 27/2, 28
LEROUX, Jules Callac 30

LESH, Olive M. 11
LESH, Robinson S. 11
LESHER, Augustus L. 5
LESHER, C. A. 19
LESHER, Catherine 5
LESHER, Clifford B. 19
LESHER, David 19/3
LESHER, Emma C. 19/2
LESHER, I. 19
LESHER, Infant 19
LESHER, Isaac 19/4
LESHER, Katherine A. 19
LESHER, Nancy 19
LESHER, Samuel 5
LETZ, Mary 24
LEWIS, Elizabeth W. 55
LEWIS, Ella G. 35
LEWIS, G. K. 35
LEWIS, George K. 35
LEWIS, John H. H. 55
LEWIS, M. E. 35
LEWIS, Mary E. 35
LEWIS, Myrtle Miller 16
LEWIS, Susan 87
LEWIS, William 87/2
LIGGETT, Ellen 75
LIGGETT, M. M. 75
LIGGETT, Thomas H. 75
LIGHT, Ann J. 29
LIGHT, Ann Jane 29
LIGHT, Joseph 29/3
LIGHT, Mary Jane 29
LIGHTER, A. M. 76
LIGHTER, Alice R. 76
LIGHTER, Denver G. 77/2
LIGHTER, Effie A. M. 77
LIGHTER, Emory K. 71
LIGHTER, Ezra K. 56/5
LIGHTER, Flora M. 76
LIGHTER, Henry Carlton 71
LIGHTER, Hester 56
LIGHTER, J. H. 71
LIGHTER, J. J. 76
LIGHTER, Janett Victoria 56
LIGHTER, John H. 71/3
LIGHTER, Joseph 56/3
LIGHTER, Joseph E. 56
LIGHTER, Magdalene E. 56
LIGHTER, Mary Lee 76
LIGHTER, Mary M. 56
LIGHTER, S. T. 71
LIGHTER, Sophia T. 71
LIGHTER, Susan 56/5
LIGHTER, Thomas Harvey 56
LIGHTER, Tobitha Ellen 56
LINE, Annie Catharine 67
LINE, Annie R. 62/2

LINE, Annie Rebecca 62
LINE, Catharine 92
LINE, Clara 64
LINE, Clara C. 62
LINE, Clara V. 68
LINE, Clarence F. 75/2
LINE, Dana 68
LINE, Daniel W. 57/4
LINE, Edgar E. 64
LINE, Emma A. 64
LINE, Emory E. 83
LINE, F. S. 62
LINE family 92
LINE, G. Dale 75
LINE, Helen G. 75
LINE, Ida E. 68
LINE, J. 68
LINE, Jacob 68/3
LINE, Jacob E. 68
LINE, John 62/3
LINE, Jonas W. Scott 62
LINE, Joseph Allen 67
LINE, L. 68
LINE, Leah 68/2
LINE, Malinda C. 68
LINE, Margaret 64, 68
LINE, Margaret R. 64
LINE, Martha J. 57
LINE, Martin 92/2
LINE, Reuben H. 64/2
LINE, Samuel George 68
LINE, Sophia P. 68
LINE, Thomas F. 68
LINN, Catherine 54
LINN, Desire 54
LINN, Elisha E. 49, 54
LITTLE, A. E. 42/2
LITTLE, Allen Vincent 39
LITTLE, Ann Eliza 42
LITTLE, Annie 43
LITTLE, Annie E. 40, 42
LITTLE, Bridget W. 42
LITTLE, C. A. 41
LITTLE, Charles A. 41, 42
LITTLE, Charles P. 40
LITTLE, Ellen 43
LITTLE, Emma 42
LITTLE, Francis P. 40/2
LITTLE, H. J. 39/2
LITTLE, Herman J. 40
LITTLE, Isabella 43/2
LITTLE, Isabelle C. 40
LITTLE, J. T. 42/3
LITTLE, Jane 33
LITTLE, Julia 40
LITTLE, L. B. 40/2
LITTLE, Laura 39/2

LITTLE, Laura B. 40
LITTLE, Leo 40
LITTLE, Luella 40
LITTLE, M. L. 41
LITTLE, Margaret C. 40
LITTLE, Mary 42, 43
LITTLE, Mary E. 41
LITTLE, Mary Letitia 42
LITTLE, Mary P. 42
LITTLE, Mary R. 40
LITTLE, Patrick 43/2
LITTLE, Patrick F. 43
LITTLE, Philip 42
LITTLE, Philip T. 42/3
LITTLE, Thomas 42/2, 43
LITTLE, W. E. 40/2
LITTLE, Walter B. 42
LITTLE, William 40
LITTLE, William E. 40/2
LITTON, John Williard 19
LITTON, Upton Laurence 19
LIZER, Emma J. 59
LOCHER, Charles, Farm 48
LOHR, Annie 13
LOHR, Freddier M. 13
LOHR, James 13/4
LOHR, Mary 13/3
LONG, Charles 74/2
LONG, Margaret 77
LOOSE, Annie V. 17
LOOSE, Bertha S. 17
LOOSE, C. Edward 17
LOOSE, Jonathan 17/2
LOOSE, Louise 17
LOOSE, M. G. 17/2
LOOSE, Maria 17
LOOSE, Masie 17
LOOSE, Meta G. 17
LOOSE, Richard 17
LOOSE, William E. 17/4
LOPP, George 66/2
LOPP, John 87
LOPP, Malinda C. 66
LOPP, Sarah 87
LOVELL, Albert G. 71
LOVELL, George A. 71
LOVELL, Susan M. 71
LOWDER, Mollie M. 43
LOWE, Charles W. 4
LOWE, David E. 4
LOWE, Elizabeth 4/2, 6
LOWE, J. E. 4/2
LOWE, John E. 4
LOWE, John M. 4
LOWE, Joseph Power 4
LOWE, M. E. 4
LOWE, Mary 3

LOWE, Mary C. 6
LOWE, Minnie E. 4
LOWE, Overton G. 3
LOWE, W. H. 4
LOWE, William H. 6
LOWE, Wm. H. 4
LOWMAN, Daniel 28
LUDI, Johannes 85
LUTHER, Frederick 17
LUTHER, Frederick H. 17
LUTHER, Ida 17
LUTHER, Naomi D. 17
LUTZ, Annie 13
LUTZ, Benjamin 13/2
LYNCH 55
LYNCH, Catherine 55
LYNCH, Charles 55
LYNCH, Elizabeth 53
LYNCH, Frances E. 66
LYNCH, Frances Eugen 66
LYNCH, Frank 55, 77
LYNCH, George T. 75
LYNCH, George W. 66
LYNCH, George Washington 66
LYNCH, Henry 55/2
LYNCH, Hillary P. 61/2
LYNCH, Infant 75
LYNCH, Jane R. 72
LYNCH, John W. 72/2
LYNCH, Lucy M. 61
LYNCH, M. 53
LYNCH, Martha B. 55
LYNCH, Martha Bridget 55
LYNCH, Martha Catharine 66
LYNCH, Mary 53, 66/6
LYNCH, Mary A. 66
LYNCH, Mary C. 61
LYNCH, Mary Ellen 66, 72
LYNCH, Mary F. 55
LYNCH, P. 55
LYNCH, Paul 55/3
LYNCH, S. E. 55
LYNCH, Salvine E. 55
LYNCH, Sarah 77/2
LYNCH, Thomas 66/6
LYNCH, Thomas E. 77/3
LYNCH, Thomas J. 66
LYNCH, Vernie 75
LYNCH, Vina L. 55
LYNCH, W. 53
LYNCH, Wesley 53, 55
LYNCH, Willie Woodrow 76
LYNN, Levi 50
LYNN, Mary 50
LYON family 92
LYTER, Allen C. 17
LYTER, Ann C. 17

LYTER, Carrie 17
LYTER, Charles W. 17
LYTER, Peter W. 17/2
MACHAELT, Ann F. 3
MACHAELT, Nancy 3
MACHAELT, Samuel 3
MAIDLOW, Clara 70
MANN, A. C. 52
MANN, Abigail C. 52/2
MANN, Anna 43
MANN, Dorothy 50
MANN, Dorothy 55
MANN, E. 53
MANN, Effany 53
MANN, Elizabeth 43, 52, 53
MANN, Ellen R. W. 43
MANN, Infant 49, 52
MANN, J. 53
MANN, Jacob 50
MANN, James 52/4
MANN, Job H. 50
MANN, John 53/2
MANN, John H. 50, 52
MANN, Jospeh 3
MANN, M. 53
MANN, M. E. 53
MANN, Mary A. 53
MANN, Mary E. 53
MANN, Morgan 53
MANN, P. 49
MANN, Peter 53/2
MANN, R. 49
MANN, Rachel 53
MANN, Rachel M. 53
MANN, Sarah 3
MANN, Warfield 43
MANN, Warford 52
MANNING, Amelia 55
MANNING, Benjamin 55
MANNING, Carri 55
MANNING, Edward Sylverster 45
MANNING, Ellen 55
MANNING, Emma F. 55
MANNING, Grace 45
MANNING, Hubert 45
MANNING, Laura M. 55
MANNING, Mary C. 46
MANNING, Samuel L. 46
MANNING, Thomas 55
MANNING, Wilber 55
MANNING, William 55/2
MANYETT, Charles C. 71
MANYETT, James B. 71/3
MANYETT, Laura V. 71
MAR, Helen 32
MARKER, Ann Elizabeth 7
MARKER, Bertha M. 802

MARKER, Ezra V. 77/2
MARKER, John Cecil 80
MARKER, John H. 80/3
MARKER, William C. 80
MARKS, Annie 28
MARKS, Catherine A. 28
MARKS, Charles E. 45
MARKS, George W. 28
MARKS, James 28
MARKS, James E. 28
MARKS, John W. 28
MARKS, Margaret 45
MARKS, Robert A. 28
MARKS, Sally E. 28
MARKS, Samuel R. 28
MARSHALL, Charles C. 80
MARSHALL, Florence 80
MARSHALL, J. W. 80
MARTELL, Anna 84
MARTELL, Catharine 84
MARTELL, Jacob 84
MARTILL, Caroline 87
MARTIN 18
MARTIN, Bethia 90
MARTIN, Charles A. 18, 35
MARTIN, Clara B. 19/2
MARTIN, D. W. 67/2
MARTIN, Daniel L. 18/2
MARTIN, Daniel W. 67
MARTIN, Dora 67/2
MARTIN, Edna E. 18
MARTIN, Elizabeth 18/2
MARTIN, Elmer 1
MARTIN, Ethel 2
MARTIN, Etta 2
MARTIN, Fannie K. 1
MARTIN, George W. 67
MARTIN, H. B. 90
MARTIN, Infant 1
MARTIN, Isaac 38
MARTIN, Isabella 38
MARTIN, J. I. 1
MARTIN, Jacob W. 1
MARTIN, Job 38
MARTIN, John B. 1
MARTIN, John C. 2
MARTIN, John D. 18
MARTIN, John F. 19/2
MARTIN, John T. 67
MARTIN, Mary B. 1
MARTIN, Mathias 90
MARTIN, Nannie V. 1
MARTIN, Sarah L. 35
MARTIN, Vernon 19
MARTZ, Amanda 81
MARTZ, Amanda C. 81
MARTZ, B. E. 80

MARTZ, Betty L. 77
MARTZ, C. L. 76/2, 80
MARTZ, Calvin L. 80
MARTZ, Clayton B. 75/2
MARTZ, David H. 75
MARTZ, Edna Ruth 83
MARTZ, Elias 81/2
MARTZ, Elias E. 81
MARTZ, Ellenora 75
MARTZ, Fannie M. 75
MARTZ, George H. 81
MARTZ, Infant 80
MARTZ, J. N. 79
MARTZ, John C. 81
MARTZ, Letha Catharine 81
MARTZ, Linwood N. 79
MARTZ, M. E. 79
MARTZ, M. M. 76/2
MARTZ, M. Victoria Hoffman 83
MARTZ, Maude M. 76
MARTZ, Samuel T. 75
MASON 33
MASON, Abner 50
MASON, C. 15
MASON, Christiana 15
MASON, Daniel 15/4
MASON, E. 50
MASON, Elizabeth 15/4, 22/3, 50
MASON, Ellen V. 15
MASON, Emmert W. 39
MASON, J. 50
MASON, J. T. 15, 22
MASON, James W. 33
MASON, Jeremiah 15/4, 56/2
MASON, John 50/2
MASON, John C. 15/2
MASON, John T. 15
MASON, John Thomson 22/2
MASON, Laura E. 15
MASON, Mary 50
MASON, Mary E. 15
MASON Orchard 49
MASON, Rachel 15, 56
MASON, Ruth 15
MASON, Samuel 15/5
MASON, Sarah 15, 50/3
MASON, Solomon 50
MASON, Thomas Byron 15
MASON, Virginia 55
MASON, Willard F. 15
MASON, William 50/2
MASTERS, Barbara Ann 51
MASTERS, Bosten 5
MASTERS, Daniel 51/4
MASTERS, Emily 7
MASTERS, Jacob 51
MASTERS, John 7, 8

MASTERS, Joseph 51
MASTERS, Mary 51/4
MASTERS, Mary Martha T. 7
MASTERS, Menervey J. 51
MASTERS, Rebecca 51
MASTERS, Sarah 51
MASTERS, Susan 8
MATHEWS, Ann 3
MATHEWS, Emely V. 3
MATHEWS, John E. 3
MAY, Anna 49
MAY, John 49
MAYHUGH, Susan 8
MAYLE, Katie M. 23
MAYSILLES, Carrie May 91
MAYSILLES, Catharine 86
MAYSILLES, Daniel 86
MAYSILLES, John 86
MAYSILLES, Kate M. 19
MAYSILLES, Martin L. 91
MAZZETTE, Italia Luigi 4
MCALLISTER, Corine 18
MCALLISTER, Georgianna 18
MCALLISTER, J. W. 18
MCALLISTER, Marlin G. 18
MCANLY, Catharine 84
MCANLY, Elizabeth 84
MCANLY, William 84
MCATEE, Cora 7
MCATEE, Mary B. 13
MCATEE, Mary Loute 13
MCATEE, Mary R. 7
MCATEE, Thomas 7, 13
MCAVOY, Ellen 41
MCAVOY, John T. 41
MCAVOY, M. 41/2
MCAVOY, Mary 41
MCAVOY, P. 41/2
MCAVOY, Patrick 41/2
MCAVOY, Terence 41
MCAVOY, Theresa A. M. 41
MCAVOY, Thomas 41
MCBRIDE, George W. 83/2
MCBRIDE, Sarah F. 83
MCCAFFERY, S. Milton 9
MCCALLISTER, Lydia V. 24
MCCARTHY, E. 9
MCCARTHY, Elizabeth C. 9
MCCARTHY, John 9/2
MCCARTIN, Sarah A. 73
MCCARTY, _____ 39
MCCARTY, Alexander 46/2
MCCARTY, Barnabas S. 46
MCCARTY, George Dewey 39
MCCARTY, George Russell 45
MCCARTY, Howard I. 31
MCCARTY, Margaret Lucy 46

MCCARTY, Mary Ellen 46
MCCARTY, Russel S. 31
MCCAULEY, Irene 76
MCCLAIN, C. 43
MCCLAIN, Catherine 43
MCCLAIN, J. A. 43
MCCLAIN, James A. 43/2
MCCLAIN, John D. 10
MCCLAIN, John E. 43
MCCLAIN, Mary A. 10
MCCLANE, Eli Leonidas 7
MCCLANE, John 7
MCCLANE, Mary 7
MCCLANNAHAN, Eliza 3
MCCLANNAHAN, K. C. 3
MCCLANNAHAN, Mathew 3
MCCLANNAHAN, Samuel 3
MCCLELAND, Amy 52/2
MCCLELAND, Eleanor 52
MCCLELAND, John 52
MCCLELAND, Robert 52/3
MCCLELLEN, John H. C. 53
MCCORK(?), Mary 44
MCCORMICK, _____ 39
MCCORMICK, Edmund C. 39
MCCORMICK, F. M. 43
MCCORMICK, Francis 43/4
MCCORMICK, Francis P. 43
MCCORMICK, Henry 39
MCCORMICK, Henry Andrew 39
MCCORMICK J. Edward 41
MCCORMICK, James 43
MCCORMICK, Joseph 39
MCCORMICK, Margaret 43
MCCORMICK, Rebecca 43
MCCORMICK, Rosa Leona 39
MCCORMICK, Rose 39
MCCORMICK, Samuel 43
MCCORMICK, Sarah 44
MCCORMICK, Thomas E. 43
MCCORMICK, Virginia 43/2
MCCORMICK, William 39, 44
MCCORMICK, William Henry 39
MCCOY, Daniel 14, 37/3
MCCOY, David 14
MCCOY, Denton 14
MCCOY, John 9, 14
MCCOY, M. E. 37
MCCOY, Margaret E. 37
MCCOY, Mary 9
MCCOY, Mary Lizzie 14
MCCOY, Nellie 37
MCCOY, Rebecca 89
MCCOY, Sarah 14/2
MCCOY, Susan 14/3
MCCREA, Gertrude S. 78
MCCREA, Thomas E. 78/2

MCCUATER(?), John 39
MCCULLOCH, Elliott 54
MCCULLOUGH, George 54
MCCULLOUGH, John 54
MCCULLOUGH, Margaret 54
MCCULLOUGH, Mary J. 54
MCCURK, Patrick 44
MCCUSKER 40
MCCUSKER, Abner 40
MCCUSKER, Elen 40
MCCUSKER, Emily J. 40
MCCUSKER, George 39
MCCUSKER, Harry 40
MCCUSKER, Jacob 40/2
MCCUSKER, John 45
MCCUSKER, John W. 45
MCCUSKER, Joseph 40/2
MCCUSKER, Mary E. 40
MCCUSKER, Nancy V. 45
MCCUSKER, Sarah Elizabeth 40
MCCUSTER 39
MCCUSTER, John 39
MCDONNELL, Bill, Farm 49
MCDONNELL, Patrick 43
MCDOWELL, Charles Edgar 63
MCDOWELL, George W. 63/3
MCDOWELL, Maud 63
MCDOWELL, Saide B. 63/2
MCELDOWNEY, Deborah 51
MCELDOWNEY, John 51/2
MCELDOWNEY, John F. 51
MCELDOWNEY, Malissa Ellen 51
MCELDOWNEY, Maria S. 51
MCELDOWNEY, N. 51/3
MCELDOWNEY, Nancy 51
MCELDOWNEY, Susan 51
MCELDOWNEY, Wm. 51/4
MCEVOY, Bridget 41
MCEWEN, Jane 3
MCFERRAN, Alexander 31/2
MCFERRAN, Priscilla 31
MCFERREN, Samuel 49
MCFIRRAN, Jane 49
MCFIRRAN, John 49
MCGILL, Edward Breathed 31
MCGINLY, Daniel G. 89
MCKALVEY, F. B. 38
MCKALVEY, Fannie 38
MCKALVEY, John 29
MCKALVEY, Margaret Noble 29
MCKALVEY, Mary Harris 38
MCKALVEY, Norval 38
MCKALVEY, R. E. 38
MCKALVEY, Robert E. 38/2
MCKALVEY, William 29
MCKEE, A. M. C. 5
MCKEE, Charles H. 18

MCKEE, Jas. B. 5
MCKEE, Joseph 21
MCKEE, Mames E. 7
MCKEE, Noble L. 21
MCKEE, Rebecca 18/2
MCKEE, Rebecca 7/2
MCKEE, Russell J. 21
MCKEE, Samuel Gehr 18
MCKEE, Sarah Bell 7
MCKEE, Virginia Melissa 5
MCKEE, William 18/2
MCKEE, William 7/2
MCKENNA, Catherine A. 4
MCKINLEY, A. B. 35
MCKINLEY, Charles B. 33
MCKINLEY, Elizabeth E. 26
MCKINLEY, Ellen 51
MCKINLEY, Fannie A. 33
MCKINLEY, Harrie 25
MCKINLEY, Henry 25, 51
MCKINLEY, Kitty S. 33
MCKINLEY, Mollie 25/3
MCKINLEY, Nelson 25/2
MCKINLEY, Norval M. 33/2
MCKINLEY, Phillip Brooke 33
MCKINLEY, Walter B. 33
MCKINLEY, William H. 33
MCLAIN, Mary 11
MCLANANAN, Clymene 3
MCLAUGHLIN, George 30/2
MCLAUGHLIN, Grace Maria 30
MCLAUGHLIN, John 31/2
MCLAUGHLIN, Mary A. 30
MCLAUGHLIN, Raymons S. 56
MCLELAND, William 50
MCMULLEN, George T. 28
MCMULLEN, Ida Jane 1
MCMULLEN, Mary 1
MCMULLEN, S. 1
MCNAMEE, George W. 90
MCPHERSON, Virginia C. 60
MECHAKOS, Mary E. 9
MELLOTT, A. S. 56
MELLOTT, Adda B. 56
MELLOTT, Agnes E. 35
MELLOTT, Anna 56
MELLOTT, E. A. 56
MELLOTT, Elmo 56
MELLOTT, Enoch L. 56/2
MELLOTT, Goldie 56
MELLOTT, Grant 56/2
MELLOTT, Lelia Pearl 36
MELLOTT, Lorraine 36
MELLOTT, Mary Jane 56
MELLOTT, Sarah C. 56
MEREDITH, Bettie H. 66
MEREDITH, Catharine 66

MEREDITH, Eliza 72
MEREDITH, Elizabeth 66, 82
MEREDITH, Florinda Meredith 81
MEREDITH, Frank 66
MEREDITH, Helen E. 72
MEREDITH, Levi 66, 82/2
MEREDITH, Lydia A. 66
MEREDITH, Ruth H. 66
MEREDITH, Samuel 66/2, 81
MEREDITH, Samuel Elwood 76/2
MEREDITH, Sargent 66
MEREDITH, Scott 72/2
MERTZ, Albert 78
MERTZ, Bertha M. 78
MERTZ, Catharine 66
MERTZ, Charlotte S. 82
MERTZ, Cornelius N. 82
MERTZ, Emma 78
MERTZ, Hester 83
MERTZ, John 66
MEWCOMER, Frank E. 64
MEYLEY, Abraham 7, 13
MEYLEY, Daniel 13
MEYLEY, Elizabeth 13
MEYLEY, John 13
MICHAEL, Anna M. 7
MICHAEL, Daniel W. 83
MICHAEL, John G. 7/2
MIDDLEKAUFF, Elizabeth 24
MIDDLEKAUFF, Hannah 23, 24
MIDDLEKAUFF, Mary Ann 24
MIDDLEKAUFF, Peter 23/2, 24
MIDDLEKAUFF, Samuel 23, 24
MIDDLEKAUFF, Susan 20
MIKESELL, Chester A. 44
MIKESELL, Mary R. 44
MIKESELL, Rebecca 37
MIKESELL, Samuel 37
MILES, Barbara 48/2
MILES, Charles P. 70
MILES, D. 48
MILES, Elisha 48/2
MILES, J. W. 89
MILES, Jacob S. 48
MILES, James W. 12
MILES, Margaret Murray 29
MILES, Mary L. 12
MILES, Sarah 70, 89
MILLER, A. 47
MILLER, Adam J. 64, 65
MILLER, Alice 47
MILLER, Almedia 13
MILLER, Ann Elizabeth 5
MILLER, Barbara 86, 90
MILLER, Caroline 65
MILLER, Catharine 8
MILLER, Catharine A. 70

MILLER, Catherine 6
MILLER, Charles W. 67
MILLER, Charley W. 47
MILLER, Christian 68/2
MILLER, Clar. 67
MILLER, David K. 90
MILLER, David S. 16
MILLER, David Spickler 16
MILLER, Elizabeth 68, 70
MILLER, Elizabeth C. 68
MILLER, Emilea 67
MILLER, Emma C. 75
MILLER, Ettie Nevada 47
MILLER, Frederick W. 6
MILLER, George 65/2
MILLER, George A. 39
MILLER, George M. 75/2
MILLER, H. 47
MILLER, Henrietta 73
MILLER, Henry 47, 65/2
MILLER, Infant 67
MILLER, J. H. 47/2
MILLER, J. U. 5
MILLER, Jacob 70
MILLER, Jacob F. 11
MILLER, James D. 5
MILLER, Jane 11
MILLER, John 86
MILLER, John H. 90
MILLER, John J. 1
MILLER, John L. 67, 83/2
MILLER, John Orris 70
MILLER, John S. 26, 70/2
MILLER, Joshua C. 70/2
MILLER, Lewis E. 67
MILLER, Louisa 67/6
MILLER, M. A. 47/2
MILLER, Marry 65
MILLER, Martha V. 65
MILLER, Mary E. 65, 67
MILLER, Nancy Ann 47
MILLER, Otho J. 70/3
MILLER, R. 5
MILLER, Richard Alvey 90
MILLER, Samuel 1, 6, 8
MILLER, Sarah 90
MILLER, Sarah Ann 12
MILLER, Silas E. 83
MILLER, Susannah 65
MILLER, Susannah J. 63
MILLER, William 67/6
MILLER, William H. 67
MILLER, Zearo Ann 6
MILLS, H. Albert 1/2
MILLS, Jeremiah 39
MILLS, John H. 3
MILLS, Lizzie 1

MILLS, Mary E. 39
MILLS, Nancy Ann 6
MILLS, Rebecca P. 3
MILLS, Robert S. 6/2
MILLS, Sarah Ann 6/2
MITCHELL, B. 30/2
MITCHELL, Benjamin 30/2, 31
MITCHELL, Charles Edward 30
MITCHELL, E. 30/2
MITCHELL, James 30
MITCHELL, Johnson 30
MITCHELL, Sarah Eleanor 30
MOATS, Albert E. 78
MOFFETT, A. C. 33
MOFFETT, John 27
MOFFETT, Molli 31
MOFFETT, R. S. 33
MOFFETT, Susan C. 33
MOFFITT 33
MOFFITT, Anna 33
MOFFITT, Blanche 33
MOFFITT, Mary C. 33
MOFFITT, William 33/2
MONG, Barbara 87
MONG, Jacob 87
MONGAN, Ann Elizabeth 77
MONGAN, David. S. 77/2
MONGAN, William E. 77
MONROE, Ann E. 64
MONROE, Anna Mary 64
MONROE, Elizabeth Towner 64
MONROE, J. W. 64/3
MONROE, James William 64
MONROE, Maria 64/4
MONROE, Robert N. 64/2
MONROE, Sarah E. 64
MONROE, William 64/4
MONROE, William H. 64
MONTEBAUGH, Eliza 86
MONTEBAUGH, Jacob 86/5
MONTEBAUGH, Sarah 68
MONTEBAUGH, Susan 86/2
MONTGOMERY, Archibald 50
MONTGOMERY, John 50
MONTGOMERY, Joseph 44/2
MONTGOMERY, Julia A. 44
MONTGOMERY, Mary 50
MOOD, ____ 49
MOORE, Agnes L. 66
MOORE, C. S. 8
MOORE, Catharine A. 8/2
MOORE, Catherine 3/2
MOORE, Chester Lee 16
MOORE, Christiana 16
MOORE, Cyrus S. 8/2
MOORE, E. C. 66
MOORE, Elizabeth C. 66

MOORE, Emily A. 8
MOORE, G. W. 66
MOORE, George W. 66/2
MOORE, Hamilton 16
MOORE, Hamilton A. 16
MOORE, Ida Lee 8
MOORE, Isora 11
MOORE, J. S. 6
MOORE, James D. 5, 8
MOORE, James Draper 5
MOORE, James H. 8
MOORE, James W. 5
MOORE, John 3/3
MOORE, John D. 66
MOORE, John H. 11
MOORE, Jos. S. 5
MOORE, Joseph S. 5, 8
MOORE, Joseph S. 16/2
MOORE, Kate A. 8
MOORE, Katie S. 16/2
MOORE, Libbie May 16
MOORE, M. A. 5, 6
MOORE, Mary A. 5, 13
MOORE, Mary F. 8
MOORE, Mary H. 8
MOORE, Mary Saunders 6
MOORE, Robert B. 8
MOORE, Sarah A. 66
MOORE, Thomas T. 11
MOORE, Ulton T. 43
MOORE, William W. 3
MORAN, Susanna 27
MORELAND, Margaret C. 60
MORGAN, Bettie V. 79
MORGAN, Charles E. 79/2
MORGRET, Charlotte 35
MORGRET, Imogene 35
MORGRET, Isaac 35/2
MORGRET, Laura R. 56
MORRISON, Anna M. 78
MORRISON, C. M. 67
MORRISON, Catharine M. 67/3
MORRISON, Clyde 78/2
MORRISON, Emma V. 67
MORRISON, G. B. McClellan 67
MORRISON, Jesse 67/5
MORRISON, John T. 78
MORRISON, L. Jane 78
MORRISON, Lewis Scott 67
MORRISON, Louisa C. 67
MORRISON, Mary E. 67, 78
MORRISS, Louise Blondell 45
MORT, Frank 44
MOSER, Carrie E. 78
MOSER, Catharine 10/2
MOSER, Charles 10
MOSER, Daniel J. 76/2

MOSER, E. F. 72
MOSER, Edward J. 79/2
MOSER, Emma F. 79
MOSER, Ezra C. 72/2
MOSER, Ezra J. 78
MOSER, Florence A. 76
MOSER, Floyd E. 78
MOSER, H. C. 72
MOSER, Harvie C. 77
MOSER, Henry C. 79/2
MOSER, John 10/2
MOSER, John Henry 34/2
MOSER, Lewis M. 72/2
MOSER, Mamie Priscillia 79
MOSER, Mary E. 72, 77/2
MOSER, Naoma M. 72
MOSER, Orvey O. 72
MOSER, Samuel E. 77/3
MOSER, Sarah A. C. 72
MOSER, Susan 10, 72
MOSER, Susan Ann 72
MOSER, Susan V. 79
MOSER, William C. 78
MOTTER, Ann C. S. C. 61
MOTTER, Benjamin C. 61
MOTTER, Catherine 68
MOTTER, Eleanora M. 59
MOTTER, Elizabeth 61/2
MOTTER, Elizabeth Ann 61
MOTTER, Emma Catharine 59
MOTTER, George E. 59
MOTTER, George H. 59/4
MOTTER, Henry 68
MOTTER, Hiram 61
MOTTER, Hiram W. 61/2
MOTTER, John V. M. N. 61
MOTTER, Mary B. 61
MOTTER, Minnie C. 59
MOTTER, Ninnie C. 59
MOTTER, Ruan 59/4
MOTTER, Sophia 61/2
MOTTER, William 61/4
MOUDY, _____ 13
MOUDY, Eli 13/2
MOUSE, Charles T. 4
MOUSE, David T. 4
MOUSE, E. M. 40
MOUSE, M. 4
MOUSE, Mary 4/2
MOUSE, P. H. 40
MOUSE, Philip I. 4
MOUSE, Raymond F. 40
MOUSE, Samuel H. 40
MOUSE, T. 4
MOUSE, Thomas 4/2
MOWREY, Elizabeth 86
MOWREY, John 86/2

MOXLEY, Reason 29
MOYER, J. 23
MOYLE, Rebecca 24
MULIEHILL, Bridget 44
MULIEHILL, Thomas 44/2
MULLEN, Eliza A. 68
MULLEN, Mordecai H. 68/2
MULLIN, Alexander F. 10
MULLIN, Alexander S. 10/2
MULLIN, Alton M. 9
MULLIN, Mary V. 10
MUMERT, Elizabeth 87
MUMERT, William 87
MUMFORD, Jacob F. 75
MUMFORD, James M. 75
MUMFORD, Laura E. 75/2
MUMFORD, Martin J. 75/2
MUMMA, Abraham H. 77/3
MUMMA, Amelia 71
MUMMA, Ann Catharine 71
MUMMA, Arbelen N. 71
MUMMA, Catharine 77/2
MUMMA, Charles T. 60
MUMMA, Elizabeth 61
MUMMA, Floy M. 60
MUMMA, Garland E. 77
MUMMA, Henry S. 60
MUMMA, John E. 71
MUMMA, Kenneth M. 60
MUMMA, Nathaniel 61/2
MUMMA, S. B. 60
MUMMA, Samuel 71/3
MUMMA, Willie W. 60
MUMMA, Willie Yessler 71
MUMMART, Annie E. 12
MUMMART, Annie M. 12
MUMMART, Catharine L. 12
MUMMART, Lovine 12/2
MUMMART, Martin L. 12
MUMMART, Mary E. 12
MUMMART, Samuel 12/2
MUMMART, William A. 12/2
MUMMART, William G. 12
MUMMERT, Daniel A. 19
MUMMERT, Flora M. 19
MUMMERT, Hettie A. 19
MUNDAY, Emma J. 30
MUNDAY, Infant 30
MUNDAY, M. E. 30/4
MUNDAY, Martha E. 30
MUNDAY, Partick 30/4
MUNDAY, Patrick 43
MUNDAY, Raymond R. 30
MUNDY, Hester 28/2
MUNDY, Peter 28/2
MUNDY, Robert W. 28
MUNDY, William 28

MUNSON, Alice A. 45
MUNSON, C. 44
MUNSON, Columbia 44
MUNSON, E. Albert 45
MUNSON, Edward, Farm 48
MUNSON, Edward L. 45
MUNSON, Elsie, Farm 48
MUNSON, Harry W. 44
MUNSON, Hayes Earl 19
MUNSON, Henry A. 44
MUNSON, J. F. 45
MUNSON, J. Opal 45
MUNSON, James W. 44/2
MUNSON, Jessie 45
MUNSON, Jessie B. 45/2
MUNSON, John 45
MUNSON, John R. 45/2
MUNSON, John W. 44/2
MUNSON, Josephine 45
MUNSON, Mabel D. 45
MUNSON, PLeasant Ella 44
MUNSON, Samuel H. 45/2
MUNSON, Susan R. 44
MUNSON, W. 44
MUNSON, Walter N. 44
MURDOCK, Harriet C. 69
MURDOCK, John 69
MURPHY, John 70/2
MURRAY, ____ 42
MURRAY, Amelia E. 42
MURRAY, Ann 42, 43
MURRAY, Bridget 42
MURRAY, Charles P. 42
MURRAY, E. 42
MURRAY, E. R. 42
MURRAY, Edward Ross 42/2
MURRAY, Elizabeth 42, 69/2
MURRAY, J. H. 36
MURRAY, James Ross 42
MURRAY, Johanna T. 42
MURRAY, John 69/3
MURRAY, Joseph 26, 36/2
MURRAY, L. 42
MURRAY, Lola 42
MURRAY, Mary Ann Victoria 42
MURRAY, Mary E. 26
MURRAY, Mary H. 42
MURRAY, Richard 42/3, 43
MURRAY, Rosalie 36
MURRAY, S. 42
MURRAY, Susan 26, 36
MURRAY, William L. 43/2
MURRY, James P. 29
MYERS 9
MYERS, Adis 52
MYERS, Alexander 25, 46/2
MYERS, Andrew J. 10

MYERS, B. T. 39
MYERS, C. 31
MYERS, C. A. 37
MYERS, C. Aleba 37
MYERS, C. E. 31
MYERS, C. Elizabeth 34
MYERS, Catharine A. 28
MYERS, Charles G. 34/2
MYERS, Clara 6
MYERS, Clarence 52
MYERS, D. 47
MYERS, D. 47/4
MYERS, David 3, 23, 47/2, 83
MYERS, David Wilson 83/2
MYERS, Dealia 25
MYERS, Dellia E. 46
MYERS, E. 47/5
MYERS, Earl B. 39
MYERS, Eli 10, 12
MYERS, Elizabeth 16, 47, 85
MYERS, Ellen 10
MYERS, Ellen Wilso 83
MYERS, Ellenore 8
MYERS, Eve 47
MYERS, George 12
MYERS, George L. 10
MYERS, George M. 50
MYERS, Gerald Omer 79
MYERS, H. L. 79
MYERS, Hattie E. 46
MYERS, Helen L. 79
MYERS, Ida May 46
MYERS, Infant 12, 37, 47/2
MYERS, Jacob 85
MYERS, Jacob S. 52/2
MYERS, James M. 5
MYERS, John 9, 12, 47, 84
MYERS, John H. 85
MYERS, John W. 8, 10
MYERS, Jonathan 3
MYERS, L. L. 39
MYERS, Levi 46, 52
MYERS, Levi B. 46
MYERS, Lewis 12/2, 52
MYERS, M. 52
MYERS, Mahala 52
MYERS, Mannell A. 6
MYERS, Martha 52
MYERS, Martha E. 33
MYERS, Martin 6/2
MYERS, Mary A. 83
MYERS, Mary C. 31
MYERS, Mary V. 40
MYERS, Mealia 28
MYERS, Milbrey Catherine 83
MYERS, Nancy 12
MYERS, Nancy Ann 10

MYERS, O. F. 79
MYERS, Rachael 16
MYERS, Robert E. 33
MYERS, Samuel 6
MYERS, Samuel Douny 3
MYERS, Sarah 6
MYERS, Sarah A. 6
MYERS, Sarah E. 9, 50
MYERS, Sue 83
MYERS, Susan F. 83
MYERS, Susanna 12
MYERS, W. D. 37/2
MYERS, William 16, 47
MYERS, Zabid 25
MYERS, Zederick 28
MYLE, R. C. 11
MYLEY, Martin 8
MYMAN, Sue M. 65
MYMAN, Susanna 65
NARAN, John 49
NAZARENE, Etta M. 72
NAZARENE, J. H. 72
NAZARENE, John H. 81/2
NAZARENE, Sue E. 81
NEBINGER, Aletha 76
NEBINGER family 84
NEBINGER, Robert E. 76
NEEDY, Clarence E. 73/2
NEEDY, Infant 73
NEEDY, Maude V. 73/2
NEFF, Andrew 89
NEIKIRK, Ernest 74
NEIKIRK, Joseph 74
NESBITT, Ann 14
NESBITT, Ann R. 5/2, 6, 14
NESBITT, Ellen Catherine 5/6
NESBITT, Fannie A. 14
NESBITT, Frances Mary
NESBITT, Francis 14
NESBITT, Hannah 17
NESBITT, Jefferson E. 17
NESBITT, Jonathan 5/4, 6, 14/4
NESBITT, Mary 5
NESBITT, Otho 17/2
NETZ, Anna C. 82
NETZ, Ellender 92
NETZ, John 89, 92
NETZ, John E. 88/2
NETZ, John L. 82/2
NETZ, John Peter 92/2
NETZ, Margaret 89
NETZ, Mary 92
NETZ, Mary Etta 89
NETZ, Ruth M. 88
NEUKERCH, Catharine 92
NEUKERCH, George 92/5
NEUKERCH, Margaret 92/3

NEWCOMER, Annie 64
NEWCOMER, Clara 68, 84
NEWCOMER, D. W. 77
NEWCOMER, David Harbaugh 90
NEWCOMER, Elizabeth 63, 64
NEWCOMER, Elmer 90
NEWCOMER, Emma T. 64
NEWCOMER, Fred. 90
NEWCOMER, Henry 90/3
NEWCOMER, Howard 90
NEWCOMER, Hubert 68
NEWCOMER, J. 5, 7
NEWCOMER, J. P. 84/2
NEWCOMER, J. R. 68
NEWCOMER, Jacob N. 27
NEWCOMER, Louisa J. 90/2
NEWCOMER, Mabell 90
NEWCOMER, Mary F. 64/2
NEWCOMER, Peter S. 64/3
NEWCOMER, S. 5, 7
NEWCOMER, Sallie C. 77
NEWCOMER, Samuel 63
NEWCOMER, Sarah Ann 5
NEWCOMER, Sarah Jane 7
NEWKIRK 17
NEWKIRK, Ann Elizabeth 12
NEWKIRK, Ellen 3
NEWKIRK, Isaac 3/2
NEWKIRK, Maggie 13
NEWKIRK, Preston Virginia 17
NEWKIRK, Tunis E. 12
NICODEMUS, Abraham 48
NICODEMUS, Allen 68
NICODEMUS, Ann Maria 67, 68/4
NICODEMUS, Anna M. 67
NICODEMUS, Anna Margaret 67
NICODEMUS, B. 62
NICODEMUS, Cassandra 68
NICODEMUS, Charles E. 82/2
NICODEMUS, Charles R. 62
NICODEMUS, Conrod 62/5
NICODEMUS, Conrod R. 62/2
NICODEMUS, David Franklin 92
NICODEMUS, Delie 62
NICODEMUS, Elizabeth 62/5, 67, 69
NICODEMUS, Eveline C. 67/2
NICODEMUS, Franklin 62
NICODEMUS, Henry Valentine 67
NICODEMUS, Henry W. 92
NICODEMUS, Infants 67
NICODEMUS, Jacob 92
NICODEMUS, Jacob E. 78
NICODEMUS, John 62/6, 67, 68/4
NICODEMUS, John Calvin 62
NICODEMUS, John L. 67/3
NICODEMUS, Joseph Sherrick 92
NICODEMUS, Luther Edgar 67

NICODEMUS, Maria 67
NICODEMUS, Martin R. 82
NICODEMUS, Mary Ellen 68, 82
NICODEMUS, Michael 62
NICODEMUS, Rhodella 62
NICODEMUS, Rowena 92
NICODEMUS, Sophia 62/3
NICODEMUS, Sophrona 92
NICODEMUS, Susan 62
NICODEMUS, Thomas 69
NICODEMUS, Valentine 68
NICODEMUS, W. Grant 78
NICODEMUS, William Percy 83
NICODEUMS, Eveline 67
NIEL, David 38
NIEL, Eleanor 38
NIKIRK, Amanda E. 57/2
NIKIRK, Ann Elizabeth 87
NIKIRK, Ann Mary 86
NIKIRK, Anna 87
NIKIRK, Charles 57
NIKIRK, Charles E. 57/2
NIKIRK, Daniel 92
NIKIRK, Edith P. 73
NIKIRK, Elizabeth A. 73
NIKIRK, George 86, 92
NIKIRK, Henry 92
NIKIRK, John 57/5
NIKIRK, John W. 73
NIKIRK, Leo M. 73
NIKIRK, Lucinda Jennette 57
NIKIRK, Margaret E. 57
NIKIRK, Margeret 92
NIKIRK, Mary 92/2
NIKIRK, Otho E. 73/2
NIKIRK, Samuel 92
NIKIRK, Solomon 73, 87
NIKIRK, Susan Cora 57
NIKIRK, Susan K. 87
NIKIRK, Susannah 57/4
NIKIRK, William Alvey 57
NOCODEMUS, Rufus M. 68
NOEL, Digpory T. 31
NOEL, E. 31, 32
NOEL, Elizabeth 31
NOEL, Julia 31
NOEL, William 31/2, 32
NORISS, Rolly Morgin 84
NORRIS, Annie R. 80
NORRIS, Carrie K. 80
NORRIS, Emma 44
NORRIS, Emma J. 44
NORRIS, Frisby F. 68/2
NORRIS, Isaac 44/3
NORRIS, Jacob 85
NORRIS, James 46, 48, 58/2
NORRIS, Lawrence R. 44

NORRIS, Marshall 46
NORRIS, Mary C. 48
NORRIS, Minnie B. 44
NORRIS, Nancy 46
NORRIS, Nancy Ann 68
NORRIS, Rebecca 85
NORRIS, Ruth 44
NORRIS, Sarah Jane 58
NORRIS, Sophia 68
NORRIS, Tighman F. 80/2
NORRIS, William E. 85
NUMNMAKER, Mary E. 74
NUNAMAKER, Charles H. 73, 74
NUNSON, Daisy, Farm 48
NYCUM, Bernard 49/2
NYCUM, Leonard 49
NYCUM, Malinda 56
NYCUM, Mary A. 49
NYMAN, Adron 70
NYMAN, Annie Viola 65
NYMAN, Arthur M. 81
NYMAN, Boteler B. 65
NYMAN, Catherine E. 65
NYMAN, Charles E. 81
NYMAN, Daniel G. 70/2
NYMAN, Elizabeth 62, 65/2
NYMAN, Eugenia Theresa 59
NYMAN, Frances A. 65
NYMAN, G. Webster 72
NYMAN, George 65
NYMAN, George W. 65, 68
NYMAN, Henry 65/3
NYMAN, Howard S. 83
NYMAN, Jane R. 73
NYMAN, Jane Rebecca 73
NYMAN, John 65
NYMAN, John Luther 65
NYMAN, Joseph 73/3
NYMAN, Joseph Louis 65
NYMAN, Kate 59
NYMAN, Katharine Theresa 59
NYMAN, Lavina 65
NYMAN, Lewis B. 59
NYMAN, Lillian 65
NYMAN, Louis B. 59
NYMAN, Mary 65/2
NYMAN, Mary Catharine 64
NYMAN, Mary E. 72
NYMAN, Michael 64/2, 65/3
NYMAN, Robert V. 65/6
NYMAN, Sarah J. 68
NYMAN, Susannah 65
NYMAN, T. Ellsworth 73
NYMAN, Thomas E. 72/2
NYMAN, Vienna 65/2
NYMAN, William H. 70
NYMAN, William Miller 73

O'BRIEN, Julia 71
O'BRIEN, Mary 71
O'BRIEN, Matthew 71
O'BRIEN, Thomas 70
O'CONNER, Cora E. 10
O'CONNER, Hugh 26
O'NEAL, Clar 65
O'NEAL, Edmund D. 65
O'NEAL, Elizabeth 67
O'NEAL, Jelis Clarinda 65
O'NEAL, Joseph 65/5
O'NEAL, Joseph B. 65
O'ROURK, Harriet Ada 52
O'ROURK, J. 52
O'ROURK, M. 52
OGDEN, Eliza Jane 28
OHR, I. H. 48
OHR, Mary 48
OLIVER, Annie R. 38
OLIVER, Arlington L. 38
OLIVER, B. 49
OLIVER, Denton 38/2
OLIVER, Emma 38
OLIVER Farm 48
OLIVER, Georgia K. 38
OLIVER, John 38
OLIVER, Lavenia B. 38
OLIVER, Mary E. 39
OLIVER, Rebecca 38
OLIVER, S. 49
OLIVER, William 49
ORDER(?), Peter 66
ORDNER, Ann Rebecca 66
ORDNER, Charles D. 86
ORDNER, Magdalena 66
ORDNER, Peter 66/2
ORRICK, Amelia C. 68/3
ORRICK, Cromwell 26
ORRICK, Edward 26
ORRICK, George B. 68
ORRICK, George W. 68/5
ORRICK, Henry C. 26
ORRICK, Ida Kate 68
ORRICK, Mary 26
ORRICK, Mary A. 68
ORSANIO, Italia Orazio 4
OSBORNE, Nellie 68
OTT, Catherine 55
OTT, Thomas E. 55
OTTENBERGER, Lydia 7
OTTENBERGER, Philip 7
OTTO, Ann E. 8
OTTO, Elizabeth 9
OTTO, George A. 7
OTTO, Henry 8, 9/2
OTTO, Joseph I. M. 8
OVER, Catharine 23

OVER, Jacob 23
PAGE, William N. 12
PALMER, Amanda C. 85, 89
PALMER, Ann C. 88
PALMER, Benjamin T. 85
PALMER, Emma J. 59
PALMER, Infant 33
PALMER, John 92
PALMER, Jonathan E. 89
PALMER, Nannie Brosius 33/2
PALMER, Samuel 88
PALMER, Sarah A. E. 88
PALMER, Susan 92
PALMER, Thomas 88
PALMER, William 85, 89
PALMER, William C. 88
PARTHER, Samuel G. 20/2
PASQUINO, Donato 39
PAULSGROVE, John 22
PAXSON, Elizabeth V. 82
PAYNE, Ann 36
PAYNE, Thomas 36/2
PECK, A. A. 50, 55
PECK, Amanda A. 55
PECK, Ann Elizabeth 50
PECK, Anna May 22
PECK, Bertha V. 55
PECK, Catherine 41
PECK, Charles W. 47
PECK, Clarence B. 50
PECK, Conrad 51, 52/4, 55/2
PECK, D. 52/4, 53
PECK, Daniel 50, 55/2
PECK, Deborah 51, 52
PECK, Dorothy 55
PECK, E. I. 53
PECK, Elizabeth A. 41
PECK, Elizabeth J. 52
PECK, Emily 41
PECK, Emily F. 41
PECK, J. 55
PECK, J. A. 50
PECK, Jasper 50
PECK, Jerome 41/2
PECK, John 39
PECK, Joseph F. 52
PECK, Laura O. 53
PECK, Levi B. 52
PECK, M. E. 46
PECK, M. L. 46
PECK, M. L. 55
PECK, Martin L. 55/2
PECK, Mary Alice 55
PECK, Mary E. 52
PECK, Minnie 55
PECK, Nancy 50
PECK, Nancy A. 55

PECK, Norma 46
PECK, Paul 55
PECK, Perry C. 55
PECK, R. 50
PECK, R. B. 50
PECK, Sarah 51
PECK, Sarah J. 47
PECK, Sherman 55
PECK, Silas 52
PECK, T. 55
PECK, T. W. 55
PECK, Temperence M. 54
PECK, W. H. 55
PECK, William 51
PECK, William H. 54/2
PECK, Y. W. 55/2
PELTON, Emory 37
PELTON, George R. 37
PELTON, John E. 37
PELTON, Mary A. C. 37
PENDLETON, Benjamin 29
PENDLETON, Harriett 29
PENDLETON, Rachael 29
PENERY, Mary Ann 3
PENERY, Robert 3
PENNER, Barbara J. 10
PENNER, Daniel 9
PENNER, Harriett Henrietta 12
PENNER, Levi 10, 12
PENNER, Margaret 9
PENNER, Wm. 9
PERKINS, Elizabeth 35
PERKINS, Gerogia 35
PERKINS, Infant 35
PERKINS, Mary W. 35
PERKINS, W. H. 35, 36
PERKINS, Wm. H. 35
PERRELL, Almeda 3
PERRELL, William 3
PERROTT, Alexander 21
PERROTT, Margaret 21
PERRY family 93
PERRY, H. F. 20
PERRY, Jonathan 17
PERRY, Jonathan Prather 17
PERRY, Louisa M. 20
PERRY, Ruth E. 20
PERRY, S. Virginia 17
PERRY, W. H. 20
PETERMAN, Ann C. 13/2, 14
PETERMAN, Ann C. 14
PETERMAN, Samuel G. 13
PETERMAN, W. T. 13/2
PETERMAN, William M. 13
PETERMAN, William T. 14
PETRE, Elizabeth 91
PETRE, Ludwick 91

PFOCH, Charles 6
PFOCH, Elizabeth 6/6
PFOCH, George 6/5
PFOCH, George L. 6
PFOCH, John Gotleib 6
PFOCH, John Peter 6
PFOCH, Mary E. 6
PHENICIE, Ann 49
PHENICIE, William 49
PHILHOWER, Abraham W. 65/2
PHILHOWER, Katie 65
PHILHOWER, Mary B. 65
PHILHOWER, Matilda M. 65/2
PHILHOWER, W. M. 65/2
PIERCE, Josiah 91
PIERCE, Ulrica Dahlgren 91
PIERCE, Vinton Ulric Dahlgren 91
PIKE, Eliza Clara 5
PIKE, Frances 5/2
PIKE, Frances Hower 4
PIKE, Francis 15/2
PIKE, Jonathan 5
PIKE, Lydia A. 15
PIKE, Mary E. 5/2, 15
PIKE, Mary E. L. 5
PIPER, A. M. 87
PIPER, David 86/2, 87
PIPER, Eliza 84
PIPER, Jacob 87
PIPER, Maria 86, 87
PITTINGER, Abraham 3/2
PITTINGER, Harry W. 12
PITTINGER, Jacob D. 12/2
PITTINGER, Mary M. 12/2
PITTINGER, William S. 20
PITTMAN, Ida M. 35
PITTMAN, Ida Margaret 35
PITTMAN, Jacob 54/2
PITTMAN, John W. 35
PITTMAN, Mary Jane Kirk 55
PITTMAN, Sarah 54
PITTMAN, Sylvester 35/3
POFFENBARGER, John 81/2
POFFENBARGER, Sarah J. 81
POFFENBERGER, Albert H. 73
POFFENBERGER, Barbara 90
POFFENBERGER, Catharine 63/4, 73
POFFENBERGER, Daniel 90
POFFENBERGER, David 73
POFFENBERGER, David L. 73
POFFENBERGER, E. 81
POFFENBERGER, Elizabeth Ann 90
POFFENBERGER, Emma V. 73
POFFENBERGER, Harman 78
POFFENBERGER, Harvey S. 63/
POFFENBERGER, Henry A. 63/2
POFFENBERGER, Ida M. 63

POFFENBERGER, Jirome 73/3
POFFENBERGER, Kerlin 80
POFFENBERGER, Kimphrey B. 63
POFFENBERGER, L. 81
POFFENBERGER, Martha J. 63
POFFENBERGER, Martin Henry 63
POFFENBERGER, Mary Magdalene 63
POFFENBERGER, Mary S. 78
POFFENBERGER, S. E. 73
POFFENBERGER, Sallie B. 63
POFFENBERGER, Sallie E. 63
POFFENBERGER, Samson 83/2
POFFENBERGER, Samuel 63/5
POFFENBERGER, Sarah E. 73
POFFENBERGER, Susan E. 83
POFFENBERGER, William Albertis 63
POFFENBERGER woman 84
POFFENBERGER, Zula E. 63
POFFINBERGER, Andrew 71
POLLOCK, John 87
POOLE, Edgar L. 80
PORTER, George Ann 25
PORTER, Infant 25
PORTER, Joseph Marion 25
PORTER, William 25/2
POTTER, Cornelia 22
POTTER, Henrietta 22
POTTER, Nathaniel 22
POTTS, Jackson 31/2
POTTS, John W. 31, 33
POTTS, Louisa 31
POWELL, Ancnath 52
POWELL, Anna 52/2
POWELL, Anna E. 54
POWELL, Catharine 87
POWELL, Eleanor 52/2
POWELL, Harriet 52
POWELL, James M. 52
POWELL, John S. 52
POWELL, Joseph 51
POWELL, Joseph H. 52/2
POWELL, Margaret E. 52
POWELL, Rachel 51
POWELL, Samuel 51, 87
POWELL, Sarah 87
POWELL, Wm. H. 52/4
POWER, Joseph Clay 4
POWER, Mary 4
POWER, Mary M. 4
POWER, William 4/2
POWERS, Annie M. 16
POWERS, Harvey C. 16/2
POWERS, J. William 18/2
POWERS, John L. 11
POWERS, Mary 5/2

POWERS, Mollie S. 18
POWERS, Robert 11
POWERS, William 5/2
POWERS, William H. 5
POWERS, William Henry 5
PRATHER, A. Catharine 11
PRATHER, A. Louisa 20
PRATHER, Anna 15
PRATHER, Anna E. 24
PRATHER, Annie E. 24
PRATHER, B. 24
PRATHER, B. K. 24
PRATHER, Basil 24/2
PRATHER, Cassie 24
PRATHER, Charlotte J. 24
PRATHER, Daniel M. 24
PRATHER, Edwin P. 24
PRATHER, Elizabeth 24
PRATHER, Elizabeth T. 24
PRATHER, Harry 24
PRATHER, Isaac T. 24/2
PRATHER, Isreal T. 24
PRATHER, J. 24/3
PRATHER, Jemima 24/3
PRATHER, Jeremiah Mason 24
PRATHER, John 24
PRATHER, John B. 24
PRATHER, John T. 24
PRATHER, Jonathan D. 11/2
PRATHER, Joseph Samuel 1
PRATHER, Katie 24
PRATHER, Lizzie 24
PRATHER, Lydia B. 1
PRATHER, Margaret Stinemetz 18
PRATHER, Mary 24
PRATHER, Mason 24
PRATHER, P. 24
PRATHER, P. T. 24
PRATHER, Perry T. 24/2
PRATHER, Peter L. 24
PRATHER, Richard 24/2
PRATHER, Ruth S. 20
PRATHER, S. S. 24/3
PRATHER, Samuel 24/3
PRATHER, Samuel S. 24/3
PRATHER, Sarah A. 24
PRATHER, Sneethan 24
PRATHER, T. 24
PRATHER, Temperance 24
PRATHER, Tobias J. 24
PRATHER, Ulysses Ward 24
PRATHER, William 1
PRATHER, Willie 24
PRICE, C. C. 44
PRICE, Eleanor 89
PRICE, L. L. 44
PRICE, M. H. 44/2

PRICE, Ollie W. 44
PRICE, Susan 44
PRINTZ, Grover C. 76
PROCTOR, _____ 35
PROCTOR, Bennie H. 28
PROCTOR, Charles 28
PROCTOR, Eddie 28/2
PROCTOR, Edward 28/5
PROCTOR, Richard 35/2
PROCTOR, Sarah 28/3
PROTZMAN, John 25
PRYOR 40
PRYOR, A. 40
PRYOR, Alexander 40
PRYOR, C. E. 40
PRYOR, Catharine 40
PRYOR, Mary R. 40
PURNELL, Anna A. 35
PURNELL, Catharine 46
PURNELL, John 35
PURNELL, Lewis 46
PURNELL, Mollie E. 46
PURNELL, W. 46
PYE, Anna C. 23
PYE, John B. 23
PYE, Maria 23/3
PYE, Samuel 23/2
PYE, Samuel P. 23/2
RALING, Anna 2
RALING, Barbara 2
RALING, John 2
RASH, Grace L. 38
RAY, James 9/2
RAY, Nancy Snider 9
REAPSOMER, Christiana 69
REAPSOMER, Dany E. 69
REAPSOMER, Frederick C. 69/2
REAPSOMER, John M. 69/4
REAPSOMER, Laura E. 69
REAPSOMER, Mary C. 69
REED, Adaline 11
REED, John 11
REED, Julia Heck 81
REEDER, _____ 64/3
REEDER, Alice R. 79
REEDER, Bettie C. 82
REEDER, Coouese(?) L. 17
REEDER, Della M. 79
REEDER, Ella 64
REEDER, Ettie V. 82
REEDER, Florence J. 83
REEDER, Gerald E. 79
REEDER, Harvey D. 82/2
REEDER, Henry W. 16, 17
REEDER, Hubert E. 79/2
REEDER, Isaac 64
REEDER, J. F. 78/3

REEDER, Jean L. 82
REEDER, John 64
REEDER, John H. 83/2
REEDER, Mahala 75
REEDER, Marion Grant 79
REEDER, Mary E. 82
REEDER, Mary Lillian 78
REEDER, Melvin W. 79/2
REEDER, Myree V. 79
REEDER, Nellie M. 78/2
REEDER, Otho J. 82/2
REEDER, Paul E. 78
REEDER, Samuel V. 79/2
REEDER, Sarah C. 80
REEDER, Theodore N. 17
REEL, B. M. 37
REEL, Bessie M. 37
REEL, C. E. 34
REEL, C. H. 37
REEL, Carrie B. 34
REEL, Charles H. 37
REEL, E. 48
REEL, Elaine 37
REEL, Elizabeth 38
REEL, Evelyn C. 37
REEL, Frances B. 37
REEL, Frances Elizabeth 40
REEL, Francis Thomas 48
REEL, Genevieve B. 37
REEL, J. 48
REEL, J. A. 37
REEL, J. L. 48
REEL, Jacob 38, 48
REEL, James R. 37
REEL, Johnie A. 37
REEL, W. H. 37
REEL, W. Rutherford 37
REEL, Wallace Cleveland 40
REEL, Walter H. 37
REEL, William Shaffer 40
REID, Annie V. Small 11
REID, G. B. 31
REIGART, Caroline Amelia 74
REIGART, Clara Sydney 74
REIGART, Daniel 74/2
REIGART, John Franklin 74
REITZELL, Anna 17
REITZELL, Elizabeth 20/2
REITZELL, Jacob 20/2
REITZELL, Samuel Middlekauff 17
REITZELL, Sudie A. 20
REMSBURG, Annie C. 67
REMSBURG, James 67/2
REMSBURG, Phyllis Kathryn 79
RENNER, Ada W. 81
RENNER, Clyde L. 81
RENNER, David G. 3

RENNER, Emma E. 67
RENNER, Margaret L. 81/2
RENNER, Mary 3
RENNER, Paul E. 67
RENNER, Richard 67
RENNER, Robert W. 81
RENT, Daniel 74
REPP, Ann Rebecca 9
REPP, Cecil H. 18
REPP, David 9/2
REPP, Harriet 9
REPP, Jane R. 15
REPP, John 15/2
REPP, Martha J. 9
REPP, Mary A. 21
REPP, Mary Jane 16
REPP, Samuel 16/2
REPP, Samuel J. 21/2
RESLEY 29
RESLEY, Arthur 29
RESLEY, Catherine 29
RESLEY, Charles A. 30
RESLEY, Ellen 29/6
RESLEY, George G. 29
RESLEY, Infant 34
RESLEY, James 29/4, 34
RESLEY, James M. 29
RESLEY, John 29/3
RESLEY, Mary 29/2, 34
RESLEY, Mary E. 29
RETHER, R. H. 2
REYNOLDS, Eliza 57
REYNOLDS, Eliza C. 57
REYNOLDS, Ella E. 58
REYNOLDS, Infant 57
REYNOLDS, Jessie Bowles 35
REYNOLDS, Kitty 29
REYNOLDS, Samuel 57/4
REYNOLDS, Silas Cornelious 57
RHODES, Anna L. 5
RHODES, Armond 12
RHODES, Catharine 12
RHODES, Clinton M. 12
RHODES, D. T. 5/2, 15, 16
RHODES, Elmer 1
RHODES, Fannie K. 1
RHODES, J. D. 6
RHODES, J. I. 1
RHODES, Jacob 12/2
RHODES, Jacob Dallas 12/2
RHODES, Jacob H. 5
RHODES, Jacob L. 6
RHODES, M. E. 5/2
RHODES, Mary E. 16
RHODES, S. 6
RHODES, Sophia F. 12
RHODES, Tommy Doyl 5

RICE, Daniel 68
RICHARD, John 22
RICHARD, Philip J. 64/2
RICHARDS 33
RICHARDS, Eve Ellen 36
RICHARDS, Helen 36
RICHARDS, Huldah Wooley 35
RICHARDS, Isaac 36/2
RICHARDS, Jacob L. 35
RICHARDS, John 89
RICHARDS, John W. 89
RICHARDS, Lilian Gray 35
RICHARDS, Margaret 89
RICHARDS, Marshall D. 33
RICHARDS, Mary Virginia 33
RICHARDS, Walter 36
RICKARD, Benjamin F. 64
RICKARD, Catharine 64
RICKARD, David 64
RICKARD, Elizabeth 64
RICKARD, John P. 64
RICKARD, Joseph 64
RICKARD, Morgan 64
RICKERT, John 12
RICKERT, Martin 9
RICKERT, Mary 12
RIDENOUR, Anne Maria Dorothy 3
RIDENOUR, Charles E. 73/2
RIDENOUR, David 8
RIDENOUR, Ellen N. 73
RIDENOUR, Eva M. 79
RIDENOUR, Howard H. 79/2
RIDENOUR, Jacob 73/2
RIDENOUR, John D. 3
RIDENOUR, John H. 73
RIDENOUR, Sarah 3
RIDENOUR, Susannah 73
RIED, B. Yantis 31
RIED, J. W 31
RIED, M. D. 31
RIED, Mary R. 31
RIED, W. Harris 31
RIFFELL, Mollie 72
RIFFELL, Samuel P. 72
RINEHART, C. H. 43
RINEHART, E. 43
RINEHART, Elize 42
RINEHART, Emma K. 4
RINEHART, J. T. 43
RINEHART, James E. 42
RINEHART, John 4/2
RINEHART, Lewis A. 4
RINEHART, Mary 4
RINEHART, Mary A. 4
RINEHART, Mary L. 43
RINEHART, S. 43
RINEHART, S. Anne 42

RINEHART, Samuel 42/2, 43
RINEHART, Thomas B. 42
RINGER, Almira 66/3
RINGER, Almira 66
RINGER, Barbara 71, 92/2
RINGER, Catharine E. 85
RINGER, Clara C. 83
RINGER, Clara V. 71
RINGER, Elizabeth 92/2
RINGER, Elizabeth C. 71
RINGER, Ellen Amelia 66
RINGER, Eveann 67
RINGER, Isiah 83/2
RINGER, John 85/2, 92/2
RINGER, John H. 71, 92/2
RINGER, Joseph 92
RINGER, Julian 85
RINGER, M. ____ 92
RINGER, Margaret Elizabeth 85
RINGER, Mary 67, 85, 92/2
RINGER, Mary Catharine 66
RINGER, Peter 65, 66/4, 92/2
RINGER, R. 85/2
RINGER, Robert 85/2
RINGER, Robert W. 85/2
RINGER, Samuel 67/4
RINGER, Winfield S. 92
RISER, Elexzene 9
RISER, Elizabeth 9, 10
RISER, William 9, 10/2
RITZ Farm 46/2, 47
RITZ, George M. 48
RITZ, J. Luther 48
RITZ, John C.47, 48/2
RITZ, M. 48
RITZ, Margaret 48
RITZ, Mary 85
RITZ, Solomon 85
RITZ, W. McKinley 48
ROACH, Catharine 18
ROACH, Daisy L. 18
ROACH, Kate F. 6
ROACH, Mary E. 6
ROACH, Robert 18
ROACH, Robert K. 18/2
ROACH, Robert S. 6, 18/2
ROBEY, Eddy 45
ROBEY, Mary 45
ROBEY, Roise 45
ROBINSON, David F. 22
ROBINSON, Elizabeth V. 33
ROBINSON, Infant 38
ROBINSON, Laura Jane 34
ROBINSON, M. H. 38/2
ROBINSON, W. S. 38/2
ROBISON, A. L. 70
ROBISON, Ann 28

ROBISON, Elizabeth 51
ROBISON, Harry W. 22
ROBISON, John 28, 51
ROBISON, Margaret 38
ROBISON, William J. 28
RODES, Daniel 89
ROGERS, Maud Downs 81
ROHR, Albertis 73
ROHR, Fannie M. 74
ROHR, Julia C. 73
ROHR, Matilda 73
ROHR, Philip T. 73/2
ROHRER, David 90
ROHRER, David S. 71
ROHRER, Elmer 93
ROHRER, Hermy Ellen 57
ROHRER, L. Q. 57
ROHRER, Lydia A. 90
ROHRER, M. E. 57
ROMAN, Justus 45
RONEY, F. C. 18
RONEY, Florence C. 18
RONEY, John H. 18/3
RONEY, Walter H. 18
ROSE, Elizabeth 51
ROSS, James L. 53
ROSS, James M. 53
ROTH, Daniel 1/2
ROTH, Maria 1
ROUDABUSH, George J. 82/2
ROUDABUSH, Martha E. 82
ROUTZAHN, Anna M. 76
ROUTZAHN, Harlan G. 76/2
ROUTZAHN, Viola M. 74
ROWE, Claude C. 90
ROWE, Daniel E. 69/2
ROWE, Emma B. 69
ROWE, Emma Ellen 69
ROWE, Ernest D. 1/2
ROWE, Isaiah 90
ROWE, Josephine 90
ROWE, Percy E. 69
ROWE, Samuel A. 69
ROWE, Sarah M. 83
ROWE, Thomas 83/2
ROWE, Wreathie Irene 69
ROWLAND, Abraham 13
ROWLAND, Anna Martha 6
ROWLAND, C. Virginia 29
ROWLAND, Catharine 27
ROWLAND, E. 31
ROWLAND, Edward 29
ROWLAND, Eliza Ellen 31
ROWLAND, Elizabeth 6, 13
ROWLAND, Florence R. 34
ROWLAND, Gerturde 29
ROWLAND, Helen L. 34

ROWLAND, Henry 6, 13
ROWLAND, J. 31
ROWLAND, John 27
ROWLAND, Jospeh 29
ROWLAND, Maria 34
ROWLAND, Rebecca R. 29
ROWLAND, Sarline 21
ROZELLE, Beall Davis 32
RUBECK, David C. 21
RUBECK, Mary 21
RUBECK, Newton 21
RUBSAMEN, Kezia 89
RUCH, Daniel 74
RUDISILL, Michael 86
RUNYAN, Jospeh 56/2
RUNYAN, Rachel 56
RYAN, James P. A. 41
RYAN, John P. 41
SAGLE 34
SAGLE, A. T. 34
SAGLE, Aaron T. 34
SAGLE, Bertha A. 34
SAGLE, Mary 33
SAGLE, Mary A. 34
SAGLE, P. J. 34
SAGLE, Roy E. 34
SAGLE, Samson 33/2
SANDERS, Charles D. 73
SANDERS, Emery P. 73
SANDERS, George A. 73/3
SANDERS, George R. 73
SANDERS, Mary M. 73/2
SANDERS, Mary S. 73
SANDERS, Nora S. 73
SANNER, James 88
SANTMAN, Mary Knode 11
SARGES, Catherine C. 74
SARGES, Frederick M. 74/2
SAVILLE, Orpha Talbert 79
SCHAEFFER, Howard J. 71
SCHAL, Cathareine 91
SCHECHTER, Daniel 91
SCHECHTER, Infant 91
SCHECHTER, Jacob 91/3
SCHECHTER, John Wendel 91
SCHECHTER, Judith 91
SCHECHTER, Lydia 91/3
SCHECHTER, Saryan 91
SCHECHTER, Wendel 87
SCHILDKNECHT, Josiah 79
SCHILDKNECHT, Josiah M. 79
SCHILDKNECHT, Manzella M. 79
SCHINDEL, George 92
SCHINDEL, John 92
SCHINDEL, Margaret 92
SCHLEIGH 14
SCHLEIGH, Augusta T. 14

SCHLEIGH, Boyd 14
SCHLEIGH, Charles A. 14/2
SCHLEIGH, Fannie B. 14
SCHLOSSER, Anna D. 87
SCHLOSSER, Bessie E. 75
SCHLOSSER, Catharine 57
SCHLOSSER, Clegot John 57
SCHLOSSER, Daniel 87/2
SCHLOSSER, David 57/2
SCHLOSSER, E. Thomas 75
SCHLOSSER, Elizabeth 87/3
SCHLOSSER, Emma J. R. 65
SCHLOSSER, Enos 75/2
SCHLOSSER, H. Ann 65
SCHLOSSER, Henry E. 87
SCHLOSSER, James Alfred 87
SCHLOSSER, Joel 57/2
SCHLOSSER, John 86/2
SCHLOSSER, Joseph 71
SCHLOSSER, Magdelene 57
SCHLOSSER, Martha 65
SCHLOSSER, Martha E. 65
SCHLOSSER, Mary Catharine 87
SCHLOSSER, Mollie E. 75
SCHLOSSER, Samuel 65/2
SCHLOSSER, Simon 87
SCHLOSSER, Susan 87
SCHOLOSSER, Elizabeth 86
SCHOTT, Jacob 85
SCHOTT, John Von George 85
SCHRADER, Christina 93
SCHRAMEYER, Ann 12
SCHRAMEYER, Henry 12/4
SCHRAMEYER, Samuel H. 12
SCHRAMEYER, Susan 12
SCHRAMEYER, Susanna 12/2
SCHUEY, Christena H. 93
SCHUEY, Johannes 93
SCHUH, Charles 41/2
SCHUH, Henry 41
SCHUH, Rosana 41/3
SCHULTZ, Theodore 83
SCHUPP, Dorothea 91
SCOTT, Elizabeth 26
SCOTT, Mary 26
SCUFFIN, William 58
SCUFFINS, Charles H. 80
SEAVOLT, Daniel 50/2
SEAVOLT, J. Wade 50
SEAVOLT, Jacob 28
SEAVOLT, John L. 28
SEAVOLT, S. J. 28
SEAVOLT, Samuel C. 28/2
SEFTON, Martin 17
SEFTON, Martin F. 17
SEFTON, Natalie 17
SEIBERT, Allen B. 22

SEIBERT, Catharine Eliza 64
SEIBERT, Margaret 64/2
SEIBERT, Peter 64/2
SELBY, A. J. 5
SELBY, Emilie Augusta 5
SENSEL 34
SENSEL, Bertha M. 55
SENSEL, Charles E. 56
SENSEL, Charles M. 31/2
SENSEL, Fannie M. 56
SENSEL, Henry 56/2
SENSEL, Jacob 40
SENSEL, Jacob E. 40
SENSEL, Julia E. 55
SENSEL, Martin 34/3
SENSEL, Mary A. 31
SENSEL, Rebecca Ellen 56/2
SENSEL, Rose I. 40
SENSEL, Wilhelmina 34/2
SENSEL, Willie H. M. 31
SEYLAR, G. W. 35/2
SEYLAR, Sarah E. 35
SHAFER, Clarence E. 83
SHAFER, J. 25
SHAFER, John 25
SHAFER, Jonathan 85/2
SHAFER, Laura Locher 83
SHAFER, M. E. 25
SHAFER, Mary E. 83
SHAFER, Robert J. 83/2
SHAFER, Robert Locher 83
SHAFER, Susan 85
SHAFER, Virginia A. 25
SHAFFER, Annie M. 74
SHAFFER, Mary E. 78
SHAFFER, Solomon 6
SHAFFNER, Charles M. 66
SHANEBERGER, L. R. 77/2
SHANG, Daniel 91
SHANG, Peter 91
SHANG, Sophia 91
SHANK, A. 23
SHANK, A. M. 10
SHANK, Abraham 23
SHANK, Andrew J. 19/2
SHANK, Andrew M. 11
SHANK, Ann 9
SHANK, B. 23
SHANK, B. E. 23
SHANK, Barbara 1
SHANK, Catharine 10, 70/2, 85
SHANK, Catharine H. 10
SHANK, Charlie A. 23
SHANK, David L. 10
SHANK, Denton 23
SHANK, Elizabeth A. 22
SHANK, Ellen 23/2

SHANK, Elva 93
SHANK, Emily M. 10
SHANK, Fannie L. 23
SHANK, Henry 10/2
SHANK, Henry S. 2/2
SHANK, Ida M. 19
SHANK, Infant 2, 10
SHANK, J. B. 2
SHANK, J. G. 23
SHANK, Jacob 23, 85
SHANK, Jacob H. 23
SHANK, Jane 15
SHANK, John B. 2/2
SHANK, John D. 9/4
SHANK, John L. 9
SHANK, Johnnie 23
SHANK, Jonathan 15/2
SHANK, Joseph 23/2
SHANK, Joseph L. 41
SHANK, Lucy F. 24
SHANK, Lydia 2
SHANK, M. A. 10
SHANK, Maggie M. 19
SHANK, Martha R. 2, 10
SHANK, Mary Beachley 88
SHANK, Mary C. 9/3
SHANK, Mary E. 9
SHANK, Mary Leah 23
SHANK, Otho J. 84
SHANK, R. 2
SHANK, Rebecca J. 2
SHANK, Rosa A. 19
SHANK, S. 23
SHANK, Sallie 23
SHANK, Sarah A. 9
SHANK, W. F. 2
SHANK, Washington 10
SHANK, William 15
SHANK, William S. 22/2
SHARP, E. 49
SHARPLES, Antoinette 27
SHARPLES, Ida V. 27
SHARPLES, John 27
SHAW 18
SHAW, Calvin R. 10
SHAW, Charles E. 18/2
SHAW, Elizabeth 85
SHAW, Isabella 64
SHAW, J. 10/2
SHAW, M. ____ 85
SHAW, M. 10/2
SHAW, Martha H. 18
SHAW, Mathias 64, 84
SHAW, Maurice E. 56/2
SHAW, Minnie Lee 10
SHAW, Nancy E. 56
SHAW, Sophia Elizabeth 84

SHAW, Thomas 85
SHEETS, Emily 3
SHEETS, John 3
SHEETS, Milton Henry 87
SHEPPARD, Annie M. 38
SHEPPARD, Barbara 38/2
SHEPPARD, Clara A. 38
SHEPPARD, David 48
SHEPPARD, Jacob 38/3
SHEPPARD, John 38/3, 48
SHEPPARD, Lewis C. 38
SHEPPARD, M. J. 38
SHEPPARD, Mary E. 38
SHEPPARD, Mary J. 38
SHEPPARD, Nellie G. 38
SHEPPARD, Oliver W. 38
SHEPPARD, Roy N. 31
SHEPPARD, William 48
SHEPPERD, Thomas 44
SHERLEY, C. S. 22
SHERLEY, Samuel C. 22
SHIFFLER Place 93
SHIFFLER, Sophia T. 71
SHIFLER 58
SHIFLER, A. L. 81
SHIFLER, Alice E. 70/2
SHIFLER, Amanda E. 70
SHIFLER, Arbelin 58
SHIFLER, Arbelin A. 58/2
SHIFLER, Catharine 57, 73
SHIFLER, Clarence W. 58
SHIFLER, Daniel S. 70/2
SHIFLER, Elfleta 81
SHIFLER, Elizabeth 57/4
SHIFLER, Ellie 58/2
SHIFLER, Elmer D. 58
SHIFLER, Emmert 82/2
SHIFLER, Etta V. 82
SHIFLER, George 57/2, 73/2
SHIFLER, George J. 57
SHIFLER, Henry Abigail 58
SHIFLER, Infant 70
SHIFLER, Jacob William 57
SHIFLER, John 57/2
SHIFLER, John L. 82/2
SHIFLER, John W. 80
SHIFLER, Joshua 58/2
SHIFLER, Lydia 58/2
SHIFLER, Magdelen 88
SHIFLER, Maria 70
SHIFLER, Martha E. 74
SHIFLER, Mary A. 82
SHIFLER, Mary C. 70
SHIFLER, Minnie A. 58
SHIFLER, Otho J. 58/4
SHIFLER, Ruanna Magdalene 58
SHIFLER, Rufus L. 57

SHIFLER, Samuel 70
SHIFLER, Samuel E. 74
SHIFLER, Sara Lou 81
SHIFLER, Sarah E. 80
SHIFLER, Susannah 57
SHIFLER, W. L. 81
SHIFLER, Walter E. 70
SHIFLER, Walter H. 58
SHIFLER, William 58/4
SHIPWAY, John C. 44/2
SHIPWAY, Sarah A. 44
SHIVES 40
SHIVES, Alice M. 47
SHIVES, Amy 47
SHIVES, Benjamin T. 47
SHIVES, Charles E. 37/2
SHIVES, D. 47/3
SHIVES, D. H. 47/3
SHIVES, Daniel 47/3
SHIVES, Daniel H. 47
SHIVES, David 56
SHIVES, Dayton O. 37/2
SHIVES, Dorotha A. 34
SHIVES, Dove May 33
SHIVES, E. L. 46
SHIVES, Edward, Farm 46
SHIVES, Estalene E. 47
SHIVES, Goldie V. 46
SHIVES, Infant 47/2
SHIVES, J. 33, 40
SHIVES, J. D. 37
SHIVES, Jacob D. 47/3
SHIVES, Jacob R. 33/2
SHIVES, James 40
SHIVES, Jennie 47
SHIVES, John 33, 47
SHIVES, John D. 37/2
SHIVES, Joseph U. 47/2
SHIVES, Jospeh G. 47/2
SHIVES, Leonard 47
SHIVES, M. A. 40
SHIVES, Margaret J. 47
SHIVES, Martha Ellen 33
SHIVES, Mary 36, 37, 47/4
SHIVES, Mary A. 40
SHIVES, Mary B. 40
SHIVES, Mary E. 33, 37
SHIVES, Mary V. 37
SHIVES, Molvina 37
SHIVES, N. E. 47/2
SHIVES, Nancy A. 47
SHIVES, Nancy Ann 47/4
SHIVES, Nannie E. 4 7
SHIVES, Otho 34
SHIVES, Otho B. 34
SHIVES, P. E. 47/2
SHIVES, Peter 47/6

SHIVES, Peter E. 47/2
SHIVES, Rota B. 34
SHIVES, Roy H. 47
SHIVES, Ruhamma 37
SHIVES, Samuel 47
SHIVES, Samuel C. 33
SHIVES, Sarah 47
SHIVES, Susannah 47
SHIVES, W. J. 46
SHIVES, William H. 37
SHIVES, William Taylor 33
SHIVES. E. 33
SHLAGEAL, Daniel 48/2
SHLAGEAL, Daniel M. 48
SHLAGEAL, Elizabeth 48
SHLAGEAL, Jacob 48/2
SHLAGEAL, Margaret 48
SHLAGEAL, Mary M. 48
SHOEMAKER, Daniel N. 71/2
SHOEMAKER, Elizabeth A. 71
SHOEMAKER George W. 7/12
SHOEMAKER, J. Thomas 46/2
SHOEMAKER, M. C. 71
SHOEMAKER, M. Catharine 43
SHOEMAKER, Nancy May 46
SHOEMAKER, Nannie 43
SHOEMAKER, Rosey E. 71
SHOEMAKER, Thomas 43
SHOOK, Andrew 10
SHOOK, Frederick D. 10
SHOOK, Margaret 10
SHOUPE, John 91
SHOWALTER, Frank 24
SHRAUDER, H. 64
SHRIVER, Catharine 86/2
SHRIVER, Elizabeth 86
SHRIVER, Henry 86/2
SHUE, Charles H. 43
SHUE, E. 43
SHUE, E. C. 43
SHUMAKER, Annie C. 80
SHUMAKER, Annie L. 80
SHUMAKER, Howell C. 80
SHUMAKER, Martin L. 80/2
SHUPE, Adam 91
SHUPP, A. 2/2
SHUPP, Abraham 2/4
SHUPP, Anna 2
SHUPP, Annie M. 1
SHUPP, Bessie L. 1
SHUPP, Calvin R. 19/2
SHUPP, Catharine 2/3
SHUPP, Chas. A. 2/2
SHUPP, Christian 17/2
SHUPP, David S. 1
SHUPP, Elizabeth 17
SHUPP, Emma K. 2

SHUPP, Henry 2/4
SHUPP, Infant 2/2
SHUPP, J. Frederick 19
SHUPP, John 2
SHUPP, John H. 19/2
SHUPP, Joseph 1/4
SHUPP, Louisa I. 2/2
SHUPP, Lucinda 2
SHUPP, Lucinda Ellen 19
SHUPP, Margaret S. 17
SHUPP, Nancy 2
SHUPP, Rilla M. 19
SHUPP, Samuel R. 17
SHUPP, Tereatha M. 2
SHUPP, William H. 2, 17
SIGLER, Nora R. 65
SILER, Annie C. 40
SILER, Elizabeth 40
SILER, John 40/2
SILER, John E. 40
SILVER, Anna 13
SILVER, Elizabeth Ann 10
SILVER, Isabelle 13
SILVER, John E. 16/2
SILVER, Mattie J. 16
SILVER, Samuel 6
SILVER, Samuel L. 16
SILVER, Thomas J. B. 10/2
SILVER, William E. 16
SILVERS, Ann 6
SILVERS, Samuel 6
SIMMONS, Jennie 48
SIMS, Susan M. 59
single name: Oddie 48
single name: Willie 48
single name: Katie D. 81
single name: Maria Magdalena 85
single name: Maria Elisabetakun 92
single name: Mary C. 78
single name: NED 23
Single name: Eddie 86
Single name: Mary 86
SINNISEN, Emma E. 91
SINNISEN, Oliver B. 80
SKILES, John C. 88
SKINNER, Caroline M. 84
SKINNER, Leander M. 84
SKINNER, Nancy 84
SKINNER, Peyton 84
SLAGLE, Jacob 48/2
SLAGLE, John 48
SLIDER, Jacob 22
SLIFER, Ann Rebecca 85
SLIFER, Catherine 85
SLIFER, Ezra 85/2
SLIFER, Herman 84
SLIFER, Infromberger 85

SLIFER, Miriam Amelia Catharine 85
SLIFER, Susan 69/2
SMALL, _____ 36
SMALL, Charlotte 11
SMALL, F. V. 15
SMALL, H. Wells 36
SMALL, Harry 36
SMALL, Harvey 11
SMALL, Infant 15
SMALL, Newton 36
SMALL, Norman R. 55/2
SMALL, R. M. 15
SMALLWOOD 27
SMART, David 25
SMELTZER, Clara L. 71
SMELTZER, Eugene P. 71
SMITH 58
SMITH, A. 2/2
SMITH, Abijah 84, 88/2
SMITH, Ada S. 88
SMITH, Agnes A. 81
SMITH, Albert F. 80
SMITH, Amelia K. 62
SMITH, Amos 90/2
SMITH, Ann 2/4
SMITH, Ann E. 2
SMITH, Anna 2, 11
SMITH, Anna Bair 2
SMITH, Anna S. 11
SMITH, Annie 71
SMITH, Annie B. 72
SMITH, Annie C. 60
SMITH, Annie M. 79
SMITH, Arbelen E. 71
SMITH, Arthur M. 78/2
SMITH, Benjamin C. 57, 80
SMITH, Bessie 72
SMITH, Brent 34/4
SMITH, C. D. 78
SMITH, Carl E. 79
SMITH, Caroline A. 69
SMITH, Caroline C. 58
SMITH, Carrie C. 71
SMITH, Carrie M. 62
SMITH, Catharine 61/2
SMITH, Charles 61
SMITH, Charles C. 70
SMITH, Charles Randolph 34
SMITH, Christiana E. 2
SMITH, Clariss 28
SMITH, Clayton E. 76/2
SMITH, Clemintine M. 68
SMITH, Clifford D. 78
SMITH, Cyrus G. 11
SMITH, D. 2/2
SMITH, Dallas 80
SMITH, Daniel 58/5, 71

SMITH, David 2
SMITH, E. T. 60
SMITH, Edith 80
SMITH, Edward H. 81
SMITH, Eliza 11
SMITH, Elizabeth 2, 7, 61, 69, 87
SMITH, Elizabeth E. 90
SMITH, Ellen T. 41
SMITH, Emma A. 72
SMITH, Emma F. 80
SMITH, Emma M. 81
SMITH, Emma S. 68
SMITH, F. J. 60
SMITH, Fannie E. 76
SMITH, Fannie M. 69
SMITH, Florence R. 71
SMITH, Florence V. 79
SMITH, Frank M. 65
SMITH, Franklin P. 61
SMITH, Genevieve C. 79
SMITH, George 84/2
SMITH, George F. 57/3
SMITH, George J. 72
SMITH, George W. 61, 71
SMITH, Georgeann 65
SMITH, Georgeanna 68
SMITH, Harriet A. 72
SMITH, Harvey C. 88/2
SMITH, Harvey J. 81/2
SMITH, Harvey M. 81
SMITH, Helen Regina 34
SMITH, Hellen G. 69
SMITH, Henry 60, 84
SMITH, Henry R. 73/2
SMITH, Hiram A. 11/3
SMITH, I. N. 84
SMITH, Indianna 57/2
SMITH, Infant 2/3, 11, 28
SMITH, Isaiah J. 26/2
SMITH, Israel 67
SMITH, J. 2, 25
SMITH, J. Harlan 62
SMITH, J. W. 25
SMITH, Jacob 62/2
SMITH, Jacob E. 71/2
SMITH, James Edward 84
SMITH, James L. 11
SMITH, Jasper A. 80
SMITH, Jeanette R. 62
SMITH, Jeannette Y. 60
SMITH, John 2/2
SMITH, John E. 74, 71
SMITH, John M. 41/2
SMITH, John R. 2/4
SMITH, John Sibert 58
SMITH, John T. 49
SMITH, John W. 61

SMITH, Jonas D. 72/2
SMITH, Joseph 2/2
SMITH, Kate E. 74
SMITH, L. F. 73
SMITH, Laura V. 71
SMITH, Lavina 84
SMITH, Lawson O. 61/3
SMITH, Letitia C. 84
SMITH, Levi 89
SMITH, Lewis H. 68/2
SMITH, Louisa J. 11
SMITH, Louise 34/3
SMITH, Lucinda Watson 60
SMITH, Lula M. 61
SMITH, Luther Lee 81
SMITH, Lydia A. 71
SMITH, M. E. 78, 90
SMITH, M. Luella 82
SMITH, Malinda C. 58
SMITH, Margaret 57, 84
SMITH, Margaret Amelia 57
SMITH, Martha F. 57
SMITH, Martin L. 82/2
SMITH, Mary 71, 84, 88
SMITH, Mary Ann 89
SMITH, Mary C. 73
SMITH, Mary Ellen 90
SMITH, Michael 57
SMITH, Mollie E. 88
SMITH, Myra J. 25
SMITH, Nancy 84/2
SMITH, Naoma 7
SMITH, Nellie E. 80
SMITH, O. F. 69
SMITH, O. J. 60, 79, 82
SMITH, Omar S. 80/2
SMITH, Oscar F. 69
SMITH, Otho B. 60
SMITH, Peter 6, 7/2
SMITH, Prudence 80
SMITH, Rachael F. 62
SMITH, Raymond 80
SMITH, Raymond H. 35
SMITH, Rebecca 71, 76
SMITH, Robert 58, 76/2
SMITH, Robert E. 80
SMITH, Rose A. 26/2
SMITH, Royal C. 80
SMITH, Ruth E. 78
SMITH, Samuel 58, 71
SMITH, Samuel H. 62/2
SMITH, Samuel J. 26, 88/2
SMITH, Stafford 80
SMITH, Susan 2, 25/2, 73
SMITH, Susan M. 82, 90
SMITH, Susan Maria 89
SMITH, Thomas 28

SMITH, Thomas E. 57, 62, 82
SMITH, Tilghman H. 80
SMITH, Wesley 28
SMITH, William F. 69/3
SMITH, William G. 83/2
SMITH, William H. 84
SMITH, William P. 2
SMITH, William R. 7
SMITH, Wilson B. 25
SNELL, Benjamin 48
SNELL, Delilah 48
SNELL, Edna 48
SNELL, George 48/2
SNELL, Rebecca 48/2
SNIDER, Alfred 52
SNIDER, Amanda Jane 54
SNIDER, Ann Margaret 7
SNIDER, Annie 54
SNIDER, Ascnath 52/2
SNIDER, Asenath 54/3
SNIDER, Catharine 25
SNIDER, Deborah 52
SNIDER, H. 25
SNIDER, Harriet 7
SNIDER, Harry 37
SNIDER, Henry 37
SNIDER, Jacob 7/2
SNIDER, Jacob C. 7
SNIDER, Jasper N. 52
SNIDER, Jesse B. 54/3
SNIDER, John 86
SNIDER, John B. 52
SNIDER, John R. 52/3, 54/2
SNIDER, Jonathan B. 52/2, 54/2
SNIDER, Leonard 6
SNIDER, Maria L. 7
SNIDER, Mary 52/2, 54
SNIDER, Susan 37
SNIVELY, Barbara A. 60/2
SNIVELY, E. Mae 83
SNIVELY, Eudora A. 32
SNIVELY, Harriet Blackwell 32
SNIVELY, Hiram B. 60/3
SNIVELY, Howard W. 60/2
SNIVELY, Jacob 32/2
SNIVELY, John L. 82/2
SNIVELY, Roberta Florence 32
SNIVELY, Thomas A. 84
SNIVELY, V. C. 32
SNOOK, Elizabeth 12
SNOOK, Flora 12
SNOOK, Joshua 12
SNOW, Silas 26
SNOW, Susan 26
SNYDER 60
SNYDER, Abraham K. 19/2
SNYDER, Amanda E. 57/3

SNYDER, Andrew 3/2, 4
SNYDER, Andrew N. 4
SNYDER, Ann E. 11
SNYDER, Ann Elizabeth 11
SNYDER, Annie M. 70
SNYDER, Archibald 20/2
SNYDER, Catharine 57/3
SNYDER, Catharine E. 19
SNYDER, Charles L. 20
SNYDER, Claud Edward 70
SNYDER, Cora A. 70
SNYDER, Cora E. 57
SNYDER, Daniel T. 57
SNYDER, Dora W. 20
SNYDER, E. K. 13/3
SNYDER, Elias 57
SNYDER, Elias A. 57
SNYDER, Ella D. 11
SNYDER, Emma J. 3
SNYDER, Eva 20
SNYDER, Ezra A. 60
SNYDER, Fanny Elizabeth 82
SNYDER, Frances 24
SNYDER, G. E. 82
SNYDER, George N. 60/3
SNYDER, George W. 74/2
SNYDER, H. B. 46
SNYDER, Harlan S. 70/2
SNYDER, Harvey M. 56
SNYDER, Henry 24
SNYDER, Infant 59
SNYDER, J. Miller 60
SNYDER, Jeanette 60
SNYDER, John 87
SNYDER, John Manadore 60
SNYDER, John T. 11, 20, 57/4
SNYDER, Joseph Charles 24
SNYDER, Joseph H. 75/2
SNYDER, L. P. 13/3
SNYDER, Laura S. 59
SNYDER, Leonard 11/2
SNYDER, Louisa M. 70/2
SNYDER, Luther P. 13
SNYDER, Martha A. 57
SNYDER, Martin H. 70/3
SNYDER, Martin T. 57
SNYDER, Mary Otis 3
SNYDER, Mary V. D. 11
SNYDER, Mary Virginia 59
SNYDER, Nancy 60
SNYDER, Nancy A. 59
SNYDER, Peter 6
SNYDER, R. C. 11
SNYDER, Rachel A. 3
SNYDER, Ralph L. 13
SNYDER, Rebecca C. 11
SNYDER, Ruann N. 59

SNYDER, Samuel 57
SNYDER, Samuel Burnside 4
SNYDER, Sarah 60/2
SNYDER, Sarah E. 3/2, 4
SNYDER, Sibyl Lucile 13
SNYDER, Simon 59
SNYDER, Simon P. 59/2
SNYDER, Sophia 75
SNYDER, Susan 11
SNYDER, Susan 59
SNYDER, Susan D. 6
SNYDER, Susan M. 20
SNYDER, William B. 11/4
SOCEY, Abraham L. 10
SOCEY, Abraham R. 10
SOCEY, Catherine 6
SOCEY, John 6/2
SONN, Peter 85
SOUDERS, Charles 54
SOUDERS, Geraldine M. 55
SOUDERS, Harry 55
SOUDERS, Henry, Farm 47
SOUDERS, Nancy 54
SOUDERS, Rebecca 54
SOUDERS, William H. 54
SOUDERS, Yetta Rebecca 55
SOUTH, Alice V. 83
SOWDERS, Charles 55/2
SOWDERS, Mary 55
SOWERS, Carrie E. 19
SOWERS, Eli T. 12/2
SOWERS, Elizabeth 6
SOWERS, Frederick 6, 12
SOWERS, Infant 11
SOWERS, J. Fred 19/2
SOWERS, Jackie 14
SOWERS, Joseph G. 12
SOWERS, Martin L. 19/2
SOWERS, Mary 12
SOWERS, Mary C. 19
SOWERS, Mary E. 11
SOWERS, Mary J. 11/2, 12
SOWERS, Nancy 12
SOWERS, Peter 11/2
SOWERS, Peter J. 11, 12/2
SOWERS, Samuel W. 14
SOWERS, Sarah A. 14
SPANGLER, John F. 3
SPEAKER, Elenora 59
SPEAKER, Frederick 59
SPEALMAN, Jacob 57, 87
SPECK, David 3
SPECK, Rebecca 3
SPECK, William S. 3
SPEILMAN, Jacob 85
SPEILMAN, John H. 85
SPEILMAN, Sarah 85

SPELLMAN, Susan 39
SPESSARD, Charles C. 76/2
SPICER 42
SPICER, A. B. 42
SPICER, Anna B. 42
SPICER, Austin G. 42
SPICER, Elizabeth 42
SPICER, Francis L. 42
SPICER, H. 42/4
SPICER, Hanna 42
SPICER, Henry 42/2
SPICER, J. T. 43/3
SPICER, John W. 42
SPICER, Katherine 42
SPICER, Louisa 42
SPICER, Mariah A. 42
SPICER, Mary E. 42
SPICER, Teresa 42
SPIDEL, John 21
SPIELMAN, Amos 9, 14/3
SPIELMAN, D. J. 9
SPIELMAN, Ezra 63/2
SPIELMAN, Georgie 14
SPIELMAN, John 63, 85
SPIELMAN, John Calvin 85
SPIELMAN, John D. 9
SPIELMAN, Kate 14/2
SPIELMAN, Mary 14
SPIELMAN, Mary E. 9/2
SPIELMAN, Mary Elizabeth 63
SPIELMAN, Mary M. 63
SPIELMAN, Rosanna 85
SPIELMAN, Sophia 85
SPIELMAN, Spielman 14
SPIKER, Harry T. 31
SPIKER, Perry 31/3
SPIKER, Rachel 31/2
SPIKER, Rachel T. 31
SPIKER, Wilbur Koon 31
SPILLMAN, Charles(?) O. 32
SPILMENIN, Eva 91
SPITZNAUGHLE, Jacob 8
SPITZNAUGHLE, Rosann 8
SPONSELLER, C. A. 13
SPONSELLER, Catharine 8/3
SPONSELLER, Charlotte A. 18
SPONSELLER, Christiana 14
SPONSELLER, Edward C. 13
SPONSELLER, Frederick 8/2, 13/3
SPONSELLER, Harriet Ann 13
SPONSELLER, Hugh S. 11
SPONSELLER, J. Fred 11
SPONSELLER, J. L. 13
SPONSELLER, Jacob 11
SPONSELLER, Jacob N. 11
SPONSELLER, John L. 18/2
SPONSELLER, Samuel E. 18

SPONSELLER, Solomon S. 13
SPRECHER, Catharine 14
SPRECHER, Isaac 14/2
SPRECHER, J. Anna 14
SPRECHER, John L. 18
SPRECHER, Mary C. 14
SPRINGER, John M. 78/2
SPRINGER, Mary V. 78
SRADER, Catharine 49/2
SRADER, George 49
SRADER, Lazarus 49/3
ST. CLAIR, David V. 60
ST. CLAIR, Henry 60
ST. CLAIR, Martha 60
ST. CLAIR, Martha E. 60
STALEY, Abraham 9
STALEY, Barbara Ann 9
STALEY, David L. 16
STALEY, Isaac 18
STALEY, John W. 16/2
STALEY, Lavina 18
STALEY, Marry E. 16
STARLIPER, Clara L. 15
STARLIPER, Henry 15/3
STARLIPER, J. D. 31/2
STARLIPER, John E. 31
STARLIPER, Katie 15
STARLIPER, Mary 15
STARLIPER, Mary A. 19, 31
STARLIPER, Mary Ann 31
STARLIPER, Upton L. 19
STARNES, Margaret M. 34
STARR, B. M. 54
STARR, Sarah 54
STARTZMAN, E. 4
STARTZMAN, Elias D. 4
STATZMAN, S. 4
STAUB, Nina M. 76
STAUBS, George 58, 86
STAUBS, Mary 86
STEELE, John R. 10/2
STEELE, Mary 10
STEELE, Mary Ann 26
STEGANIUS 40
STEILLWELL, William 30
STEIN, Lillie M. 36
STEM, Annie 74
STEM, Annie M. 74
STEM, Elmer E. 74
STEM, Herndon 27
STEM, J. Snively 27
STEM, J. W. 27/2
STEM, Laura 27
STEM, Laura V. 27
STEM, W. H. 74
STEM, William H. 74/2
STEMER, Joseph 88, 89

STEMER, Margaret J. 88, 89
STEMER, Mary E. 89
STEMER, Susan 88
STEPHENS, Amilia 64/2
STEPHENS, Ann Lucinda 64
STEPHENS, David 49
STEPHENS, E. C. 30
STEPHENS, Eliza C. 30
STEPHENS, Elizabeth A. 64
STEPHENS, H. 30/2
STEPHENS, John Marshall 30
STEPHENS, Lenore B. 30
STEPHENS, Lynn B. 30
STEPHENS, Milton S. 74
STEPHENS, S. McF. 30
STEPHENS, Samuel M. 30/4
STEPHENS, Samuel Mcf. 30
STEPHENS, Septimus 64/2
STEPHENS, Townsend Bedell 30
STEPHENS, Wilhelmina 70
STEPHENS, William 64
STEPHEY, Alice G. 76
STEPHEY, David 76/2
STEPHEY, Rosco W. 81
STERLING, Annie R. 16
STERLING, George M. 16
STERLING, Harry J. 16
STEVENS, Jas. L. 54
STEVENS, Mary A. 54
STEVENS, R. 545
STEVENSON, G. 27
STEVENSON, L. G. 27
STEVENSON, Sarah F. 27
STEWART, Charles 43
STIGER, Sopia 51
STIGERS, Abner H. 54
STIGERS, Adam 51/2
STIGERS, Alice 31
STIGERS Amos C. 54
STIGERS, Baltus 31/3
STIGERS, Baltus 55/2
STIGERS, Barbara E. 34
STIGERS, C. 31
STIGERS, Catherine 31
STIGERS, Eleanor 54
STIGERS, James H. 34
STIGERS, John 34, 54
STIGERS, Mari 55
STIGERS, Olive Wilson 33
STIGERS, Philip Elwood 33
STILLWELL, Abraham M. 54
STILLWELL, Catherine 50
STILLWELL, Elias 50/2
STILLWELL, Elizabeth A. 54
STILLWELL, Infants 54
STILLWELL, James M. 50
STILLWELL, Jeremiah 50

STILLWELL, John 50/2, 54
STILLWELL, John T. 54
STILLWELL, Johnson 54
STILLWELL, Lewis M. 54
STILLWELL, Mariam 50
STILLWELL, Obadiah C. 50
STILLWELL, Sarah 50, 54
STILLWELL, Susan 30
STINE, Ada 36
STINE, Catharine 36
STINE, Eliza J. 69
STINE, Emma J. 61
STINE, George W. 69
STINE, Henry 36/2
STINE, J. W. 36
STINE, John 36/2
STINE, John M. 61
STINE, Levin B. 35
STINE, M. M. 36
STINE, Otta Mesa 36
STINE, Rebecca J. Rohrer 71
STINEMETZ, John 18
STINEMETZ, Lyle C. 18
STINEMETZ, Maria 18
STINEMETZ, Sarah 18
STINEMETZ, Solomon 18/2
STINGER, Sarah 92
STONE, Allen 83
STONE, Allen M. 70
STONE, Amanda P. 35
STONE, Benjamin 69/2
STONE, Charles Henry 6
STONE, Elizabeth 75
STONE, H. F. 15
STONE, John G. 3
STONE, Leah 69
STONE, Mary C. 3
STONE, Mary J. 15
STONE, Sidney V. 70, 83
STONE, William H. 70
STONE, Willie H. 70/2
STONEBREAKER, Ann Maria 85
STONEBREAKER, Michael 85
STONESIFER, Edwin Finley 72
STONESIFER, Jacob G. 72
STONESIFER, John 72/6
STONESIFER, John Rubush 72
STONESIFER, Laura Maria 72
STONESIFER, Lucinda 72
STONESIFER, Mary 72/5
STOPS, Elizabeth 88
STOPS, Jacob 86, 88
STOPS, Sarah 58
STORM, Catherine 70
STORM, Elizabeth L. 74/2
STORM, F. E. 69
STORM, Hattie 69

STORM, Katie M. 74
STORM, Martin L. 74/3
STORM, Mary Ellen 70
STORM, Matie 69
STORM, Philip 70/3
STOTLAR, Allan 36
STOTLEMEYER, Amanda 34
STOTLEMEYER, Amelia C. 35
STOTLEMEYER, H. P. 34
STOTLEMEYER, J. D. 34
STOTLEMEYER, Lavina 34
STOTLEMEYER, Louis B. 34
STOTLEMEYER, Robert F. 34/2
STOTLER, E. 36
STOTLER, Elizabeth 36, 67, 89
STOTLER, Ella M. 73
STOTLER, Howard Nikirk 73
STOTLER, Jacob 73/2
STOTLER, Mary E. 73
STOTLER, P. 36
STOTLER, Peter 36
STOTTLEMYER, ____ 44
STOTTLEMYER, A. J. 44/2
STOTTLEMYER, Lora E. 61
STOTTLEMYER, Murl W. 61
STOTTLEMYER, W. Webster 61/2
STOTTLER, Anna Louisa 67
STOUFFER, Alburtus 77/2
STOUFFER, David H. 83/2
STOUFFER, Edward E. 75
STOUFFER, Laura E. 75
STOUFFER, Maria E. 83
STOUFFER, Martha A. 77
STOUFFER, Sibert R. 75
STOVER, Barbara E. 82
STOVER, George M. 81/2
STOVER, Mollie B. 81
STRAUB, Caroline 20
STRAUSE, Charles 70
STRAUSE, Charles E. 70
STRAUSE, Ellen 84
STRAUSE, Ellen C. 87
STRAUSE, Fannie 70
STRAUSE, G. R. 70
STRAUSE, George 63, 84
STRAUSE, George R. 70/2
STRAUSE, George St. John 84
STRAUSE, George W. 70
STRAUSE, Hiram A. 86
STRAUSE, M. E. 70
STRAUSE, Margaret 70
STRAUSE, Mary E. 70
STROUBLE, Conrad Anthony 43
STROUBLE, George 43
STROUBLE, John H. 43/2
STROUBLE, John Henry 43
STROUBLE, Mary A. 43

STROUBLE, Mary Ann 43
SULLIVAN, Charles L. 76/2
SULLIVAN, Emma 76
SUMAN, Benjamin S. 72/2
SUMAN, Charles Henderson 85
SUMAN, Cora A. 76
SUMAN, E. C. 68
SUMAN, Eliza 68
SUMAN, Elizabeth 85
SUMAN, Elizabeth C. 68, 85
SUMAN, Fenton 80/2
SUMAN, Gertrude 82
SUMAN, Harry 68
SUMAN, Harvey S. 62
SUMAN, Ida F. 80
SUMAN, J. A. 68
SUMAN, John A. 68/3, 85/2
SUMAN, Lavina 65/2
SUMAN, Mary Ann 62
SUMAN, Missouri 68
SUMAN, Ruann 62
SUMAN, Samuel 62/3
SUMAN, Sarah A. 72
SUMAN, Sarah Jane 62
SUMAN, Tilghman Garrett 85
SUMAN, William 65/2
SUMAN, William Emory 65
SUMMER, Mary E. 1/3
SUMMERS, Ann M. 48
SUMMERS, Ann Mary 85
SUMMERS, Bettie Banter 48
SUMMERS, Catharine 71
SUMMERS, Cecelia A. 61
SUMMERS, Cecilia 61
SUMMERS, Darlus 48
SUMMERS, Elizabeth 85, 86
SUMMERS, Ella May 48
SUMMERS, Emma 66
SUMMERS, Gertrude 34
SUMMERS, Harry L. 61
SUMMERS, Isaiah E. 61/2
SUMMERS, Isiah 61
SUMMERS, J. P. 87
SUMMERS, J. W. 48/3
SUMMERS, Jacob 85/2, 86/2
SUMMERS, James 78
SUMMERS, John 85
SUMMERS, John N. 66
SUMMERS, Joseph 48
SUMMERS, K. 48
SUMMERS, Martin L. 86
SUMMERS, Mary 48
SUMMERS, Nathaniel 48
SUMMERS, Sarah M. 48
SUMMERS, Simon P. 66/2
SUMMERS, Susan R. 66
SUMMERS, Sylvester, Farm 48

SUMMERS, William D. 78
SUTTON, C. W. 28/2
SUTTON, Charles H. 32/3
SUTTON, Edwin W. 28
SUTTON, John M. 32
SUTTON, M. 32
SUTTON, M. A. 28/2
SUTTON, Mabel Lee 28
SUTTON, Margaret Ann 32
SWAIN, Elmira 25
SWAIN, Nathaniel 25
SWAN, John 43/2
SWAN, Mary J. 43
SWANN, C. A. 26
SWANN, Charles A. 26
SWANN, L. J. 26
SWEITZER, Charles A. 3/2
SWEITZER, J. A. 3
SWEITZER, John A. 3/2
SWEITZER, John J. 1
SWEITZER, Margaret J. 3
SWEITZER, P. 3
SWEITZER, Priscilla 3
SWEITZER, Vernon C. 3
SWINGLE, Armstead A. 32/2
SWINGLE, C. Rollinson 32
SWINGLE, Edgar D. 32
SWINGLE, John C. 32
SWINGLE, Mary J. 32
SWINGLE, Mary M. 32
SWOPE, Casper 4/3
SWOPE, Catharine 26
SWOPE, Dora 4/2
SWOPE, Joseph 4
SWOPE, Peter 26
SWORD 21
SWORD, Alson Herbert 22
SWORD, Bessie T. 21
SWORD, Catharine 12/2
SWORD, Catharine M. 22/2
SWORD, David 13/2
SWORD, E. L. 22
SWORD, Frederic D. 22
SWORD, Jacob 12, 13
SWORD, John 6, 12/2, 22/3
SWORD, John C. 21
SWORD, L. E. 22
SWORD, Margaret C. 13
SWORD, Mary 12
SWORD, Minnie 22
SWORD, Netty G. 22
SWORD, Samuel 12
SWORD, Walter Samuel 21
SWORD, William Franklin 22
SWORD, Wm. E. 22
SWORD, Wm. Lee 22
TABLER, Catharine 5/3, 23

TABLER, James D. 5, 23
TABLER, James Martin 5
TABLER, Jas. D. 5/2
TABLER, Mary Catherine 5
TABLER, Sarah Jane 5
TABLER, Susana 23
TALBERT, Faye L. 79
TALBERT, Walter 79
TANEY, Augusta B. 41
TANEY, Eliza M. 43
TANEY, Ethelbert 36, 43
TANEY, Martha 36
TANEY, R. E. 41
TAYLOR, J. Harvey 35
TAYLOR, Margaret G. 35
TAYLOR, Olive 31
TEDRICK, Henrietta 16
TEDRICK, Henry 16
TERRIS, Albert J. 26
TERRIS, Lydia 26
TERRIS, Samuel 26
THAYER, Beulah V. 91
THOMAS, ____? 29
THOMAS, Abraham 58/2
THOMAS, Abraham Hammon 58
THOMAS, Ada M. 59
THOMAS, Addie M. 56
THOMAS, Alice 74
THOMAS, Alven Edwin 59
THOMAS, Annie E. 82
THOMAS, Benjamin 73/2
THOMAS, Catharine K. 47
THOMAS, Charles 58
THOMAS, Daniel 57/3, 87/3
THOMAS, Daniel Carlton 57
THOMAS, David H. 72
THOMAS, Dora Bell 57
THOMAS, Eleanor G. 29
THOMAS, Eliza E. 29
THOMAS, Elizabeth 59/2, 62
THOMAS, Elizabeth A. 58
THOMAS, Ella V. 61
THOMAS, Ellen L. 28
THOMAS, Elmer 92
THOMAS, Gabriel 91
THOMAS, George 29, 47/2, 58
THOMAS, George, Farm 92
THOMAS, George H. 59
THOMAS, George W. 28
THOMAS, Guy Raymond 59
THOMAS, Hugh Woodward 57
THOMAS, Jacob A. 58/3
THOMAS, Jane 29
THOMAS, Joel 72/2
THOMAS, John 47
THOMAS, John Johnson 29
THOMAS, John L. 61/2

THOMAS, John T. 29
THOMAS, Jonathan 74/2
THOMAS, Josephus 56/5
THOMAS, Kelly 29
THOMAS, Lucinda 47
THOMAS, Margaret 87/2
THOMAS, Mary 56/2, 72
THOMAS, Mary Ann 87
THOMAS, Mary C. 58
THOMAS, Mary E. 73
THOMAS, Mary Elizabeth 29
THOMAS, Mary F. 47
THOMAS, Mary M. 56
THOMAS, Mary V. 72
THOMAS, Michael 62/2
THOMAS, Mollie M. 56/2
THOMAS, Noah G. 58/2
THOMAS, Richard S. 56
THOMAS, Rosann 74
THOMAS, Samuel 56/2
THOMAS, Sarah 58/3
THOMAS, Sarah Ann 58
THOMAS, Sarah C. 56
THOMAS, Solomon 59
THOMAS, Solomon S. 59/2
THOMAS, Susan C. 72
THOMAS, Susan M. 57/3
THOMAS, Wilber C. 83
THOMAS, Willoughby 82/2
THOMPSON, Amanda F. 58
THOMPSON, Conrod 59
THOMPSON, Elizabeth 15
THOMPSON, Mary 59
THOMPSON, Sarah M. 34
THOMPSON, W. T. 34
THOMSON, Mary 92
THORN, Amanda J. 56
THUM, B. R. 75/3
THUM, Harry 75
THUM, M. E. 75/3
THUMB, B. F. 65
THUMB, M. Kate 65
TICE, Ann E. 6
TICE, Catherine 6
TICE, David 6
TICE, David L. 7
TICE, Emanuel 7/2
TICE, Freddie 17
TICE, John Andrew 5
TICE, John D. 11
TICE, M. N. 10
TICE, Margaret A. 7
TICE, Margaret Ann 5
TICE, Mary 7
TICE, Milton H. 7
TICE, Otho H. 6
TICE, S. 10

TICE, Sallie A. 17
TICE, Sallie Amelia 17
TICE, Samuel 5, 6, 7
TICE, Sarah C. 10
TICE, Silas 17
TICE, Silas O. 17
TICE, Susan 7
TIDBALL, Anna 48
TIDBALL, Eleanor 48
TIDBALL, James 48
TIDBALL, Rosanna 26
TIMMONS, Barbara E. 21
TIMMONS, Daniel S. 21/2
TIMMONS, Lloyd S. 21
TITLOW, Elizabeth 89
TITLOW, Emanuel 89
TITLOW, Sarah Alice 89
TOLBOT, Mary 64
TOMS, Elizabeth 58, 84
TOMS, Jacob S. 58/2
TOMS, John 84
TOMS, Lemuel V. 83
TOMS, Lydia A. C. 69/4
TOMS, Maria 84
TOMS, Oscar R. 83
TOMS, Sarah Ann 59
TONKAVIC, Mary 39
TONKAVIC, Miler 39
TONKAVIC, Nicholas 39
TOSTEN, John 14/3
TOSTON, Susan E. 14
TOWSON, William P. 34
TRACEY, Eliza 69
TRACEY, John W. 69/2
TRIMBELL, Mary E. 32
TRIMBLE, Elizabeth 32
TRIMBLE, Emma J. 32
TRIMBLE, Robert 32/2
TRINE, Christian 87
TRINE, Margaret Ann 87
TROUP 18
TROUP, Adam 18
TROUP, John T. 70
TROUP, Joseph 18/3
TROUP, Josephine E. 70
TROUP, Sally C. 18
TROUPE, Harry 60
TROUPE, Mary Eugenia 60/2
TROUPE, Samuel C. 60/3
TROUT, A. E. 27/2
TROUT, Benjamin T. 27
TROUT, J. H. 27/2
TROUT, Jacob H. 27
TROXELL, Aaron Donelson 36
TROXELL, Abraham 36/2
TROXELL, Charles A. 36
TROXELL, David 27

TROXELL, Ellen 36/4
TROXELL, John P. 36/4
TROXELL, Luther X. 36
TROXELL, Minnie 36
TROXELL, Susan 36
TROXELL, William D. 36
TRUAX, David 49
TRUEAX, Benjamin 49/2, 59/2
TRUEAX, Elias 49
TRUEAX, Ezediah 52
TRUEAX, Perthenn 49
TRUEAX, Rachel 53
TRUEAX, Stillwell 53/2
TRUEMAN, Elizabeth 23
TRUEMAN, George 23
TRUEMAN, Jane 23
TRUEMAN, Matthew 23
TRUMAN, Charles B. T. 25
TRUMAN, David L. 25
TRUMAN, Garrett 25
TRUMAN, Isabella 25
TRUMAN, Julian 25/2
TRUMAN, Mary E. 25
TRUMAN, P. 25
TRUMAN, Peter 25/2
TRUMAN, S. 25
TRUMAN, Samuel L. 25
TRUMAN, Susan A. 25
TRUMPOWER, Dorothy 10
TRUMPOWER, George 9
TRUMPOWER, Leonard 10/2
TRUMPOWER, Martha 10
TRUMPOWER, Nancy A. 16
TRUMPOWER, Rhuanna 16/2
TRUMPOWER, Simon 16
TRUMPOWER, Simon F. 16/2
TRUMPOWER, Solomon 10/2
TRUMPOWER, Teny May 10
TRUNER, Mary A. 38
TRUXEL, Elizabeth 27
TRUXEL, John 27
TRUXEL, Johnson 27
TRUXEL, Mary 27
TRUXEL, Mary E. 27
TRUXEL, Susan 27
TURNER 33
TURNER, Harry S. 33
TURNER, James G. 33/2
TURNER, John J. 33/2
TURNER, Laura J. 33
TURNER, Margaret J. 33
TURNER, Mary 28
TURNER, Sarah E. 33
TWIG, Hannah 88
TYLER, Cornelia 25
TYLER, D. 25
TYLER, Daniel 25

TYLER, L. 25
TYLER, Mary G. A. 25
TYLER, Sarah F. D. 25
TYLER, William H. 25
UNGER, William Y. 44
VAN CLEVE, Rebecca 51
VAN CLEVE, William 51
VANCE, Adam 9
VANCE, Charles 47
VANCE, Infant 47
VANCE, Mary 47
VANCLEVE, William 51
VANTZ, Archie T. 40
VANTZ, B. 40
VANTZ, Charles H. 40
VANTZ, Charles J. 40
VANTZ, Gertrude E. 40
VANTZ, J. P. 40
VANTZ, L. Z. 40
VANTZ, Levi Zellers 40
VANTZ, Mary E. 40
VANTZ, S. E. 40/2
VANTZ, W. D. 40/2
VANTZ, W. L. 40
VANTZ, William Leroy 40
VARNS, Isaac 51
VARNS, Mary C. 51
VOGLE, Josephine 82
WADE, Calli 50
WADE, Eli 65/4
WADE, Emory 61
WADE, Emory W. 61/2
WADE, F. A. 65/2
WADE, Frances A. 65
WADE, H. 50
WADE, Harry McGill 65
WADE, Hezekiah 50
WADE, Ida 61
WADE, Ida S. 61
WADE, John 50
WADE, John W. 61
WADE, K. 50
WADE, Lizzie 50
WADE, Rachel 50
WADE, Webster 65
WADE, William B. 50
WAGAMAN, Amanda Jane 88
WAGAMAN, Emanuel C. 88
WAGNER 31
WAGNER, Catharine 84
WAGNER, Charles B. 84/2
WAGNER, Edwin Leroy 74
WAGNER, Elizabeth 92
WAGNER, Fred M. 83
WAGNER, G. W. 28
WAGNER, Infant 84
WAGNER, John 92/2

WAGNER, Minnie K. 84
WAGNER, R. B. 28
WAGNER, Raymond 28
WAGNER, Samuel 84
WAGNER, Samuel C. 83
WAGONER, Elonaro 86
WAGONER, John A. 86, 87
WAKENIGHT, Jacob 89
WAKENIGHT, Mary 89
WALKER, Rachel 86
WALLDOR, Frances 5
WALLDOR, Frances J. 5
WALLDOR, James 5
WALLICH, Elizabeth C. 68
WALLICH, William 68
WALLICK, Alice S. 68
WALLICK, Annie E. 68
WALLICK, John W. 74
WALLICK, Luther C. 68
WALLICK, Maude C. 74
WALTERS, ____ 46
WALTERS, C. M. 46
WALTERS, J. T. 46
WALTERS, Jacob 54
WALTERS, Mary Elizabeth 46
WALTERS, Samuel 46
WARD, Mary M. 33
WARD, William 16
WARE, Mary 84
WARNER, C. 15
WARNER, Christiana E. 15
WARNER, Cutlip 9
WARNER, Frederick G. 4/2
WARNER, George Andrew 15/2
WARNER, J. 15
WARNER, John 15
WARNER, John H. 15
WARNER, Rosa E. 4
WARNER, Susan K. 15
WARRENFELTZ, Anna M. 82
WARRENFELTZ, Annie E. 72
WARRENFELTZ, Luther M. 72/2
WARRENFELTZ, Martin T. 82/2
WARRENFELTZ, Orpha L. 89
WARRENFELTZ, Otho J. 69
WARRENFELTZ, Soloman 69
WASHINGTON, Ann R. 93
WASHINGTON, Elias 93/3
WASHINGTON, Margaret 23
WASHINGTON, Samuel 93
WASHINGTON, William H. 23
WASON, Robert 39
WATKINS, E. A. 43
WATKINS, R. W. 43
WATSON, Elizabeth 60/2, 89
WATSON, Joseph 89
WATSON, Lewis 60/3

WATSON, Noah 60
WATSON, Otho Williams 89
WATT, E. 54
WATT, J. 54
WATT, John 54
WATT, M. Frances 54
WATTS, Alfred P. 36/2
WATTS, Mae L. 36
WEAST, Elizabeth 91
WEAST, Henry 71/2, 91
WEAST, Hiram 59
WEAST, J. Horine 59
WEAST, Joseph 86
WEAST, Joseph G. 86
WEAST, Leonard 91/2
WEAST, Lucinda 71
WEAST, Susan 86, 91
WEAST, Susan Maria 59
WEAVER 18
WEAVER, Abner J. 56
WEAVER, Annie E. 56
WEAVER, Arthur 56/2
WEAVER, Catherine 54
WEAVER, E. Remsberg 54
WEAVER, Ella 18
WEAVER, Ellie 49
WEAVER, Emma W. 56
WEAVER, George 56
WEAVER, Goldie 56
WEAVER, Harry L. 61
WEAVER, Harry M. 61
WEAVER, Harry R. 56/2
WEAVER, Infant 61
WEAVER, J. 54
WEAVER, J. E. 40
WEAVER, Jacob 56/2
WEAVER, John 54/4
WEAVER, Mary A. 9
WEAVER, Mary E. 40, 54, 61
WEAVER, Ophelia S. 56
WEAVER, Rose 18
WEAVER, S. 54
WEAVER, Susan 54
WEAVER, Thelma 56
WEAVER, Upton C. 9
WEAVER, William 54/2
WEAVER, William H. 49/2
WEAVER, Wm. 54
WEBB, Annabelle 46
WEBB, George E. 46
WEBB, Mary F. 18
WEBSTER, J. S. 38/3
WEBSTER, Ruth Gray 38
WEBSTER, S. A. 38
WEBSTER, Sarah A. 38
WEBSTER, W. J. 38
WECKLER, Frederick 65/4

WECKLER, Infants 65
WECKLER, Susan 65/3
WECKLER, Willie F. G. 65
WEDDELL, Fred W. 31/2
WEDDELL, Mary A. 31
WEET 92
WEIDLER, Z. A. 91
WEILLS, G. W. 58
WEIMER, Louis J. 73
WEIMER, Margaret E. 73
WELCK, Anna V. 64
WELCK, Elias 87
WELCK, Julia A. 64
WELCK, L. D. 64
WELCK, Robert E. 64
WELCK, V. H. 64/2
WELK, John 62
WELLER, John L. 2, 35
WELLER, Jonathan 2
WELLER, L. 46
WELLER, Lewis 46
WELLER, Lillie M. 35
WELLER, Mary A. 2/2
WELLER, R. A. 46
WELLER, Raymond W. 46
WELLER, Reba Oran 35
WELLER, Rosie A. 46
WELTy, Emma K. 72
WELTY, Ann Catharine 85
WELTY, C. 85/2
WELTY, Catharine 86, 87/2
WELTY, Crena Martha 87
WELTY, Elizabeth 85, 89/2
WELTY, Emma E. 67
WELTY, Emma Gertrude 67
WELTY, Everett 71
WELTY, Fanny 88
WELTY, George 88
WELTY, Hiram 85
WELTY, Isaac 89
WELTY, J. 85
WELTY, J. B. 85
WELTY, J. E. 67
WELTY, John 89/2
WELTY, John B. 86, 87/3
WELTY, Lucy C. 70, 71
WELTY, Maria Louisa 88
WELTY, Mary Ann 87
WELTY, Simon P. 70/2, 71
WELTY, Susan 89
WELTY, Theodore F. 72
WENTLINGE, Susan 85
WHEELER, Annie B. 28
WHEELER, E. B. 71
WHEELER, John W. 28
WHEELER, Joseph 60/3
WHEELER, Lauretta 60

WHEELER, Lavina 60/2
WHEELER, W. B. 71/2
WHEELER, William 60/2
WHEELLER, Otho J. 60
WHEELLER, Susan M. 60
WHETSTONE, B. 19
WHETSTONE, Barbara 19
WHETSTONE, C. 10
WHETSTONE, Catharine 10
WHETSTONE, D. M. 19
WHETSTONE, Daniel M. 19/2
WHETSTONE, Irwin 19
WHETSTONE, J. 10, 19
WHETSTONE, Jacob 10/2
WHETSTONE, John 19/2
WHETSTONE, L. V. 19
WHETSTONE, Louisa Ida 10
WHETSTONE, Lucy V. 19
WHETSTONE, Willie E. 19
WHITE, Catherine A. 4
WHITE, Charles 16
WHITE, Charles W. 16/2
WHITE, Elizabeth M. 83
WHITE, Jane E. 16/3
WHITE, John S. 16
WHITE, Michael J. 4/2
WHITE, Nathaniel 26
WHITTER, Amanda S. 69
WHITTER, Benjamin 62
WHITTER, J. L. 69
WHITTER, Jacob B. 69
WHITTER, Sarah Frances 69
WHITTER, Sophia 62/2
WHITTER, Sophia N. 62
WHITTER, Virginia V. 69
WHORTON, B. W. 44
WHORTON, Calvin T. 44
WHORTON, J. W. 44
WIDMEYER 34
WIDMEYER, A. L. 482
WIDMEYER, Adaline S. 48
WIDMEYER, Adalined 48
WIDMEYER, F. J. S. 48
WIDMEYER, G. W. 48
WIDMEYER, George W. 48
WIDMEYER, J. S. 48
WIDMEYER, J. Singleton 48
WIDMEYER, Maggie 48
WIDMEYER, Mary E. 48/2
WIDMEYER, Nancy 48
WIDMEYER, Tilliason A. 34
WIDMYER, Annie R. 18
WIDMYER, Wilson 18/2
WILES, Charles E. 21
WILES, Lewis P. 21
WILES, Pauline 21
WILES, Wilbur 23

WILEY, Albert 27
WILEY, Elizabeth 19
WILEY, Gladys Kathleen 46
WILEY, Mary A. 8
WILEY, Susan E. 21
WILHIDE, Albert 82
WILHIDE, Florence 82
WILHIDE, Henry 54/2
WILHIDE, John 54
WILHIDE, John H. 54
WILHIDE, Mary 54/2
WILHIDE, Mary C. 54
WILHIDE, Nancy 54
WILKINSON, Julia A. 82
WILKINSON, Lawson H. 82/2
WILKINSON, R. M. 28
WILKINSON, Roy McClellan 28
WILKINSON, S. E. 28
WILLIAMS, A. 23
WILLIAMS, Amanda J. 25
WILLIAMS, Ann 65
WILLIAMS, Ann E. 23/2
WILLIAMS, Annie E. 23
WILLIAMS, Annie Virginia 23
WILLIAMS, B. A. 23
WILLIAMS, Elsie Virginia 23
WILLIAMS, Freddie 23
WILLIAMS, John D. 23
WILLIAMS, Lewis 25
WILLIAMS, Lloyd 28
WILLIAMS, Louis 25
WILLIAMS, Mariah 25
WILLIAMS, Mary E. Dagenhart 69
WILLIAMS, N. E. 23
WILLIAMS, Nannie E. 23
WILLIAMS, Nathan 23/4
WILLIAMS, Phinenas 65
WILLIAMS, Priscilla 23
WILLIAMS, Ruth Eleanora 23/2
WILLIAMS, Samuel 23
WILLIAMS, Samuel E. 23/2
WILLS, Isaac C. 36
WILSON, Cora Virginia 61
WILSON, E. N. 25
WILSON, Elizabeth Van 61
WILSON, Ellen K. 61/3
WILSON, Ellen Kennedy 61
WILSON, Ethel May 61
WILSON, Henrietta V. 62
WILSON, Henry B. 61/4
WILSON, Sarah 25
WILSON, Scott Kennedy 61
WINDLE, Elizabeth 16
WINDLE, Margaret 16
WINTER, John 8/2, 22
WINTER, John Stanley 56
WINTER, Mary Barnes 22

WINTER, Morgan 56
WINTER, Orpha 56
WINTER, Sarah E. 8
WINTERS, Anna 52/3, 55/2
WINTERS, Dorothy E. 52
WINTERS, Frances 52
WINTERS, George 50
WINTERS, George A. 55
WINTERS, Jacob 53/2
WINTERS, John M. 52/3, 55/2
WINTERS, Margaret 50
WINTERS, Martha A. 55
WINTERS, Rebecca J. 52, 53
WINTERS, Sarah Ann 55
WISE, Ann E. 74
WISE, Robert L. 78
WISEMAN, Christine 76
WISEMAN, Peter 76/2
WISSINGER, Catharine 89
WISSINGER, Daniel 89
WISSINGER, Elizabeth 89
WISSINGER, Solomon 89
WITMER, Abraham S. 1
WITMER, John 1/2
WITMER, Mary 1
WITMER, Mary J. 1
WITMER, Susanna C. 1
WITTER, Emanuel 88
WITTER, Otho W. Otterbine 88
WITTER, Samuel 88
WOLF, Annie M. 79
WOLF, Charles M. 79/2
WOLF, Daniel Frederic 87
WOLF, Elizabeth 86/2, 87
WOLF, Frederick 86, 92
WOLF, George W. 76
WOLF, Jacob 77/2
WOLF, John A. 79
WOLF, Magdalene 92
WOLF, Mary E. 77
WOLF, Nellie K. 79
WOLF, Simon 86//3, 87
WOLF, William C. 86
WOLFE, Catherine 78
WOLFE, Dollie M. 79
WOLFE, Melvin E. 79
WOLFE, Sherman E. 79/2
WOLFEL, Joseph 28
WOLFEL, Joseph W. 28
WOLFEL, Venia 28
WOLFKILL, Mary M. 37
WOLVERTON, Charles H. 54
WOLVERTON, Charlotte S. 54
WOLVERTON, Jacob C. 54
WOLVERTON, John Irven 27
WOLVERTON, Polly 27
WOXMOOD, August 67/2

WOXMOOD, Mary B. 67
WYAND, Denver G. 76
WYAND, Harry H. 76/2
YATES, Ann 49
YATES, Elizabeth 49
YATES, Joseph 49
YATES, Joshua 49
YATES, Providence 49
YATES, Susanna 49/5
YATES, Valluna 49
YATES, William 49/5
YATES, William B. 49/2
YEAKLE, David 4
YEAKLE, George 8
YEAKLE, Isabel Regean 4
YEAKLE, John E. 4/2
YEAKLE, Regan 4
YESSLER, Joseph H. 70
YETTER, CHristian 16
YETTER, Hannah 12
YOCUM, Harry 35
YONKER, Anna Rebecca 38
YONKER, Elmer 46
YONKER, Isaac Meade 46
YONKER, Jacob L. 52
YONKER, John A. 38/2
YONKER, Rebecca 52
YONTZ, Isral Ann L. 87
YONTZ, Sarah Ann 87
YOST, Ira R. 76
YOST, Jennie V. 76
YOUKER, Florence 46
YOUNG, A. E. 13
YOUNG, Amelia E. 19
YOUNG, Anna M. 13
YOUNG, Annie S. 81
YOUNG, Charles J. 70/3
YOUNG, Della 13
YOUNG, Ella B. 82
YOUNG, Emma M. 81
YOUNG, Flora 70
YOUNG, Florence 70/2
YOUNG, Florence R. 70
YOUNG, George 88
YOUNG, George B. 13, 19/2
YOUNG, George F. 13
YOUNG, Greenberry 70/4
YOUNG, Infant 60, 70
YOUNG, J. D. 60
YOUNG, J. R. 60
YOUNG, Jacob C. 81/2
YOUNG, Jane R. 80
YOUNG, John D. 13/2, 79, 80
YOUNG, Mary C. 70
YOUNG, Otho J. 81
YOUNG, Philip 48
YOUNG, Samuel E. 82

YOUNG, Sarah 70/2
YOUNG, Sarah Jane 70
YOUNG, Silas 70/2
YOUNGLOVE, Lydia 68
YOUNGLOVE, V. L. 68
YOUNGLOVE, William M 68/2
YOUNKER, Catherine 51
YOUNKER, Harriet 56
YOUNKER, John 51
YOUNKERS, Agnes 39
YOUNKERS, J. E. 39
YOUNKERS, John Andrews 39
YOUNKIN, Emory C. 81
YOUNKIN, Grace I. 81
YOUNKIN, Jennie L. 81
YOUNKINS, Delbert Earl 88
ZACHARIAS, Catharine 7
ZACHARIAS, George 7
ZAHN, Alva Newton 90
ZAHN, E. 90
ZAHN, Elizabeth 90/2
ZAHN, Emmie C. 90
ZAHN, Mary Lizzie 90
ZAHN, W. C. 90
ZAHN, William 90/2
ZIES, Hayes R. 45
ZIGLER, Abraham 61, 86
ZIGLER, Elizabeth 61
ZIGLER, Jacob 84
ZIGLER, John D. 84
ZIGLER, Margaret 84
ZILLHART, Jacob 89
ZILLHART, Jane 89
ZIMMERMAN, Amanda Ellen 27
ZIMMERMAN, Florence M. 82
ZIMMERMAN, Franklin A. 12
ZIMMERMAN, Howard C. 37
ZIMMERMAN, Michael 39
ZIMMERMAN, R. Clinton 82
ZITTLE, Amanda C. 88
ZITTLE, Bessy 60
ZITTLE, Catharine 66, 74
ZITTLE, Edward T. 74
ZITTLE, Elizabeth 60
ZITTLE, John 72
ZITTLE, John H. 60
ZITTLE, Michael 66/2
ZITTLE, Peter H. 74
ZITTLE, Samuel H. 69
ZITTLE, Sarah C. 72